98 —

Herausgeber:
Dr. Hans-Joachim Meyer-Marsilius
Prof. Dr. Walter R. Schluep
Dr. Werner Stauffacher

EUROPÄISCHE RECHTSPRECHUNG

Konzentrierte Fassung
1993/1994, Band 2

- Entscheidungen der EU-Kommission
- Urteile der EU-Gerichte

Autoren:
Bettina Frowein
Sabine Schreiner
Frank Emmert LL.M.
Dr. Dominik Schnichels

Orell Füssli Verlag

© 1995 by Orell Füssli Verlag, Zürich
Umschlagfotos: Keystone
Umschlaggestaltung: Andreas Zollinger, Zürich
Druck: Freiburger Graphische Betriebe GmbH, Freiburg i. Brsg.
Printed in Germany
ISBN 3 280 02374 2 (Einzelband)
ISBN 3 280 02376 9 (Fortsetzungsband)

Vorwort

Der erste Band des Buches *Europäische Rechtsprechung* (1989–1993) hat in der Praxis eine freundliche Aufnahme gefunden. Positiv hervorgehoben wurde insbesondere das Bemühen um eine übersichtliche Gliederung, die gute Lesbarkeit der Urteilsrezensionen sowie die erstmalig vorgenommene, umfassende Systematisierung von EuGH-Urteilen. Der vorliegende zweite Band hält deshalb am Bewährten fest. Die Aufbereitung der Gerichtsurteile und der Kommissions-Entscheidungen wurde vollständig beibehalten, die Gliederung des ersten Bandes konnte – bis auf zwei Ergänzungen – unverändert übernommen werden.

Die Gerichtsentscheidungen in diesem Band werden mit genauer Fundstelle (Amtliche Sammlung) zitiert, damit den Lesern der Zugriff auf den Originaltext erleichtert wird. Für weitere Anregungen, die zu einer Verbesserung der Benutzerfreundlichkeit des Werkes führen, sind Verlag, Herausgeber und Autoren dankbar.

Der jetzt vorgelegte Band schliesst zeitlich an den ersten Band (1989–1993) an. Er enthält Kurzfassungen der wichtigsten Kommissionsentscheidungen in Wettbewerbssachen aus den Jahren 1993 und 1994 sowie die Rezensionen der EuGH und GeI-Urteile, die im Zeitraum Herbst 1993 bis Ende 1994 ergangen sind.

Die Autoren bedanken sich beim Verlag und den Herausgebern für die jederzeit wohlwollende und konstruktive Unterstützung.

Frankfurt/München/Basel/Brüssel, im Oktober 1995

Bettina Frowein
Sabine Schreiner
Frank Emmert
Dominik Schnichels

Gesamtübersicht

Vorwort 5
Gesamtübersicht 7
Gebrauchsanweisung 9
Autoren 11

1. Teil: Entscheidungen der EU-Kommission in Wettbewerbssachen

Inhaltsverzeichnis 15
Entscheidungen der EU-Kommission in Wettbewerbssachen 17

2. Teil: Urteile, Gutachten und Beschlüsse der Gerichte der Europäischen Union

Inhaltsverzeichnis 63
Urteile, Gutachten und Beschlüsse der Gerichte der Europäischen Union 79

3. Teil: Verzeichnisse

Verzeichnis der Entscheidungen der EU-Gerichte 367
Schlagwortverzeichnis 373

Gebrauchsanweisung

Der Leser findet jeweils am Beginn des 1. Teils (Kommissions-Entscheidungen) und des 2. Teils (Gerichts-Entscheidungen) ein ausführliches Inhaltsverzeichnis, aus dem die thematische Gliederung ersichtlich wird. Mit Hilfe dieser Inhaltsverzeichnisse kann auf einen Blick die neuere Entwicklung und der aktuelle Stand des jeweiligen Rechtsgebiets erschlossen werden.

Im Anhang des vorliegenden Buches (3. Teil) ist außerdem ein nach Rechtssachennummern geordnetes Entscheidungsregister und ein ausführliches analytisches Schlagwortregister enthalten. Diese Verzeichnisse ermöglichen das schnelle Auffinden aller Entscheidungen zu bestimmten Sachverhalten und Rechtsfragen.

Die Besprechungen der Gerichts-Entscheidungen sind wie folgt aufgebaut: Die Kernaussage bzw. das Thema der Entscheidung ist vorweggestellt. Die eigentliche Besprechung beginnt regelmäßig mit einer fettgedruckten Kurzzusammenfassung für den eiligen Leser. Im Haupttext erfolgt zuerst eine knappe Beschreibung des Sachverhalts und des Verfahrens. Anschließend werden die wesentlichen Urteilsgründe dargestellt. Wichtige ältere Entscheidungen sowie wichtige Normen des Primär- und Sekundärrechts werden in diesem Teil ebenfalls angegeben. Bei grundlegenden oder kontroversen Entscheidungen sind häufig kurze Kommentare der Autoren angefügt. Die Besprechungen schließen mit der Angabe von Entscheidungsdatum, Rechtssachennummer, Parteien und Fundstelle.

Autoren

Die hier vorgelegten Besprechungen sind erstmals in der zweisprachig erscheinenden Zeitschrift "Business Law Europe" veröffentlicht worden (verlegt im Kommunalschriften-Verlag J. Jehle München GmbH).

Für den 1. Teil (Kommissions-Entscheidungen) zeichnen die (ehemaligen) Mitarbeiter des Jehle Verlages, Frau Bettina Frowein und Frau Sabine Schreiner, verantwortlich.

Im 2. Teil (Gerichts-Entscheidungen) enthält jedes Urteil in seiner Kopfzeile einen Hinweis auf den Bearbeiter. Die hochgestellten Initialen haben folgende Bedeutung: DS steht für Dr. Dominik Schnichels, Verwaltungsrat in der EG-Kommission, Brüssel; FE steht für Frank Emmert, LL.M., Dozent für Europarecht am Europainstitut Basel.

Für die Veröffentlichung in der vorliegenden Sammlung wurden die Besprechungen von den Autoren thematisch geordnet und z.T. inhaltlich überarbeitet.

1. Teil
Entscheidungen der EU-Kommission
in Wettbewerbssachen

1. Teil

Inhaltsverzeichnis

1.   EG-Wettbewerbsbericht 17

1.1.   Statistischer Überblick 17
1.1.1. Artikel 85 und 86 EGV 17
1.1.2. Fusionskontrolle 17
1.1.3. Beihilfe 17
1.2.   Die Realisierung des Binnenmarktes erfordert Wachsamkeit 18
1.3.   Maastricht - die neuen Zielsetzungen wirken sich auf den Wettbewerb aus 18
1.4.   Internationale Lage - GATT und EWR 18
1.5.   Stahl und Telekommunikation - zwei wichtige Tätigkeitsbereiche 19
1.5.1. Stahlindustrie 19
1.5.2. Telekommunikationssektor 19

**2.   Bekanntmachung - mehr Transparenz und Effizienz in der gemeinschaft-
         lichen Fusionskontrolle** 19

3.   Art. 85 EG-Vertrag; Kartellverbot und Freistellungen 21

3.1.   Das Anhörungsrecht in Wettbewerbsverfahren 21
3.2.   Kontrolle der Preisnachlässe durch die Rover-Gruppe 23
3.3.   Kommission genehmigt Vereinbarungen über ausschließliche Übertragungsrechte
        für Fußballspiele in England 24
3.4.   Kommission stellt Verfahren gegen deutschen Einheitsglasflaschenpool für Mi-
        neralwasser ein 24
3.5.   Kommission stellt Verfahren wegen Verletzung der Wettbewerbsregeln gegen
        Microsoft ein 26
3.6.   Gruppenfreistellungsverordnungen 28
3.6.1. Neue Freistellungsverordnung für den Versicherungssektor 28
3.6.2. Neue Gruppenfreistellungsverordnung für computergesteuerte Buchungssysteme
        im Luftverkehr 30
3.6.3. Änderung der KfZ-Vertriebsvereinbarung Nr. 123/85 30
3.7.   Einzelfreistellungen 33
3.7.1. Einzelfreistellung für selektives Vertriebssystem der Firma Grundig erneuert 33
3.7.2. Kommission erneuert Freistellung zugunsten der internationalen Energie-
        Agentur 34

4.   Art. 86 EG-Vertrag; Mißbrauch einer marktbeherrschenden Stellung 36

4.1.   EG-Kommission weist Beschwerde von LADBROKE gegen die französischen
        Rennvereine ab 36
4.2.   Geldbußen für Reedereien 37
4.3.   Geldbuße gegen Deutsche Bahn 38
4.4.   Kommission verhängt bislang höchste Geldbuße gegen das Zementhersteller-
        kartell 39

5.   Fusionskontrolle 43

5.1.   Änderung der Fusionskontrollverordnung erst 1996 43
5.2.   Telekommunikationssektor 45
5.2.1. Kommission gibt grünes Licht für das grenzüberschreitende Fernmeldenetz
        F.N.A. 45
5.2.2. Strategische Allianzen im Telekommunikationssektor 46
5.2.3. Deutsches Pay-TV-Projekt gescheitert - Zweites Fusionsverbot in der Ge-
        schichte der Fusionskontrollverordnung 48
5.2.4. Gemeinschaftsunternehmen von Mannesmann, RWE und der Deutschen Bank
        für Fernmeldenetze genehmigt 51
5.2.5. Kommission genehmigt Gemeinschaftsunternehmen zwischen Siemens und
        Ilaltel 52
5.2.6. Erster Fusionsfall im Zeitungssektor 54
5.2.7. Telekom-Vereinbarung fällt nicht unter die Fusionskontrollverordnung 54
5.3.   Erster EWR-Fall: Kommission genehmigt Zusammenschluß von Neste und
        Statoil 55
5.4.   Zusammenschluß Kali+Salz/MDK/Treuhand von der Kommission genehmigt 56
5.5.   Zusammenschluß Mercedes/Kässbohrer von der Kommission genehmigt 58

1.   EG-Wettbewerbsbericht

Wie in den Vorjahren zieht die Kommission in ihrem 23. Wettbewerbsbericht eine umfassende Bilanz ihrer Tätigkeit. Der Bericht deckt sämtliche Aspekte der Wettbewerbspolitik ab. Er beschäftigt sich mit Zusammenschlüssen, staatlichen Beihilfen nach den Artikeln 92 bis 94 EGV, der Liberalisierung der reglementierten Sektoren wie z. B. Telekommunikation und Luftverkehr, internationalen Aspekten sowie den Kartellen und anderen wettbewerbsbeschränkende Vereinbarungen zwischen Unternehmen gemäß Artikel 85 EGV und den Mißbräuchen beherrschender Stellungen gemäß Artikel 86 EGV.

Der Wettbewerbsbericht verschafft jedoch nicht nur einen genauen Überblick über alle im Berichtszeitraum bearbeiteten Fälle, sondern er behandelt ebenso die allgemeinen wettbewerbspolitischen Grundsätze. Darüber hinaus werden die Prioritäten und Ziele für die Zukunft genannt. Der Bericht ist Gegenstand eines umfassenden Meinungsaustausches zwischen der Kommission einerseits und dem Parlament, dem Rat sowie dem Wirtschafts- und Sozialausschuß andererseits.

1.1.   Statistischer Überblick

1.1.1.   Artikel 85 und 86

In Verfahren nach Artikel 85 und 86 wurden 832 Fälle abgeschlossen. Der Rückstand wurde damit aufgeholt, übrig bleiben allein die zur Untersuchung anhängigen Fälle. Diese belaufen sich auf 1.231, von denen 60 % (749) Anmeldungen, 25 % (335) Beschwerden und 15 % (147) Fälle betreffen, in denen die Kommission das Verfahren von Amts wegen eingeleitet hat. Die zunehmende Zahl der Beschwerden stellt eine interessante Entwicklung dar, von der erwartet wird, daß sie sich im Laufe der Festigung des Binnenmarkts verstärken wird.

1.1.2.   Fusionskontrolle

Es wurden 58 Zusammenschlußvorhaben bearbeitet. Die meisten Fälle (50) waren unproblematisch und wurden rasch genehmigt. In vier Fällen lag kein Zusammenschluß im Sinne der Fusionskontrollverordnung vor; sie wurden gemäß Artikel 85 und 86 bearbeitet. In den vier verbleibenden Fällen wurde die zweite Verfahrensphase eingeleitet, die eine eingehendere Untersuchung vorsieht. Obwohl die Kommission keine einzige ablehnende Entscheidung erlassen hat, war sie in drei Fällen gezwungen, den an den Zusammenschlüssen beteiligten Unternehmen Auflagen zu machen, um die Begründung oder Verstärkung beherrschender Stellungen zu verhindern. Dank der Anwendung der Fusionskontrollverordnung kann also die durch den Binnenmarkt und die Intensivierung des internationalen Wettbewerbs notwendig gewordene Umstrukturierung der Gemeinschaftsindustrie fortgesetzt werden, ohne auf die Vorteile des Wettbewerbs verzichten zu müssen.

1.1.3.   Beihilfe

Die staatlichen Beihilfen stellen einen weiteren Bereich dar, in dem die Beschwerden zunehmen und die Zahl der Fälle in den jüngst liberalisierten Sektoren und im Dienstleistungssektor steigt. 1993 endeten 435 Fälle mit einer Entscheidung, wobei die Kommission in 399 Fällen nach einer ersten

Prüfung keine Einwände erhob. In den 36 verbleibenden Fällen mußte angesichts der Problemstellung eine eingehende Prüfung vorgenommen werden. Einige Fälle stehen noch immer zur Prüfung an, während bereits neunzehn befürwortende und sieben ablehnende Entscheidungen erlassen wurden. Außerdem hat die Kommission dem Rat elf EGKS-Entscheidungen, die die Stahlindustrie betreffen, vorgeschlagen.

1.2. Die Realisierung des Binnenmarktes erfordert Wachsamkeit

1993 war ein wichtiges Jahr für die Gemeinschaft und insbesondere für die Wettbewerbspolitik. Denn in diesem Jahr ist der Binnenmarkt in Kraft getreten. Damit dieser zum Erfolg wird und die erwarteten wirtschaftlichen Vorteile eintreten, bedarf es nicht nur eines Rechtsrahmens, der heute fast vollständig ist, sondern auch eines verstärkten Wettbewerbs zwischen den Unternehmen. Diese dürfen nicht durch ungerechterweise gewährte staatliche Beihilfen, staatliche Monopole oder Unternehmensvereinbarungen, die die Märkte in Übereinstimmung mit den herkömmlichen Grenzen aufteilen, abgeschreckt werden.

1.3. Maastricht - die neuen Zielsetzungen wirken sich auf den Wettbewerb aus

1993 ist der Vertrag von Maastricht über die Europäische Union in Kraft getreten. Das Subsidiaritätsprinzip und die offizielle Aufnahme industrie-, kultur- und umweltpolitischer Zielsetzungen in diesen Vertrag werden sich auf die Anwendung der Wettbewerbspolitik auswirken. Im Bereich des Umweltschutzes ist die Wechselwirkung mit dem Wettbewerb besonders klar, da die Ziele des Umweltschutzes die Wettbewerbspolitik beeinflussen werden und für das auf Dauer angelegte umweltverträgliche Wachstum mit den hiermit verbundenen strukturellen Veränderungen eine aktive Wettbewerbspolitik notwendig sein wird.

1.4. Internationale Lage - GATT und EWR

1993 haben zwei äußerst wichtige internationale Ereignisse stattgefunden:
- der Abschluß der Abkommen der Uruguay-Runde im Rahmen des GATT und
- die Ratifizierung des Abkommens über den Europäischen Wirtschaftsraum (EWR) mit den Mitgliedsländern der EFTA.

Beide Abkommen wirken sich unmittelbar und tiefgreifend auf die Wettbewerbspolitik aus. An ihnen verdeutlicht sich der allgemeine Grundsatz, der besagt, daß es um so wichtiger ist, wettbewerbsbeschränkende Vereinbarungen zwischen Unternehmen zu beseitigen, die geeignet sind, die Märkte aufzuteilen oder den Zugang zu neuen Märkten zu behindern, als die Globalisierung der Märkte zunimmt und staatliche Behinderungen abgeschafft werden. Der EWR sieht gemeinsame Wettbewerbsregeln für die Mitgliedstaaten der Europäischen Union und der EFTA vor. Das neue GATT-Abkommen sieht Wettbewerbsvorschriften vor. In diesem Bereich ist die Kommission aber bereits aufgrund bestehender oder in Ausarbeitung befindlicher Abkommen mit den Vereinigten Staaten und den osteuropäischen Ländern aktiv. Im diesjährigen Bericht wird die Beziehung zwischen der Globalisierung des Handels, der Handelspolitik, der Reduzierung der Handelshemmnisse und der Wettbewerbspolitik untersucht.

1.5. Stahl und Telekommunikation - zwei wichtige Tätigkeitsbereiche

Die Stahlindustrie und der Telekommunikationssektor bildeten zwei Haupttätigkeitsbereiche. Trotz ihres ganz unterschiedlichen Charakters zeigen sie, in welchem Kontext Wettbewerbspolitik notwendig ist.

1.5.1. Stahlindustrie

Die strukturellen Nachfrageveränderungen, die Intensivierung des internationalen Wettbewerbs und die in der Vergangenheit gewährten Beihilfen haben unter anderem zu einer chronischen Überkapazität geführt. Umstrukturierung und bedeutende Kapazitätsherabsetzungen waren unter gleichzeitiger Berücksichtigung der sozialen Dimension des Problems, insbesondere der Arbeitsplatzverluste in Regionen mit hoher Arbeitslosigkeit, notwendig. Außerdem muß für eine Gleichbehandlung der öffentlichen und privaten Stahlunternehmen gesorgt werden. Aus diesem Grunde muß jede staatliche Beihilfe mit einer angemessenen Kapazitätssenkung einhergehen. Italien, Spanien und die fünf neuen Bundesländer waren die größten Beihilfeempfänger. Die Kommission hat von den Unternehmen verlangt, daß sie ihre Kapazität herabsetzen, ohne sich in wettbewerbswidrige Absprachen zu flüchten, die sie nicht zulassen wird. Das Problem bleibt aktuell, obwohl 1993 mehrere Entscheidungen erlassen wurden.

1.5.2. Telekommunikationssektor

Dieser Sektor beschäftigt mehr als 1 Million Personen und ist durch ein rasches Wachstum gekennzeichnet. Für das heutige Wirtschaftsleben ist ein effizientes Telekommunikationsnetz lebenswichtig und wird für alle Privathaushalte in zunehmendem Maße unerläßlich. Trotz einiger Fortschritte auf dem Wege zur Liberalisierung der Endgeräte und der Dienstleistungen mit hoher Wertschöpfung wurde der Telekommunikationssektor weiterhin von einzelstaatlichen Monopolen beherrscht. Im Anschluß an eine Untersuchung und umfassende Konsultationen hat die Kommission dem Rat, der die Notwendigkeit der vollständigen Liberalisierung des Sprachtelefondienstes bis 1998 anerkannt hat, ihre Vorschläge unterbreitet. Obwohl stets zahlreiche flankierende Maßnahmen notwendig sind, bevor eine Liberalisierung in vollem Umfang verwirklicht werden kann, stellt die Annahme der Liberalisierung als grundsätzliche Notwendigkeit bereits einen gewaltigen Schritt dar. Die Kommission wird insbesondere darauf achten, daß ein Gleichgewicht zwischen Wettbewerb und dem durch ihn bedingten Effizienzzuwachs sowie der Notwendigkeit der Aufrechterhaltung eines für alle Privathaushalte zugänglichen universellen Dienstes zustande kommt.

(IP/94/413)

2. Bekanntmachung - Mehr Transparenz und Effizienz in der gemeinschaftlichen Fusionskontrolle

Die Kommission hat eine Reihe von Maßnahmen beschlossen, die für mehr Transparenz und Effizienz in der Durchführung der gemeinschaftlichen Fusionskontrollverordnung sorgen sollen.

Vereinfachung der Anmeldeerfordernisse für Gemeinschaftsunternehmen

Im Hinblick auf die Vereinfachung der Anmeldeerfordernisse für Gemeinschaftsunternehmen von geringerer Bedeutung innerhalb der Gemeinschaft anbelangt hat die Kommission die Option einer Kurzanmeldung in einem überarbeiteten Formblatt CO speziell für Gemeinschaftsunternehmen mit einem Umsatz und/oder Aktiva von weniger als 100 Millionen ECU eingeführt. Das neue Formblatt CO bringt außerdem Änderungen mit Rücksicht auf die neuen Arbeitserfordernisse und Verfahren der Kommission, ohne daß damit für die anmeldenden Parteien eine spürbare administrative Mehrbelastung verbunden ist.

Änderung des Gemeinschaftsverfahrens

Desweiteren wurde die Durchführungsverordnung zur Fusionskontrollverordnung überarbeitet und verschiedene Änderungen zur Beseitigung von Unklarheiten und zur Verbesserung der Verfahren im allgemeinen eingeführt. Die wichtigsten Änderungen betreffen drei Aspekte des Gemeinschaftsverfahrens:
- Berechnung der Fristen,
- materielle Änderungen bezüglich der Anmeldetatbestände und
- Anhörungsrechte der Parteien.
Außerdem setzt die neue Verordnung den anmeldenden Parteien eine Meldefrist bei Änderungen ihrer Zusammenschlußvorhaben zwecks Lösung des Wettbewerbsproblems. Mit diesen in der Sache begrenzten Änderungen soll die Durchführungsverordnung transparenter und leichter anwendbar gemacht werden.

Konzentrative und kooperative Gemeinschaftsunternehmen

Die Politik der Kommission in dieser für die Bestimmung der Gemeinschaftszuständigkeit relevanten Frage hat sich seit dem Inkrafttreten der Verordnung in wichtigen Punkten weiterentwickelt. Die von der Kommission 1990 verabschiedete Bekanntmachung entspricht nicht mehr der heutigen Politik auf diesem Gebiet. Zweck der neuen Bekanntmachung ist es, dem Fallrecht Rechnung zu tragen, ferner die Grundsätze, nach denen zwischen kooperativen und konzentrativen Gemeinschaftsunternehmen unterschieden wird, zu klären und die Notwendigkeit, zwecks Bestimmung der Gemeinschaftszuständigkeit Sachverhaltsfragen zu prüfen, soweit wie möglich zu verringern.

Der Konzentrationsbegriff in der Fusionskontrollverordnung

Die Bekanntmachung über den Konzentrationsbegriff regelt, unter welchen Bedingungen die beiden von der Fusionskontrollverordnung erfaßten Konzentrationstatbestände - Fusion und Erwerb der (alleinigen oder gemeinsamen) Kontrolle - gegeben sind und damit eine Anmeldepflicht begründen.

Die Bekanntmachung über den Begriff "beteiligte Unternehmen" bringt eine ausführliche Definition dieses für die Ermittlung der drei Umsatzschwellen der Fusionskontrollverordnung wichtigen Begriffs. Im Hinblick auf die Bestimmung der Gemeinschaftszuständigkeit handelt es sich bei den "beteiligten Unternehmen" um die an der Transaktion beteiligten Unternehmen, sofern sie fusionierende, übernehmende oder übernommene Parteien sind.

Die Bekanntmachung über die Berechnung des Umsatzes schließlich klärt ebenfalls Fragen betreffend die Bestimmung der Gemeinschaftszuständigkeit. Der Umsatz wird in der Fusionskontrollverordnung als Ausdruck der bei einem Zusammenschlußvorhaben zusammenzulegenden wirtschaftlichen Ressourcen und Aktivitäten verwendet. Die drei in der Fusionskontrollverordnung festgelegten Umsatzschwellen sollen die geographische Verteilung dieser Ressourcen und Aktivitäten widerspiegeln. Die neue Bekanntmachung enthält ausführliche Leitlinien für die Berechnung dieser drei Umsatzschwellen für die an einem Zusammenschlußßvorhaben beteiligten Unternehmen.

3.   Art. 85 EGV: Kartellverbot und Freistellungen

In diesem Abschnitt werden bedeutende Entscheidungen und Untersuchungen der Kommission aus den Jahren 1993 und 1994 vorgestellt, die das Verbot von Kartellen und Freistellungen von diesem Verbot betreffen.

3.1.   Das Anhörungsrecht in Wettbewerbsverfahren

In jedem EG-Wettbewerbsverfahren haben die von dem Verfahren Betroffenen ein als Grundrecht verankertes Recht auf Anhörung. Betroffene können sowohl Unternehmen, Unternehmensvereinigungen und Personen als auch Dritte sein, deren Interessen durch die endgültige Kommissionsentscheidung beeinträchtigt werden können.

Anhörungsrecht

Das Recht auf Anhörung wurde bereits in mehreren Verordnungen des Rates über die Umsetzung der Grundsätze der Artikel 85 und 86 des Vertrags bestätigt. So hat die Kommission Personen, Unternehmen oder Unternehmensvereinigungen zu hören, wenn ihnen Beschwerden übermittelt werden, die sie betreffen. Sie hat auch natürliche oder juristische dritte Personen zu hören, deren Interessen durch Handlungen oder Vereinbarungen betroffen sind, die von der Kommission bearbeitet werden. Dazu müssen diese Personen ein ausreichendes Interesse nachweisen. Die Bemerkungen können schriftlich oder in einer Anhörung übermittelt werden. Die Kommission kann allerdings einen Antrag auf Anhörung ablehnen, wenn die Parteien bereits Gelegenheit hatten, ihren Standpunkt schriftlich zu erläutern, und in der Zwischenzeit keine erhebliche Änderung der Fakten oder der Rechtslage erfolgt ist.

Zugang zu Kommissionsdokumenten

Neben dem Anhörungsrecht steht den Parteien bzw. deren Verteidigung das Recht zu, Zugang zu den Informationen zu erhalten, die sich im Besitz der Kommission befinden. Den Parteien sind indes nicht alle Dokumente zugänglich, die die Kommission zusammengetragen hat. Die Kommission hat die Vertraulichkeit zu garantieren. Deshalb muß sie die Anträge ablehnen, die sich auf den Zugang zu Informationen über Geschäftsgeheimnisse anderer Unternehmen beziehen. Dies gilt ebenso für interne Verwaltungsunterlagen.

Zuständigkeit

Zuständig für die Anhörung sind der für den Wettbewerb zuständige Kommissar und der Anhörungsberater der Generaldirektion. Daneben entscheiden sie über die Zulässigkeit der Weitergabe von Informationen. Beide wachen darüber, daß die Rechte der Parteien gewahrt werden, wenn die Kommission Verfahren im Bereich des Wettbewerbs einleitet. Durch die Übertragung der Befugnis auf die beiden Ämter soll zum einen den Teilnehmern am Wirtschaftsverkehr Rechtssicherheit gewährleistet werden, zum anderen soll die Effizienz der Verfahren im Bereich des Wettbewerbs verbessert werden.

Der Anhörungsberater

Die Kommission hat das Mandat des Anhörungsberaters überprüft und seine Kompetenzen, seine Aufgaben und die Verfahren genau definiert, denen er zu folgen hat. Die Funktion des Anhörungsberaters wurde von der Kommission im September 1982 geschaffen. Die Kommission hatte gleichzeitig ein Mandat festgelegt, mit dem die Aufgabe des betreffenden Beamten beschrieben wurde. Dem Mandat zufolge hatte der Anhörungsberater den Auftrag, den geordneten Ablauf der Anhörung sicherzustellen und zur Objektivität der Anhörung und der eventuellen späteren Entscheidung beizutragen. Der Anhörungsberater gehört zwar der Generaldirektion Wettbewerb an, sein Mandat sieht aber vor, daß er unabhängig handeln soll. Um diese Unabhängigkeit zu gewährleisten, besitzt er ein autonomes direktes Anrufungsrecht des für Wettbewerbsfragen zuständigen Kommissionsmitglieds.

Verweigerung des Anhörungsrechts

Wenn die Parteien kein ausreichendes Interesse nachweisen, kann die Kommission Beteiligten und Dritten das Recht verweigern, ihren Standpunkt in einem Verfahren mündlich darzulegen. Bislang war es dem Kollegium der Kommissare vorbehalten, über das Anhörungsrecht zu entscheiden. Nun hat die Kommission den für den Wettbewerb zuständigen Kommissar ermächtigt, die Maßnahmen zu treffen, die die Entscheidungen und Empfehlungen aus dem Zuständigkeitsbereich der Kommission vorbereiten oder aber ihrer Durchführung dienen. Das Recht auf Ablehnung einer Anhörung Dritter wird allerdings als vorbereitende Handlung für die Verabschiedung einer endgültigen Entscheidung angesehen. Aus diesem Grund schien es erforderlich, dem für den Wettbewerb zuständigen Kommissar die Aufgabe zu übertragen, über die Anhörungen zu beschließen. Die Kommission beschloß ferner, daß der für den Wettbewerb zuständige Kommissar diese Befugnis dem Anhörungsberater übertragen kann. Er kann am besten sicherstellen, daß die Ablehnung der Anhörung die Rechte der Verteidigung oder die Rechte Dritter nicht gefährdet.

Vertraulichkeit der Unterlagen

Die Kommission ist gehalten, die im Rahmen eines Verfahrens gesammelten Informationen, die unter das Berufsgeheimnis fallen, nicht zu verbreiten. Sie hat zu berücksichtigen, daß Unternehmen ein legitimes Interesse daran haben, die Verbreitung ihrer Geschäftsgeheimnisse zu unterbinden. Nicht ausgeschlossen ist, daß die Kommission einem beschuldigten Unternehmen Unterlagen übermittelt, die Geschäftsgeheimnisse anderer, an demselben Verfahren beteiligter beschuldigter Unternehmen, enthalten. Eine solche Entscheidung ist jedoch nur gerechtfertigt, wenn die betreffenden Aktenstücke für die Ausübung der Rechte der Verteidigung unerläßlich sind und der Konflikt zwischen den divergierenden Interessen nicht anders zu lösen ist. In diesem Fall hat die Kommission insbesondere dem Unternehmen, dessen Geschäftsgeheimnisse in dem betreffenden Dokument enthalten sind, Gelegenheit zu geben, ihre Einwände geltend zu machen, die die Mitteilungsfähigkeit des Dokumentes betreffen.

Der Beschluß hat insofern auch prozessualen Charakter, als es sich um eine vorbereitende Handlung für eine endgültige Entscheidung handelt. Die Ermächtigung des für den Wettbewerb zuständigen Kommissars scheint erforderlich, weil sich diese Fragen häufig ergeben und im Interesse des geregelten Ablaufs des Verfahrens schnell beantwortet werden müssen. Wie in dem vorgenannten Fall wurde eine Übertragung an den Anhörungsberater vorgesehen, da seine allgemeine Aufgabe darin besteht, den geregelten Ablauf der Anhörungen insbesondere durch die Gewährleistung der Wahrung des Rechts der Beteiligten und Dritter auf Anhörung sicherzustellen.

(IP/94/957)

3.2. Kontrolle der Preisnachlässe durch die Rover-Gruppe

Zwischen Mai 1986 und Oktober 1990 traf die Rover Group Limited ("Rover") im Vereinigten Königreich Vereinbarungen mit Vertretern ihrer zugelassenen Händler im Rahmen des Rover Car Dealers Council und des LandRover Dealer Council, mit denen die Höhe der von den zugelassenen Händlern eingeräumten Preisnachlässe bei Verkäufen von Rover 800-, Rover 400-, Rover 200-, Landrover- und Range Rover-Fahrzeugen eingeschränkt werden sollten.

Mitteilung der Verletzung von Artikel 85 EGV an die Kommission

Sobald das Rover-Top-Management Kenntnis von den Praktiken erhielt, wurden diese eingestellt und anschließend freiwillig dem britischen Office of Fair Trading und dann der Kommission mitgeteilt. Obwohl Rover die Auffassung vertritt, daß die Praktiken nur geringe kommerzielle Wirkungen hatten, sieht das Unternehmen ein, daß die Kommission Vereinbarungen über Preisnachlässe als eine ernsthafte Verletzung von Artikel 85 EG-Vertrag betrachtet.

Gegenmaßnahmen von Rover

Von Rover wurden folgende Schritte eingeleitet, um den Zustand zu beseitigen:
- uneingeschränkte und freiwillige Mitteilung an die Generaldirektion Wettbewerb der EG-Kommission
- schriftliche Mitteilung an die Händler des Unternehmens im Vereinigten Königreich mit der Feststellung, daß (Rover Cars)/(Land Rover) "Händler nicht mit der Begründung, daß diese herabgesetzte Listenpreise haben oder die Preise unter ein bestimmtes Niveau gesenkt haben, in irgendeiner Weise schlechter behandeln wird und rechtmäßig kann, als dies sonst der Fall wäre"
- Durchführung eines Programms zur Einhaltung von Kartellbestimmungen
- Erstattung der den Händlern von Rover im Rahmen der Preisnachlaßvereinbarungen versagten Rabatte
- eine Vereinbarung über eine Beitragsleistung in Höhe von einer Million Pfund Sterling zur Finanzierung von zwei Vorhaben zugunsten von Verbrauchern, die im Vereinigten Königreich Kraftfahrzeuge erwerben wollen.

Rover erklärte den Beitrag zur Finanzierung der beiden verbraucherorientierten Programme mit der Unfähigkeit, Einzelverbraucher, die möglicherweise einen finanziellen Verlust infolge der Preisnachlaßvereinbarungen des Unternehmens erlitten haben, festzustellen bzw. die Höhe dieser Verluste quantitativ zu erfassen. Die Zahlung ändere nichts an den Rechten von Einzelverbrauchern, gegen Rover oder Rover-Händler Ersatzansprüche geltend zu machen und hindere die Behörden im Vereinigten Königreich nicht daran, nach nationalem Recht Maßnahmen zu ergreifen.

Kein förmliches Verfahren

Unter Berücksichtigung der von Rover getroffenen Maßnahmen verzichtet die Kommission auf die Eröffnung eines förmlichen Verfahrens in diesem Fall. Die Kommission begründet die Tatsache, daß Unternehmen, die feststellen, daß das Wettbewerbsrecht der Gemeinschaft durch ihr Personal verletzt wurde, bei der Kommission den Sachverhalt offenlegen und der zuständigen nationalen Behörde Mitteilungen machen. Nur durch eine solche Offenlegung können die Unternehmen eine Eventualhaftung mit Geldstrafen über mehrere Jahre vermeiden.

(IP/93/993)

3.3. Kommission genehmigt Vereinbarungen über ausschließliche Übertragungsrechte für Fußballspiele in England

Sachverhalt

Der englische Fußballverband (English Football Association - FA) hatten den beiden Rundfunkanstalten BBC und BSKYB (ehemals BSB) die ausschließlichen Fußballübertragungsrechte für die Spielzeiten 1988/89 - 1992/93 eingeräumt. Die Vereinbarungen umfaßten alle nationalen und internationalen Spiele, für die die FA die Fernsehrechte besitzt, z.B. die von der FA ausgerichteten nationalen Pokalwettbewerbe (FA-Cup und Charity Shield) und die Länderspiele der englischen Nationalmannschaft. Die BBC und die BSB hatten sich gemeinsam um die Senderechte beworben und diese untereinander aufgeteilt, indem sie die Spiele abwechselnd übertrugen.

Verletzung von Artikel 85 EGV

Die alleinigen Übertragungsrechte der BBC und der BSKYB fielen nach Ansicht der Kommission unter Artikel 85 Abs. 1 EWG-Vertrag. Um allen Programmanbietern eine faire Chance zur Übertragung hochattraktiver Fußballspiele zu geben, sollte die Vergabe von Übertragungsrechten grundsätzlich auf eine Fußballsaison beschränkt sein.

Entscheidung der Kommission

Die Kommission hat das Verfahren eingestellt. In diesem besonderen Fall war eine Ausnahme zulässig, da die BSB (inzwischen BSKYB) erst 1990 den Sendebetrieb aufgenommen hat und daher ein längerfristiger Vergabevertrag gerechtfertigt schien, um diesem Sender den Zutritt zu dem sich neu entwickelnden Markt der Satelliten-Direktübertragung zu erleichtern. Die rechtliche Würdigung dieses Falles ist daher nicht als Vorwegnahme der Haltung der Kommission zu künftigen Verträgen der Betroffenen zu verstehen. Ursprünglich waren der BBC und der BSB (inzwischen BSKYB) auch die ausschließlichen Übertragungsrechte für Spiele gewährt worden, die im Ausland stattfinden und für deren Übertragung im englischen Fernsehen nach Artikel 14 der UEFA-Satzung die vorherige Genehmigung durch die FA erforderlich ist. Auf Verlangen der Kommission wurde diese Klausel, der Hauptgrund für die Beschwerde der Independant Television Association, 1992 aus den Vereinbarungen entfernt.

(IP/93/614)

3.4. Kommission stellt Verfahren gegen deutschen Einheitsglasflaschenpool für Mineralwasser ein

Sachverhalt

Der belgische Mineralbrunnen SPA hatte 1989 formell gegen die Weigerung der GDB Beschwerde geführt, ihm Zugang zu einem in Deutschland betriebenen Pool einheitlicher Mehrwegglasflaschen und Flaschenkisten zu gewähren. Eine ähnliche Beschwerde belgischer und französischer Mineralwasserbrunnen war von der Kommission im Dezember 1987 zurückgewiesen worden. Nach damaliger Auffassung der Kommission hatte die GDB-Vereinbarung und der daraus resultierende Ausschluß ausländischer Brunnen vor allem insofern keine spürbaren nachteiligen Auswirkungen auf die Stellung dritter Parteien oder den Handel zwischen Mitgliedstaaten, als Alternativgebinde zu den GDB-

Flaschen wie PVC- oder Einwegglasflaschen freien Zugang zum deutschen Markt hatten. Bis 1988 hatten sich vor allem die Mineralwasserausfuhren aus Frankreich und Belgien nach Deutschland rasch ausgeweitet. Die Kommission hatte sich jedoch vorbehalten, die Lage für den Fall zu überprüfen, daß in Deutschland zwingende Vorschriften bezüglich der Verwendung von Einwegflaschen für Mineralwasser erlassen werden sollten. Bis Ende 1989 waren PVC- und PET-Flaschen die gängigste Form der Verpackung im Export von Mineralwasser nach Deutschland gewesen.

Verletzung von Artikel 85 EGV

In einer Mitteilung von Beschwerdepunkten vom Dezember 1992 forderte die Kommission die GDB auf, ihren Pool für Brunnen der anderen Mitgliedstaaten zu öffnen. Sie begründete dies insbesondere damit, daß sich die Bedingungen auf dem deutschen Mineralwassermarkt mittlerweile so geändert haben, daß ausländische Brunnen nur dann auf dem deutschen Markt wettbewerbsfähig bleiben können, wenn sie ihr Wasser in GDB-Flaschen vermerkten können, so daß ein Zugang zum GDB-Pool für sie deshalb unverzichtbar geworden ist. So verschwand durch die 1989 in Kraft getretenen neuen Müllvermeidungsvorschriften die Plastikeinwegflasche vom Markt. Alternative Verpackungen wie recycelbare Plastik- oder Einwegglasflaschen vermochten die Einwegplastikflasche nicht zu ersetzen. Außerdem sind nach Inkrafttreten der neuen Verpackungsverordnung (VERPACKVO) Anfang 1993 Einwegglasflaschen und andere Einwegverpackungen für den Verkauf nicht mehr zugelassen, wenn für sie kein Recycling-System besteht. Für alle nicht wiederverwertbaren Behältnisse hat der Hersteller/Verteiler ein Pfand zu nehmen. Andererseits stehen wiederverwertbare Glasflaschen in direktem Wettbewerb mit dem GDB-Pool. Dies schafft insofern eine äußerst schwierige Situation, als die meisten Großhändler und Supermärkte keinen zweiten Pool neben dem GDB-Pool einzurichten wünschen, da dies für sie mit beträchtlichen Transport- und Lagerkosten verbunden wäre.

Zu betonen ist, daß die Kommission in diesem Fall nicht die deutsche Umweltschutzgesetzgebung in Frage stellte. Sie erklärte jedoch, daß in Anbetracht der 1990, 1991 und 1992 eingetretenen Entwicklung auf dem deutschen Mineralwassermarkt und in dessen rechtlichen und wirtschaftlichen Bedingungen - insbesondere was die Verabschiedung zwingender Vorschriften für die Verwendung von Einwegflaschen für Mineralwasser im Zusammenhang mit der Reaktion des Einzelhandels auf diese Vorschriften und deren Auswirkungen auf den Export nach Deutschland betrifft - die GDB-Vereinbarung und ihre praktische Anwendung als Marktzugangsschranke wirken kann. Sie behindere folglich den Zugang ausländischer Brunnen zum deutschen Markt und bedeute mithin eine Einschränkung des Wettbewerbs und eine beträchtliche Beeinträchtigung des innergemeinschaftlichen Handels im Sinne der Artikel 85 und 86 EWG-Vertrag.

Außerdem stelle angesichts der beherrschenden Stellung, die die GDB auf dem Markt für Mineralwasserbehältnisse einnimmt, deren Weigerung, Brunnen anderer Mitgliedstaaten den Zugang zu ihrem Pool zu gewähren, obgleich ein solcher Zugang als unverzichtbar gilt, damit diese Brunnen wirksam auf dem Mineralwassermarkt konkurrieren können, eine mißbräuchliche Ausnutzung einer beherrschenden Stellung im Sinne von Artikel 86 EWG-Vertrag dar. Brunnen anderer Mitgliedstaaten, die dem GDB-Pool beitreten wollen, müssen mit der GDB einen Beitrittsvertrag unterzeichnen. Dieser bestimmt vor allem, daß das neue Mitglied die Satzung und die Regelungen der GDB anerkennt und die Flaschen in erster Linie für den Export nach Deutschland verwenden wird. Ausländische Brunnen müssen Etiketten verwenden, die den deutschen Verbraucher eindeutig über die Herkunft des Mineralwassers und den Abfüllort informieren.

Nach Auffassung der Kommission reicht dies aus, um Verwechslungen durch die Verwendung von GDB-Flaschen durch Brunnen in den anderen Mitgliedstaaten zu vermeiden.

Entscheidung der Kommission

Nach dem einstimmigen Beschluß der Generalversammlung der Genossenschaft deutscher Brunnen (GDB) vom 29. April 1993, interessierten Brunnen aus anderen Mitgliedstaaten Zugang zu ihrem Mehrwegglasflaschenpool für Mineralwasser zu erteilen, hat die Kommission beschlossen, das Verfahren nach Artikel 85 und 86 zu schließen, das sie 1989 gegen die GDB aufgrund einer Beschwerde eines belgischen Brunnens, der die GDB- Flaschen für die Lieferung seiner Mineralwasser nach Deutschland benutzen wollte, eingeleitet hatte. Mittlerweile ist die Beschwerde zurückgezogen worden.

(IP/93/820)

3.5. Kommission stellt Verfahren wegen Verletzung der Wettbewerbsregeln gegen Microsoft ein

Das amerikanische Unternehmen Microsoft hat sich am 15. Juli 1994 schriftlich zu einer Veränderung seiner Lizenzvergabepraktiken verpflichtet. Vorausgegangen war eine Periode intensiver Verhandlungen zwischen Microsoft und einer Gruppe hochrangiger Beamter der EG-Kommission und des US-Justizministeriums. Außerdem wurden vom US-Justizministerium gegen Microsoft erhobene Vorwürfe in einer Konsensvereinbarung geregelt.

Diese Verpflichtungserklärung ist zumindest in zweierlei Hinsicht von großer Bedeutung. Es handelt sich zum einen um den bisher bedeutendsten Fall in der Softwareindustrie. Der Markt für Betriebssysteme für weltweit schätzungsweise etwa 150 Millionen Computer wird geöffnet, was für einige der Sektoren mit den höchsten Wachstumsraten im Bereich der Informationstechnologie von strategischer Bedeutung ist. Überdies kam es dabei zu einer historischen und bisher beispiellosen Zusammenarbeit zwischen der EG-Kommission und dem US-Justizministerium. Sie eröffnet wichtige Perspektiven für die Zukunft und dient als Beispiel für die künftige Zusammenarbeit der beiden Behörden im gemeinsamen Bemühen, großen multinationalen Unternehmen wirksam zu begegnen. Der Erfolg dieser gemeinsamen Anstrengungen ist ein deutliches Zeichen für alle multinationalen Unternehmen, auch in anderen Wirtschaftszweigen.

Sachverhalt

Das 1975 gegründete, in Redmond (Washington, USA) niedergelassene Unternehmen Microsoft ist zum weltweit größten Entwickler, Hersteller und Lieferanten von PC-Software mit einem Gesamtumsatz von 3,7 Mrd. US$ aufgestiegen. Sein Nettogewinn betrug 1993 fast 1 Mrd. US$, wovon ein Drittel in der Europäischen Union erzielt wurde. Microsoft ist als Lieferant der Betriebssysteme MS-DOS und Windows, die in mehr als 120 Millionen Personalcomputern verwendet werden, der unumstrittene Marktführer.

Anläßlich einer Beschwerde von Novell, dem in Provo (Utah, USA) ansässigen weltweit zweitgrößten PC-Software-Unternehmen, vom 30. Juni 1993 hatte die Kommission eine Untersuchung der Lizenzvergabepraktiken von Microsoft eingeleitet. Novell, vor allem bekannt für seine Netzwerkprogramme, bietet in Konkurrenz zu Microsoft auch Betriebssysteme an. Novell warf Microsoft vor, durch wettbewerbswidrige Praktiken Konkurrenten vom Markt für PC-Betriebssysteme auszuschließen. Vor allem würden die Konkurrenten durch die Standardverträge für die Lizenzvergabe von Software an PC-Hersteller am Verkauf ihrer eigenen Erzeugnisse gehindert. In diesen Verträgen richteten sich die Lizenzgebühren, die die Hersteller an Microsoft zu zahlen hatten, nach der Anzahl der verkauften Personalcomputer, unabhängig davon, ob sie mit Microsoft-Software, Programmen eines Konkurrenten oder ohne Software an Kunden weiterverkauft wurden.

Verletzung von Artikel 85 EGV

Nach Prüfung der Beschwerde war die Kommission zu dem Ergebnis gekommen, daß durch diese Verträge der europäische Markt für PC-Betriebssysteme vom Wettbewerb abgeschottet wurde und ein Verstoß gegen die Artikel 85 und 86 EGV vorlag. Hierbei waren insbesondere folgende Punkte zu beanstanden:

- "Prozessor-" und "System-Lizenzen", in denen dem Hersteller eine Lizenzgebühr für jeden Computer abverlangt wurde, der entweder mit einem bestimmten Prozessor ausgestattet war oder unter eine vom Hersteller benannte Modellreihe fiel, und zwar unabhängig davon, ob die einzelnen Rechner mit oder ohne Microsoftprogramme weiterverkauft wurden;
- "Mindestbezugsverpflichtungen", nach denen die Lizenznehmer unabhängig vom tatsächlichen Verkaufserfolg der einzelnen Erzeugnisse eine vorher festgelegte Mindestzahl von Programmexemplaren zu bezahlen hatten, sowie
- die Laufzeit der Lizenzverträge von Microsoft.

Gleichzeitig hatte die Federal Trade Commission, eine Kartellbehörde der Vereinigten Staaten, eine Untersuchung in die gleiche Richtung aufgenommen. Als diese Behörde im Frühjahr 1993 über die Frage eines Eingreifens gespalten war, übernahm die Antitrust Division des US-Justizministeriums den Fall. Im Rahmen dieser Nachforschungen verzichtete Microsoft auf sein Geheimhaltungsrecht gegenüber beiden Behörden und stimmte einem Informationsaustausch zwischen der Kommission und dem US-Justizministerium zu. Im Zuge der anschließenden Kontakte zwischen der GD IV und dem Justizministerium wurde ein gemeinsames Vorgehen vorbereitet. Es handelt sich jedoch nicht um eine Maßnahme auf Grundlage der Vereinbarung über die Zusammenarbeit in Wettbewerbsangelegenheiten von 1991 zwischen der EG-Kommission und dem US-Justizministerium, die erst nach einer abschließenden Entscheidung des Europäischen Gerichtshofs in Kraft treten kann.

Einleitung eines Verfahrens durch die Kommission

Als die Kommission sich anschickte, das förmliche Verfahren einzuleiten und die Beschwerdepunkte zu formulieren, deutete Microsoft seine Bereitschaft zu einer einvernehmlichen Regelung mit den betroffenen Behörden an. Die Kommission und das US-Justizministerium willigten daraufhin in gemeinsame Verhandlungen mit Microsoft ein, die sowohl in Brüssel als auch in Washington (DC) stattfanden und in eine Verpflichtungserklärung von Microsoft gegenüber beiden Behörden mündeten.

Die Verpflichtungserklärung

Gemäß ihrer Verpflichtungserklärung gegenüber der Europäischen Kommission und dem US-Justizministerium wird Microsoft künftig keine Lizenzverträge mehr abschließen, deren Laufzeit ein Jahr überschreitet. Außerdem verzichtet Microsoft gegenüber seinen Lizenznehmern auf Mindestbezugsverpflichtungen und auf die Prozessorklausel.

Systemlizenzen sind nur zulässig, wenn den Lizenznehmern eindeutig die Möglichkeit belassen wird, andere Erzeugnisse als die von Microsoft zu erwerben, ohne hierfür Lizenzgebühren an Microsoft zu entrichten. Bestimmungen in bestehenden Lizenzverträgen, die dieser Regelung entgegenstehen, werden nicht mehr angewandt. Lizenznehmer haben die Möglichkeit, bestehende Verträge zu beenden. Diese Verpflichtungserklärung gilt für sechseinhalb Jahre.

(IP/94/653)

3.6.   Gruppenfreistellungsverordnungen

3.6.1. Neue Freistellungsverordnung für den Versicherungssektor

Die Kommission hat am 21. Dezember 1992 in Anwendung des Artikels 85 Absatz 3 EWG-Vertrag eine Verordnung zur Freistellung bestimmter Gruppen von zwischen Versicherungsunternehmen geschlossenen Vereinbarungen vom Kartellverbot des Artikel 85 Absatz 1 verabschiedet. Die Verordnung stellt die Voraussetzungen für die Freistellung in den vier nachfolgenden Bereichen auf:

- Berechnung der Durchschnittskosten für die Deckung der Risiken (Nettoprämien)
- Muster für allgemeine Versicherungsbedingungen
- gemeinsame Deckung bestimmter Arten von Risiken
- Prüfung und Anerkennung von Sicherheitsvorkehrungen.

Die Freistellungsverordnung tritt an 1. April 1993 in Kraft und bis 2003 gültig sein.

Die Besonderheiten des Versicherungssektors rechtfertigen bestimmte Formen des Zusammenarbeit, zumal wenn hierdurch eine bessere Kenntnis der Risiken erwogen wird und die Lasten im Interesse der Versicherten verteilt werden können.

Berechnung der Durchschnittskosten

Freigestellt werden Vereinbarungen, die die Berechnung der Nettoprämien betreffen. Diese Prämien werden auf der Grundlage von Statistiken über die Anzahl der Schadensfälle und die Anzahl der versicherten einzelnen Risiken berechnet. Die äußeren Umstände, die die Häufigkeit und den Umfang von Schadensfällen oder den Ertrag von verschiedenen Anlageformen beeinflussen, können ebenfalls Gegenstand gemeinsamer Studien sein, ohne daß sich deren Ergebnisse in den Prämien niederschlagen. Die Nettoprämien dürfen lediglich als Referenz dienen. Aufeinander abgestimmte Verhaltensweisen im Bereich der Prämien, die effektiv von den Versicherten verlangt werden, sind nicht freigestellt.

Muster für allgemeine Versicherungsbedingungen

Außerdem stellt die Verordnung Versicherungsunternehmen von dem Verbot frei, Muster allgemeiner Versicherungsbedingungen für die Direktversicherung sowie Modelle zur Darstellung von Überschußbeteiligungen eines Lebensversicherungsvertrages aufzustellen. Auf diese Weise können die Versicherungsnehmer Angebote besser vergleichen. Die Freistellung gilt nur unter der Voraussetzung, daß die Versicherungsbedingungen sowie Modelle mit dem ausdrücklichen Hinweis auf ihre Unverbindlichkeit aufgestellt werden. Außerdem müssen die Muster allgemeiner Versicherungsbedingungen allen Interessenten und insbesondere den Versicherungsnehmern zur Verfügung gestellt werden, so daß echte Transparenz entsteht und alle Verbraucher hiervon profitieren. Die Verordnung zielt nicht darauf ab, die Verwendung von Musterbedingungen zu fördern. Sie will vielmehr darauf aufmerksam machen, daß derartige Bedingungen dort, wo sie verwendet werden, nur als Hinweis dienen. Die Versicherungsnehmer können in der Tat andere Berechnungsmodelle verlangen.

Gemeinsame Deckung bestimmter Arten von Risiken

Die Bildung von Mitversicherungs-oder Mitrückversicherungsgemeinschaften zur Deckung großer, selten auftretender oder neuartiger Risiken wird insofern positiv gewertet. als hierdurch einer größeren Zahl von Unternehmen der Marktzutritt ermöglicht wird und sich die Deckungskapazität erhöht. Um aber einen wirksamen Wettbewerb sicherzustellen, macht die Verordnung die Freistellung derartiger Gemeinschaften von der Voraussetzung abhängig, daß sämtliche an einer Mitrückversicherungsgemeinschaft Beteiligten einen Marktanteil von 15% und alle an einer Mitversicherungsgemeinschaft Beteiligten einen Marktanteil von 10% nicht überschreiten. Der Grund für diesen niedrigeren Prozentsatz besteht darin, daß zwischen den Mitgliedern einer derartigen Mitversicherungsgemeinschaft der Wettbewerb eingeschränkt ist.

Prüfung und Anerkennung von Sicherheitsvorkehrungen

Die Zusammenarbeit auf dem Gebiet der Prüfung von Sicherheitsvorkehrungen der Versicherungsunternehmer (Alarmanlagen, Feuerdetektoren...) und von Installateur- und Wartungsunternehmen ist insofern zweckmäßig, als wiederholte Einzelzulassungsverfahren vermieden werde können. Mit den in der Verordnung aufgestellten Freistellungsvoraussetzungen soll sichergestellt werden, daß alle Hersteller, Installateur- und Wartungsunternehmen die Zulassung beantragen können und daß der Zulassung objektive und näher festgelegte Kriterien zugrundegelegt werden. Außerdem dürfen die Vereinbarungen nicht zur Ausstellung erschöpfender Listen führen, und jedes Unternehmen muß die Freiheit haben, eine nicht nach den gemeinsamen Regeln anerkannte Sicherheitseinrichtung oder Installateur- oder Wartungsfirma zu akzeptieren.

Die Kommission hat die Möglichkeit, die Vorteile der Gruppenfreistellungsverordnung zu entziehen, wenn aufgrund der Verordnung freigestellte Einzelvereinbarungen dennoch Auswirkungen zeitigen, die mit Artikel 85 Absatz 3 EWG-Vertrag unvereinbar sind.

Die Kommission will mit dieser Verordnung die Rechtssicherheit der Versicherungsgeber und Versicherungsnehmer verbessern und zur Verwirklichung des im Aufbau begriffenen Binnenmarkts beitragen, indem der Zusammenarbeit von Versicherungsunternehmen bei bestimmten Vereinbarungen genaue Grenzen gesetzt werden. Außerdem trägt die Verordnung zu einer dezentralen Anwendung der Wettbewerbsregeln in den Mitgliedsstaaten bei, weil sie den nationalen Gerichten ermöglicht festzustellen, ob die Gruppenfreistellungsvoraussetzungen erfüllt sind.

Schließlich werden durch diese Verordnung die Richtlinien der dritten Generation im Versicherungssektor ergänzt (3. Schadens-und 3. Lebensversicherung). Diese bestimmen das rechtliche Umfeld, in dem die Versicherungsunternehmen sich mit ihren Tätigkeiten im Binnenmarkt entfalten können.

(IP/93/28)

3.6.2. Neue Gruppenfreistellungsverordnung für computergesteuerte Buchungssysteme im Luftverkehr

Auf Vorschlag des für die Wettbewerbspolitik zuständigen Kommissionsmitglieds Karel van Miert hat die Kommission eine Verordnung über computergesteuerte Buchungssysteme für den Luftverkehr angenommen. Die neue Verordnung tritt am 1. Januar 1994 in Kraft und bleibt bis zum 30. Juni 1998 gültig.

Die neue Gruppenfreistellung gilt ebenso wie die frühere für computergesteuerte Buchungssysteme, die den Wettbewerb gewährleisten, insbesondere in bezug auf den Zugang der Luftfahrtunternehmen zu den betreffenden Systemen, die Nichtdiskriminierung der den Systemen angeschlossenen Mitglieder, die Genauigkeit der von ihnen übermittelten Daten, die Bekanntgabe der Flüge unter denselben Bedingungen für alle teilnehmenden Luftfahrtunternehmen und die Gegenseitigkeit der Verpflichtungen für Unternehmen aus Drittländern.

Im Rahmen der Erörterungen über das dritte Maßnahmepaket zur Liberalisierung des Luftverkehrs hat sich die Kommission im vergangenen Jahr verpflichtet, die für den Luftverkehr bereits bestehenden Gruppenfreistellungen um fünf Jahre zu verlängern. Mit dem Verordnungsentwurf über die computergesteuerten Buchungssysteme kommt die Kommission ihrer gegenüber dem Rat eingegangenen diesbezüglichen Verpflichtung nach.

Die wichtigsten Änderungen gegenüber der früheren Gruppenfreistellungsverordnung betreffen folgendes:
- Ein Systemverkäufer, der die Funktionsweise des Datenvertriebssystems verbessert, muß die betreffenden Verbesserungen allen teilnehmenden Luftfahrtunternehmen nicht nur mitteilen, sondern diesen auch anbieten.
- Ein teilnehmendes Luftfahrtunternehmen darf sich nicht weigern einem konkurrierenden computergesteuerten Buchungssystem die Information mitzuteilen, die es dem eigenen System über Flugpläne, Tarife und Verfügbarkeit mitteilt. Ebensowenig darf es sich weigern, Buchungen mit derselben Sorgfalt entgegenzunehmen und zu bestätigen.
- ein Systemverkäufer muß in seinem EDV-System die Funktion des Vertriebs von den Funktionen der Bestandsaufnahme und der Verwaltung trennen (sei es durch Software oder Hardware).
- Ein Systemverkäufer muß die notwendigen Schutzmaßnahmen ergreifen, damit der Zugang zu den Buchungsinformationen nur unter bestimmten, in der Verordnung festgelegten Bedingungen möglich ist.
- Ein Systemverkäufer muß seine Fakturierung so gestalten, daß die teilnehmenden Luftfahrtunternehmen sofort erkennen können, welche Dienstleistungen zu welchen Preisen erbracht worden sind.

(IP/93/1136)

3.6.3. Änderung der KFZ-Vertriebsvereinbarung Nr. 123/85

Am 5. Oktober 1994 hat die Kommission den Entwurf der Verordnung zur Anwendung von Artikel 85 Absatz 3 EGV auf Gruppen von Vereinbarungen über den Vertrieb und den Kundendienst von Kraftfahrzeugen genehmigt. Diese Verordnung soll an die Stelle der im Juli 1995 auslaufenden Verordnung 123/85 treten, mit der die selektiven Vertriebsvereinbarungen in den vergangenen zehn Jahren freigestellt worden sind. Die neue Verordnung tritt am 1. Juli 1995 in Kraft.

Maßgebend für die Vorlage einer neuen Freistellungsverordnung war die Auffassung der Kommission, daß Alleinvertriebsverträge ein Vertrauensverhältnis zwischen den Herstellern und den Vertriebshändlern in bezug auf ein ganz bestimmtes Erzeugnis herstellen. Sie erlauben es dem Hersteller, eine wirksame Betreuung seines Erzeugnisses zu gewährleisten, dem Vertragshändler, eine Vorzugsbeziehung mit dem Hersteller zu unterhalten, und schließlich dem Verbraucher, auf das technische Wissen und die Erfahrung des Vertragshändlers zurückgreifen und eine gemeinschaftsweite Garantie für sein Kraftfahrzeug in Anspruch nehmen zu können.

Die Gruppenfreistellung wird die Wahlmöglichkeiten der europäischen Verbraucher nicht einschränken. Denn sie gibt ihnen die Möglichkeit, die Vorteile des Binnenmarktes durch den Kauf eines Fahrzeugs an dem Ort ihrer Wahl ohne Benachteiligungen und gut informiert in Anspruch zu nehmen.

Die Änderungen an der bestehenden Verordnung bezwecken die Verbesserung der Funktionsweise des Binnenmarktes, den Ausgleich der Interessen zwischen den Beteiligten, die Förderung partnerschaftlicher Beziehungen und das reibungslose Funktionieren des Abkommens mit Japan. Die wesentlichen Neuerungen sind:

- Der Vertriebshändler darf unter bestimmten Voraussetzungen Fahrzeuge mehrere Marken vertreiben (Mehrmarkenvertrieb);
- zwischen den Herstellern und den Vertragshändlern werden einvernehmlich Verkaufsziele festgelegt;
- der Vertragshändler darf sich bei anderen Quellen als dem Hersteller mit Ersatzteilen versorgen, sofern diese ein gleichwertiges Qualitätsniveau aufweisen;
- verboten werden nach Maßgabe des Bestimmungsortes des verkauften Kraftfahrzeugs gestaffelte Erlöse des Vertragshändlers;
- die unabhängigen Werkstätten erhalten die Möglichkeit, auf die für die Instandsetzung der Fahrzeuge erforderlichen Informationen zurückgreifen zu können;
- genauer definiert sind die verbotenen einschränkenden Bestimmungen, die die Nichtigkeit der Freistellung bewirken,
- und der Vertragshändler darf auch außerhalb seines Verkaufsgebiets Werbung betreiben.
Argumente für eine Neuausrichtung der Freistellungsverordnung
Nach Auffassung der Kommission sprechen folgende Gründe dafür, den selektiven Kfz-Vertrieb vom Verbot des Artikels 85 Absatz 1 EGV weiterhin freizustellen:
- Kraftfahrzeuge sind langlebige technische Verbrauchsgüter, deren Wartung und Instandsetzung von Fachleuten überall und jederzeit vorgenommen werden muß können;
- die Zusammenfassung des Verkaufs und der Kundendienstleistungen ist als wirtschaftlicher anzusehen;
- zwischen den Händlernetzen der verschiedenen Hersteller herrscht Wettbewerb und
- das selektive Vertriebssystem ist für die Verbraucher von Vorteil, indem ihre Beweglichkeit in der Europäischen Union gewährleistet wird.

Bilanz der bisherigen Erfahrungen

Mit den Auswirkungen der Verordnung 123/85, die seit nunmehr zehn Jahren gilt, und der Entwicklung, die der KFZ-Sektor in diesem Zeitraum genommen hat, hat sich die Kommission im Rahmen mehrerer Untersuchungen beschäftigt. Danach ist der Kfz-Sektor der wichtigste Wirtschaftszweig in der Europäischen Union.

Die Umsätze in diesem Markt haben sich erheblich ausgeweitet. Der Wettbewerb zwischen den einzelnen Marken ist ausgeprägt. Die technischen Verbesserungen insbesondere im Sicherheitsbereich waren umfangreich. Während sich die Kfz-Herstellung durch einen hohen Konzentrationsgrad auszeichnet, bilden die Hersteller von Ersatzteilen, der Vertriebs- und der Reparaturbereich ein Netz von kleinen und mittelständischen Unternehmen in der Europäischen Union, dessen wirtschaftliches Gewicht und Beschäftigungspotential von erheblicher Bedeutung sind. Im Binnenmarkt muß der Verbraucher seine Vorteile durch vermehrte Auswahlmöglichkeiten wahrnehmen können.

Seit 1985 war die Kommission desweiteren mit einer Vielzahl von Fällen des Mißbrauchs befaßt. Diese betrafen überwiegend die Verweigerung von Gewährleistung oder von Konformitätsbescheinigungen und die Lieferung von Kraftfahrzeugen außerhalb des Vertragsgebiets eines Händlers. Im Anschluß an eine Beschwerde der Europäischen Verbrauchervereinigung des Jahres 1990 hat die Kommission regelmäßig die Preisunterschiede zwischen den einzelnen Mitgliedstaaten untersucht. Aus der letzten im Mai 1994 vorgenommenen Erhebung geht hervor, daß erhebliche Abweichungen fortbestehen, die nicht auf die Währungsschwankungen zurückgeführt werden können (bei 22,5 % der europäischen Kfz-Modelle lagen Preisunterschiede von mehr als 20 % zwischen einzelnen Mitgliedstaaten vor). Gegenwärtig liegen der Kommission einige Dutzend mündliche und schriftliche Beschwerden vor. Diese beziehen sich auf Verkaufsverweigerungen, Gewährleistungsverweigerungen, Bestrafung von Verbrauchern, die außerhalb der Landesgrenzen ein Kraftfahrzeug erwerben, Verbot für die Ausrüster, ihre Erzeugnisse in einem Vertriebsnetz zu verkaufen, einseitige Auferlegung unrealistischer Verkaufsziele an die Vertragshändler usw.

Auf der Grundlage ihrer Untersuchungsergebnisse ist die Kommission zu der Auffassung gelangt, daß eine Neuausrichtung der Verordnung ohne eine Änderung von deren Grundlagen das wirksamste Mittel darstellt, um Verhaltensweisen zu beheben, die für den Wirtschaftszweig ohne eigentliche Bedeutung sind, jedoch das System insgesamt in Frage stellen. Die große Anzahl der bei der Kommission eingegangenen Beschwerden zeigt, daß die Verordnung den Unternehmen keinen zuverlässigen Rechtsrahmen hat geben können. Es wäre unergiebig, wenn man die zahlreichen Probleme der Anwendung dieser Verordnung nur durch ein punktuelles Vorgehen der Kommission bei Beschwerden regeln wollte. Eine Änderung bestimmter Artikel der Verordnung müßte es hingegen erlauben, diese Schwachstellen in Zukunft zu beseitigen und zum Vorteil und Nutzen sämtlicher Beteiligten ein zuverlässiges rechtliches Umfeld zu schaffen.

Die wichtigsten Änderungen

Um die wirtschaftliche Unabhängigkeit der Vertragshändler, bei denen es sich überwiegend um kleine und mittelständische Betriebe handelt, gegenüber den Herstellern zu stärken, schlägt die Kommission folgendes vor:

- dem Vertragshändler wird die Möglichkeit gegeben, auch die Erzeugnisse von Wettbewerbern zu verkaufen (Mehrmarkenvertrieb), vorausgesetzt, dieser Verkauf erfolgt in getrennten Verkaufsräumen mit eigenständiger Betriebsführung, so daß keine Verwechslung zwischen den Marken möglich ist. Dem Hersteller steht es frei, seinen Vertrag zu kündigen, falls der Vertragshändler andere Marken vertreiben will, muß seine Kündigung aber auf objektive Kriterien stützen. Für den Konfliktfall ist ein Schiedsverfahren vorgesehen. Durch die Einführung des Mehrmarkenvertriebs soll der Vertragshändler gegenüber dem Hersteller eine größere Unabhängigkeit erlangen können;
- die gemeinsame Festsetzungen zwischen dem Hersteller und dem Vertragshändler von Verkaufszielen auf der Grundlage der vorangehenden Verkäufe und der Verkaufsvorausschätzungen. Bei fehlendem Einvernehmen ist ebenfalls ein Schiedsverfahren vorgesehen;

- die Verlängerung der Mindestlaufzeit der Vereinbarungen zwischen Herstellern und Vertragshändlern von vier auf fünf Jahre und der Kündigungsfrist von einem auf zwei Jahre, um die Investitionen der Vertragshändler besser schützen zu können;
- das Verbot der Einbeziehung wettbewerbswidriger (schwarzer) Klauseln in die Verträge, die den Verlust der Freistellung bewirken (Einbeziehung der von der Freistellungsverordnung nicht erfaßten Erzeugnisse und Dienstleistungen, Verkaufsbeschränkungen, nach Maßgabe des Bestimmungsortes berechnete Erlöse usw.)
- der Vertragshändler kann beim Verkauf von Neufahrzeugen auf Finanzierungsformen wie z.B. Leasing zurückgreifen. Der Verordnungsentwurf enthält eine Verkaufsdefinition, die auch die Vorgänge einbezieht, die zwar nicht einen Verkauf im strengen Sinne darstellen, aber diesem gleichgestellt werden können;
- verbesserter Marktzutritt für die Hersteller von Ersatzteilen und die unabhängigen Werkstätten
- in der neuen Verordnung wird das Recht der Vertragshändler besser geschützt, sich bei unabhängigen Ersatzteileherstellern einzudecken, deren Erzeugnisse eine den Vertragserzeugnissen vergleichbare Qualitätsstufe erreichen, und den Lieferanten das Recht gegeben, auf ihren Erzeugnissen ihr Markenzeichen anzubringen;
- ferner sieht die Verordnung vor, daß den fachlich geeigneten unabhängigen Werkstätten vom Kraftfahrzeughersteller die zur ordnungsgemäßen Reparatur erforderlichen Informationen zur Verfügung gestellt werden.
- verbesserte Auswahlmöglichkeiten der Verbraucher gemäß den Grundsätzen des Binnenmarktes
- nunmehr untersagt sind bestimmte Verhaltensweisen zur Verhinderung von Paralleleinfuhren wie z.B. die vom Hersteller nach Maßgabe des Bestimmungsorts des Kraftfahrzeugs festgesetzten Erlöse der Vertragshändler;
- der Vertragshändler darf außerhalb seines Gebiets passive Werbung betreiben.
- mehrere in bezug auf die Vertragshändler und die Ersatzteilehersteller vorgenommene Änderungen bewirken ebenfalls eine Erhöhung der Auswahlmöglichkeiten der Verbraucher.

(P/94/54)

3.7.   Einzelfreistellungen

3.7.1. Einzelfreistellung für selektives Vertriebssystem der Firma Grundig erneuert

Die europäische Kommission hat die Entscheidung gemäß Artikel 85 Absatz 3 EGV verlängert, nach der das selektive Vertriebssystem der Firma Grundig, die ihre Erzeugnisse nur über Einzelhändler vertreibt, von Artikel 85 Absatz 1 EGV freigestellt wird.

Das deutsche Unternehmen Grundig ist einer der größten europäischen Hersteller von Unterhaltungselektronik. Seit 1984 wird die Unternehmensleitung vom niederländischen Unternehmen Philips Electronics wahrgenommen, das vor kurzem mit dem Aufkauf der Anteile der übrigen Aktionäre die vollständige Kontrolle über Grundig übernommen hat.

Die Firma Grundig vertreibt ihre Erzeugnisse selektiv über nach bestimmten Kriterien - Qualifikation des Verkaufspersonals, Kundenberatung, Präsentation und Vorführung der Erzeugnisse, Kundendienst - ausgewählte, spezialisierte Groß- und Einzelhändler.

Nach der Entscheidungspraxis der Kommission und der ständigen Rechtsprechung des Gerichtshofes sind solche Vertriebssysteme mit dem gemeinschaftlichen Wettbewerbsrecht vereinbar, soweit sie durch die besondere Eigenart der betroffenen Erzeugnisse und die dem Verbraucher entstehenden Vorteile gerechtfertigt werden. Zu diesen Vorteilen, die dem Verbraucher unmittelbar zugute kommen, zählen eine fachlich qualifizierte Kundenberatung, effizienter Kundendienst, Ausweitung der von den Groß- und Einzelhändlern angebotene Produktpalette sowie die Verbesserung der Auslieferung. Wegen des ständigen technischen Fortschritts legen viele Verbrauchergruppen großen Wert auf eine angemessene Beratung und eine fachgerechter Installation der Anlagen am gewünschten Ort, ohne daß dies zu großen Preisaufschlägen oder einer Ausschaltung des Wettbewerbs zwischen den Vertriebshändlern führt.

Im vorliegenden Fall ist eine ausreichende Anzahl vergleichbarer und miteinander konkurrierender Erzeugnisse verschiedener Hersteller vorhanden, die über unterschiedliche Verkaufsmethoden, insbesondere Selbstbedienungsläden, auf dem Markt angeboten werden. Die Verbraucher haben daher hinreichend Auswahl zwischen zwei Vertriebsmethoden, je nachdem ob sie mehr Wert auf den Service oder auf den Preis legen.

Die von Grundig zugelassenen Einzelhändler müssen folgende Bedingungen erfüllen: Spezialisierung, Zugänglichkeit ihrer Verkaufsstätten, Vorführungsmöglichkeit, kompetente Kundenberatung und Information, Angebot einer ausreichend großen Palette von Grundig-Erzeugnissen sowie Übernahme der Garantieleistungen und Kundendienst. Grundig hat ein interessantes System für die Übernahme der Reparaturen von defekten Geräten entwickelt, die in einem anderen Mitgliedstaat erworben wurden.

Um die Rechte der Verbraucher zu stärken, hat die Kommission Grundig aufgefordert, die Garantiebedingungen für seine Erzeugnisse zu ändern und zu gewährleisten, daß Verbraucher, die das Gerät in einem anderen Mitgliedstaat erworben haben, ihren Garantieanspruch auch in ihrem Wohnsitzstaat geltend machen können. Grundig hat dafür ein lückenloses, einheitliches europäisches Garantiesystem vorgeschlagen und mit der Einrichtung eines europaweiten Werkstattnetzes begonnen. Bis zur Vollendung dieses Netzes hat sich Grundig zu einer großzügigen Handhabung der Garantieleistungen in den Grenzregionen verpflichtet. Die Vorteile des Grundig-Systems, das bereits einmal am 10. Juli 1985 von der Kommission genehmigt worden war, sprechen für eine Freistellung.

Anläßlich dieser Entscheidung der Kommission betonte das Kommissionsmitglied van Miert, daß jeder Freistellungsantrag für selektive Vertriebssysteme aufmerksam auf die Vorteile des Systems für die Verbraucher und seine potentiellen Auswirkungen auf den Wettbewerb hin geprüft werden müsse.

(IP/93/1230)

3.7.2. Kommission erneuert Freistellung zugunsten der internationalen Energie-Agentur

Die Kommission hat in Anwendung von Artikel 85 Absatz 3 EGV aufeinander abgestimmte Verhaltensweisen zwischen Erdölgesellschaften vom Kartellverbot des Absatzes 1 für weitere zehn Jahre freigestellt, damit diese Unternehmen im Rahmen der Internationalen Energie-Agentur (IFA) das Erdölnotzuteilungssystem des internationalen Energieprogramms (IEP) weiterführen können).

Im Zuge der Ölkrise der Jahre 1973 und 1974 haben 21 Mitgliedsländer der OECD die IEA gegründet und das internationale Energieprogramm eingeführt. Dieses Programm dient der gemeinsamen Durchführung wirksamer Maßnahmen zur Behebung von Ölversorgungsengpässen durch den Aufbau eines Notversorgungssystems, mit dem der Bedarf der beteiligten Länder gedeckt werden, die Nachfrage gedrosselt und das verfügbare Erdöl auf die Teilnehmer in gerechter Weise aufgeteilt werden soll. Gegenwärtig sind 23 Länder, darunter sämtliche EG-Mitgliedstaaten, am IEP beteiligt.

Gemäß dem IEP setzt das Zuteilungsverfahren ein, sobald eines oder mehrere Teilnehmerländer bzw. sämtliche Teilnehmer als Gruppe vor einem Rückgang ihrer täglichen Ölversorgungsmenge von wenigstens 7% stehen oder stehen könnten. Der Notzuteilungsvorgang wird vom Aufsichtsrat der IEA eingeleitet, der aus Vertretern der teilnehmenden Regierungen besteht. Die IEA konsultiert dabei die Erdölgesellschaften, um deren Reaktionen auf die Marktlage im Hinblick auf die zu ergreifenden Maßnahmen in Erfahrung zu bringen und sich die Erfahrungen der Ölgesellschaften bei der Einschätzung des Weltmarktes zunutze zu machen.

Die Regierungen und die IEA haben eine große Anzahl internationaler Ölgesellschaften gebeten, bei der notwendigen Umlenkung von Öl und Erdölerzeugnissen Unterstützung zu leisten, da diese Unternehmen über die hierfür erforderlichen Kenntnisse und Erfahrungen verfügen. Ohne die Mitwirkung der Ölgesellschaften könnte eine derartige Umverteilung nicht funktionieren.

Die Zusammenarbeit der Ölgesellschaften untereinander und mit der IEA im Rahmen des Notzuteilungssystems des internationalen Energieprogramms stellt eine aufeinander abgestimmte Verhaltensweise im Sinne von Artikel 85 Absatz 1 des Vertrages dar.

Mit Entscheidung vom 12.Dezember 1983 hatte die Kommission die aufeinander abgestimmten Verhaltensweisen als eine für die Durchführung des Notzuteilungssystems unerläßliche Bedingung mit der Begründung freigestellt, daß diese Zusammenarbeit den Verbrauchern Vorteile verschafft, indem sie die Engpaßwirkungen auf die Volkswirtschaften der beteiligten Länder mildere und durch die Verringerung der Nachteile von Versorgungsengpässen zur allgemeinen wirtschaftlichen Entwicklung dieser Länder beitrage. Die Freistellung war mit der Auflage an die Erdölgesellschaften verknüpft, der Kommission Informationen vorzulegen, und ihren Vertretern Einblick in deren Tätigkeiten im Rahmen der IEA zu gewährleisten. Die Berichtsverpflichtung wurde während der gesamten Freistellungszeit von den Unternehmen erfüllt. Das für Wettbewerbsfragen zuständige Kommissionsmitglied van Miert hat betont, daß dies eine bedeutsame Entscheidung der Kommission gewesen sei, da die Öleinfuhren seit 1985 beständig zunahmen. Es wird erwartet, daß sich diese Entwicklung fortsetzt, so daß der Einfuhranteil nach den Vorhersagen der IEA von derzeit 60% auf 70% im nächsten Jahrzehnt steigen könnte. Die zusätzlichen Öleinfuhren würden aber die Lage der OECD-Länder im Falle einer Erdölverknappung schwächen. Die IEA sollte deshalb ihr Vorgehen in Versorgungsnotfällen aktualisieren und von Zeit zu Zeit überprüfen.

Seit dem Erlaß der Entscheidung der Kommission im Jahr 1983 wurden an dem Notzuteilungssystem einige geringfügige Änderungen vorgenommen, die jedoch die Gültigkeit der Freistellung nicht berühren. Die Kommission hielt deshalb eine Verlängerung der Freistellung für gerechtfertigt.

(IP/94/151)

4.   Art. 86 EGV: Mißbrauch einer marktbeherrschenden Stellung

4.1.   EG-Kommission weist Beschwerde von LADBROKE gegen die französischen Rennvereine ab

1990 hatte TIERCI LADBROKE, die belgische Tochter der größten englischen Buchmachergruppe, wegen Verstoßes gegen die Artikel 85 und 86 EWG-Vertrag bei der Kommission Beschwerde erhoben gegen die wirtschaftliche Interessenvereinigung Parl Mutuel Urbain (PMU), ein von den französischen Rennvereinen gegründetes Wettbüro für Pferderennen, die zehn französischen Rennvereine - die PARI MUTUEL INTERNATIONAL S.A. (PMI), eine Tochtergesellschaft der PMU, die sich um die Verwertung der PMU-Rechte im Ausland kümmert, und den deutschen Sportverlag (DSV) in Köln, Lizenznehmer der PMU in Deutschland.

Die Beschwerde hatte folgenden Gegenstand: Den zehn Rennvereinen, die Inhaber der Leistungsschutzrechte an den von ihnen veranstalteten Rennen sind, wurde vorgeworfen, insofern gegen Artikel 86 EWG-Vertrag verstoßen zu haben, als sie die Übermittlung von TV-Bild- und -Toninformationen über französische Pferderennen an LADBROKE in Belgien abgelehnt haben. Dabei entfällt auf die französischen Pferderennen ein bedeutender Anteil der Wetten, die LADBROKE seinen belgischen Kunden anbietet. Die zehn französischen Rennvereine stellen diese Bild- und Toninformationen allerdings den französischen PMU-Wettbüros sowie (über die PMI) dem DSV, der sie an die deutschen Buchmacher weiterleitet, zur Verfügung.

Die Kommission stellte als erstes fest, daß es sich bei dem relevanten Markt nicht um den belgischen Markt für Rennwetten handelt, sondern allgemein um den Markt für die Fernsehübertragung von Bild- und Toninformationen über Pferderennen nach Belgien. Nach Ansicht der Kommission ist nicht erwiesen, daß ein Veranstalter von Pferderennen allein - sei es nun PMU oder DSV - auf diesem Markt eine beherrschende Stellung innehat. LADBROKE hat gleichfalls nicht den Nachweis erbracht, daß die zehn Rennvereine zusammen über eine beherrschende Stellung verfügen.

Auch wenn eine solche Marktbeherrschung existieren sollte, stünde es nach Auffassung der Kommission den französischen Rennvereinen frei, einem dritten die Nutzung ihrer Rechte auf einem bestimmten Markt einzuräumen. Bisher haben sich die Rennvereine dafür entschieden, die Bild- und Tonaufzeichnungen der von ihnen für den belgischen Markt veranstalteten Pferderennen nicht selbst zu verbreiten. Anders wäre die Lage, wenn die Veranstalter einigen Buchmachern Nutzungsrechte einräumen würden, anderen jedoch nicht. Dieses Verhalten käme einer Ungleichbehandlung nach Artikel 86 EWG-Vertrag gleich.

Beanstandet wurden von LADBROKE unter Hinweis auf Artikel 85 EWG-Vertrag auch die Vertragsbestimmungen, nach denen PMU und DSV die Weiterverbreitung der von den französischen Rennvereinen übermittelten Bild- und Tonaufzeichnungen in andere Länder verboten ist.

Nach Auffassung der Kommission zählen die in Rede stehenden Beschränkungen nach dem jetzigen Stand des Gemeinschaftsrechtes zu den Befugnissen des Lizenzgebers und fallen daher nicht unter Artikel 85 Absatz 1 EWG-Vertrag. Die Kommission hat daher beschlossen, die Klage abzuweisen.

(IP/93/706)

4.2. Geldbußen für Reedereien

Wegen wettbewerbswidrigen Verhaltens im Rahmen der Schiffahrtskonferenz CEWAL (Associated Central West Africa Lines) hat die Europäische Kommission gegen vier Reedereien Geldbußen in Höhe von insgesamt 10,1 Mio. ECU festgesetzt. Die Compagnie Maritime Beige (CMB) muß binnen vier Jahren 9,6 Mio. ECU bezahlen, der restliche Betrag verteilt sich auf Nedlloyd und die beiden im Besitz der CMB befindlichen Reedereien Wörman Linie und Dafra Linie.

Bei der Festsetzung dieser Bußen berücksichtigte die Kommission, daß Wörman, Dafra und Nedlloyd in dieser Angelegenheit lediglich eine Nebenrolle gespielt haben und im Vergleich zu CMB nur über geringe Marktanteile verfügen. Außerdem trug sie bestimmten mildernden Umständen Rechnung. Nach Beschwerden der dänischen Regierung und einiger Reedereien hatte die Kommission gegen elf Reederausschüsse und vier Linienkonferenzen (CEWAL, MEWAC, COWAC und UKWAL) Verfahren eingeleitet. Die Ausschüsse wurden wegen Verletzung der Artikel 85 und 86 EWG-Vertrag beim Verkehr zwischen Frankreich und elf west- und zentralafrikanischen Ländern mit hohen Geldbußen belegt.

Die Entscheidung richtet sich erstmals gegen eine Schiffahrtskonferenz und betrifft in erster Linie die CEWAL, in der sich mehrere Schiffahrtsunternehmen für den Betrieb eines Liniendienstes zwischen Westeuropa und Zaire sowie Angola zusammengeschlossen haben. Die Entscheidung bezieht sich nur auf den Verkehr zwischen Zaire und nordeuropäischen Häfen außerhalb Großbritanniens.

Nach Auffassung der Kommission haben die CEWAL-Mitglieder auf diesen Linien ihre beherrschende Stellung mißbraucht und Artikel 86 in dreifacher Hinsicht verletzt, um ihren Hauptwettbewerber G & C (ein gemeinsamer Dienst der belgischen Reederei Cobelfret und der italienischen Reederei Grimaldi) auszuschalten:
- die CEWAL-Mitglieder schlossen mit der zuständigen zairischen Schiffahrtsbehörde Ogefrem (Office Zairois de Gestion de Fret Maritime) eine Kooperationsvereinbarung, wonach auf der obengenannten Linie Fracht ausschließlich durch Mitglieder dieser Konferenz befördert wird
- bot ein Wettbewerber günstigere Tarife als CEWAL, wollten sich die Mitglieder der Konferenz absprechen, um diese Tarife zu unterbieten und dafür zu sorgen, daß die Schiffe der CEWAL-Mitglieder zum gleichen oder einem ähnlichen Zeitpunkt auslaufen wie die des Wettbewerbers, um dessen Kunden für sich zu gewinnen. Fracht in der Größenordnung der dem Wettbewerber entgangenen Ladungen sollte dann auf die CEWAL-Mitglieder aufgeteilt werden
- CEWAL erlegte seinen Mitgliedern hundertprozentige Treueabmachungen auf, die die Konferenzmitglieder auf ihre gesamte Fracht anwenden mußten, um einen Rabatt in Anspruch nehmen zu können. Reeder, die dieses System durchbrachen, sollten in Schwarzen Listen vermerkt werden. Dies geht über Artikel 5 Absatz 2 der Gruppenfreistellungsverordnung Nr. 4056/86 hinaus, mit der Schiffahrtskonferenzen unter bestimmten Voraussetzungen von der Anwendung der EG-Wettbewerbsregeln ausgenommen sind.

Darüber hinaus stellte die Kommission fest, daß die drei Konferenzen CEWAL, COWAC und UKWAL mit einer Vereinbarung zur Marktaufteilung gegen Artikel 85 EWG-Vertrag verstießen. In dieser Vereinbarung wurde festgelegt, daß die Reedereien in dem Fahrtgebiet der jeweils anderen beiden Konferenzen nicht als Wettbewerber auftreten. Die Kommission beschloß jedoch, für diesen Verstoß keine Geldbuße festzusetzen.

(IP/92/1110)

4.3. Geldbuße gegen Deutsche Bahn

Wegen Mißbrauch einer marktbeherrschenden Stellung hat die Kommission eine Geldbuße in Höhe von 11 Millionen Ecu gegen die Deutsche Bahn verhängt. Die Deutsche Bahn hatte ihr Bahnmonopol dazu genutzt, um die Unternehmen des kombinierten Verkehrs daran zu hindern, günstigere Tarife anzubieten.

Sachverhalt

Die Kommission hatte eine Beschwerde des Hafenbenutzerverbands Rotterdam HOV SVZ erhalten, in der der Deutschen Bahn eine Preisdiskriminierung im Containerverkehr vorgeworfen wird. Danach nutzt die Deutsche Bahn seit vielen Jahren ihr Bahnmonopol in Deutschland, um ihr Geschäft zu schützen, indem sie dafür sorgt, daß Intercontainer, das Spezialunternehmen für den kombinierten Verkehr, im Containerverkehr von und nach den deutschen Häfen Bremen und Hamburg niedrigere Preise berechnet als im Westhafenverkehr (belgische und niederländische Häfen). Die Ermittlungen der Kommission bestätigten die Vorwürfe. 1992 war der Kilometerpreis für beladene Container ab Rotterdam nach Deutschland bis zu 42% höher als ab Hamburg. Für Spezialzüge kann die Preisdifferenz bis zu 77% zugunsten von Hamburg gehen. Für manche Zielorte in Deutschland ist der Kilometerpreis zwar niedriger ab Rotterdam als ab Hamburg, aber es sind dann Orte, die näher an Hamburg liegen, so daß Hamburg immer noch billiger kommt. Der günstige Kilometertarif ab Rotterdam bleibt also ohne Wirkung.

Das Tarifgefälle ist vor allem deswegen schwer verständlich, wie Unternehmensvertreter im Verfahren erklärten, als es auf der Weststrecke einen wesentlich stärkeren Wettbewerb anderer Verkehrsträger gibt als auf der Nordstrecke, die Preise auf der Weststrecke also generell niedriger sein müßten, das Gegenteil ist aber der Fall. Die Deutsche Bahn hat mit ihren hohen Tarifen auf der Weststrecke die Marktstellung der Unternehmen des kombinierten Güterverkehrs gegenüber dem Güterkraftverkehr untergraben. Auf diese Weise kam es zu erheblichen Wettbewerbsbeschränkungen - zwischen der Nord- und der Weststrecke, was die Bahn und die Träger des kombinierten Verkehrs anbelangt, und dann zwischen den Nord- und den Westhäfen.

Rechtliche Würdigung

Hier liegt ein Mißbrauch einer marktbeherrschenden Stellung und ein Verstoß gegen Artikel 86 EG-Vertrag vor. Die DB hatte zwar zu der Zeit, auf die sich die Vorwürfe beziehen, ein Monopol für das Schienennetz, das nicht in Frage gestellt werden soll, aber es geht nicht an, daß ein Unternehmen, das gesetzlichen Schutz gegen Konkurrenten genießt, sein Monopol mißbraucht, um das eigene Geschäft und das Geschäft eines Tochterunternehmens zu fördern. Dieses Verhalten bezweckte eine Abschottung des Marktes und eine Verkehrsverlagerung: Es verstößt gegen die elementaren Ziele des Vertrages.

Das Verhalten der DB beschränkte auch den Wettbewerb unter den Häfen - auf Kosten von Antwerpen und Rotterdam, zum Nutzen von Hamburg. Der DB-Leitung war völlig klar, daß hier eine Preisdiskriminierung vorlag und daß sie damit über längere Zeiträume hinweg gegen den Vertrag verstieß. Die Kommission hat daher gegen die DB ein Bußgeld in Höhe von 11 Millionen ECU wegen Verstoß gegen Artikel 86 festgesetzt.

Die DB hatte 1988 mit der SNCB, den Nederlandse Spoorwegen, Transfracht und Intercontainer eine Vereinbarung über ein "Martime Container Network" getroffen. DB, SNCB, NS, Transfracht und

Intercontainer wollten danach den kombinierten Verkehr über einen gemeinsamen Tarif abwickeln. Die Vereinbarung, die eine Reaktion auf die Tarifdiskriminierung der DB war, enttäuschte aber, weil die DB die Gelegenheit nutzte, um ihre marktbeherrschende Stellung gegenüber ihren Partnern weiter auszubauen. Als die Kommission ihre Beschwerdepunkte vorgetragen hatte, wurde die Vereinbarung aufgehoben. Deswegen wird auch wegen Beteiligung an der Vereinbarung, die gegen Artikel 85 verstieß, keine Geldbuße festgesetzt.

Kommissar van Miert sieht in dieser Entscheidung einen Beitrag zu der bahnfreundlichen Politik des Ministerrats und der Kommission. Hierzu gehört, daß die verladende Wirtschaft mit Trägern des kombinierten Verkehrs verhandeln kann, die konkurrenzfähig sind und mit einer europäischen Angebotspalette aufwarten können. Es geht nicht an, daß Unternehmen in marktbeherrschender Stellung ihre Marktmacht mißbrauchen, um möglichst viel zu verdienen, und die Unternehmen des kombinierten Verkehrs daran hindern, günstigere Tarife anzubieten. Den Interessen der Allgemeinheit ist damit nicht gedient.

(IP/94/259)

4.4. Kommission verhängt bislang höchste Geldbuße gegen Zementherstellerkartell

Die Kommission hat am 30. November 1994 gegen den europäischen Verband der Zementindustrie (CEMBUREAU), 8 nationale Vereinigungen von Zementherstellern und 33 europäische Zementhersteller wegen Verstoßes gegen Artikel 85 EGV Geldbußen in einer Gesamthöhe von 248 Mio ECU verhängt. Dies ist der höchste jemals erreichte Betrag in der Geschichte der Kartellverstöße. Den Kartellteilnehmern wurde desweiteren aufgegeben, die Verstöße unverzüglich abzustellen. Seit 1983 hatten die Unternehmen und Unternehmensvereinigungen an einer allgemeinen Vereinbarung zur Marktaufteilung und an grenzübergreifenden Absprachen und Exportabsprachen (Marktaufteilung und Informationsaustausch) teilgenommen. Die fraglichen Unternehmen sind in allen Mitgliedstaaten und in drei EFTA-Ländern (Norwegen, Schweden und Schweiz) niedergelassen.

Als Gründe für diese hohen Geldbußen führt die Kommission an:
- Zuwiderhandlung von langer Dauer (seit 1983),
- Ausmaß des Kartells (der größte Teil der europäischen Produktion ist betroffen),
- Schwere des Verstoßes (Marktaufteilung, Informationsaustausch),
- Größe des Marktes und große Zahl beteiligter Unternehmen und Unternehmensvereinigungen (etwa 7 Milliarden ECU Jahresumsatz bei Grau- und Weißzement).

Die Hersteller argumentierten häufig mit dem spezifischen Charakter des Marktes ihrer Produkte. Die Märkte seien miteinander verflochten, da sie vor allem in den Grenzregionen aneinanderstoßen. Alle Märkte überlappen sich, und jedes Vorgehen auf einem Markt droht bis zu den fernsten Märkten Kreise zu ziehen. Um dies zu verhindern, haben die Hersteller ein Kartell errichtet. Die Verfasser des Vertrags hatten ein Verbot solcher Praktiken vorgesehen, da sie vor allem eine Möglichkeit haben wollten, dem Grundsatz des freien Wettbewerbs - als natürliches Gegengewicht zur unternehmerischen Freiheit in einer Marktwirtschaft - Geltung zu verschaffen.

Nach einem Hinweis auf die beiden anderen diesjährigen Kartellentscheidungen der Kommission (über 100 Millionen ECU Geldbußen für Stahlträgerhersteller und über 132 Millionen ECU Geldbußen für Kartonhersteller) erklärte Kommissionsmitglied van Miert, die Kommission werde entschieden gegen alle Praktiken vorgehen, die der Idee des Binnenmarktes zuwiderlaufen und den

Interessen der Verbraucher wie auch der Gesamtwirtschaft schaden. Auch wenn dies nichts an der Schwere und an der Art der Verstöße ändert, hat die Kommission bei der Festsetzung der Höhe der Geldbußen berücksichtigt, daß sich die Unternehmen in der Gemeinschaft in der fraglichen Zeit mit einem plötzlichen Mehrangebot an Zement konfrontiert sahen, und dies zu einem Zeitpunkt, die Industrie der Gemeinschaft mitten in einer Wirtschaftsrezession stand.

Der relevante Markt

Die Gemeinschaft ist der größte Zementhersteller der Welt mit einer Produktionskapazität von rund 220 Millionen Tonnen. Bei einem Verbrauch von 180 Millionen Tonnen hat die Industrie überschüssige Kapazitäten. Außerdem ist die Gemeinschaft Nettoexporteur. Das Angebot ist stark konzentriert, da die fünf größten europäischen Zementkonzerne (Holderbank, Lafarge Coppee, Italcementi - Ciments Francais, B. Circle und Heidelberger) auch weltweit an der Spitze stehen und gegenwärtig fast die Hälfte des Gemeinschaftsangebots kontrollieren.

Auf nationaler Ebene ist das Angebot noch stärker konzentriert. In vier Mitgliedstaaten besteht nur noch ein einziger Hersteller, und in den anderen Mitgliedstaaten haben zwei oder drei Zementkonzerne eine marktbeherrschende Stellung. Die Zementwerke sind zwar in der Regel in der Nähe ihrer Rohstoffquellen und Absatzmärkte angesiedelt, da sie Produkte mit hohem Gewicht herstellen, doch können die Produktionskosten erhebliche Unterschiede von einem Mitgliedstaat zum anderen aufweisen. Die Kommission hat bei ihren Ermittlungen festgestellt, daß somit selbst über große Entfernungen rentable Lieferungen möglich sind. So wurde schon Zement von Deutschland und Spanien nach dem Vereinigten Königreich und Irland geliefert, und italienische Hersteller konnten selbst über die Alpen hinweg Zement in die Schweiz liefern. Der relevante Markt ist somit der europäische Markt, bestehend aus miteinander verflochtenen nationalen Märkten. Wie ließe sich sonst das Verhalten der Unternehmen erklären, wenn die nationalen Märkte aufgrund der Entfernung abgeschottet wären?

Aufdeckung des Kartells

Das Kartell wurde nach langen Ermittlungen und einer Serie nicht angekündigter Inspektionen von Kommissionsbediensteten an verschiedenen Sitzen der betreffenden Unternehmen aufgedeckt.

Vereinbarungen des Kartells

Bei ihren Ermittlungen hat die Kommission festgestellt, daß die in ihrem europäischen Verband (Cembureau) zusammengeschlossenen Hersteller Praktiken anwendeten, die nach ihrer Aussage zur Herstellung eines gesunden Wettbewerbs beitragen sollten, und untereinander Spielregeln festzulegen wünschten, um falschen Wettbewerb zu vermeiden.

Im Rahmen einer Vereinbarung mit der Bezeichnung "Cembureau agreement or principle of not transhipping to internal European markets" stellte Cembureau eine Regel der Respektierung der europäischen Inlandsmärkte auf. Nach den bei verschiedenen Zementherstellern vorgefundenen Unterlagen wurde diese Regel durch abgestimmte Praktiken in Form eines Preisinformationsaustauschs abgesichert. Damit sollten die zwischen den einzelnen Ländern bestehenden Preisunterschiede verringert werden, um Exportanreize zu vermeiden oder die Hersteller dazu zu bringen, bei grenzüberschreitenden Lieferungen ihre Preise an die der einheimischen Hersteller anzugleichen, um so den Markt des Importlandes nicht zu stören.

- So ist auf einer dem innergemeinschaftlichen Handel gewidmeten Sitzung der Cembureau-Mitglieder die Rede von den Spielregeln, die alle Mitglieder im eigenen Interesse einhalten sollten; eine der Schlußfolgerungen lautet: "Der durch den Handel zwischen den Mitgliedern verursachte Druck hat dank der verbesserten bilateralen Kontakte deutlich abgenommen. Die ausgeführten Mengen sind eher rückläufig, doch besteht die von Outsidern kommende Bedrohung fort."
- Die Hersteller der Gemeinschaft haben sich über eine Aufteilung der Märkte verständigt.
- Eine Korrespondenz zwischen französischen und italienischen Herstellern verdeutlicht den Willen, sich den Markt der Cote d'Azur aufzuteilen (Überlassung von Preislisten, Weigerung der Belieferung bestimmter Kunden): "Ein Krieg ist überflüssig. Hinarbeiten auf Vereinbarungen zur Konfliktabwendung".
- Auf mehreren Treffen haben die durch ihren Landesverband vertretenen portugiesischen und spanischen Hersteller beschlossen, die Zementlieferungen zwischen den beiden iberischen Ländern im Sinne einer Aufteilung der Märkte zu kontrollieren: "Die Anwesenden, die als die Vertreter der Zementhersteller Spaniens und Portugals betrachtet werden können, haben unmißverständlich den Grundsatz bestätigt, wonach alle Zementlieferungen von Spanien nach Portugal und von Portugal nach Spanien unterbleiben sollten". Zu diesem Zweck haben die Hersteller Informationen ausgetauscht und Lieferungen verweigert.
- Desgleichen gab es eine Vereinbarung zwischen verschiedenen französischen und deutschen Herstellern. Dies geht zweifelsfrei aus Dokumenten hervor, die die Kommission bei verschiedenen Unternehmen gefunden hat. Mit dieser Vereinbarung sollten französische Lieferungen nach Deutschland und deutsche Lieferungen nach Frankreich eingeschränkt werden: "Haben klar unsere Meinung zum Ausdruck gebracht, daß jeder in seinen Grenzen bleiben muß"
- 1986 wurde im Rahmen von Cembureau eine Koalition der europäischen Zementhersteller (European Task Force) als Kampfmaßnahme gegen griechische Billigexporte nach verschiedenen Mitgliedstaaten geschlossen. Zu diesen Exporten war es gekommen, nachdem die Griechen bedeutsame Märkte in Mittelost verloren hatten. Auf verschiedenen Treffen planten die Vertreter mehrerer Hersteller abschreckende und positive Maßnahmen zum Stopp der griechischen Zementexporte nach anderen Mitgliedstaaten. Auf diesen Treffen (von denen die Kommission mehrere Niederschriften besitzt) wurden zahlreiche Informationen ausgetauscht. Auch wurde eine gemeinsame Gesellschaft (Interciment) gegründet, die den griechischen Zement aufkaufen und so die Einlieferung in bestimmte Märkte verhindern sollte. Desweiteren intervenierten die italienischen Zementhersteller, um einen Liefervertrag zwischen griechischen Herstellern und einem italienischen Zementabnehmer zu brechen. Verschiedene europäische Zementhersteller schlossen mit griechischen Herstellern Zementabnahmeverträge, um die griechischen Ausfuhren nach Europa einzudämmen. Dabei unterrichteten sie sich über die jeweils aufgekauften Mengen und über die mit den griechischen Herstellern geschlossenen Verträge.

Absprachen beim Export von Grauzement

Mehrere große europäische Hersteller errichteten Informations- und Koordinierungsstrukturen wie das European Cement Export Committee (ECEC) und das European Export Policy Committee (EEPC) mit einer Vielzahl von Aufgaben und Tätigkeiten wie Export und Exportvorausschau, Angebots- und Nachfragevergleich auf den In- und Auslandsmärkten und Preisinformation.
Auch die Ziele dieser Einrichtungen fügten sich in die Regel der Respektierung der Inlandsmärkte ein: Ihre Aufgabe bestand darin, Produktionsüberschüsse nach Drittländern umzuleiten und so die Möglichkeit einzuschränken, daß Mitglieder ihre Überschüsse innerhalb der Europäischen Union absetzen. Sie errichteten ein Solidaritäts- und Kontrollsystem, das einzig dem Zweck diente, das Eindringen von Konkurrenten in die jeweiligen Märkte der Union zu verhindern.

Absprachen beim Export von Weißzement

Auch die Weißzementhersteller vereinbarten wettbewerbseinschränkende Praktiken zur Respektierung der Inlandsmärkte und zur Umleitung der Produktionsüberschüsse nach Drittländern. Zu diesem Zweck tauschten sie individuelle Informationen über ihre Produktionskapazität, ihre Verkäufe und ihre Preise aus.

Beurteilung durch die Kommission

Bekanntlich sind nach Artikel 85 Absatz 1 EGV alle Vereinbarungen zwischen Unternehmen, Beschlüsse von Unternehmensvereinigungen und aufeinander abgestimmte Verhaltensweisen verboten, die den Handel zwischen Mitgliedstaaten zu beeinträchtigen geeignet sind und eine Verhinderung, Einschränkung oder Verfälschung des Wettbewerbs innerhalb des Gemeinsamen Marktes bezwecken oder bewirken, insbesondere die unmittelbare oder mittelbare Festsetzung der An- oder Verkaufspreise oder sonstiger Geschäftsbedingungen, die Einschränkung oder Kontrolle der Erzeugung, des Absatzes, der technischen Entwicklung oder der Investitionen und die Aufteilung der Märkte oder Versorgungsquellen.

Die Mitglieder von Cembureau haben 1983 eine Vereinbarung zur Respektierung der Inlandsmärkte und zur Reglementierung der grenzüberschreitenden Verkäufe getroffen. Abgesichert wurde diese Vereinbarung durch weitere Absprachen über einen Informationsaustausch, deren konkrete Durchführung den interessierten Parteien im Rahmen zahlreicher Treffen - von denen die Kommission auszugsweise Niederschriften besitzt - oblag. Dabei handelt es sich um eine nach Artikel 85 ausdrücklich verbotene abgesprochene Verhaltensweise, die die Respektierung der Inlandsmärkte der Mitgliedstaaten bezweckt und bewirkt.

Die Mitglieder von Cembureau haben regelmäßig Informationen über die Preise ausgetauscht. Auch dies ist eine nach Artikel 85 verbotene Praktik, da mit ihr erreicht werden sollte, daß jeder Hersteller seine Preise im Falle grenzüberschreitender Lieferungen an den einheimischen "Preisführer" angleicht, und so vermieden wird, daß seine Lieferungen nach einem anderen Land das dortige Preisniveau stören.

Die Tätigkeit der Cembureau Task Force, die eine einzige und fortgesetzte Vereinbarung darstellt, bedeutet eine flagrante Verletzung von Artikel 85, da mit ihr Zementlieferungen von Mitgliedstaaten nach anderen Mitgliedstaaten verhindert und die nationalen Märkte zum Nutzen der einheimischen Hersteller und zum Schaden der Verbraucher abgeschottet werden sollten.

Die Errichtung einer gemeinsamen Handelsgesellschaft (Interciment) stellt ebenfalls eine Vereinbarung zwischen Unternehmen im Sinne von Artikel 85 dar. Das gleiche gilt für das ECEC, das EEPC und die Vereinbarung zwischen den Weißzementherstellern.

Sämtliche Absprachen zwischen Herstellern verschiedener Mitgliedstaaten zur Aufteilung der Märkte stellen abgestimmte Verhaltensweisen dar, die sich unmittelbar auf den Handel zwischen Mitgliedstaaten auswirken und damit im Widerspruch zu Artikel 85 stehen.

Die Entscheidung der Kommission

Die 42 Unternehmen und Unternehmensvereinigungen müssen unverzüglich die ihnen zur Last gelegten Praktiken abstellen. Gegen die Unternehmen und Unternehmensvereinigungen werden Geldbußen verhängt. Diese Geldbußen sind binnen drei Monaten nach Notifizierung der Entscheidung zu zahlen und fließen in den Haushalt der Gemeinschaft. Die Basissätze der gegen die Unternehmen festgesetzten Geldbußen wurden nach der üblichen Praxis entsprechend den sich aus dem EGV ergebenden Regeln festgesetzt. Danach können die Geldbußen theoretisch bis zu 10 % des Gesamtumsatzes der Unternehmen erreichen, obgleich normalerweise der in der Gemeinschaft erzielte Umsatz bei dem betreffenden Produkt zugrunde gelegt wird. Die Höhe der Geldbußen berücksichtigt die Schwere der Zuwiderhandlung (Aufteilung der Märkte, Informationsaustausch), die Dauer der Zuwiderhandlung (seit 1983), den Umfang der Mitwirkung an den einzelnen Praktiken und die allgemeine Situation des Zementmarktes. Gegen die Unternehmensvereinigungen wurden pauschale Geldbußen festgesetzt, da sie keine Umsätze tätigen. Diese Geldbußen sollen die berufsständischen Organisationen künftig davon abhalten, solche Initiativen zu ergreifen oder Kartelle dieser Art zu unterstützen.

(IP/94/1108)

5. Fusionskontrolle

5.1. Änderung der Fusionskontrollverordnung erst 1996

Auf Empfehlung der EG-Kommission wird die zunächst für dieses Jahr vorgesehene Ausdehnung des Anwendungsbereichs der Fusionskontrollverordnung durch Senkung der umsatzbezogenen Aufgreifschwellen auf das Jahr 1996 verschoben. Ebenfalls vorerst nicht geändert wird das Zurückverweisungsverfahren an die nationalen Gerichte. Die Kommission will stattdessen die Anwendung der Fusionskontrollverordnung noch verbessern, ohne die rechtlichen Bestimmungen anzutasten.

Untersuchungen der Kommission haben ergeben, daß sich mit der zunehmenden Verflechtung der nationalen Märkte in der Gemeinschaft im Grundsatz gute Argumente für eine Senkung der bestehenden Aufgreifschwellen vorbringen ließen, damit eine größere Anzahl von Fällen von der gemeinschaftlichen Fusionskontrolle erfaßt werden können. Von mehreren Seiten wurde hier jedoch Zurückhaltung geäußert. So wird etwa die Absenkung der Aufgreifschwellen mit der Forderung nach Errichtung einer besonderen europäischen Kartellbehörde außerhalb der Kommission verbunden.

Die Kommission will deshalb erst weitere Erfahrungen sammeln, bevor förmliche Vorschläge für eine Änderung der Verordnung vorgelegt werden. In der Zwischenzeit beabsichtigt die Kommission, Verbesserungen ohne eine Änderung der Fusionskontrollverordnung durchzuführen. Hierzu gehört insbesondere eine verstärkte Transparenz bei ihren Verfahren und Entscheidungen und eine weitergehende Berücksichtigung der Rechte Dritter.

Bisherige Anwendung der Fusionskontrollverordnung

Die bisherige Anwendung der Verordnung wird überwiegend als erfolgreich angesehen. Die zügige Verfahrensdurchführung, Rechtssicherheit und die alleinige Zuständigkeit der Kommission wurden von der Industrie und den Rechtsanwälten hoch geschätzt. Hinzu kommt, daß mit der Verordnung einheitliche Voraussetzungen für Großfusionen in der Gemeinschaft geschaffen wurden. Die wichtigste Aufgabe der Verordnung besteht darin zu gewährleisten, daß Fusionen nicht den Wettbewerb beeinträchtigen und damit auch nicht die Interessen der Verbraucher oder Lieferanten schädigen.

Die Schlußfolgerungen des Berichts

Der Bericht der Kommission an den Rat erging aufgrund der in der Verordnung verankerten Bestimmung, bis Ende 1993 die Fragen einer Überprüfung der Aufgreifschwellen und der Zurückverweisung an die nationalen Behörden zu prüfen. Die Aufgreifschwellen nach Artikel 1 der Verordnung bestimmen den Umfang der gemeinschaftlichen Zuständigkeit, während Artikel 9 Voraussetzungen nennt, unter denen der Kommission genehmigte Fälle an die nationalen Behörden zurückverwiesen werden können.

Eine umfangreiche Untersuchung der Task Force Fusionskontrolle bei rund 300 der größten Unternehmen der Gemeinschaft hat ergeben, daß bei einer Senkung der Aufgreifschwellen auf 2 Mrd. Ecu (Weltumsatz) bzw. 100 Mio. Ecu (Gemeinschaftsumsatz) die Kommission rund 110 Fälle gegenüber gegenwärtig 60 Fällen pro Jahr zu untersuchen hätte. Die große Mehrzahl der Fälle, die gegenwärtig unterhalb der bestehenden Schwelle liegen, je doch die Schwellenwerte 2 Mrd. Ecu /100 Mio. Ecu überschreiten würden, hätte ebenfalls weitreichende grenzübergreifende Auswirkungen. Die Fusionskontrollverordnung, die in einem Zeitraum von beinahe 20 Jahren eingeführt wurde, ist jedoch erst vier Jahren in Kraft, und es besteht, trotz der Unterstützung der Industrie für eine Senkung der Aufgreifschwellen, bei den nationalen Behörden eine erhebliche Zurückhaltung gegenüber an der Verordnung zum jetzigen Zeitpunkt vorzunehmenden Änderungen. Die Kommission ist deshalb zu der Auffassung gelangt, daß die Frage der Senkung der Aufgreifschwellen, die ihre Dringlichkeit behält, gemeinsam mit weiteren möglichen Verbesserungen an der Verordnung im Lichte weiterer Erfahrungen bis spätestens Ende 1996 erneut geprüft werden sollte.

Verbesserungen bei der Transparenz und dem Verfahren der Fusionskontrollverordnung

Bei der Durchführung ihrer Untersuchung konnte die Kommission vor dem Hintergrund der bisher gewonnenen Erfahrungen einige Verbesserungen ausmachen, die zu einer erhöhten Transparenz und Verfahrenseffizienz beitragen könnten. Diese von der Kommission ohne Änderung der Fusionskontrollverordnung durchführbaren Verbesserungen beziehen sich auf folgende Bereiche:

- Verpflichtungszusagen in der ersten Verfahrensstufe
Die Kommission hat Verpflichtungszusagen von Anmeldern in der ersten Verfahrensstufe (Phase 1) zugestimmt, mit denen eindeutige Wettbewerbsprobleme beseitigt werden konnten. Bei diesem verwaltungseffizienten Verfahren besteht jedoch die Gefahr eines Verlustes an Transparenz. Mit einer vorherigen Veröffentlichung der Verpflichtungszusagen könnte dieser Gefahr begegnet werden.

- Verpflichtungszusagen in der zweiten Verfahrensstufe
Auch die in der zweiten Phase angebotenen Verpflichtungszusagen sollten unter Einhaltung des Geschäftsgeheimnisses grundsätzlich veröffentlicht werden.

- Leitsätze der Kommission
Die Kommission beabsichtigt die Herausgabe von Leitsätzen über technische und juristische Gesichtspunkte in den Bereichen rechtliche Zuständigkeit, Umsatzermittlung und Begriff des Zusammenschlusses.

- Erleichterte Anmeldungsvorschriften für kleinere Gemeinschaftsunternehmen
Bestimmte kleinere Gemeinschaftsunternehmen werden von der Verordnung lediglich aufgrund der Größe der Mutterunternehmen erfaßt. Andere haben weder direkte noch indirekte Auswirkungen auf

Märkte in der Gemeinschaft. Die Kommission würde in diesen Fällen erheblich verringerte Anforderungen für die Anmeldung solcher Vorgänge befürworten.

- Beratender Ausschuß
Die Stellungnahme des beratenden Ausschusses für Unternehmenszusammenschlüsse - der aus Vertretern der Wettbewerbsbehörden der Mitgliedstaaten besteht - wird nunmehr gleichzeitig mit der endgültigen Entscheidung der Kommission veröffentlicht. (siehe auch oben 2.)

(P/93/38)

5.2. Telekommunikationssektor

5.2.1. Kommission gibt grünes Licht für das grenzüberschreitende Fernmeldenetz F.N.A.

Die Kommission hat der Gründung der Kooperativgesellschaft belgischen Rechts Financial Network Association (FNA) zugestimmt, der zwölf führende Telekommunikationsorganisationen, (France Tilicom, Belgacom, Italcable S.P.A., Mercury Ltd., Telefonica de Espaha S.A., Deutsche Bundespost Telekom, Teistra, Hongkong Telecom International Limited, Kokusai Denshin Denwa Co. Ltd(KDD) MCI, Singapore Telecom, Stentor), davon sechs europäische Unternehmen, angehören. Dieses Gemeinschaftsunternehmen soll eine breite Palette an Telekommunikationsdiensten für Abnehmer im Bereich der Finanzdienstleistungen wie z.B. Banken und Versicherungen entwickeln.

Diese Kunden haben besondere Anforderungen an die Telekommunikationsdienste wie z.B. die Übermittlung großer Datenmengen. Das Gemeinschaftsunternehmen soll kombinierte Sprach-, Daten- und Bilddienste anbieten, die auf die Anforderungen der Unternehmen abgestimmt sind. Das Gemeinschaftsunternehmen wird diese Dienste über seine Muttergesellschaften weltweit nach dem Grundsatz der "Einmalzuständigkeit" anbieten und darüber hinaus auch Einmalberechnungen ermöglichen, bei denen der Kunde unabhängig von der Anzahl der von ihm benutzten Netze nur eine einzige Rechnung erhält.

Die Mitglieder sind für ihre jeweiligen Gebühren und Investitionen sowie für die Vermarktung und Bereitstellung von Diensten selbst verantwortlich. Das Gemeinschaftsunternehmen fungiert dabei als Vermittler, der diese unabhängig erbrachten Dienste in koordinierter und effizienter Form anbietet. Die Vereinbarungen wurden gemäß den Wettbewerbsregeln angemeldet. Die Kommission hat festgestellt, daß die Vereinbarungen zur Gründung der FNA den Telekommunikationsbenutzern und anderen Dienstleistungserbringern folgende Vorteile verschaffen:
- Zentrale Verwaltung und Optimierung der bestehenden nationalen Netze und der internationalen Verbindungen führen zu Qualitätsverbesserungen und Kostensenkungen.
- Bandbreitenflexibilität und bessere Störungsbeseitigung kommen Benutzern und Dienstleistungserbringern, die das Grundnetz der FNA in Anspruch nehmen, gleichermaßen zugute.
- Die Rechnungserstellung durch Dritte wird das Einmalabrechnungsverfahren erleichtern.

Die ursprünglich angemeldeten Vereinbarungen fielen nach Ansicht der Kommission unter das Verbot des Artikels 85 Absatz 1 EG-Vertrag, da sie das Risiko einer Quersubventionierung zwischen den "vorbehaltenen" Diensten der Telekommunikationsorganisationen und den nichtvorbehaltenen, dem freien Wettbewerb offenstehenden Diensten wie der Datenübertragung in sich bargen. Außerdem bestand die Befürchtung, daß die Vereinbarungen zur Bündelung von vorbehaltenen und nichtvorbehaltenen Diensten führen und private Dienstleistungserbringer benachteiligen könnten.

Im Verlauf des Verfahrens konnten die Bedenken der Kommission hinsichtlich Quersubventionierungen, Bündelung von Diensten und Diskriminierung durch entsprechende Verpflichtungszusagen der in der EU ansässigen Teilnehmer ausgeräumt werden. Nachdem die Bedingungen für die Gewährung einer Einzelfreistellung für FNA erfüllt waren, hat die Kommission den Vorgang mit der Versendung eines Verwaltungsschreibens abgeschlossen.

(IP/93/988)

5.2.2. Strategische Allianzen im Telekommunikationssektor

Die Kommission hat ihre erste förmliche Entscheidung über eine der strategischen Allianzen erlassen, die derzeit im Telekommunikationssektor geknüpft werden. Die Entscheidung betrifft die British Telecom (BT) und das auf Langstrecken-Telekommunikation spezialisierte amerikanische Unternehmen MCI.

Allianz zwischen BT und MCI

BT hat einen Anteil von 20% an dem amerikanischem Unternehmen erworben und ist damit dessen größter Anteilseigner. Desweiteren haben die beiden Unternehmen im Rahmen eines joint ventures die Firma "Concert" gegründet. Sie soll multinationale Unternehmen mit weltweiten Telekommunikationsdienstleistungen versorgen. Dazu übertragen BT und MCI ihre internationalen Netze, die nicht auf Korrespondentenbasis arbeiten, auf Concert.

Zunächst schien es, als ob diese Art der Verflechtung zweier Unternehmen unter die europäische Fusionskontrolle fallen würde. Die Kommission hat jedoch im September 1993 entschieden, daß unter den vorliegenden Bedingungen keine Konzentration vorliegt. Vielmehr sind bei diesem Sachverhalt Artikel 85 des EG-Vertrages und Artikel 53 des EWR-Vertrages zu prüfen.

Im Ergebnis entschied die Kommission, daß der Sachverhalt zum einen nicht unter Art. 85 EG-Vertrag fällt. Nach ihrer Ansicht besteht bei der vorliegenden Konstellation keine Gefahr, daß sich der Erwerb des zwanzigprozentigen Anteils durch BT auf den Wettbewerb zwischen den beiden Unternehmen auswirkt. Zum anderen erlaubt der Sachverhalt eine Ausnahmeregelung zu Art. 53 EWR-Vertrag. Zwar stellt die Gründung von Concert ein Kartell dar. Die Ausgestaltung des joint ventures in diesem konkreten Fall erlaubt jedoch eine Freistellungserlaubnis bis zum 16. November 2000.

Entwicklungen im Telekommunikationsmarkt

Der Zusammenschluß zeigt, daß der einstmals ruhige Telekommunikationsmarkt tiefgreifende Veränderungen erlebt. Beinahe jeden Tag werden neue Dienstleistungen angeboten. Von den Unternehmen werden immer engere und immer umfassendere Allianzen geschlossen. Neue Unternehmen aus anderen Wirtschaftszweigen drängen in die verschiedenen Segmente des Telekommunikationsmarktes. Diese Entwicklungen beschleunigen sich zunehmend.

Zwei Faktoren treffen hier zusammen:
- die zunehmende Konvergenz der Telekommunikations- und Informationstechniken, was den Unternehmen und Nutzern zahlreiche neue Techniken und Dienstleistungen erschließt, und
- der Liberalisierungsprozeß im europäischen Telekommunikationswesen. In den meisten Mitgliedstaaten wird er im Jahr 1998 zur völligen Freigabe des Sprach-Telefondienstes (und wahrscheinlich

auch der Infrastrukturen). Ferner wird sich der Liberalisierungsprozeß auch in den Vereinigten Staaten ausweiten und vertiefen. Und er ist in vielen Ländern mit Privatisierungsmaßnahmen verbunden. Die Auswirkungen auf die Angebots- und die Nachfrageseite sind zwar unterschiedlich. Sie sind jedoch miteinander verknüpft. Dies trägt zur Beschleunigung des Prozesses bei.

Die Nachfrageseite

Auf der Nachfrageseite ist vor allem hervorzuheben, daß internationale Großkunden neue Anforderungen stellen. Für sie sind langfristige, Tag und Nacht verfügbare weltweite Dienstleistungen von Bedeutung, die unabhängig von Standorten, Staatsgrenzen, Sprachbarrieren, Wechselkursen, Zeitunterschieden oder der Beschaffenheit lokaler Infrastrukturen erbracht werden müssen.
Mit anderen Worten: Diese Unternehmen verlangen unabhängig von ihrem Standort nach einheitlichen Dienstleistungen, einheitlicher Fakturierung und nach einer einzigen Anlaufstelle für alle an sämtlichen Orten der Welt auftauchenden Probleme.

Die Erbringung solcher Dienstleistungen erfordert von den Telekommunikationsunternehmen erhebliche Anstrengungen. Sie müssen global vorgehen, wenn sie nicht nur ihren Kundenkreis halten und erweitern wollen, sondern auch ihren räumlichen Erfassungsbereich erhöhen und neue Marktsegmente erschließen wollen.

Zusammenarbeit mit anderen Unternehmen

Die meisten Betreiber wollen dies durch umfassende Vereinbarungen über die Zusammenarbeit mit anderen Unternehmen erreichen. Hier handelt es sich vielfach um andere Telekommunikationsunternehmen. Die auf diese Weise geknüpften strategischen Allianzen gehen weit über die herkömmlichen Formen der Zusammenarbeit hinaus. Denn bisher hat sich die Zusammenarbeit zwischen den Betreibern auf besondere Bereiche begrenzt.

Hervorzuheben ist, daß sich die meisten europäischen Betreiber auf ihre jeweiligen nationalen Märkte beschränkt haben. Wollen sie Dienstleistungen jenseits der Staatsgrenzen erbringen, insbesondere im Rahmen umfangreicher und komplexer Operationen, können ihnen deshalb sowohl die erforderlichen Kenntnisse als auch die technischen und finanziellen Mittel fehlen. Außerdem ist im Bereich der Netze die Zusammenarbeit zwischen den Betreibern erforderlich.

Deshalb kommt es zu einer immer größeren Zahl von Zusammenschlüssen und immer mehr nationale Betreiber vollziehen gemeinsam eine Entwicklung, deren Ende noch nicht abzusehen ist. Die Bekanntmachung der Allianz zwischen BT und MCI hat mit Sicherheit wie ein Katalysator in diesem Bereich gewirkt.

Zukünftige Handhabung der Wettbewerbsregeln

In diesem Zusammenhang stellt sich die Frage, wie die Kommission die Wettbewerbsregeln angesichts dieses raschen Strukturwandels im Telekommunikationswesen einsetzen wird.
Auch hier gilt für die Kommission der oftmals wiederholte Grundsatz, daß zwischen Zusammenarbeit und Wettbewerb ein Gleichgewicht zu wahren ist.

Zweifellos sind im Telekommunikationssektor Betreiberallianzen wie die von BT und MCI in vielen Fällen erforderlich. Nur so kann die Verknüpfung zwischen Netzen und Diensten gewährleistet werden und das Prinzip der einen Anlaufstelle verwirklicht werden. Auf diese Weise werden die Voraussetzungen für einen optimalen europa- oder weltweiten Dienst zum Nutzen der Verbraucher geschaffen.

Diese Haltung der Kommission entspricht voll und ganz den Zielen des Weißbuchs über Wachstum, Wettbewerbsfähigkeit und Beschäftigung, in dem ein enger Zusammenhang zwischen den Unzulänglichkeiten der transeuropäischen Netze und der hohen Arbeitslosigkeit in Europa festgestellt wird. Außerdem müßten die Marktbedingungen geschaffen werden, die dem europäischen Nutzer eine größere Vielfalt an besseren und billigeren Telekommunikationsdiensten ermöglichen. Dabei sind die Strukturen für einen aktiven Wettbewerb zu schaffen, die mit Hilfe einer konsequenten Anwendung der Wettbewerbsregeln gesichert werden müssen.

(Memo/94/56)

5.2.3. Deutsches Pay-TV-Projekt gescheitert - Zweites Fusionsverbot in der Geschichte der Fusionskontrollverordnung

Die Kommission hat die beabsichtigte Gründung der Media Service GmbH (MSG) für unvereinbar mit dem Gemeinsamen Markt erklärt. Das Zusammenschlußvorhaben war am 6. Juni 1994 nach den Vorschriften der europäischen Fusionskontrolle bei der Kommission angemeldet worden. Es betrifft die Gründung eines Gemeinschaftsunternehmens, an dem Bertelsmann, die Deutsche Bundespost Telekom und die Kirch-Gruppe mit jeweils einem Drittel beteiligt sein sollen. Das Gemeinschaftsunternehmen MSG sollte im Bereich administrativer und technischer Dienstleistungen für Pay-TV und anderer entgeltfinanzierter Kommunikationsdienste tätig sein.

Es ist erst das zweite Mal seit dem Inkrafttreten der Vorschriften zur europäischen Fusionskontrolle im Herbst 1990, daß die Kommission einen Unternehmenszusammenschluß versagt hat. 1991 hatte die Kommission die Übernahme des kanadischen Flugzeugherstellers De Havilland durch ein französisch-italienisches Konsortium verboten.

GU unvereinbar mit dem Gemeinsamen Markt

Die Kommission ist der Auffassung, daß das Zusammenschlußvorhaben geeignet ist, zur Entstehung oder Verstärkung einer beherrschenden Stellung auf drei Märkten zu führen:
- im Hinblick auf den Markt für administrative und technische Dienstleistungen für Pay-TV und andere TV-Kommunikationsdienste würde MSG eine dauerhafte beherrschende Stellung auf diesem neuen Markt einnehmen, die den Eintritt neuer Wettbewerber einschränkt bzw. verhindert;
- auf dem Markt für Pay-TV würde die Gründung der MSG es Bertelsmann und Kirch ermöglichen, eine beherrschende Stellung zu erlangen oder zu verstärken;
- auf dem Markt für TV-Kabelnetze würde MSG die marktbeherrschende Stellung der Telekom verstärken.
Der Beratende Ausschuß bestätigte die drei Würdigungen, die zur Unvereinbarkeit des Zusammenschlußes mit dem Gemeinsamen Markt führen.

Die anmeldenden Parteien schlugen zwar der Kommission Zusagen vor, die zum einen die Einführung einer Verschlüsselungstechnologie namens "Common Interface" vorsahen, zum anderen ein diskriminierungsfreies Verhalten von MSG gegenüber Pay-TV-Anbietern sowie einen digitalen Ausbau des Kabelnetzes in einem Maße, welches jede Knappheit von Übertragungskapazitäten vermeidet.

Nach Auffassung der Kommission haben die angebotenen Zusagen jedoch überwiegend den Charakter von Verhaltenszusagen und vermögen die Schlußfolgerungen im Hinblick auf die Unvereinbarkeit des Zusammenschlußes mit dem Gemeinsamen Markt nicht zu ändern. Der Beratende Ausschuß schloß sich dieser Position an. Aus diesen Gründen wurde das Vorhaben für nicht vereinbar mit dem Gemeinsamen Markt gemäß Artikel 8 (3) der Fusionskontrollverordnung und mit der Funktionsfähigkeit des EWR-Abkommens Artikel 57 (1) des EWR- Abkommens erklärt.

Administrative und technische Dienstleistungen für Pay-TV

Diese Dienstleistungen bestehen zunächst in der Versorgung mit Decodern, die aufgrund ihrer anfangs hohen Kosten wahrscheinlich an die Kunden (TV- Haushalte) vermietet werden. Weiterhin gehört die Durchführung der Zugangskontrolle ("conditional access") dazu, die dazu dient, den Empfang von Pay-TV-Programmen auf die jeweiligen Abonnenten zu beschränken. Gegenwärtig ist die Standardisierung von Zugangskontrollsystemen Gegenstand der Erörterung in einer Gruppe von betroffenen Unternehmen, dem sogenannten Digital Video Broadcasting (DVB). Schließlich gehört die Abonnentenverwaltung zu den Dienstleistungen der MSG.

Der Markt für administrative und technische Dienstleistungen für Pay-TV ist ein Zukunftsmarkt, der sich insbesondere im Gefolge der Einführung digitalen Fernsehens entwickeln wird. Diese Entwicklung wird in Deutschland begünstigt durch die außerordentlich hohe Zahl von Haushalten, die bereits heute Fernsehen über Kabel oder Satellit empfangen können. In der MSG würden sich die Unternehmen zusammenschließen, die voraussichtlich auch in Zukunft im Pay-TV-Bereich und im Bereich der Kabelnetze eine eindeutig führende Position haben werden. Bertelsmann und Kirch haben umfangreiche Aktivitäten im Bereich der audiovisuellen Medien und betreiben zusammen mit Canal plus den bisher einzigen Pay-TV-Sender Premiere. Insbesondere die umfangreichen Programmressourcen von Kirch, dem mit Abstand führenden Anbieter von Kinofilmen und Unterhaltungsprogrammen für das Fernsehen in Deutschland, werden den Premiere-Gesellschaftern auch in Zukunft einen erheblichen Vorsprung vor potentiellen Wettbewerbern bei Pay-TV verleihen. Dies gilt auch, wenn nach der Einführung digitalen Fernsehens ein erheblich größeres Programmangebot technisch möglich sein wird. Die Telekom, die über ein gesetzliches Monopol für das Verlegen von Kabeln auf öffentlichen Wegen besitzt, ist der mit Abstand führende Kabelnetzbetreiber in Deutschland und hat sich kürzlich an dem führenden europäischen Satellitenbetreiber SES-ASTRA beteiligt. Die zusammengefaßten Wettbewerbsvorteile der MSG-Gesellschafter würden dazu führen, daß realistischerweise nicht mit dem Eintritt anderer Wettbewerber in den Markt der MSG gerechnet werden kann und MSG daher auf Dauer eine Alleinstellung erhalten würde.

Pay-TV

Pay-TV bildet einen eigenständigen Produktmarkt, der von frei empfangbarem Fernsehen zu unterscheiden ist, da Pay-TV hauptsächlich durch Abonnenten finanziert wird, während frei empfangbares Fernsehen sich durch Werbung und/oder Gebühren finanziert. Ab 1995 dürfte die Digitalisierung zu einer Vervielfachung der Zahl der Pay-TV-Kanäle führen, die über Kabel (gegenwärtig 14 Mio. angeschlossene Haushalte in Deutschland) oder Satellit (gegenwärtig 7 Mio Haushalte mit Empfangsantennen in Deutschland) übertragen werden. Ebenso ist die Entwicklung von interaktiven Kommunikationsdiensten wie Near-video-on-demand oder Telebanking zu erwarten.

Die Alleinstellung der MSG als Anbieter der für die Veranstaltung von Pay-TV notwendigen Infrastruktur und der dazugehörenden Dienstleistungen (Installierung einer Decoderbasis, Zugangskontrolle, Abonnentenverwaltung) würde Bertelsmann und Kirch die Kontrolle über künftige Wettbewerber im Pay-TV vermitteln. Pay-TV-Anbieter, die im Gefolge der Digitalisierung in den Markt eintreten können, wären darauf angewiesen, die für Pay-TV grundlegenden Dienstleistungen bei einem Unternehmen in Anspruch zu nehmen, das von den bereits führenden Pay-TV-Anbietern kontrolliert wird. Zukünftige Wettbewerber von Bertelsmann und Kirch hätten nur die Wahl, entweder die Konditionen der MSG zu akzeptieren oder dem Markt fernzubleiben.

TV-Kabelnetze

Der Markt für Kabelnetze ist von den Märkten für terrestrische und für Satellitenübertragung zu unterscheiden. Zum einen sind die verschiedenen Arten des Empfangs nicht ohne weiteres gegeneinander austauschbar, zum anderen stellt aufgrund der besonderen Bedeutung des Kabelnetzes in Deutschland der Satellitenempfang für Programmanbieter keine Alternative dar.

Auf dem Markt für TV-Kabelnetze hat die Telekom derzeit dank ihres gesetzlichen Monopols eine beherrschende Stellung. Zwar sind private Kabelunternehmen in erheblichem Umfang im Bereich von Hausverteilanlagen tätig. Durch die gegenwärtige Verwaltungspraxis in Deutschland, in der Regel keine Zusammenschaltung von Kabelinseln Privater zuzulassen, ist es den privaten Kabelunternehmen nur in Ausnahmefällen möglich, größere flächendeckende Kabelnetze zu betreiben. Sollte im Gefolge der 1998 zu erfolgenden Liberalisierung der Telefonbasisdienste auch der Markt für Kabelnetze dereguliert und für Wettbewerb geöffnet werden, würde die Telekom durch die Alleinstellung der von ihr mitkontrollierten MSG über einen Wettbewerbsvorteil verfügen, der ihre marktbeherrschende Stellung gegenüber dem nach einer Liberalisierung aufkommenden Wettbewerb absichert.

Zusagen der anmeldenden Parteien

In einem späten Verfahrensstadium haben die anmeldenden Parteien der Kommission Zusagen für das Verhalten der MSG und ihrer Muttergesellschaften angeboten. Diese Zusagen zielen zunächst auf die Einführung einer Verschlüsselungstechnologie namens "Common Interface" durch MSG, die gegenwärtig im Rahmen der DVB-Gruppe spezifiziert wird. Zwar erscheint die Einführung eines "Common Interface" vom wettbewerblichen Standpunkt generell als eine Lösung des Problems der Zugangskontrolle, die die positive Auswirkung auf die Entwicklung eines ungehinderten Wettbewerbs im Pay-TV-Bereich zur Folge haben kann. Die Zusage ist jedoch an verschiedene Bedingungen der Verläßlichkeit und der Akzeptanz durch die Programmanbieter gebunden. Außerdem zeigt die oben dargelegte Beurteilung des Falles, daß selbst auf der Grundlage eines "Common Interface", welches theoretisch und technisch unabhängigen Programmanbietern die Benutzer der Decoder ermöglicht, die Stärken der Muttergesellschaften der MSG so bemessen sein würden, daß Wettbewerb auf dem Markt für administrative und technische Dienstleistungen für Pay-TV realistischerweise nicht erwartet werden könnte.

Weiterhin betreffen die Zusagen die Nichtdiskriminierung anderer Pay-TV-Anbieter durch MSG bei der vertraglichen Vermietung von Decodern, bei der elektronischen Benutzerführung durch die Programme, beim Gebrauch geschäftlicher Informationen und bei der Preisgestaltung für die Dienstleistungen. Die Einhaltung solcher Zusagen ist technisch sehr schwer zu kontrollieren und verhindert nicht die Entstehung einer beherrschenden Stellung auf dem Markt für Pay-TV. Die Zusagen stellen in Wirklichkeit eine bloße Absichtserklärung dar, eine marktbeherrschende Stellung auf dem Markt für administrative und technische Dienstleistungen nicht zum Nachteil von Wettbewerbern auf dem Markt für Pay-TV zu mißbrauchen.

Schließlich versprechen die Zusagen die Vermeidung jeder Knappheit bei der Übertragungsgskapazität durch hinreichenden Ausbau des digitalen Kabelnetzes durch die Telekom. Auch diese Verhaltenszusage ist technisch nur schwer auf ihre Einhaltung zu kontrollieren und obliegt der Telekom ohnehin als regulatorische Verpflichtung.

Insgesamt sind diese Zusagen nicht geeignet, die bisherige wettbewerbliche Beurteilung zu ändern, derzufolge der angemeldete Zusammenschluß zur Entstehung oder Verstärkung von marktbeherrschenden Stellungen auf den drei genannten Märkten im Sinne von Artikel 3 Absatz 2 der Fusionsverordnung führen würde.

Stellungnahme der Kommission

Der für Wettbewerb zuständige Kommissar Karel Van Miert erklärte zu der Untersagung : "Dies ist eine sehr wichtige Entscheidung, die deutlich macht, daß die Kommission gewillt und in der Lage ist, bei der Anwendung der Fusionskontrolle Zukunftsmärkte vor einer Beherrschung bereits im Stadium ihres Entstehens zu schätzen. Ein Unternehmen wie MSG ist zwar im Prinzip zu begrüßen, da es die notwendigen technischen Voraussetzungen für digitales Pay-TV, insbesondere die Installierung der erforderlichen Decoderbasis, erbringen kann. Da die MSG in ihrer derzeitigen Struktur aber zur Abschottung des Marktes sowohl bei den Dienstleistungen wie auch beim digitalen Pay-TV selbst führen würde, wird durch dieses Projekt die Verbreitung digitalen Fernsehens eher behindert statt gefördert. Es ist die erklärte Politik der Kommission, daß die Zukunftsmärkte, die sich im Multi-Media-Bereich ergeben werden, für Wettbewerb offengehalten werden müssen. Nur durch offene, wettbewerblich strukturierte Märkte lassen sich die erwarteten Wachstumspotentiale ausschöpfen. Nur wenn gewährleistet ist, daß der Zutritt von Fernsehveranstaltern aus anderen Mitgliedstaaten nicht an der Abschottung einzelner nationaler Märkte scheitert, kann auch das Ziel eines Fernsehens ohne Grenzen in der Gemeinschaft erreicht werden."

(Memo/94/66; IP/94/1025)

5.2.4. Gemeinschaftsunternehmen von Mannesmann, RWE und der Deutschen Bank für Fernmeldenetze genehmigt

Die Deutsche Bank AG, die Mannesmann AG und die RWE-Energie AG, eine Tochtergesellschaft der RWE AG, beabsichtigen die Zusammenlegung von Vermögenswerten in einem von ihnen gemeinsam kontrollierten Gemeinschaftsunternehmen, das geschlossene Teilnehmergruppen-Fernmeldenetze für Unternehmen und Mehrwertdienste anbieten wird. Hierzu zählen der Sprach-Telefondienst und die Datenübertragung, einfache Mehrwertdienste wie z.B. elektronische Post und einige fortgeschrittene Mehrwertdienste im Bereich der sektorspezifischen Anwendungen.

Die Muttergesellschaften werden ihre Fernmeldeausrüstungen in das Gemeinschaftsunternehmen mit Ausnahme des Versorgungsnetzes von RWE einbringen. Das Gemeinschaftsunternehmen wird seine Dienstleistungen den Muttergesellschaften und dritten Unternehmen anbieten. Dieses Zusammenschlußvorhaben hat keine ernsthaften Zweifel hinsichtlich seiner Vereinbarkeit mit dem gemeinsamen Markt hervorgerufen. Bis zum 1. Januar 1993 verfügte die Deutsche Telekom über das Monopol bei der Bereitstellung von Sprach-Telefonnetzen für Unternehmen. Sie wird auch in absehbarer Zukunft der wichtigste Anbieter in diesem Bereich bleiben.

Das Gemeinschaftsunternehmen wird darüber hinaus dem Wettbewerb anderer Unternehmen und dabei insbesondere den neuen weltweit tätigen "Fremdbeschaffungsgesellschaften" ausgesetzt sein, die von den nationalen Fernmeldeorganisationen wie France Tilicom und Deutsche Telekom bzw. British Telecom und MCI gegründet wurden. Auf diesem sich schnell entwickelnden Markt wird mit hohen Wachstumszahlen gerechnet. Es ist davon auszugehen, daß eine große Anzahl potentieller Anbieter wie Versorgungsunternehmen, andere Telekom-Gesellschaften, Softwarehäuser usw. auf diesen Markt treten könnten.

Durch den Eintritt eines neuen Wettbewerbers wird der Wettbewerb auf einem schnell wachsenden Markt gestärkt, wobei dieser Zusammenschluß nicht zur Begründung oder Verstärkung einer beherrschenden Stellung in den betreffenden Märkten führen wird. Kommissionsmitglied van Miert hat diese zügige Entscheidung begrüßt, die vor dem Hintergrund der gegenwärtig erwogenen Allianzen zwischen France Tilicom und Deutsche Telekom sowie zwischen British Telecom und MCI zu sehen ist.

(IP/93/1241)

5.2.5. Kommission genehmigt Gemeinschaftsunternehmen zwischen Siemens und Italtel

Die Kommission hat die Zusammenlegung der Aktivitäten der italienischen Siemens-Tochter Siemens Telecomunicazioni SpA (Herstellung von Telekommunikationsausrüstung) und der STET-Tochter Italtel (Telekommunikationsausrüstung) genehmigt. STET ist eine Holding, die in Italien auch den unlängst in Telecom Italia fusionierten öffentlichen Telekommunikationsbetreiber kontrolliert.
Vereinbarkeit mit dem Gemeinsamen Markt

Das Zusammenschlußvorhaben war am 13. September 1994 bei der Kommission im Rahmen der Fusionskontrollverordnung angemeldet worden. Nach der in der Verordnung vorgesehenen ersten einmonatigen Prüfungsphase sah die Kommission ernsthafte Bedenken hinsichtlich seiner Vereinbarkeit mit dem Gemeinsamen Markt (IP 94/951). Die Kommission befand, daß das Gemeinschaftsunternehmen zwischen STET und Siemens Probleme der horizontalen und vertikalen Integration auf den Märkten für öffentliche Telekommunikationsausrüstung aufwirft.

Bezüglich der horizontalen Aspekte würde das Gemeinschaftsunternehmen in Italien einen erheblichen Marktanteil bei öffentlichen Vermittlungs- und Übertragungseinrichtungen innehaben. In anderen Mitgliedstaaten würde das Vorhaben jedoch keine bedeutsamen Auswirkungen haben, da sich die Verkäufe von Italtel im wesentlichen auf Italien beschränken.

Bezüglich der vertikalen Aspekte würde sich Siemens durch das Gemeinschaftsunternehmen in die bereits früher bestehende Aktionärsbeziehung zwischen dem italienischen Telekommunikationsbetreiber Telecom Italia und dem Fernmeldeausrüstungshersteller Italtel teilen.

Keine Marktbeherrschung

Die zweite Prüfungsphase, während der die Kommission eine Vielzahl von Fernmeldeausrüstungsherstellern und Fernmeldebetreibern konsultierte, ergab, daß durch die Errichtung des Gemeinschaftsunternehmens ungeachtet der beträchtlichen Marktanteile keine Marktbeherrschung begründet würde. Zum einen berücksichtigte die Kommission, daß im Hinblick auf die längerfristige Entwicklung und insbesondere die Einführung neuer Technologien die Märkte für Telekommunikationsausrüstung sich wegen

- der möglichen Entwicklung großer Märkte als Folge technologischer Entwicklungen,
- des Umstands, daß sich die Normung und die Gesetzgebung auf dem Gebiet des öffentlichen Auftragswesens nach und nach stärker auf die Öffnung der nationalen Märkte auswirken werden, und
- der weiteren Fortschritte auf dem Wege zur Liberalisierung der Dienste und vor allem der Infrastruktur, die mehr und mehr zur Entstehung eines weltweiten Marktes für öffentliche Telekommunikationsausrüstung führen wird, mitten im Umbruch befinden.

Die Auswirkungen dieser verschiedenen Entwicklungen sind bereits in der Mobilkommunikation festzustellen, wo die Festlegung einer Europäischen Norm (GSM), die Liberalisierung der Dienste und die Liberalisierung der Infrastruktur bereits zur Entstehung eines europa-, wenn nicht weltweiten Marktes für Telekommunikationsausrüstung geführt haben.

Kapitalverflechtung

Bezüglich der Kapitalverflechtung zwischen dem neuen Gemeinschaftsunternehmen und Telecom Italia vertrat die Kommission die Auffassung, daß die Vorteile einer von STET gegenüber Telecom Italia aufgezwungenen bevorzugten Behandlung des Gemeinschaftsunternehmens mit Siemens geteilt würden. Das Gemeinschaftsunternehmen verringert deshalb das objektive Interesse von STET oder Telecom Italia, das Gemeinschaftsunternehmen auf Kosten von Telecom Italia zu begünstigen, zumal Siemens nur über den Ausrüstungslieferanten Italtel einen direkten Einfluß erlangt und überhaupt keinen Einfluß über den Fernmeldebetreiber (Telecom Italia) oder dessen Muttergesellschaft (STET). Ein solcher Vorgang wäre völlig anderer Art.

Desweiteren hat sich die Trennung zwischen den Dienst- und den Fertigungsaktivitäten innerhalb der STET-Gruppe im Rahmen der Reorganisation von STET durch die Errichtung der hundertprozentigen STET-Tochter Tecnitel weiter verstärkt. Tecnitel bildet in der Struktur der STET-Gruppe eine getrennte organisatorische Ebene, deren Hauptfunktion darin besteht, die Fertigungstätigkeiten von STET zu überwachen.

Zusicherungen

Schließlich hat STET der Kommission im Laufe des Verfahrens Zusicherungen gegeben, daß sie sich nicht in die Beschaffungspolitik der Telecom Italia, speziell was die Wahl der Lieferanten betrifft, einmischen wird und daß eine klare Trennung der Boards of Directors, der Chief Executiv Officers und generell des Managements von Telecom Italia, Tecnitel und den Unternehmen der Italtel-Gruppe vollzogen wird.

Individualkommunikation

In den anderen betroffenen Märkten - Mobilfunknetze und Ausrüstung für Individualkommunikation - hat die Prüfung ergeben, daß die Liberalisierung bereits zu einer Wettbewerbssituation auf dem Markt geführt hat und daß die Stellung des Gemeinschaftsunternehmens in diesen Sektoren keinen Anlaß zu wettbewerbsrechtlichen Bedenken gibt.

Aus den oben dargelegten Gründen ist die Kommission zu der Auffassung gelangt, daß der beabsichtigte Zusammenschluß auf keinem der relevanten Märkte in den Sektoren öffentliche und private Telekommunikationsausrüstung zur Begründung oder Verstärkung einer beherrschenden Stellung führt, durch die wirksamer Wettbewerb im Gemeinsamen Markt im Sinne von Artikel 2 Absatz 3 der Fusionskontrollverordnung erheblich behindert würde. Die Kommission hat deshalb das Vorhaben gemäß Artikel 8 Absatz 2 der Ratsverordnung (EWG) Nr. 4064/89 für mit dem Gemeinsamen Markt vereinbar erklärt.

(IP/95/149)

5.2.6. Erster Fusionsfall im Zeitungssektor

In ihrem ersten Fusionsfall im Zeitungssektor hat die Kommission dem gemeinsamen Erwerb der Newspaper Publishing plc (NP), der Herausgeberin der Zeitungen The Independent und The Independent on Sunday, durch ein Konsortium zugestimmt, das aus dem spanischen Medienunternehmen Promotora de Informaciones S.A. (PRISA), der italienischen Mediengruppe Editoriale Espresso S.p.A. (Espresso) und dem britischen Zeitungsverlag Mirror Group Newspapers plc (MGN) besteht.

PRISA ist eine spanische Holdinggesellschaft mit Interessen im Verlagswesen, den Medien und im Abonnentenfernsehen. Espresso ist eine italienische Medienholding mit Interessen in Zeitungsverlagen und im Rundfunk, die von der Compagnie Industriali Riunite S.p.A (CIR) kontrolliert wird, die selbst wiederum von der Compagnia Finanziaria De Benedetti kontrolliert wird. MGN ist ein britischer Zeitungsverlag, der die landesweiten Zeitungen The Daily Mirror, The Sunday Mirror, The People (Sonntagszeitung) und Zeitungen mit regionaler Verbreitung sowie Fachzeitschriften herausgibt.

Die Tätigkeiten der spanischen und italienischen Muttergesellschaften beschränken sich auf räumliche Märkte, die vom britischen Zeitungs- und Zeitschriftenmarkt getrennt sind. Die von Mirror Group Newspapers plc in Heftform herausgegebenen Zeitungen einerseits und die Tageszeitung "The Independent" andererseits sind aus der Sicht der Leser und der Inserenten nicht in spürbarem Masse substituierbar. Da Überschneidungen somit ausgeschlossen sind, hat die Kommission diesem Vorhaben zugestimmt.

Das Vorhaben wurde gleichzeitig in Anwendung des Fair Trading Act den britischen Kartellbehörden gemeldet, die über Fragen wie die getreue Darbietung von Nachrichten und die freie Meinungsäußerung zu befinden haben. Gemäß der Fusionskontrollverordnung können die Mitgliedstaaten Maßnahmen ergreifen, um berechtigte Interessen zu schätzen, die wie z. B. die Medienvielfalt von der Verordnung nicht berücksichtigt werden.

(IP/94/208)

5.2.7. Telekom-Vereinbarung fällt nicht unter Fusionskontrollverordnung

Die Vereinbarung zwischen Banco de Santander und British Telecom zur Gründung einer Datenübertragungsgesellschaft in Spanien fällt nicht in den Anwendungsbereich der Fusionskontrollverordnung und muß deshalb nicht unter wettbewerbsrechtlichen Gesichtspunkten geprüft werden.
Die Banco de Santander und British Telecom haben der Kommission ihr Vorhaben zur Gründung einer Gesellschaft gemeldet, die in Spanien aufbereitete Datennetzdienste im Wettbewerb zu dem spanischen Monopolanbieter Telefonica bereitstellen soll. Auf der Grundlage des bestehenden Datennetzes von BS soll die neue Gesellschaft unter dem Markenzeichen BT ihre Datendienste auch auf andere Unternehmen ausweiten.

In den ersten drei Jahren nach der Gründung werden Banco de Santander und British Telecom die gemeinsame Kontrolle über die neue Gesellschaft ausüben, woraufhin das Unternehmen unter die alleinige Kontrolle von British Telecom fallen soll. Angesichts dieses kurzen Zeitraums der gemeinsamen Kontrolle wurde davon ausgegangen, daß British Telecom die alleinige Kontrolle über das Unternehmen ausüben wird. Damit handelt es sich um einen Erwerb bestimmter Vermögenswerte einer BS-Tochtergesellschaft durch British Telecom.

Mit diesem Vorhaben werden jedoch nicht die Aufgreifschwellen der Verordnung erreicht, wonach beide beteiligten Unternehmen einen EG-weiten Umsatz von wenigstens 250 Mio. ECU aufweisen müssen. Die Kommission hat somit erklärt, daß dieser Vorgang nicht von der Fusionskontrollverordnung erfaßt wird.

(IP/94/263)

5.3. Erster EWR-Fall: Kommission genehmigt Zusammenschluß von Neste und Statoil

Die Kommission hat das Vorhaben von Neste Oy (Neste), einer finnischen Gesellschaft, und von Den norske stats oljeselskab (Statoil), einer norwegischen Gesellschaft, genehmigt, die ihr Petrochemiegeschäft in ein neues Gemeinschaftsunternehmen mit dem Namen Borealis, das ihnen zu gleichen Teilen gehören wird, einbringen wollen.

Bei diesem Zusammenschluß handelt es sich um den ersten aufgrund des EWR-Abkommens zu behandelnden Fall. Diesem Abkommen zufolge müssen die Kommission und die EFTA-Staaten in allen Fällen, wo bei einem angemeldeten Zusammenschluß mindestens 25 % des gesamten EWR-Umsatzes in EFTA-Staaten erzielt werden und jede der am Zusammenschluß beteiligten Parteien mindestens 250 Mio. ECU Umsatz in der EFTA erzielt, gemeinsam die Befolgung der Wettbewerbsregeln gewährleisten.

Der Zusammenschluß betrifft vorrangig die Tätigkeit von Neste und Statoil im Olefin- und im Polyolefinsektor. Die wichtigsten Olefine sind Ethylen und Propylen und werden zur Herstellung von Polyolefinen verwendet. Etwa die Hälfte des westeuropäischen Plastikverbrauchs entfällt auf Polyolefine. Die wichtigsten Polyolefine sind Polyethylen und Polypropylen.

Bei der Würdigung des Vorhabens hat die Kommission der Tatsache Rechnung getragen, daß Neste und Statoil zwar bedeutende Petrochemiemarktteilnehmer sind, ihr gemeinsamer Marktanteil an jedem der betroffenen Märkte aber 15% nicht überschreiten wird. Außerdem hat die Kommission festgestellt, daß viele Olefin- und Polyolefinhersteller in Westeuropa vorhanden sind und zu ihnen auch große und finanziell mächtige Gesellschaften gehören, an die sich die Abnehmer gegebenenfalls wenden können.

Deswegen ist die Kommission zu dem Schluß gelangt, daß durch den geplanten Zusammenschluß keine beherrschende Stellung entsteht oder verstärkt wird, und sie hat beschlossen, keinen Einwand zu erheben und den Zusammenschluß für vereinbar mit dem Gemeinsamen Markt zu erklären.
Die Entscheidung stützt sich auf Artikel 6 Absatz 1 Buchstabe b der Fusionskontrollverordnung und auf Artikel 57 des EWR-Abkommens.

(IP/94/142)

5.4. Zusammenschluß Kali + Salz/MDK/Treuhand von der Kommission genehmigt

Die vorliegende Sache betrifft das Vorhaben, die Kali- und Steinsalzaktivitäten der Kali + Salz AG (K + S) und der Mitteldeutschen Kali AG (MDK) in einem Gemeinschaftsunternehmen von K + S und Treuhandanstalt (Treuhand) zusammenzufassen. Der Zusammenschluß wurde am 14. Juli 1992 angemeldet. Am 16. August 1993 leitete die Kommission das Verfahren gemäß Art. 6 Abs. 1 Buchstabe C der Fusionskontrollverordnung ein (Eröffnung der zweiten Phase des Verfahrens.

K + S, eine Tochtergesellschaft des Chemiekonzerns BASF, ist im wesentlichen in den Produktbereichen Kali (einschließlich Spezialsorten), Industrieprodukte auf Kali- und Salzbasis sowie Entsorgung tätig. In der MDK sind die Kali- und Steinsalzaktivitäten der ehemaligen DDR zusammengefaßt. Alleinige Aktionärin der MDK ist die Treuhand (THA), eine Anstalt des öffentlichen Rechts, deren Aufgabe es ist, die früheren staatlichen Betriebe der ehemaligen DDR wettbewerblich zu strukturieren und zu privatisieren.

Geplant ist nun, die MDK in eine GmbH umzuwandeln. In diese Gesellschaft wird K + S ihre Kali- und Steinsalzaktivitäten als Sacheinlage einbringen. Die Treuhand wird eine Bareinlage leisten. Die Fördermittel der Treuhand für das Gemeinschaftsunternehmen sind der Kommission gemäß den Gemeinschaftsvorschriften für staatliche Beihilfen mitgeteilt worden. An dem so entstandenen Gemeinschaftsunternehmen wird K + S mit 51% und die Treuhand mit 49 % des Stammkapitals und der Stimmrechte beteiligt sein.

Von dem Zusammenschluß betroffen sind vor allem landwirtschaftlich genutzte Kaliprodukte. Die Kommission hat zwei relevante Märkte für diese Produkte in der Gemeinschaft ermittelt.

Der deutsche Markt

Der Hauptgrund liegt darin, daß in Deutschland traditionell eine Nachfrage nach magnesiumhaltigen Kaliprodukten besteht, die nur aus deutscher Produktion zur Verfügung stehen. Daneben bestehen langfristig gewachsene Lieferanten- und Kundenbeziehungen der deutschen Anbieter zu den Abnehmern, die den Zugang behindern. Schließlich spielt auch eine Rolle, daß die weit über den inländischen Bedarf hinausgehende Produktion den deutschen Markt für ausländische Kaliproduzenten als weitgehend unangreifbar erscheinen läßt.

Der Zusammenschluß verstärkt auch die beherrschende Stellung von K + S auf dem deutschen Markt für landwirtschaftlich genutztes Kali. Hier entfällt auf K + S ein Marktanteil von 79 % und auf MDK ein Marktanteil von 19 %. Somit wird das Gemeinschaftsunternehmen einen Marktanteil von 98 % erreichen.

Zu den Auswirkungen des Zusammenschlusses auf den deutschen Markt für landwirtschaftlich genutzte Kaliprodukte kommt die Entscheidung zu dem Ergebnis, daß die marktbeherrschende Stellung von K + S auch verstärkt würde, wenn der Zusammenschluß nicht zustandekommt. Vieles spricht dafür, daß MDK demnächst aus dem Markt ausscheiden würde, wenn keine Übernahme durch ein anderes Unternehmen erfolgt und der Marktanteil von MDK in diesem Falle an K + S übergehen würde. Außerdem kann mit Sicherheit ausgeschlossen werden, daß ein anderes Unternehmen als K + S den gesamten oder einen erheblichen Anteil von MDK erwerben würde. Die Kommission hat im Rahmen des Verfahrens geprüft, ob ein alternativer Erwerber in Frage kommt. Jedoch keines der von der Kommission kontaktieren Unternehmen zeigte ein Interesse daran, den gesamten oder einen erheblichen Anteil von MDK zu erwerben, obwohl sie darüber informiert waren, daß die Treuhand für das geplante Gemeinschaftsunternehmen finanzielle Hilfen gewährt. Daher kann davon ausgegangen werden, daß die Stärkung der marktbeherrschenden Stellung von K+S auf dem deutschen Markt nicht durch den Zusammenschluß verursacht wird.

Die Gemeinschaft ohne Deutschland als weiterer relevanter geographischer Markt

Dieser Markt zeichnet sich durch einen regen Handel zwischen den einzelnen Mitgliedstaaten aus. Der EG-Handel mit Kali-Erzeugnissen ist nach Auffassung der Kommission das Ergebnis weitgehend homogener Wettbewerbsbedingungen in der Gemeinschaft (Nachfrage, Vertriebs- und Preisstruktur). Infolge des Zusammenschlusses entstünde auf dem EG-Markt ohne Deutschland ein marktbeherrschendes Duopol von K+S/MDK und dem französischen Unternehmen EMC/SCPA. Zwischen K+S und SCPA bestehen Verbindungen, die einen wirksamen Wettbewerb zwischen den beiden Unternehmen verhindern.

Beide Unternehmen (SCPA über ihre Muttergesellschaft EMC) besitzen ein Gemeinschaftsunternehmen in Kanada, Potacan, dessen Produktion weitgehend der Gesamtproduktion von SCPA entspricht. K+S und SCPA arbeiten auch im Exportkartell Kali Export GmbH in Wien zusammen. Nicht zuletzt steht K+S auch mit SCPA in einem langjährigen Lieferverhältnis, so daß K+S auf dem französischen Markt als unabhängiger Wettbewerber nicht nennenswert in Erscheinung tritt. Um die Bindungen zwischen K+S und EMC/SCPA zu lockern und so die negativen Wirkungen des Zusammenschlusses auf dem Gemeinschaftsmarkt außerhalb Deutschlands zu beseitigen, erklären sich die Parteien bereit, sich zu folgendem zu verpflichten:
- K+S und das Gemeinschaftsunternehmen ziehen sich aus der Kali Export GmbH zurück.
- K+S richtet für ihre Kaliprodukte in der EG ein eigenes Vertriebsnetz ein. Namentlich in Frankreich richtet K+S eine Vertriebsorganisation für den Absatz von Kali und Spezialsorten ein, die dem Umfang und der Bedeutung des französischen Markts entspricht.
Die Kommission hat darüber hinaus die Zusage des Gemeinschaftsunternehmens zur Kenntnis genommen, Potacan so umzustrukturieren, daß jeder Partner in der Lage ist, seine Produktion auf dem EG-Markt unabhängig zu vertreiben.

Ergebnis

Infolge dieser Verpflichtungserklärungen werden die bestehenden Verbindungen zwischen K+S und EMC/SCPA aufgelöst und die Voraussetzungen für einen effektiven Wettbewerb zwischen den beiden führenden Gruppen (K+S/MDK und EMC/SCPA) wiederhergestellt. Der Zusammenschluß kann daher auf der Grundlage der Bedingungen und Auflagen, die gewährleisten sollen, daß die Parteien ihren gegenüber der Kommission abgegebenen Verpflichtungen nachkommen, aus folgenden Gründen für mit dem gemeinsamen Markt vereinbar erklärt werden:
- Die Parteien haben in bezug auf die Kali Export GmbH und das Kali-Vertriebsnetz in Frankreich zugesichert, die negativen Effekte des Zusammenschlusses auf dem EG-Kalimarkt (ohne Deutschland) zu beseitigen.
- Die beherrschende Stellung von K+S auf dem deutschen Markt für in der Landwirtschaft verwendete Kaliprodukte wird durch den Zusammenschluß nicht verstärkt.
- Angesichts der schwerwiegenden Strukturprobleme in den ostdeutschen Bundesländern, die von dem Zusammenschlußvorhaben betroffen sind, und der ernsten Konsequenz, die sich für sie aus der Schließung von MDK ergeben werden, entspricht dieses Ergebnis auch dem grundlegenden Ziel der Stärkung des wirtschaftlichen und sozialen Zusammenhalts in der Gemeinschaft, auf das in Erwägungsgrund 13 der Fusionskontrollverordnung verwiesen wird.

(IP/93/1134)

5.5. Zusammenschluß Mercedes/Kässbohrer von der Kommission genehmigt

Die Kommission hat den beabsichtigten Erwerb der Karl Kässbohrer Fahrzeugwerke GmbH (Kässbohrer) durch die Mercedes Benz AG (Mercedes) genehmigt. Das Zusammenschlußvorhaben war am 13. September 1994 nach den Vorschriften der europäischen Fusionskontrolle bei der Kommission angemeldet worden. Auf der Grundlage umfangreicher Ermittlungen ist die Kommission zu dem Ergebnis gelangt, daß der beabsichtigte Zusammenschluß nicht zur Entstehung oder Verstärkung einer marktbeherrschenden Stellung führt.

Der Busmarkt in Deutschland und Europa

Mercedes ist auf dem Busmarkt in Westeuropa mit knappem Vorsprung vor Volvo der führende Anbieter; Kässbohrer liegt an vierter Stelle. Auch wenn der Zusammenschluß Auswirkungen in der gesamten Europäischen Union haben wird, bedurfte der Busmarkt in Deutschland einer besonders eingehenden Prüfung. Dieser Markt war in der Vergangenheit durch eine niedrige Importquote gekennzeichnet, die unter anderem auf die Markentreue der Abnehmer und enge Kunden-Lieferantenbeziehungen zwischen den deutschen Busherstellern und den Busbetreibern zurückzuführen war. Auch wenn sich der deutsche Markt gegenwärtig in einer Übergangsphase hin zu europaweitem Wettbewerb befindet, ist nach Auffassung der Kommission derzeit noch von einem nationalen Markt auszugehen.

Auf dem Gesamtmarkt für Busse in Deutschland hatten Mercedes und Kässbohrer 1993 zusammen einen Marktanteil von 57%. Der Gesamtmarkt für Busse gliedert sich in die Segmente Stadtbusse, Überlandbusse und Reisebusse, die nach Auffassung der Kommission jeweils einen relevanten Produktmarkt darstellen. Es ist gleichwohl zu berücksichtigten, daß die Grenzen zwischen diesen Segmenten fließend sind und für die Bushersteller eine hohe Flexibilität in der Umstellung der Produktion von einem Bustyp auf einen anderen besteht. Die wettbewerbliche Beurteilung kann daher nicht aus einer jeweils isolierten Sicht der drei Segmente erfolgen, sondern hat die Wettbewerbsbedingungen im Gesamtmarkt für Busse zu berücksichtigen. Die zusammengefaßten Marktanteile von Mercedes und Kässbohrer in Deutschland lagen im Stadtbussegment bei 44%, im Überlandbussegment bei 74% und im Reisebussegment bei 54%

Effiziente Wettbewerber neben der neuen Unternehmenseinheit

Innerhalb Deutschlands

Trotz der hohen Marktanteile im Gesamtmarkt für Busse und in den einzelnen Segmenten wird der Verhaltensspielraum von Mercedes auf dem deutschen Markt nach Auffassung der Kommission auch nach dem Zusammenschluß hinreichend von Wettbewerb kontrolliert sein. Mit MAN und Neoplan existieren zwei deutsche Bushersteller, die aufgrund jeweils spezifischer Vorteile auch weiterhin als effiziente Wettbewerber auftreten werden und deren Marktanteile sich nach dem Zusammenschluß wegen eines vorauszusehenden Abschmelzungseffektes der Marktstellung der neuen Unternehmenseinheit voraussichtlich erhöhen werden.

Innerhalb Europas

Entscheidend ist im vorliegenden Fall aber der von den europäischen Busherstellern außerhalb Deutschlands ausgehende potentielle Wettbewerb, der zu einer progressiven Öffnung des deutschen Marktes führen wird. Anders als in der Vergangenheit verfügen die außerdeutschen Anbieter mittlerweile über Busse, die den Anforderungen des deutschen Marktes entsprechen. Angesichts des bestehenden Wettbewerbsdrucks im privaten Busreiseverkehr und des Kostendrucks im Linienverkehr ist zu erwarten, daß die deutschen Busunternehmen den europaweiten Wettbewerb verstärkt als Regulativ für den deutschen Markt benützen werden. Dies wurde von den Verbänden der privaten und öffentlichen Busbetreiber ausdrücklich betont. Die progressive Öffnung des deutschen Marktes wird zudem durch die EU-Richtlinien über das öffentliche Auftragswesen begünstigt, die nunmehr für den größten Teil der Aufträge im Stadtbus- und Überlandbusbereich - zusammen gerechnet bedeuten diese beiden Segmente etwa 70 % des deutschen Marktes - eine gemeinschaftsweite Ausschreibung erforderlich machen.

Verfügbarkeit von Motoren

Um Bedenken hinsichtlich der Verfügbarkeit von Motoren für nichtintegrierte Bushersteller zu beseitigen, hat sich Mercedes gegenüber der Kommission dazu bereit erklärt, europäische Omnibushersteller, die keine eigene Motorenproduktion unterhalten und auch nicht mit einem Motorenhersteller verbunden sind, mit Mercedes-Benz Motoren für Busse zu beliefern, die innerhalb des Europäischen Wirtschaftsraums abgesetzt werden sollen. Mercedes hat sich auch durch entsprechende Schreiben an die Generalvertreter und Vertragswerkstätten von Kässboher verpflichtet, ein Tätigwerden dieser Gesellschaften für ausländische Omnibushersteller einschließlich deren deutschen Tochtergesellschaften im Bereich des Vertriebs oder des Service allgemein zuzulassen.

Kommentar der Kommission

Kommissar van Miert erklärte zu der Genehmigung des Zusammenschlusses: "Dies war eine schwierige Entscheidung, die die Kommission in den nunmehr mehr als vier Jahren europäischer Fusionskontrolle zu treffen hatte. Der Zusammenschluß Mercedes/Kässbohrer ist ein Fall, in dem hohe Marktanteile auf einem derzeit noch nationalen Markt eher für eine Untersagung sprachen, die gerechtfertigte Erwartung einer rasch zunehmenden Öffnung dieses Marktes für den europäischen Wettbewerb letztlich jedoch zu einer Genehmigung führen mußte. Bezeichnend ist, daß weder Wettbewerber noch Abnehmer Einwände gegen die Fusion erhoben haben. Gerade auch die deutschen Busbetreiber haben vielmehr die zukünftige Bedeutung des europaweiten Wettbewerbs für ihre Stellung als Abnehmer hervorgehoben. Eine Untersagung hätte daher auf einer Betrachtungsweise beruht, die sich an der Vergangenheit orientiert hätte und die absehbare Dynamik des Marktes außer Acht gelassen hätte. Es ist zu betonen, daß die Entscheidung nicht auf der "failing company defense" beruht, die die Kommission im Fall Kali + Salz entwickelt hat. Wir haben, seit Anfang des Verfahrens, unsere Meinung nicht geändert. Darüber hinaus, haben wir den Fall nur mit strikten Wettbewerbskriterien analysiert. Ich stelle jedoch auch mit Befriedigung fest, daß mit dieser Entscheidung die Unsicherheit über das Schicksal des vom Konkurs bedrohten Unternehmens Kässbohrer und damit auch von 5.000 Arbeitsplätzen in und außerhalb Deutschlands beendet wurde."

Hintergrund

Am 14. Oktober 1994 entschied die Kommission, in die zweite eingehende Prüfungsphase einzutreten. Am 9. Januar 1995 befaßte sich der Beratende Ausschuß für Unternehmenszusammenschlüsse, in dem die zuständigen Behörden der Mitgliedstaaten vertreten sind, mit einem ersten Entscheidungsentwurf der Kommission, in dem eine Genehmigung des Zusammenschlusses vorgeschlagen wurde. Die Mehrheit des Beratenden Ausschusses vertrat die Auffassung, daß die in dem Entscheidungsentwurf dargelegten Gründe nicht ausreichend waren, um die wettbewerblichen Bedenken auszuräumen, die Anlaß zur Einleitung der zweiten Prüfungsphase gegeben hatten.

Es wurde insbesondere kritisiert, daß die Kommission einen Entscheidungsvorschlag vorgelegt hatte, ohne zuvor, wie in den meisten Fällen der zweiten Phase üblich, eine sogenannte Mitteilung der Beschwerdepunkte an die am Zusammenschluß beteiligten Unternehmen versandt und eine förmliche Anhörung der Parteien durchgeführt zu haben. Die Kommission verfaßte daraufhin eine entsprechende Mitteilung an die Parteien, in der die möglichen Bedenken gegen den Zusammenschluß dargelegt wurden. Zugleich führte die Kommission weitere Ermittlungen durch und veranstaltete am 27. Januar 1995 eine förmliche Anhörung der am Zusammenschluß beteiligten Unternehmen sowie von Wettbewerbern und Vertretern der Abnehmer, die zur weiteren Sachaufklärung beitrug. Unter Berücksichtigung der zusätzlich gewonnenen Erkenntnisse legte die Kommission einen überarbeiteten Entscheidungsentwurf zur Genehmigung des Zusammenschlusses vor, mit dem am 10. Februar 1995 eine große Mehrheit des Beratenden Ausschusses übereinstimmte.

(IP/95/128)

2. Teil
Urteile, Gutachten und Beschlüsse der Gerichte der Europäischen Union

Inhaltsverzeichnis

1.   Fundamentale Grundsätze des Gemeinschaftsrechts 79
1.1.   Auslegung des Gemeinschaftsrechts 81

1.2.   Treuepflichten der Gemeinschaft und der Mitgliedstaaten 82

        * Mitteilungspflichten der Mitgliedstaaten bei Änderungen von Normen
           und technischen Vorschriften 82
        * Nochmals zu den Mitteilungspflichten der Mitgliedstaaten bei Änderun-
           gen von Normen und technischen Vorschriften 82

1.3.   Vorrang und unmittelbare Anwendbarkeit 83

        * Kein "Recht auf Umweltschutz" aus der Abfallrichtlinie 83
        * Vereinbarkeit nationaler Verfahrensfristen mit dem EG-Recht 83
        * Keine horizontale Wirkung von Richtlinien 84

1.4.   Mitgliedstaatliche und gemeinschaftliche Kompetenzen, Subsidiarität 86

1.5.   Allgemeine Grundsätze der Außenbeziehungen 87

        * Grundsatzurteil zur vertikalen Zuständigkeitsabgrenzung in den Außen-
           beziehungen 87
        * Antrag der Kommission auf einstweilige Anordnung gegen Griechenland zur
           Aufhebung des Embargos gegen Makedonien vom Gerichtshof abge-
           wiesen - der EuGH (er-)findet die "political questions"-Doktrin 88
        * Kommission hat keine Kompetenz zum Abschluß völkerrechtlicher Verträge . . 89
        * EuGH klärt Kompetenzverteilung zwischen Gemeinschaft und Mitglied-
           staaten für den Abschluß der GATT/WTO-Verträge 90

1.6.   Grundrechtsschutz 93
1.6.1. Grundrechte und Grundfreiheiten der Bürger gegenüber der Gemeinschaft . . 93

        * Vermarktung von Sekt unter der Bezeichnung "Flaschengärung im
           Champagnerverfahren" 93
        * Rückzahlung von Zuschüssen aus dem Europäischen Sozialfond 93

1.6.2.   Allgemeine Rechtsgrundsätze des Gemeinschaftsrechts 94

* Das Gericht erster Instanz präzisiert ungeschriebene Grundsätze des
  Gemeinschaftsrechts 94

1.6.3.   Grundrechte und Grundfreiheiten aus Gemeinschaftsrecht gegenüber natio-
          nalem Recht 95

* Die gemeinschaftsrechtlich nach wie vor zulässige sog. "Inländerdiskriminierung" kann gegen nationales Verfassungsrecht verstoßen 95
* Spanien diskriminiert Museumsbesucher 95

1.6.4.   Gleichberechtigung von Frauen und Männern in den nationalen
          Rechtsordnungen 96

* Gleichberechtigung von Männern und Frauen bei betrieblichen Über-
  brückungsrenten 96
* Nochmals zur Vereinbarkeit von Betriebsrenten mit Art. 119 EWGV 96
* Nochmals zur Anwendbarkeit des Art. 119 EWGV auf Betriebsrenten 97
* Arbeitsvertrag über Nachtarbeit kann nicht wegen Schwangerschaft
  aufgelöst werden 98
* Nochmals zum Nachtarbeitsverbot für Frauen 98
* Entlassung wegen Schwangerschaft nicht zulässig 99
* Möglichkeiten zur Vereinheitlichung des Rentenalter männlicher und
  weiblicher Arbeitnehmer 100
* Beamtenpensionsansprüche sind "Entgelt" i.S.d. Art. 119 EGV 100
* Aus Art. 119 EGV ergibt sich ein Anspruch für Frauen und Teilzeit-
  beschäftigte auf gleichberechtigten Zugang zu betrieblichen Alters
  versorgungssystemen 102
* Vergütung von nebenberuflich Teilzeitbeschäftigten 102
* Vergütung von Überstunden bei Teilzeitarbeit 103
* Das holländische Gesetz über die Arbeitsunfähigkeitsversicherung dis-
  kriminiert Frauen 104

2.   Europäisches Verwaltungsrecht 105
2.1.   Verwaltungsvollzug durch die Mitgliedstaaten 107

2.2.   Umsetzung des sekundären Gemeinschaftsrechts 108

* Garantiefonds für Ansprüche gegen Güterkraftverkehrsunternehmer 108
* Francovich-Urteil gilt auch für leitende Angestellte 108
* Verspätete Umsetzung von Verbraucherschutzrichtlinien in Spanien 109

3.   Institutioneller Aufbau und interne Kompetenzverteilung der EG 111
3.1.   Interorganbeziehungen 113

        * Erneute Anhörung des Parlaments nach Änderung von Gesetzentwürfen ... 113

3.2.   Wahl der Rechtsgrundlage bei Gemeinschaftsrechtsakten 114

        * Nochmals zu Beteiligungsrechten des Parlaments: Wahl der Rechts-
           grundlage für die Abfallverordnung 114

4.   Rechtsschutzverfahren vor dem EuGH 117
4.1.   Allgemeine Grundsätze 117

        * Unzulässigkeit einer Nichtigkeitsklage wegen Versäumung der Kla-
           gefrist 117

4.2.   Vorlageverfahren nach Artikel 177 EGV 118

        * Das Selbstbeschränkungsabkommen EG-Japan über Autoeinfuhren vor
           dem EuGH - Gerichtliche Konkursverwalter sind kein "Gericht" i.S.d.
           Art. 177 EGV 118

4.3.   Aufsichtsklagen nach Artikel 169 EGV 119

        * Zulässigkeit einer Vertragsverletzungsklage 119

4.4.   Nichtigkeitsklagen nach Artikel 173 EGV 120

        * Unselbständige Vertriebsorganisationen haben keine eigene Klagebe-
           fugnis gegen Antidumping-Zölle 120
        * Erster Erfolg einer Verbraucherschutzorganisation im Kampf gegen
           "freiwillige" Selbstbeschränkungsabkommen im internationalen Auto-
           handel 120
        * Klagemöglichkeiten vom Umweltschutzverbänden gegen nationale
           Projekte vor den europäischen Gerichten 120
        * Klagefrist gegen Kommissionsentscheidungen in Beihilfesachen 120
        * Individuelle Betroffenheit als Zulässigkeitsvoraussetzung einer Nich-
           tigkeitsklage 120
        * Das Gericht erster Instanz präzisiert ungeschriebene Grundsätze des
           Gemeinschaftsrechts 121
        * Klagebefugnis einzelner gegen Schreiben der Kommission an einen
           Drittstaat 122
        * Nichtigkeitsklage eines Verbandes gegen eine Richtlinie unzulässig 123

       * Unzulässigkeit einer Nichtigkeitsklage wegen Versäumung der Klagefrist 124

4.5.   **Untätigkeitsklage nach Artikel 175 EGV** **126**

4.6.   **Die außervertragliche Haftung der Gemeinschaft** **127**

       * Berechnung des Schadenersatzes im Rahmen der außervertraglichen Haftung 127
       * Außervertragliche Haftung der EG bei Kündigung eines Entwicklungshilfeprojekts wegen Ausbruchs eines Bürgerkriegs 127

4.7.   **Einstweiliger Rechtsschutz durch den EuGH** **129**

       * Verwendung von Kommissions-Dokumenten in nationalen Gerichtsverfahren 129

5.   **Warenverkehr** **131**
5.1.   **Verbot der Zölle und Abgaben gleicher Wirkung** **133**

       * Pflichtbeiträge zu öffentlich-rechtlichen Vermarktungsorganisationen nur in engen Grenzen zulässig 133
       * Zollgleiche Abgaben beim Handel zwischen verschiedenen Regionen eines Mitgliedstaats sind gemeinschaftswidrig 134

5.2.   **Verbot der mengenmäßigen Einfuhrbeschränkungen und der Maßnahmen gleicher Wirkung** **136**
5.2.1.   **Nichtkommerzielle Waren im persönlichen Reisegepäck** **136**

5.2.2.   **Behinderungen des gewerblichen Warenverkehrs** **137**
       a) Produktbezogene Behinderungen **137**

       * Für Funksendegeräte darf eine Typenzulassung verlangt werden, für reine Empfangsgeräte dagegen nicht 137
       * Verbot des Verkaufs von nichtzugelassenen Telekommunikationssendgeräten 138

       b) Vermarktungsbezogene Behinderungen **139**

       * Deutschland: Werbeverbot für Apotheker verstößt nicht gegen den freien Warenverkehr 139

* Zwei neue Urteile zur EG-Warenverkehrsfreiheit contra nationale Ladenschlußgesetze 140

5.2.3. **Rechtfertigung durch immanente Schranken des Artikels 30 EGV** **142**
a) Lauterkeit des Handelsverkehrs **142**

b) Verbraucherschutz **143**

* Vom nationalen zum europäischen Verbraucherschutz 143
* Nationale Etikettierungsvorschriften für importiertes Brot 144
* Edelmetallhandel: Wann dürfen Mitgliedstaaten erneute Punzierung
eingeführter Metalle nach inländischem Recht verlangen? 145

c) Umweltschutz **147**

d) Sonstige Rechtfertigungsgründe **148**

5.2.4. **Rechtfertigung nach Artikel 36 EGV** **149**
a) Öffentliche Sicherheit und Ordnung **149**

b) Öffentliche Sittlichkeit **150**

c) Schutz der Gesundheit und des Lebens von Menschen, Tieren und Pflanzen151

* Nationale Etikettierungsvorschriften für importiertes Brot 151
* Gesetzliche Gebietsmonopole für die künstliche Besamung von Rindern
rechtmäßig 151
* Systematische Grenzkontrollen sind nicht mehr zulässig 151
* Deutsches Einfuhrverbot für lebende Flußkrebse war gemeinschafswidrig . . 152
* Kontrollen bei der Einfuhr von Pflanzen 152
* Werbeverbot für Arzneimittel, die im Einfuhrstaat nicht zugelassen sind . . . 153

d) Schutz des nationalen Kulturguts **155**

e) Schutz des gewerblichen und kommerziellen Eigentums **156**

* Schutz von Warenzeichen im freien Warenverkehr 156
* Auch spanischer Schaumwein darf "crémant" heißen 157
* Weiterentwicklung des Kaffee Hag II-Urteils zum Warenzeichenrecht 158
* Bezeichnung von Wein - "Chateau" als Qualitätsmerkmal 159

* Vermarktung von Sekt unter der Bezeichnung "Flaschengärung im Champagnerverfahren" 160

5.3. Ausfuhrbeschränkungen 161

* Für Funksendegeräte darf eine Typenzulassung verlangt werden, für reine Empfangsgeräte dagegen nicht 161

5.4. Rechtsharmonisierung und Warenverkehr 162

* Begriff der "Etikettierung" in der RL 79/112 über die Etikettierung von Lebensmitteln 162
* Widerruf der Erlaubnis, ein Medikament auf den Markt zu bringen 162
* Italien: Gesundheitsuntersuchungen am Bestimmungsort der Waren rechtswidrig 163
* Partielle Nichtigkeit der Kosmetik-RL 164
* PCP-Fall entschieden: Strenge Auslegung von Art. 100a Abs. IV EGV 165
* Vereinheitlichung der Verfallsdatenangaben bei medizinischen Instrumenten und Arzneimitteln 166
* Etikettierung von Kristallglas 167
* Vermarktung von Sekt unter der Bezeichnung "Flaschengärung im Champagnerverfahren" 167

5.5. Verbot diskriminierender inländischer Steuern 169

5.6. Harmonisierung der Mehrwertsteuersysteme 170

* Besteuerung von Werbemaßnahmen 170
* Dänische Arbeitsmarktabgabe verstößt gegen Art. 33 Mehrwertsteuer-RL .. 170
* Mehrwertsteuer auf Schadenersatzzahlungen wegen vorzeitiger Auflösung eines Mietvertrages 171
* Erhebung von Mehrwertsteuer auf freiwillige Zahlungen ist unzulässig 171
* Besteuerungsgrundlage bei Geldspielautomaten 172
* Besteuerungsgrundlage bei Werbegeschenken ist der Einkaufspreis und nicht ein hypothetischer Verkaufspreis 173

5.7. Zoll- und Aussenhandelsrecht der EG 174
5.7.1. Anwendung des GZT: Allgemeine Grundsätze 174

* Keine Zollpräferenzen für Windjacken aus China und Südkorea 174
* Italien: Gesetz über die Zollanmeldung rechtswidrig 174
* Wichtiges Urteil zum "Barter-Trade" mit Staatshandels- und Entwicklungsländern 174
* Nationale Abgaben auf die Einfuhr von Erzeugnissen aus Drittländern 175

5.7.2.   **Tarifierung** **176**

    * Tarifierung von orthopädischen Schuhen 176
    * Tarifierung von Reisetaschen 176
    * Tarifierung von Computer-Monitoren 176
    * Tarifierung eines Testkits zur Bestimmung des Cholesterinspiegels
      im Blut 177
    * Tarifierung von Wildschweinfleisch 177
    * Tarifierung von Schlafanzügen 177
    * Tarifierung von Mecadecks 178

5.7.3.   **Zollwertberechnung** **179**

    * Quotenkosten dürfen nicht in den Zollwert von Waren einbezogen werden . . 179
    * Zollwertermittlung im Textilhandel - Einbeziehung von Quotenkosten 179

5.7.4.   **Ursprungsbstimmungen** **180**

    * Begriff des Warenurprungs im Handelsabkommen EWG-Österreich 180
    * Überseeische Länder und Gebiete: Begriff der Ursprungsware 180

5.7.5.   **Handelsrechtliche Schutzmaßnahmen** **181**
        a) Verfahren bei Schutzmaßnahmen, Rechtsschutz **181**

    * Nichtigkeit einer Antidumping-VO bei rechtswidriger Eröffnung des
      Antidumpingverfahrens 181
    * Der Gerichtshof gestattet die Ausdehnung eines Antidumping-Schutz-
      zolls auf weitere Produkte durch bloße "Berichtigung" der entspre-
      chenden VO 182
    * Unselbständige Vertriebsorganisationen haben keine eigene Klagebe-
      fugnis gegen Antidumping-Zölle 183

        b) Antidumping- und Antisubventionsrecht **185**

    * Antidumping-Zölle können nicht durch Lieferung von "Bausätzen"
      unterlaufen werden - wieder ein Urteil zu Fotokopiergeräten 185

        c) Andere handelsrechtliche Schutzmaßnahmen **186**

    * Das Selbstbeschränkungsabkommen EG-Japan über Autoeinfuhren vor
      dem EuGH - Gerichtliche Konkursverwalter sind kein "Gericht" i.S.d.
      Art. 177 EGV 186

* Antrag der Kommission auf einstweilige Anordnung gegen Griechenland zur Aufhebung des Embargos gegen Makedonien vom Gerichtshof
abgewiesen - der EuGH (er-)findet die "political questions"-Doktrin 187
* Deutschland unterliegt vor dem EuGH endgültig im Bananen-Streit 187

5.7.6.   **Freihandelsabkommen und andere besondere Handelsregime, EWR** **191**

* Begriff des Warenurprungs im Handelsabkommen EWG-Österreich 191
* Kein Präferenzstatus für Waren aus dem besetzten Nordteil Zyperns
- deutliche Worte des EuGH zur Unrechtmäßigkeit der Besatzung 191

6.   **Personenverkehr** **193**
6.1.   **Personenkontrollen an den Grenzen** **195**

6.2.   **Freizügigkeit der Arbeitnehmer aus anderen Mitgliedstaaten** **196**
6.2.1.   **Einreise und Aufenthalt des Arbeitnehmers** **196**

6.2.2.   **Gleichbehandlung im Arbeitsrecht und bei sozialen Vergünsti-**
gungen **197**

* Erfordernis der Staatsangehörigkeit für Arbeitsplätze in der Seeschiffahrt 197
* Berufserfahrung aus anderen Mitgliedstaaten muß berücksichtigt werden . . . 197
* Luxemburg diskriminiert nach wie vor ausländische Arbeitnehmer in
berufsständischen Organisationen 197

6.2.3.   **Die Stellung der Familienangehörigen** **199**

6.2.4.   **Beschränkungen aus Gründen der öffentlichen Ordnung, Sicherheit und**
Gesundheit **200**

6.2.5.   **Arbeitsverhältnisse im öffentlichen Dienst** **201**

* Die gemeinschaftsrechtlich nach wie vor zulässige sog. "Inländerdiskriminierung" kann gegen nationales Verfassungsrecht verstoßen 201

6.3.   **Freizügigkeitsgarantien in Assoziierungsabkommen der EG und im EWR** . . **202**

* Marokkanische Staatsangehörige können nach dem Kooperationsabkommen EWG-Marokko Anspruch auf Behindertenbeihilfe in der Gemein-
schaft haben 202

* Zur Aufenthalts- und Arbeitserlaubnis von Kindern türkischer Gastarbeiter 203

6.4. Einreise- und Aufenthaltsrechte von sonstigen Drittstaatern 205

6.5. Regelungs- und Kontrollkompetenzen der EG im Bereich Bildung und
     Ausbildung 206

* Ansprüche auf Finanzierung eines Auslandsstudiums 206
* Gravier, Blaizot und folgende: Wieder ein Serienkrimi im Gemeinschaftsrecht 206

6.6. Gegenseitige Anerkennung von Prüfungen und Diplomen 208

* Berufserfahrung aus anderen Mitgliedstaaten muß berücksichtigt werden . . . 208
* Deutschland: Zulassung als Kassenzahnarzt 208
* Keine Pflicht zur Anerkennung von Zahnarztdiplomen aus Drittstaaten 209
* Unverständlicher Formalismus bei der Anerkennung von Architektur-
  studiengängen 209

6.7. Soziale Sicherheit der Wanderarbeitnehmer 211
6.7.1. Allgemeine Grundsätze 211

* Wo müssen außerhalb der Gemeinschaft tätige Arbeitnehmer versichert
  werden? 211
* Kumulierung und Kollision von Sozialversicherungen - Stellung von
  Beamten 211

6.7.2. Rentenansprüche 213

* Berechnung der Altersrente bei Eintritt der Invalidität in einem anderen
  Mitgliedstaat 213
* Rechtmäßigkeit nationaler Anti-Kumulierungsvorschriften bei der Be-
  rechnung der Altersrente 213
* Keine Rückerstattung von Pflichtversicherungsbeiträgen bei vorzeitigem
  Ausscheiden aus der gesetzlichen Altersversorgung 214
* Altersrente für Zwangsarbeit während des Zweiten Weltkriegs in
  Deutschland 215
* Zur Berechnung von Altersrenten bei Wanderarbeitnehmern 215
* Grundsatzurteil zur Berechnung von Rentenansprüchen bei Wander-
  arbeitnehmern 216

6.7.3. Kinder- und Familienbeihilfen 218

6.7.4.   Lohnfortzahlung im Krankheitsfall 219

    * Wer zahlt was bei Unfall im Ausland? 219

6.7.5.   Sozialleistungen bei Arbeitslosigkeit 220

6.7.6.   Arbeitsunfähigkeit und Invalidität 221

    * Das holländische Gesetz über die Arbeitsunfähigkeitsversicherung dis-
      kriminiert Frauen 221
    * Bestimmung des zuständigen Staates für Leistungen bei Invalidität 221
    * Berechnung von Invaliditätsrenten 221

6.7.7.   Sonstige Sozialleistungen 223

7.   Dienstleistungsverkehr und Niederlassungsfreiheit 225
7.1.   Allgemeine Grundsätze 227

    * Die Veranstaltung einer Lotterie ist eine Dienstleistung i.S. des Art.
      60 EWGV 227
    * Wichtiges Grundsatzurteil: Dienstleister dürfen Drittstaater mitbringen 228

7.2.   Banken- und Wertpapierhandel 230

7.3.   Versicherungen 231

    * Unmittelbare Wirkung der zweiten KFZ-Haftpflichtversicherungs-RL 231

7.4.   Verkehr- und Transportwesen 232

    * Garantiefonds für Ansprüche gegen Güterkraftverkehrsunternehmer 232
    * Berechnung der Lenkzeiten im Straßenverkehr 232
    * Die Lotsentarife im Hafen von Genua verstoßen gegen den freien Dienst
      leistungsverkehr und gegen das EU-Wettbewerbsrecht 233
    * Anwendbarkeit des AETR und seiner Durchführungs-VOen auf Beför-
      derungen von und nach der Schweiz - Berechnung der Ruhezeiten 235
    * Nochmals zu den Lenk- und Ruhezeiten für Lastwagenfahrer 235
    * Zwangstarife im deutschen Binnenschiffverkehr verstoßen nicht gegen
      EG-Wettbewerbsrecht 236
    * Keine Pflicht zur Anerkennung ausländischer TÜV-Untersuchungen bei
      Kraftfahrzeugen 237

* Französische Hafengebühren diskriminieren den internationalen Schiffsverkehr 238

7.5.   **Informationsmarketing und Telekommunikation** **240**

* Dienstleistungs- und Meinungsfreiheit im Rundfunk- und Fernsehwesen 240

7.6.   **Tätigkeit von Rechtsanwälten** **242**

7.7.   **Handelsvertreterrecht** **243**

7.8.   **Sonstige freie Berufe** **244**

* Deutschland: Zulassung als Kassenzahnarzt 244
* Zulassung von Fremdenführern in Spanien 244
* Anspruch auf Vergütung für die Ausbildung zum Facharzt 244

8.   **Kapitalverkehr und Grundstückserwerb** **247**

9.   **Unternehmensrecht** **251**
9.1.   **Wettbewerbs- und Kartellrecht** **253**
9.1.1.   **Das kartellrechtliche Überprüfungsverfahren** **253**

* Parteivernehmung nach nationalem Verfahrensrecht verstößt nicht gegen
EG-Wettbewerbsrecht 253
* Wer haftet bei Rechtsnachfolge für ein Bußgeld? 253
* Erster Erfolg einer Verbraucherschutzorganisation im Kampf gegen
"freiwillige" Selbstbeschränkungsabkommen im internationalen Auto-
handel 254
* Neue Regeln zur Ermittlung der Dauer eines Wettbewerbsverstoßes 256
* Noch ein Urteil zum niederländischen Elektrizitätsrecht - Der EuGH be-
schränkt das Akteneinsichtsrecht der Mitgliedstaaten in Wettbewerbsver-
fahren 257
* Auskunftsverlangen der Kommission aufgrund der Kartell-VO 258
* Verwendung von Kommissions-Dokumenten in nationalen Gerichtsver-
fahren 259
* Vorläufige Aussetzung des Vollzugs einer Bußgeldentscheidung 260

9.1.2.   **Wettbewerbsbeschränkende Absprachen zwischen Unternehmen** **262**
a) Tatbestand des Artikel 85 Absatz 1 EGV **262**

* Zur Lückenlosigkeit selektiver Vertriebssysteme 262

* Eurocheque und Carte Bleu teilweise erfolgreich im Wettbewerbsstreit mit der Kommission 262
* Staatliche Stromversorgungsunternehmen unterliegen dem Kartellverbot nach Art. 85 und dem Verbot des Mißbrauchs einer marktbeherrschenden Stellung nach Art. 86 EGV 265
* Der Gerichtshof hebt das PVC-Urteil des Gerichts erster Instanz auf; die angefochtene Kommissionsentscheidung wird dennoch für nichtig erklärt - Klarstellungen zum Entscheidungsverfahren innerhalb der Kommission 267
* Geldbußen auch für Händler, die Exportverbote ihrer Lieferanten akzeptieren 269
* Konzerninterne Absprachen fallen nicht in den Anwendungsbereich des EG-Wettbewerbsrechts 270

b) **Einzelfreistellung nach Artikel 85 Absatz 3 EGV** 273

* Matra unterliegt auch mit der zweiten Klage gegen das Gemeinschaftsprojekt von VW und Ford in Portugal 273

c) **Gruppenfreistellungen nach Artikel 85 Absatz 3 EGV** 276

* Anwendung der GruppenfreistellungsVO 1984/83 auf Altverträge 276
* Peugeot unterliegt auch in letzter Instanz; ECO-System muß beliefert werden 276

9.1.3. **Mißbräuchliche Ausnützung einer marktbeherrschenden Stellung** 278

* Staatliche Stromversorgungsunternehmen unterliegen dem Kartellverbot nach Art. 85 und dem Verbot des Mißbrauchs einer marktbeherrschenden Stellung nach Art. 86 EGV 278
* Hilti scheitert mit seinem Rechtsmittel gegen das Urteil des Gerichts erster Instanz 278
* Beteiligung der Post an Eilkurierdiensten in Frankreich 278
* Gericht erster Instanz bestätigt Bußgeldentscheidung im Tetra-Pak-Verfahren 279

9.1.4. **Europäisches Fusionskontrollrecht** 282

* Neues Fusionskontrollurteil: Anfechtbarkeit von Pressemitteilungen, daß ein Zusammenschluß keine "gemeinschaftsweite Bedeutung" habe - eine "Ihlen-Eklärung" im Gemeinschaftsrecht 282
* Klage von Air France gegen den Zusammenschluß von British Airways und TAT kostenpflichtig abgewiesen 284
* Wichtige Entscheidung zu den Rechten Dritter, die mittelbar von Fusionskontrollverfahren betroffen werden 285

9.1.5. **Öffentliche und monopolartige Unternehmen i.S.d. Artikels 90 EGV** 287

    * Staatliche Stromversorgungsunternehmen unterliegen dem Kartellverbot
nach Art. 85 und dem Verbot des Mißbrauchs einer marktbeherrschen-
den Stellung nach Art. 86 EGV 287
    * Zum Begriff des Unternehmens in Art. 90 und 86 EWGV 287
    * Gesetzliche Gebietsmonopole für die künstliche Besamung von Rindern
rechtmäßig 288
    * Überwachungsbefugnisse der Kommission gem. 90 Abs. 3 EGV 289

9.1.6. **Staatliche Beihilfen i.S.d. Artikels 92 EGV** 291
    a) Verfahrensrecht 291

    * Klagefrist gegen Kommissionsentscheidungen in Beihilfesachen 291
    * Rechtswidrige Beihilfeprogramme - Beweislast der Kommission 292
    * Vorläufige Aussetzung einer alten Beihilfe 294

    b) Materielles Beihilferecht 296

    * Deutschland: Kündigungsschutzgesetz verstößt nicht gegen EG-Recht 296
    * EuGH legt Entscheidung 83/396/EGKS über Beihilfen an die italieni-
schen Stahlhersteller aus 296
    * Abgabenbefreiung zugunsten öffentlicher Unternehmen ist "Beihilfe" 296
    * Grundsatzurteil zur Abgrenzung von alten und neuen Beihilfen 297
    * Kapitalzuschüsse, regionale und sektorielle Beihilfen 298
    * Deutsche Beihilfe für den Bau von drei Containerschiffen rechtswidrig 299

    c) Rückforderung von Beihilfen 301

    d) Konkurrentenschutz 302

9.2. **Öffentliches Beschaffungswesen** 303

    * Vergabe öffentlicher Bauaufträge: Veröffentlichungspflicht 303
    * Spanisches Verfahren zur Vergabe öffentlicher Aufträge verstößt gegen
EG-Recht 303
    * Holdinggesellschaft kann als Bieter bei öffentlichen Ausschreibungen
auftreten 304
    * Der EuGH präzisiert den Begriff "öffentlicher Bauauftrag" 305
    * Wichtiger Beschluß des EuGH zum vorläufigen Rechtsschutz im öffent-
lichen Auftragswesen 306
    * Italien hätte sein neues Lottospiel gemeinschaftsweit ausschreiben müssen . . 307
    * Staatliche Gesundheitsdienste müssen Lieferaufträge für Arzneimittel
dem Binnenmarkt öffnen 308

9.3.   Gesellschaftsrecht 310

9.4.   Unternehmenssteuerrecht 311

            *   Grunderwerbssteuer bei Verkauf innerhalb einer Unternehmensgruppe 311

9.5.   Produkthaftpflicht 312

            *   Deutsche Klage gegen Produktsicherheits-Richtlinie abgewiesen 312

9.6.   Verbraucherschutz 314

            *   Erster Erfolg einer Verbraucherschutzorganisation im Kampf gegen
                "freiwillige" Selbstbeschränkungsabkommen im internationalen Auto-
                handel 314
            *   Immer noch schlechte Zeiten für Allergiker 314

10.   Einwirkungen des Gemeinschaftsrechts auf das innerstaatliche Arbeitsrecht   317
10.1.   Zugang zur Arbeit 319

10.2.   Arbeitsbedingungen 320

            *   Vergütung von Überstunden bei Teilzeitarbeit 320
            *   Vergütung von nebenberuflich Teilzeitbeschäftigten 320
            *   Deutschland: Kündigungsschutzgesetz verstößt nicht gegen EG-Recht 320
            *   Arbeitsvertrag über Nachtarbeit kann nicht wegen Schwangerschaft auf-
                gelöst werden 321

10.3.   Betriebsübernahmen 324

            *   Wichtiges und höchst bedenkliches Urteil zum Schutz der Arbeitnehmer
                bei Betriebsübergängen 324

10.4.   Betriebsrenten und Abfindungen 326

            *   Nochmals zur Anwendbarkeit des Art. 119 EWGV auf Betriebsrenten 326
            *   Nochmals zur Vereinbarkeit von Betriebsrenten mit Art. 119 EWGV 326
            *   Gleichberechtigung von Männern und Frauen bei betrieblichen Über-
                brückungsrenten
                326
            *   Beamtenpensionsansprüche sind "Entgelt" i.S.d. Art. 119 EGV 326

10.5.   Allgemeine Sozialpolitik 327

          * Zwei wichtige Arbeitnehmerschutz-Richtlinien in Großbritannien man-
            gelhaft umgesetzt 327

11.   Energiemarkt und EG-Vertrag 329

          * Staatliche Stromversorgungsunternehmen unterliegen dem Kartellverbot
            nach Art. 85 und dem Verbot des Mißbrauchs einer marktbeherrschen-
            den Stellung nach Art. 86 EGV 331

12.   Umweltschutzrecht 333

          * Nochmals zu Beteiligungsrechten des Parlaments: Wahl der Rechtsgrund-
            lage für die Abfallverordnung 335
          * Schutzzweck der Vogelschutz-RL 335
          * Kein "Recht auf Umweltschutz" aus der Abfallrichtlinie 335
          * Italien hat Gewässerschutzrichtlinie immer noch nicht richtig umgesetzt 336
          * Und noch eine Verurteilung wegen verspäteter Umsetzung einer Um-
            weltschutzrichtlinie 336
          * Grundsatzurteil zu strengeren einzelstaatlichen Normen im Umwelt-
            schutzbereich - das italienische Verbot der Meeresverschmutzung durch
            Schiffe 336
          * Folgenreiche Verspätung bei der Umsetzung der Umweltverträglich-
            keits-RL in Deutschland 338
          * Klagemöglichkeiten vom Umweltschutzverbänden gegen nationale Pro-
            jekte vor den europäischen Gerichten 339
          * Pflichten der Mitgliedstaaten zur Verringerung der Abfallmengen bei
            Getränkeverpackungen 340

13.   Sonderregeln der Europäischen Gemeinschaft für Kohle und Stahl (EGKS)   343

          * EuGH legt Entscheidung 83/396/EGKS über Beihilfen an die italieni-
            schen Stahlhersteller aus 345
          * Keine unmittelbaren Ansprüche einzelner gegen wettbewerbsfeindliche
            Staatsmonopole im Kohle und Stahl Sektor 345
          * Geldbuße wegen Überschreitung der Stahlerzeugungsquote 346

14.   Sonderregeln der Europäischen Atomgemeinschaft (Euratom) 349

15.   Europäisches Gerichtsstands- und Vollstreckungsübereinkommen 353
15.1.   Anwendungsbereich des EuGVÜ 355

          * Begriff der anderweitigen Rechtshängigkeit i.S. des Art. 21 EuGVÜ 355

15.2.   **Die internationale Zuständigkeit der nationalen Gerichte** **356**

*   Art. 5 Nr. 1 EuGVÜ: Wichtiges Urteil zur Gerichtsstandswahl im internationalen Kaufrecht 356
*   Art. 13 EuGVÜ: Zuständigkeit für Verbrauchersachen am Wohnsitz des Verbrauchers? 357
*   Art. 16 Nr. 1 EuGVÜ: Gerichtsstand der belegenen Sache 357
*   Art. 16 Nr. 1 EuGVÜ: Eine Klage auf Nutzungsentschädigung für eine Wohnung, bei der die Eigentumsübertragung rechtskräftig für nichtig erklärt wurde, ist keine dingliche Klage i.S.d. Art. 16 Nr. 1 EuGVÜ 358

15.3.   **Anerkennung und Vollstreckung ausländischer Urteile** **360**

*   Art. 27 Nr. 3 EuGVÜ: Ein Prozeßvergleich ist keine "Vorentscheidung" i.S.d. Art. 27 Nr. 3 EuGVÜ 360

15.4.   **Sonstige Entscheidungen zum EuGVÜ** **362**

*   Vollstreckung von Urteilen aus Nichtvertragsstaaten 362
*   Arrestgrund der Auslandsvollstreckung verstößt gegen EG-Recht 362
*   Begriff der anderweitigen Rechtshängigkeit i.S. des Art. 21 EuGVÜ 363

Fundamentale Grundsätze
des Gemeinschaftsrechts

Keine Grundsatz-Urteile im Berichtszeitraum

*   **Mitteilungspflichten der Mitgliedstaaten bei Änderungen von Normen und technischen Vorschriften[DS]**

Auf Klage der Kommission stellte der EuGH fest, daß die Niederlande gegen ihre Verpflichtungen aus Artikel 8 der *RL 83/189 über ein Informationsverfahren auf dem Gebiet der Normen und technischen Vorschriften* (ABl. 1983 L 108/8) verstoßen haben, indem sie im Jahr 1990 die Änderung XIII der PVS Verordnung über Qualitätsnormen für Blumenzwiebeln erlassen haben, ohne der Kommission die Änderung im Entwurfsstadium mitzuteilen.

Urteil vom 14. Juli 1994, Rs. C-52/93, Kommission gegen Niederlande (Slg. 1994, S. I-3591)

*   **Nochmals zu den Mitteilungspflichten der Mitgliedstaaten bei Änderungen von Normen und technischen Vorschriften[FE]**

Die Niederlande haben gegen ihre Verpflichtungen aus Art. 8 der *RL 83/189 über ein Informationsverfahren auf dem Gebiet der Normen und technischen Vorschriften* (ABl. 1983 L 108/8) verstoßen, indem sie die nationalen Verordnungen vom 16. Januar 1989 über Kilowattstundenzähler, vom 24. August 1988 über die Anforderungen an die Festigkeit von Getränkeflaschen und vom 21. Oktober 1988 über die Zusammensetzung, Einstufung, Aufmachung und Etikettierung von Schädlingsbekämpfungsmitteln erlassen haben, ohne diese Verordnungen im Entwurfsstadium der Kommission mitgeteilt zu haben.

Urteil vom 14. Juli 1994, Rs. C-61/93, Kommission gegen Niederlande (Slg. 1994, S. I-3607)

* **Kein "Recht auf Umweltschutz" aus der Abfallrichtlinie**, siehe Rs. C-236/92, Comitato di coordinamento per la difesa della Cava

* **Vereinbarkeit nationaler Verfahrensfristen mit dem EG-Recht[DS]**

Kann ein EG-Bürger aufgrund einer unmittelbar anwendbaren Richtlinie Leistungen (hier Invalidenrente) von einem Mitgliedstaat verlangen und setzt der Mitgliedstaat die Richtlinie nicht rechtzeitig in nationales Recht um, so ist der Mitgliedstaat gleichwohl nicht daran gehindert, die Leistungen für die Vergangenheit (rückwirkende Leistungsgewährung) gesetzlich auf einen bestimmten Zeitraum (hier ein Jahr) zu begrenzen. Die zeitliche Begrenzung muß aber auch für vergleichbare nationale Sachverhalte gelten und sie darf die Berufung auf das EG-Recht nicht praktisch unmöglich machen.

Frau Elsie Rita Johnson beantragte im Jahr 1987 rückwirkend für die Jahre 1984-1987 die Zahlung einer Invalidenrente. Zur Begründung berief sie sich auf Art. 4 der *RL 79/7 zur schrittweisen Verwirklichung des Grundsatzes der Gleichbehandlung von Männern und Frauen im Bereich der sozialen Sicherheit* (ABl. 1979 L 6/24), die von Großbritannien nicht fristgerecht umgesetzt worden war. Da der Antrag abgelehnt wurde, erhob sie Klage zu den englischen Gerichten. Auf Vorlage des englischen Gerichts entschied der EuGH in einem ersten Vorabentscheidungsverfahren, daß Art. 4 RL 79/9 unmittelbare Wirkung zukommt und daß die englischen Vorschriften über die Gewährung einer Invalidenrente mit Art. 4 RL 79/9 unvereinbar sind (EuGH, Slg. 1991, S. I-3723 - Elsie Rita Johnson I). Daraufhin gewährten die Social Security Commissioners Frau Johnson rückwirkend eine Invalidenrente. Sie beschränkten die rückwirkenden Zahlungen aber - wie gesetzlich vorgeschrieben - auf einen Zeitraum von einem Jahr. Frau Johnson ist der Auffassung, daß ihr aufgrund des Art. 4 RL 79/7 auch für die übrigen Jahre ein Anspruch auf Invalidenrente zusteht. Es wurde deshalb ein zweites Vorabentscheidungsverfahren erforderlich. In diesem entschied der EuGH:

Zwar kommt Art. 4 RL 79/9 unmittelbare Wirkung zu. Bei der Geltendmachung der Ansprüche sind die EG-Bürger aber an die nationalen Verfahrensvorschriften gebunden. Es ist deshalb durch das EG-Recht nicht grundsätzlich ausgeschlossen, daß ein Mitgliedstaat die rückwirkende Leistungsgewährung zeitlich begrenzt (hier auf ein Jahr). Voraussetzung für die Anwendbarkeit der nationalen Verfahrensvorschriften ist aber, daß die Verfahrensvorschriften gleichermaßen für nationale Sachverhalte gelten und die Berufung auf das EG-Recht nicht praktisch unmöglich gemacht wird. Diese Voraussetzungen sind - soweit ersichtlich - im konkreten Fall erfüllt.

Nach Ansicht des EuGH kann sich Frau Johnson auch nicht auf das Emmott-Urteil (EuGH, Slg. 1991, S. I-4269) berufen. In diesem Urteil hatte der EuGH zwar - unter Berücksichtigung der Besonderheiten des Einzelfalls - festgestellt, daß nationale Klagefristen nicht vor ordnungsgemäßer Umsetzung einer Richtlinie in nationales Recht zu laufen beginnen. Im Steenhorst-Neerings-Urteil (EuGH, Slg. 1993, S. I-5475) hatte der EuGH aber ausgeführt, daß eine zeitliche Beschränkung der Rückwirkung der Anträge - um die es auch im Johnson-Verfahren gehe - rechtmäßig sei. Eine Berufung auf das Emmott-Urteil scheidet deshalb nach Ansicht des EuGH aus.

Urteil vom 6. Dezember 1994, Rs. C-410/92, Elsie Rita Johnson II

* **Keine horizontale Wirkung von Richtlinien**[DS]

In einem überaus wichtigen Urteil hat der EuGH entschieden, daß EG-Richtlinien - auch nach Ablauf der Umsetzungsfrist - keine horizontale Wirkung (Drittwirkung) zukommt. Ein Gemeinschaftsbürger kann deshalb keine unmittelbaren Rechte aus einer Richtlinie gegen einen anderen Gemeinschaftsbürger herleiten. Die Richtlinie bedarf vielmehr des nationalen Umsetzungsaktes. Der Schutz der Bürger wird im Wege der richtlinienkonformen Auslegung sowie durch Amtshaftungsansprüche gegen den säumigen Staat erreicht.

Frau Paola Faccini Dori schloß 1989 im Hauptbahnhof von Mailand einen Vertrag über einen Englischkurs im Fernunterricht. Wenige Tage nach Vertragsschluß widerrief Frau Dori ihre Bestellung. Gleichwohl erhob die Firma Recreb Srl Zahlungsklage beim Giudice conciliatore Florenz. Dem italienischen Gericht stellte sich die Frage, ob auf den Sachverhalt die *RL 85/577 betreffend den Verbraucherschutz im Falle von außerhalb von Geschäftsräumen geschlossenen Verträgen* (ABl. 1985 L 372/31) zur Anwendung kommt. Diese Richtlinie garantiert Verbrauchern bei Abschluß von bestimmten Verträgen ein Widerrufsrecht. Das Gericht sah sich an der Anwendung der RL gehindert, weil sie im maßgeblichen Zeitpunkt noch nicht in nationales Recht umgesetzt worden war. Auf Vorlage des Gerichts entschied der EuGH:

Die Bestimmungen der RL 85/577 über das Widerrufsrecht sind unbedingt und hinreichend genau. Die Richtlinie definiert den personalen Anwendungsbereich und stellt klar, unter welchen Umständen ein Widerrufsrecht besteht und wie es ausgeübt werden muß. Die Mitgliedstaaten haben lediglich einen gewissen Gestaltungsspielraum hinsichtlich der Frist, innerhalb der der Widerruf erklärt werden muß. Da die Richtlinie aber einen Mindeststandard aufstellt, sind die allgemeinen Voraussetzungen für die unmittelbare Anwendbarkeit einer EG-Norm erfüllt.

Gleichwohl haben die Verbraucher in einem Rechtsstreit mit einem privaten Gewerbetreibenden nicht die Möglichkeit, sich unmittelbar auf die Richtlinienbestimmung zu berufen (horizontale Wirkung bzw. Drittwirkung). Dem steht auch nicht entgegen, daß sich die Gemeinschaftsbürger gegenüber dem Staat, der eine Richtlinie nicht rechtzeitig umgesetzt hat, unmittelbar auf die Richtlinie berufen können (vgl. zur vertikalen Wirkung von Richtlinien EuGH, Slg. 1986, S. 723, Marshall). Die unmittelbare Wirkung beruht nämlich auf der Überlegung, daß der säumige Staat keine Vorteile aus der Nichtbeachtung des Gemeinschaftsrechts ziehen soll (hier fehlende Umsetzung der Richtlinie). Diese Überlegung greift für Private nicht durch.

Gegen eine horizontale Wirkung von Richtlinien spricht nach Ansicht des EuGH weiterhin, daß die Unterschiede zwischen den Verordnungen und den Richtlinien im EG-Recht endgültig verwischen würden. Dies sei vom EG-Vertrag nicht gewollt.

Abschließend stellt der EuGH fest, daß die Gemeinschaftsbürger der horizontalen Wirkung von Richtlinien nicht zwingend bedürfen. Sie sind nämlich hinreichend durch den Grundsatz der richtlinienkonformen Auslegung sowie durch Amtshaftungsansprüche gegen den säumigen Staat geschützt.

Zur richtlinienkonformen Auslegung hat der EuGH bereits im Marleasing-Urteil (Slg. 1990, S. I-4135) ausgeführt, daß nationales Recht selbst dann richtlinienkonform auszulegen ist, wenn es aus der Zeit vor Erlaß der Richtlinie stammt.

Zu den Amtshaftungsansprüchen hat der EuGH im Francovich-Urteil (Slg. 1991, S. I-5357) ausgeführt, daß die Ansprüche wegen nichtrechtzeitiger Umsetzung einer Richtlinie von drei Voraussetzungen abhängen: (1) Ziel der Richtlinie muß die Verleihung von Rechten sein; (2) diese Rechte müssen sich auf der Grundlage der Richtlinie bestimmen lassen; (3) es muß ein Kausalzusammenhang zwischen der Richtlinie und dem entstandenen Schaden bestehen. Zur Vermeidung eines weiteren Vorabentscheidungsverfahrens stellt der EuGH bereits jetzt klar, daß im konkreten Fall die Voraussetzungen für die Amtshaftungsansprüche gegeben seien, sollte eine richtlinienkonforme Auslegung nicht möglich sein.

Urteil vom 14. Juli 1994, Rs. C-91/92, Paola Faccini Dori (Slg. 1994, S. I-3225)

Keine Grundsatz-Urteile im Berichtszeitraum

* **Grundsatzurteil zur vertikalen Zuständigkeitsabgrenzung in den Außenbeziehungen**[FE]

Die Zuständigkeit der Gemeinschaft auf dem Gebiet der Entwicklungshilfe ist keine ausschließliche. Die Mitgliedstaaten sind und bleiben berechtigt, Entwicklungshilfe gegenüber Drittländern - einschließlich der Gruppe der AKP-Staaten - in eigener Zuständigkeit, einzeln, kollektiv und/oder gemeinsam mit der Gemeinschaft zu gewähren. Beschließen die zuständigen Minister der Mitgliedstaaten ein Entwicklungshilfeprogramm, so ist die Frage, ob sie als im Rat vereinigte Vertreter der Mitgliedstaaten gehandelt haben, oder im Namen der Gemeinschaft, danach zu beurteilen, wer aus dem Beschluß tatsächlich verpflichtet wird.

Im Vierten Lomé Abkommen mit den AKP-Staaten (einer Gruppe von Entwicklungsländern in Afrika, der Karibik und dem pazifischen Raum), ist u.a. Entwicklungshilfe zugunsten von diesen Ländern vorgesehen. Als der Rat dieses Abkommen schloß, wurde das Parlament fakultativ angehört und die finanzielle Belastung nicht in den Gemeinschaftshaushalt eingestellt. Das Parlament klagte daher gegen den Rat. Es war der Ansicht, die Entwicklungshilfe sei eine Ausgabe der Gemeinschaft, die auf die Rechtsgrundlage von Art. 209 EGV hätte gestützt werden müssen, was u.a. eine obligatorische Anhörung des Parlaments erfordert hätte.

Der Gerichtshof entschied, die Klage sei zulässig. Auch wenn, wie der Rat geltend macht, die angefochtene Handlung ihre Rechtsgrundlage nicht im EGV habe, vor allem keine der in Art. 189 EGV aufgezählten typischen Maßnahmen der Gemeinschaft sei, sondern auf einer Ermächtigung des Rates durch die Mitgliedstaaten im Rahmen eines sog. "Gemischten Abkommens" beruhe, so gelte doch der Grundsatz, daß in einer Rechtsgemeinschaft wie es die Union sei, jede Maßnahme eines Organs der gerichtlichen Nachprüfung zugänglich sein müsse.

Auch sei die Klagebefugnis des Parlaments gegeben. Das Recht des Parlaments, gemäß einer Bestimmung des Vertrages obligatorisch angehört zu werden, könne selbst dann verletzt sein, wenn eine fakultative Anhörung stattgefunden habe.

Die Klage sei jedoch unbegründet. Da die Gemeinschaft im Bereich der Entwicklungshilfe keine ausschließliche Zuständigkeit unter Ausschluß der Mitgliedstaaten erworben habe, stehe es der Gemeinschaft und den Mitgliedstaaten frei, einzeln oder gemeinsam solche Verträge zu schließen. Die im EGV vorgesehenen Rechtsgrundlagen und Beschlußverfahren seien dabei nur auf die Teile eines "Gemischten Abkommens" anwendbar, die tatsächlich Rechte oder Pflichten der Gemeinschaft begründeten. Wenn, wie hier, die finanziellen Lasten einer Vereinbarung nur von den Mitgliedstaaten getragen würden, komme insoweit Gemeinschaftsrecht nicht zur Anwendung, auch wenn die administrative Infrastruktur von der Gemeinschaft zur Verfügung gestellt werde.

Urteil vom 2. März 1994, Rs. C-316/91, Parlament gegen Rat (Slg. 1994, S. I-625)

* Antrag der Kommission auf einstweilige Anordnung gegen Griechenland zur Aufhebung des Embargos gegen Makedonien vom Gerichtshof abgewiesen - der EuGH (er-)findet die "political questions"-Doktrin[FE]

Erstmals hat sich der EuGH ausdrücklich geweigert eine hochpolitische Frage zu entscheiden und damit seine Tendenz zu "judicial self-restraint" zu einem Höhepunkt geführt. Seit der "Novemberrevolution" von 1993 (ein Begriff von Reich), d.h. seit Urteilen wie Keck, Meng und Audi, zeigt der Gerichtshof immer häufiger eine Zurückhaltung, die man vorher nicht kannte. Schwingt das Pendel vom "gouvernement des juges" und vom "judicial activism" zum "denial of justice"?

Seit 16. Februar 1994 verweigert Griechenland die Durchfuhr von Waren von und nach der Republik Makedonien. Hintergrund des Embargos ist der Streit um den Staatsnamen Makedoniens, den Griechenland exklusiv für seine nördliche Provinz beansprucht und hinter dessen Nutzung es angeblich territoriale Ansprüche vermutet.

Im Gemeinschaftsrecht fällt das Außenwirtschaftsrecht in die ausschließliche Kompetenz der Gemeinschaft. Einseitige Maßnahmen eines Mitgliedstaats, zumal wenn sie auch und gerade den Handel des betroffenen Drittstaats mit den anderen Mitgliedstaaten beeinträchtigen, sind daher per se rechtswidrig. Ausnahmsweise darf ein Mitgliedstaat gem. Artikel 224 EGV bei "schwerwiegenden innerstaatlichen Störungen der öffentlichen Ordnung, im Kriegsfall, bei einer ernsten, eine Kriegsgefahr darstellenden internationalen Spannung oder" zur Erfüllung von "Verpflichtungen ... im Hinblick auf die Aufrechterhaltung des Friedens und der internationalen Sicherheit" einseitige Maßnahmen ergreifen. Auf diese Vorschrift beruft sich Griechenland, um sein Embargo zu rechtfertigen.

Die Kommission, ebenso wie die meisten anderen Mitgliedstaaten und die absolut herrschende Meinung in Wissenschaft und Lehre halten diese Rechtfertigung für einen Vorwand und für rechtlich völlig unzureichend. Die Kommission hat daher Klage beim EuGH erhoben, um Griechenland zu zwingen, das Embargo aufzuheben. Da die Verfahren vor dem EuGH im Durchschnitt 1 1/2 - 2 Jahre dauern, hat die Kommission darüberhinaus einen Antrag auf einstweiligen Rechtsschutz gestellt, über den jetzt entschieden worden ist.

Der EuGH sah zwar die griechischen Maßnahmen als "zweifellos in Widerspruch zu den grundlegenden Gemeinschaftsvorschriften über den freien Warenverkehr und die gemeinsame Handelspolitik". Er konnte sich jedoch nicht dazu durchringen, die nötigen "Beurteilungen politischer Natur" vorzunehmen, namentlich die Frage zu entscheiden, ob durch eine "Verschärfung der Spannungen auf dem Balkan und der Kriegsgefahr, die die Aufrechterhaltung der von der Griechischen Republik gegenüber der ehemaligen Jugoslawischen Republik Makedonien getroffenen Maßnahmen zur Folge haben soll" ein nicht wiedergutzumachender Schaden für die Gemeinschaft droht. Den Schaden, der in Makedonien tagtäglich entsteht und den noch viel größeren Schaden, der mit dem möglichen Zusammenbruch des Staatswesens droht, wollte der EuGH überhaupt nicht berücksichtigen. Nach Ansicht des Gerichtshofs schützen Artikel 224 und 225 EGV nur die Wettbewerbsbedingungen auf dem Gemeinsamen Markt, d.h. nur die Interessen der Gemeinschaft. Unter diesen Umständen sei der Antrag auf einstweilige Anordnung zurückzuweisen.

Anmerkung der Red.: Der EuGH geht neuerdings mehr und mehr auf die Forderungen der Euro-Skeptiker nach einer Selbstbeschränkung der Gemeinschaft bei ihrer Kompetenzausübung ein und zieht sich selbst aus gesicherten Rechtspositionen zurück. Wie der vorliegende Fall zeigt, scheut er dabei nicht einmal vor sachlich und rechtlich höchst bedenklichen, um nicht zu sagen ungerechten Entscheidungen zurück, die eklatant im Widerspruch zum "Rechtsempfinden aller billig und gerecht Denkenden" stehen und den Betroffenen ein Gefühl des im Stich gelassen werdens vermitteln müssen.

Beschluß vom 29. Juni 1994, Rs. C-120/94 R, Kommission gegen Griechenland (Slg. 1994, S. I-3037)

* **Kommission hat keine Kompetenz zum Abschluß völkerrechtlicher Verträge**[FE]

In einer wichtigen Leitentscheidung hat der Gerichtshof den Kompetenzen der Kommission Grenzen gesetzt: Mangels ausdrücklicher normativer Grundlage hat die Kommission keine Befugnis im Namen der Gemeinschaft völkerrechtliche Verträge mit Drittstaaten oder internationalen Organisationen abzuschließen. Diese Außenkompetenzen stehen auch in den Fällen ausschließlich dem Rat und dem Parlament zu, in denen die Kommission innerhalb der Gemeinschaft gewisse Rechtsetzungs- und/oder Entscheidungsbefugnisse besitzt.

Am 23. September 1991 schloß die Kommission im Namen der Europäischen Gemeinschaft ein Abkommen mit den USA, wonach bestimmte Informations- und Kooperationsmechanismen in Wettbewerbsfragen eingerichtet werden. Das Abkommen sieht insbesondere vor, daß die Vertragsparteien EU und USA bei Unternehmensfusionen und Akquisitionen ihre Wettbewerbsbestimmungen gegenseitig anerkennen und gewisse Koordinierungen vornehmen (abgedruckt in Wirtschaft und Wettbewerb 1992, S. 36). Gemäß seinem Art. XI Abs. 1 ist das Abkommen bereits mit seiner Unterzeichnung in Kraft getreten.

Frankreich, unterstützt von Spanien und den Niederlanden, hat Nichtigkeitsklage gegen das Abkommen erhoben, mit dem Argument, die Kommission habe keine eigenständige Vertragschließungskompetenz. Nachdem schon der Generalanwalt vorgeschlagen hat, der Klage stattzugeben, entschied der EuGH nunmehr ebenso und erklärte den zugrundeliegenden Kommissionsbeschluß für nichtig.

Der Gerichtshof stellte unmißverständlich klar, daß die Kommission aus Artikel 228 Absatz 1 EGV keine Vertragsschließungskompetenz ableiten könne. Die in dieser Vorschrift vorgesehene horizontale Kompetenzverteilung (d.h. zwischen den Organen der Gemeinschaft), entspreche dem üblichen Muster: Die Kommission habe ein Initiativ- und Vorschlagsrecht und erarbeite, nach Ermächtigung durch den Rat, den Entwurf des Abkommens; die Entscheidungsbefugnis über den Abschluß liege aber allein beim Rat, wobei allenfalls noch eine Mitsprachebefugnis des Parlaments zu beachten sei.

Insbesondere könne die Kommission sich auch nicht auf den richterrechtlichen Grundsatz der Parallelität von Innen- und Außenkompetenz berufen. Auch wenn die Kommission innerhalb der Gemeinschaftsrechtsordnung befugt sei, über die Zulässigkeit von Unternehmensfusionen zu entscheiden und für die Verfahren bei wettbewerbsrechtlichen Nachprüfungen einen erheblichen Ermessenspielraum habe, so folge hieraus nicht zugleich eine Außenkompetenz zum Abschluß von Verträgen mit Drittstaaten auf diesen Gebieten.

Anmerkung der Red.: Das Urteil scheint auf den ersten Blick dramatischer als es in Wirklichkeit ist. Zum einen ist das Wettbewerbsabkommen inhaltlich unbestritten und funktioniert in der Praxis zur allseitigen Zufriedenheit. Es ist daher zu erwarten, daß der Rat auf einer seiner nächsten Sitzungen einen Beschluß zur Aufrechterhaltung bzw. Bestätigung des Abkommens fassen wird. Zum anderen, und dies ist für die Gemeinschaftsrechtsordnung weitaus wichtiger, hat der EuGH die in seinem bahnbrechenden Urteil vom 31. März 1971, in der Rs. 22/70, AETR (Slg. 1971, S. 263), begründete Parallelität der Innen- und Außenkompetenzen keineswegs aufgehoben. Bei genauer Betrachtung hat der EuGH nur klargestellt, daß die Parallelität nicht für die horizontale Kompetenzverteilung zwischen den Organen gilt. Wenn die Kommission vom Rat intern zu bestimmten Rechtsetzungs- und/oder Durchführungsmaßnahmen ermächtigt wurde oder solche Kompetenzen direkt aus dem Vertrag ableiten kann, so folgt daraus noch keine Außenkompetenz. Hinsichtlich der sog. vertikalen Kompetenzverteilung, d.h. zwischen Gemeinschaft und Mitgliedstaaten, bleibt es dagegen bei den bisherigen Grundsätzen, einschließlich der Parallelität. Wenn also der Gemeinschaft gemäß EGV oder anderen Normen eine Kompetenz im Innenbereich zusteht, so hat die Gemeinschaft - und nicht (mehr) die Mitgliedstaaten - diese Kompetenz unverändert auch nach außen, d.h. in den Beziehungen mit Drittstaaten.

Urteil vom 9. August 1994; Rs. C-327/91, Frankreich gegen Kommission (Wettbewerbsabkommen) (Slg. 1994, S. I-3641)

* **EuGH klärt Kompetenzverteilung zwischen Gemeinschaft und Mitgliedstaaten für den Abschluß der GATT/WTO-Verträge[FE]**

Die Gemeinschaft ist für den Abschluß der Verträge, die sich auf den Warenhandel beziehen, ausschließlich zuständig, und zwar auch soweit es um Waren geht, die innergemeinschaftlich unter den Kohle- und Stahl-Vertrag und den Euratom-Vertrag fallen. Hinsichtlich des Abschlusses des GATS-Vertrages über Dienstleistungen und des TRIPs Abkommens über den Schutz geistigen Eigentums ist die Kompetenz zwischen Gemeinschaft und Mitgliedstaaten geteilt, so daß diese Verträge als Gemischte Abkommen von beiden gemeinsam abzuschließen sind.

Am 15. April 1994 wurden in Marrakesch die sog. WTO-Verträge unterzeichnet, mit denen die 1986 begonnene Uruguay-Runde von GATT-Verhandlungen zu einem erfolgreichen Abschluß gebracht worden ist. Derzeit laufen die Ratifizierungsverfahren in den über 120 Unterzeichnerstaaten. Das Vertragspaket umfaßt u.a. den Gründungsvertrag für die Welthandelsorganisation WTO, einen neuen GATT Vertrag 1994, ein Abkommen über landwirtschaftliche Produkte, ein Abkommen über technische Handelshemmnisse, das Abkommen über den Dienstleistungsverkehr (GATS), und das Abkommen über den Schutz des geistigen Eigentums (TRIPs).

In der Gemeinschaft stellt sich die Frage, ob die Verträge allein von der Kommission im Namen der Gemeinschaft zu ratifizieren sind, oder ob dazu eine Beteiligung der Mitgliedstaaten und ihrer Parlamente erforderlich ist. Die Kommission hat dem EuGH gem. Art. 228 Abs. 6 EGV die Frage nach der Vertragschließungskompetenz vorgelegt und folgende Antwort erhalten:

Das Budget der WTO ist beschränkt auf die eigenen Verwaltungskosten. Es umfaßt keine Finanzierungsinstrumente. Daher können die Mitgliedstaaten der Gemeinschaft aus der alleinigen Tatsache, daß auch sie zum Budget der WTO direkt beitragen, keine Kompetenz zum Abschluß der

WTO-Verträge ableiten. Dies gilt ungeachtet der Frage, ob zum Beitritt nach nationalem Recht ein Parlamentsbeschluß erforderlich ist.

Die ausschließliche Kompetenz der Gemeinschaft in bezug auf den Außenhandel mit Waren, einschließlich von spaltbaren Produkten i.S.d. Euratom-Vertrages, ergibt sich aus Art. 113 EGV und wird von den Mitgliedstaaten nicht bestritten.

In bezug auf Kohle- und Stahlprodukte i.S.d. EGKSV machen die Mitgliedstaaten dagegen geltend, daß ihre eigene Zuständigkeit zum Abschluß internationaler Abkommen durch Art. 71 EGKSV abgesichert sei. Art. 71 gilt jedoch nur für den Abschluß von Abkommen die sich spezifisch auf Kohle- und Stahlprodukte beziehen. Soweit es dagegen, wie vorliegend, um generelle Handelsabkommen geht, die u.a. auch Kohle- und Stahlprodukte umfassen, steht der Gemeinschaft gem. Art. 113 EGV die ausschließliche Kompetenz zu.

Durch die WTO-Verträge werden landwirtschaftliche Produkte schrittweise in das normale Warenhandelsregime eingefügt. Die Vertragsschließungskompetenz steht auch insoweit ausschließlich der Gemeinschaft zu, da sie sowohl nach Art. 113 EGV (Außenhandel), als auch nach Art. 43 EGV (Gemeinsame Agrarpolitik) die alleinigen Zuständigkeiten besitzt.

In bezug auf den Dienstleistungsverkehr besitzt die Gemeinschaft dagegen keine umfassende und ausschließliche Vertragsschließungskompetenz. Zwar hat der Gerichtshof in seinem Gutachten 1/78 zum Internationalen Naturkautschuk-Übereinkommen festgehalten, daß Art. 113 EGV nicht auf die "herkömmlichen Aspekte des Außenhandels" beschränkt werden dürfe, daraus folgt aber noch nicht die völlige Gleichsetzung von Warenhandel und Dienstleistungsverkehr. Es muß vielmehr überprüft werden, welche Arten von Dienstleistungen gemeinschaftsrechtlich geregelt sind und welche nicht. Nur in bezug auf erstere kann der Gemeinschaft eine Vertragsschließungskompetenz aus Art. 113 EGV zustehen.

Dienstleistungen im internationalen Austausch können erbracht werden a) indem ein Anbieter in einem Staat einem Empfänger in einem anderen Staat die Leistung erbringt, so daß nur die Leistung eine Grenze überquert; b) indem der Empfänger sich in den Staat des Anbieters begibt um dort die Dienstleistung in Anspruch zu nehmen; c) indem der Anbieter im Staat des Empfängers eine Niederlassung gründet und von dort aus die Dienstleistung erbringt; und d) indem sich der Anbieter speziell zur Erbringung der Dienstleistung in den Staat des Empfängers begiebt.

Die erste Form der Dienstleistungserbringung ist vergleichbar mit dem Versand von Waren. Da weder der Anbieter noch der Empfänger eine Grenze überqueren muß, besteht kein Grund, solche Dienstleistungen nicht auch dem Warenhandelsregime zu unterwerfen. Dagegen sind die drei anderen Formen der Dienstleistungserbringung zwangsläufig verbunden mit den Personenverkehrs- und Niederlassungsfreiheiten des EGV. Letztere sind nicht ohne Grund in eigenen Kapiteln des EGV geregelt und unterliegen nicht der Außenhandelskompetenz der Gemeinschaft aus Art. 113 EGV.

Soweit es in den WTO-Verträgen um Transportdienstleistungen geht, hat es der EuGH bereits in seiner Entscheidung in der Rs. 22/70, AETR (Slg. 1971, S. 263), in der er die impliziten Vertragsschließungskompetenzen "erfunden" hat, abgelehnt, Art. 113 EGV als Rechtsgrundlage für eine ausschließliche Kompetenz der Gemeinschaft heranzuziehen.

1. Fundamentale Grundsätze des Gemeinschaftsrechts

1.5. Allgemeine Grundsätze der Außenbeziehungen

Das Abkommen über den Schutz des geistigen Eigentums (TRIPs) regelt nicht nur den internationalen Handel, sondern stellt auch Mindeststandards für den innerstaatlichen Schutz des geistigen Eigentums auf. Erfaßt werden dabei sogar Bereiche, in denen die Mitgliedstaaten der Gemeinschaft noch keine interne Rechtsharmonisierung herbeigeführt haben, so daß über die WTO-Verträge eine solche Angleichung erreicht werden wird. Innergemeinschaftlich wären dazu Richtlinien auf der Grundlage der Art. 100, 100a bzw. allenfalls 235 EGV zu erlassen gewesen. Diese Rechtsgrundlagen sehen jedoch andere Abstimmungsverfahren vor als Art. 113 EGV. Da die internen Regeln nicht über den Abschluß von Verträgen mit Drittstaaten umgangen werden können, ist eine Anerkennung einer ausschließlichen Vertragsschließungskompetenz der Gemeinschaft insoweit ausgeschlossen.

Soweit der Gemeinschaft eine ausschließliche Vertragsschließungskompetenz nicht aus Art. 113 EGV zusteht, kann sich eine solche auch nicht aus impliziten bzw. annexen Außenkompetenzen ergeben. Nur insoweit als die Gemeinschaft ein Sachgebiet im Innenbereich umfassend geregelt hat, so daß jedes eigenständige Tätigwerden der Mitgliedstaaten das gemeinsame Regelwerk zu beeinträchtigen droht, steht der Gemeinschaft auch im Außenbereich die ausschließliche Regelungskompetenz zu. Das ist aber weder für den Bereich der Dienstleistungen, noch für den Bereich der kommerziellen und gewerblichen Schutzrechte der Fall.

Um in den Bereichen der geteilten Kompetenzen sicherzustellen, daß die Gemeinschaft in der WTO mit einer Stimme spricht und sich nicht in endlosen Diskussionen über die Kompetenzaufteilung und Entscheidungsfindung aufreibt, sind die Mitgliedstaaten und die Gemeinschaftsorgane zu einer engen und konstruktiven Zusammenarbeit verpflichtet.

Gutachten 1/94 vom 15. November 1994

* **Vermarktung von Sekt unter der Bezeichnung "Flaschengärung im Champagnerverfahren", siehe Rs. C-306/93, SMW Winzersekt**

* **Rückzahlung von Zuschüssen aus dem Europäischen Sozialfond[DS]**

Ein Unternehmen, das Zuschüsse aus dem Europäischen Sozialfonds erhalten hat, ist jedenfalls dann nicht zur Rückzahlung der Zuschüsse verpflichtet, wenn die Kommission das Unternehmen vor Erlaß der Rückzahlungsentscheidung nicht angehört hat und deshalb die Verteidigungsrechte des Unternehmens nicht ausreichend beachtet hat.

Die Kommission (Abteilung für den Europäischen Sozialfonds) gewährte der Firma Lisrestal einen Zuschuß für ein Berufsbildungsprojekt in Portugal. Nach Abschluß des Projektes stellte die Kommission fest, daß Lisrestal die Durchführung des Projekts auf eine andere - im Projektbereich unerfahrene - Firma übertragen hatte. Darüber hinaus war die Kommission der Auffassung, daß die abgehaltenen Kurse nicht mit der ursprünglichen Projektbeschreibung übereinstimmten. Die Kommission forderte die zuständige portugiesische Behörde (DAFSE) deshalb auf, Lisrestal zur teilweisen Rückzahlung der Zuschüsse zu verpflichten. DAFSE folgte dem Bescheid der Kommission. Daraufhin erhob Lisrestal Klage gegen die Kommission mit dem Ziel, die an DAFSE gerichtete Entscheidung der Kommission für nichtig erklären zu lassen. Das Gericht erster Instanz entschied:

Die Klage ist zulässig, weil Lisrestal durch den Bescheid der Kommission unmittelbar und individuell betroffen ist. Die Entscheidung der Kommission ist zwar an die portugiesischen Behörden gerichtet. In dem Bescheid war Lisrestal aber namentlich genannt und die portugiesischen Behörden haben bei Erlaß des nationalen Rückzahlungsbescheids keinen Ermessensspielraum. Außerdem muß Lisrestal unmittelbar die wirtschaftlichen Folgen der Kommissions-Entscheidung tragen, weil die Mitgliedstaaten für die Rückzahlung der Zuschüsse nur subsidiär haften.

Nach Ansicht des Gerichts erster Instanz war die Klage auch begründet, weil die Kommission die Verteidigungsrechte der Unternehmen - insbesondere das Anhörungsrecht - nicht beachtet hat. So habe die Kommission den Unternehmen nicht die Untersuchungsberichte zur Verfügung gestellt, aus denen sich nach Ansicht der Kommission ergab, daß die Unternehmen die Finanzmittel nicht ordnungsgemäß verwendet hatten.

Darüber hinaus stellte das Gericht fest, daß die Entscheidung der Kommission nicht ausreichend begründet war, so daß die Entscheidung auch wegen Verstoßes gegen Art. 190 EGV aufzuheben war.

Bedauerlicherweise ergibt sich aus der Entscheidung nicht, wie die Gewährung der Verteidigungsrechte im konkreten Fall hätte ausgestaltet werden müssen. So ist insbesondere unklar, ob die Kommission selbst eine Anhörung hätte durchführen müssen, obwohl sie keinen unmittelbaren Kontakt zu den Unternehmen hatte, oder ob es ausgereicht hätte, wenn die portugiesischen Behörden eine Anhörung durchgeführt hätten.

Urteil vom 6. Dezember 1994, Rs. T-450/93, Lisrestal

1. Fundamentale Grundsätze des Gemeinschaftsrechts

1.6. Grundrechtsschutz

1.6.2. Allgemeine Rechtsgrundsätze des Gemeinschaftsrechts

*   **Das Gericht erster Instanz präzisiert ungeschriebene Grundsätze des Gemeinschafts-rechts**, siehe Rs. T-465/93, Consorzio gruppo di azione locale "Murgia Messapica"

1.6.3. Grundrechte und Grundfreiheiten aus Gemeinschaftsrecht gegenüber nationalem Recht

*   **Die gemeinschaftsrechtlich nach wie vor zulässige sog. "Inländerdiskriminierung" kann gegen nationales Verfassungsrecht verstoßen**, siehe Rs. C-132/93, Steen II

*   **Spanien diskriminiert Museumsbesucher**[FE]

Auf Klage der Kommission hat der Gerichtshof festgestellt, daß Spanien gegen Art. 7 und 59 EGV verstoßen habe, indem es unter bestimmten Umständen spanischen Staatsangehörigen und in Spanien ansässigen Ausländern kostenlosen Eintritt in Museen gewähre, eine solche Bevorzugung jedoch Touristen und anderen EG-Ausländern verweigere.

Urteil vom 15. März 1994, Rs. C-45/93, Kommission gegen Spanien (Slg. 1994, S. I-911)

*   **Gleichberechtigung von Männern und Frauen bei betrieblichen Überbrückungsrenten**[DS]

Gewährt ein Arbeitgeber allen Arbeitnehmern, die aus gesundheitlichen Gründen vorzeitig in den Ruhestand treten, eine sog. Überbrückungsrente, die bis zum Einsetzen der gesetzlichen Rentenversicherung gezahlt wird, so liegt keine Diskriminierung aufgrund des Geschlechts gem. Art. 119 EWGV vor, wenn das gesetzliche Rentenalter für Männer auf 65 und für Frauen auf 60 Jahre festgesetzt wird und Männer deshalb länger Überbrückungsrente erhalten.

Frau Roberts erhielt eine sog. Überbrückungsrente von der Firma Unilever. Diese betriebliche Rente soll den Arbeitnehmer in die finanzielle Situation versetzen, in der er sich befunden hätte, wenn er bis zu seiner Pensionierung gearbeitet hätte. Da Frauen in Großbritannien mit 60 Jahren Anspruch auf eine gesetzliche Rente haben, während Männer den Anspruch erst mit 65 Jahren erwerben, erhalten Frauen die betriebliche Rente fünf Jahre kürzer. Frau Roberts sah hierin einen Verstoß gegen Art. 119 EWGV. Auf Vorlage des englischen Gerichts entschied der EuGH:

Leistungen aus betrieblichen Rentensystemen stellen grundsätzlich ein Entgelt i.S. des Art. 119 EWGV dar. Die Anwendung des in Art. 119 EWGV verankerten Gleichberechtigungsgrundsatzes setzt aber - ebenso wie der allgemeine Diskriminierungsgrundsatz - voraus, daß sich die Arbeitnehmer und die Arbeitnehmerinnen in der gleichen Situation befinden.

Im vorliegenden Fall befinden sich die Arbeitnehmer und Arbeitnehmerinnen aber nur bis zum Alter von 60 Jahren in einer vergleichbaren Situation. Danach haben Frauen einen Anspruch auf gesetzliche Rente, während Männer zwischen 60 und 65 Jahren leer ausgehen. Zweck der betrieblichen Rente ist u.a. der Ausgleich dieser unterschiedlichen Ansprüche. Frauen können sich deshalb im vorliegenden Sachverhalt nicht erfolgreich auf Art. 119 EWGV berufen.

Die Frauen - hier Frau Roberts - können auch nicht geltend machen, daß sie unter bestimmten Umständen aus dem gesetzlichen Rentensystem herausfallen. Die geringere Rente beruht nämlich auf der Entscheidung der Frauen, als Ehegatten geringere Beiträge in das Rentensystem einzuzahlen. An dieser Entscheidung müssen sie sich festhalten lassen. Im übrigen haben Frauen erhebliche finanzielle Vorteile durch die geringeren Beiträge und sind i.d.R. durch den Ehegatten abgesichert (im Fall von Frau Roberts durch eine Witwenrente).

Urteil vom 9. November 1993, Rs. C-132/92, Roberts (Slg. 1993, S. I-5579)

*   **Nochmals zur Vereinbarkeit von Betriebsrenten mit Art. 119 EWGV**[DS]

Wie der EuGH bereits im Barber-Urteil entschieden hat, verstößt es gegen Art. 119 EWGV, wenn das Rentenalter von Männern und Frauen im Rahmen eines betrieblichen Rentensystems unterschiedlich festgesetzt wird und dies zu einer Benachteiligung der Männer führt.

Die Collo GmbH gewährt ehemaligen Mitarbeitern eine ergänzende Betriebsrente. Der Anspruch entsteht bei Männern mit 65, bei Frauen mit 60 Jahren. Scheidet ein Arbeitnehmer vor Erreichen der

Altersgrenze aus dem Betrieb aus, wird der Rentenanspruch anteilig gekürzt. Aufgrund der unterschiedlichen Festsetzungen des Rentenalters erhalten (vorzeitig ausscheidende) Männer bei gleicher Anzahl von Arbeitsjahren weniger Rente als Frauen. Herr Moroni, der 15 Jahre bei der Collo GmbH beschäftigt war, war der Auffassung, daß diese Regelung gegen Art. 119 EWGV verstößt, und erhob Klage zum Arbeitsgericht Bonn. Auf Vorlage des Gerichts entschied der EuGH:

Der EuGH hat bereits im Barber-Urteil (Slg. 1990, S. I-1889) festgestellt, daß Art. 119 EWGV jede das Arbeitsentgelt betreffende Ungleichbehandlung von Männern und Frauen verbietet. Art. 119 EWGV untersage deshalb auch Diskriminierungen im Rahmen von betrieblichen Rentensystemen, die an die Stelle der staatlichen Altersversorgung treten ("contracted out"-Systeme). Die Betriebsrente ist ein Teil des Arbeitsentgelts, auch wenn sie nach Beendigung des Arbeitsverhältnisses gewährt wird.

Der vorliegende Fall unterscheidet sich vom Barber-Urteil zwar insoweit, als es sich um eine "ergänzende" Betriebsrente (kein "contracted out"-System) handelt. Dies ist für die Anwendbarkeit des Art. 119 EWGV aber unerheblich.

Gegen die Anwendbarkeit des Art. 119 EWGV spricht auch nicht, daß die *RL 86/378 zur Verwirklichung des Grundsatzes der Gleichberechtigung von Männern und Frauen bei den betrieblichen Systemen der sozialen Sicherheit* (ABl. 1986 L 225/40) eine spezielle Regelung für betriebliche Altersversorgungen enthält. Die Wirkung des unmittelbar anwendbaren Art. 119 EWGV kann durch eine RL nicht beschränkt werden.

Wie der EuGH bereits im Barber-Urteil entschieden und im Ten Oever-Urteil (Slg. 1993, S. I-4879) bestätigt hat, kann die Betriebsrente jedoch nicht rückwirkend geltend gemacht werden. Die zeitliche Anwendung des Art. 119 EWGV ist für Betriebsrenten auf den Zeitpunkt des Erlasses des Barber-Urteils (17.5.90) beschränkt. Ansonsten drohen den betrieblichen Rentensystemen Nachzahlungen in großem Umfang, die die Finanzkraft der Systeme überfordern. Die Gleichbehandlung kann deshalb nur für Beschäftigungszeiten nach dem 17.5.90 geltend gemacht werden, es sei denn der Betroffene hat bereits vor Erlaß des Barber-Urteils Klage erhoben.

Urteil vom 14. Dezember 1993, Rs. C-110/91, Moroni (Slg. 1993, S. I-6591)

*   **Nochmals zur Anwendbarkeit des Art. 119 EWGV auf Betriebsrenten**[DS]

Die Verwendung je nach Geschlecht unterschiedlicher versicherungsmathematischer Faktoren im Rahmen der durch Kapitalansammlung erfolgenden Finanzierung von betrieblichen Versorgungssystemen fällt nicht in den Anwendungsbereich des Art. 119 EWGV.

Herr Neath wurde im Alter von 54 Jahren von der Firma Hugh Steeper entlassen. Da die betriebliche Altersversorgung für Männer erst im Alter von 65 Jahren einsetzt, erkundigte er sich nach der Möglichkeit, die Rentenansprüche in ein anderes Rentensystem zu übertragen bzw. die Rente vorzeitig zu kapitalisieren. Dabei stellte er fest, daß er gegenüber einer Frau in vergleichbarer Lage erhebliche finanzielle Nachteile erleiden würde. Die Benachteiligung beruht darauf, daß die Firma Hugh Steeper ein Betriebsrentensystem mit feststehenden Leistungen errichtet hat. In derartigen Rentensystemen wird ein Teil der zukünftigen Rente durch Einzahlungen der Arbeitnehmer aufgebracht. Der Restbetrag wird vom Arbeitgeber übernommen, wobei sich aufgrund versicherungsmathematischer Faktoren (z.B. unterschiedliche demoskopische Entwicklung für Männer und Frauen) unterschiedliche Zuschüsse für Männer und Frauen ergeben. Herr Neath war der Auffassung, daß die Rentenberechnung gegen Art. 119 EWGV verstößt. Auf Vorlage des englischen Gerichts entschied der EuGH:

Der Anwendungsbereich des Art. 119 EWGV ist nicht eröffnet. Die von Hugh Steeper gewährte Betriebsrente ist nur insoweit als Entgelt i.S. des Art. 119 EWGV zu qualifizieren, als sie durch die Beiträge der Arbeitnehmer finanziert wird. Bezüglich dieses Teils der Rente liegt aber keine Diskriminierung vor.

Die Zuschüsse des Arbeitgebers, die je nach Geschlecht variieren und zur Ungleichbehandlung bei der Rentenberechnung führen, sind demgegenüber Folge versicherungsmathematischer Faktoren. Diese Zuschüsse stellen deshalb kein Entgelt i.S. des Art. 119 EWGV dar, so daß der Anwendungsbereich der Vorschrift ist nicht eröffnet. Gleiches muß auch für die vorzeitige Kapitalisierung der Rente bzw. den Transfer der Anwartschaften in eine andere Versicherung gelten.

Urteil vom 22. Dezember 1993, Rs. C-152/91, Neath (Slg. 1993, S. I-6935)

* **Arbeitsvertrag über Nachtarbeit kann nicht wegen Schwangerschaft aufgelöst werden**, siehe Rs. C-421/92, Habermann-Beltermann gegen Arbeiterwohlfahrt

* **Nochmals zum Nachtarbeitsverbot für Frauen**[DS]

Art. 5 der Gleichberechtigungs-RL 76/207 verbietet es einem Mitgliedstaat, nur für Männer Ausnahmen vom generellen Nachtarbeitsverbot vorzusehen. Etwas anderes gilt nur, wenn die unterschiedliche Behandlung zum Schutz der Frau notwendig ist (z.B. während der Schwangerschaft oder im Mutterschutz). Die RL 76/207 ist hingegen nicht anwendbar, wenn die diskriminierende nationale Bestimmung erlassen wurde um sicherzustellen, daß der Mitgliedstaat Verpflichtungen erfüllen kann, die sich aus einem vor Inkrafttreten des EWG-Vertrages mit dritten Staaten geschlossenen Übereinkommen ergeben.

Frau Minne arbeitete in Luxemburg bis 1990 im Nachtdienst eines Hotels. Nach ihrem Umzug nach Belgien gab sie die Stelle auf und beantragte Arbeitslosenhilfe. Das belgische Office national de l'emploi (Onem) lehnte den Antrag ab, weil sie angegeben habe, daß sie aus familiären Gründen nicht mehr bereit sei, in der Nacht zu arbeiten. Gegen den Bescheid der Onem erhob Frau Minne Klage. In der ersten Instanz wurde der Bescheid aufgehoben, weil nach belgischem Recht Frauen nachts nicht im Hotel arbeiten dürfen. Es sei deshalb unerheblich, welche Angaben Frau Minne in ihrem Antrag gemacht habe. In der Berufung trug Onem vor, daß das belgische Nachtarbeitsverbot für Frauen gegen EG-Recht verstößt. Die Ausführungen des erstinstanzlichen Gerichts sei deshalb fehlerhaft. Auf Vorlage des Berufungsgerichts entschied der EuGH:

1. Fundamentale Grundsätze des Gemeinschaftsrechts

1.6. Grundrechtsschutz

1.6.4. Gleichberechtigung von Frauen und Männern in den nationalen Rechtsordnungen

Maßgeblich ist die *RL 76/207 zur Verwirklichung des Grundsatzes der Gleichbehandlung von Männern und Frauen hinsichtlich des Zugangs zur Beschäftigung, zur Berufsbildung und zum beruflichen Aufstieg sowie in bezug auf die Arbeitsbedingungen* (ABl. 1976 L 39/40). Art. 5 der RL verbietet jede Diskriminierung aufgrund des Geschlechts. Im vorliegenden Fall gelte zwar ein allgemeines Verbot der Nachtarbeit für Männer und Frauen. Insoweit liegt also keine Diskriminierung vor. Für Männer und Frauen gelten aber in Belgien unterschiedliche Ausnahmen vom allgemeinen Nachtarbeitsverbot. Auch diese unterschiedlichen Ausnahmetatbestände fallen in den Anwendungsbereich des Art. 5.

Die Diskriminierung ist auch nicht auf der Grundlage des Art. 2 Abs. 3 RL 76/207 gerechtfertigt. Gem. Art. 2 Abs. 3 RL 76/207 darf eine unterschiedliche Behandlung von Männern und Frauen nur aufrechterhalten bleiben, wenn dies zum Schutz der körperlichen Verfassung der Frau oder der besonderen Beziehung zwischen Mutter und Kind notwendig ist (z.B. Schwangerschaft, Mutterschutz). Diese Voraussetzung ist im konkreten Fall nicht gewahrt. Damit verstößt die belgische Regelung gegen den Gleichberechtigungsgrundsatz.

Etwas anderes gilt gem. Art. 234 EWGV nur, wenn Belgien aufgrund völkerrechlicher Verträge verpflichtet ist, die nationale Regelung aufrechtzuerhalten (vgl. hier ILO-Konvention Nr. 89 vom 9.7.1948). Es ist Sache des nationalen Gerichts zu entscheiden, welche Verpflichtungen sich für Belgien aus der ILO-Konvention ergeben.

Urteil vom 3. Februar 1994, Rs. C-13/93, Minne (Slg. 1994, S. I-371)

---

* **Entlassung wegen Schwangerschaft nicht zulässig**[FE]

Die Entlassung einer unbefristet beschäftigten Arbeitnehmerin wegen einer Schwangerschaft ist unzulässig. Dabei spielt es keine Rolle, zu welchem Zweck die Arbeitnehmerin eingestellt worden ist. Unzulässig ist damit auch die Entlassung einer Frau, die gerade dazu eingestellt wurde, eine andere Frau während deren Mutterschaftsurlaub zu vertreten und die nun ebenfalls wegen einer Schwangerschaft in der fraglichen Zeit nicht arbeiten kann.

Die EMO Air Cargo (UK) Ltd. ist ein britisches Unternehmen, das im Jahr 1987 16 Personen beschäftigt hat. Als eine Mitarbeiterin schwanger wurde, stellte EMO Frau Webb ein, wobei vereinbart wurde, daß Frau Webb zunächst noch von der schwangeren Kollegin eingearbeitet werden, diese dann vertreten und auch nach deren Rückkehr unbefristet weiter bei EMO verbleiben sollte. Zwei Wochen nach Vertragsschluss wurde Frau Webb schwanger. Als EMO hiervon erfuhr wurde sie entlassen, mit der Begründung, sie könne wegen ihrer Schwangerschaft den Hauptzweck ihrer Beschäftigung, nämlich die Vertretung der Kollegin, nicht erfüllen. Das letztinstanzlich mit der Kündigungsschutzklage von Frau Webb befaßte House of Lords legte dem EuGH vor und erhielt folgende Antwort:

Nach Art. 2 I der *Gleichbehandlungs-Richtlinie 76/207* (ABl. 1976 L 39/40) sind mittelbare und unmittelbare Diskriminierungen von Frauen am Arbeitsplatz verboten. Art. 5 I der RL erstreckt das Diskriminierungsverbot ausdrücklich auf Entlassungen. Nach ständiger Rechtsprechung des Gerichtshofs sind Schwangerschaften keine Krankheiten. Es spielt daher keine Rolle, ob Männer in einer ähnlichen Firmensituation bei Krankheit entlassen werden könnten. Da nur Frauen von Schwangerschaften betroffen werden können, ist jede Benachteiligung von Frauen bei den Arbeitsbedingungen oder bei einer Entlassung unweigerlich zugleich eine verbotene geschlechtsbezogene Diskriminierung. Entlassungen von Schwangeren sind daher nur in Fällen möglich, die mit der Schwangerschaft nichts zu tun haben, d.h. in der Regel, wenn eine fristlose Kündigung gerechtfertigt ist. Bei dieser Rechtslage spielt es keine Rolle, zu welchem Zweck eine Frau eingestellt worden ist, und zwar auch dann, wenn der Zweck gerade die Vertretung einer anderen Schwangeren war.

Anmerk. der Red.: Durch die *RL 92/85 über die Durchführung von Maßnahmen zur Verbesserung der Sicherheit und des Gesundheitsschutzes von schwangeren Arbeitnehmerinnen, Wöchnerinnen und stillenden Arbeitnehmerinnen am Arbeitsplatz* (ABl. 1992 L 348/1) wird der Kündigungsschutz von Frauen weiter verbessert. Gemäss Art. 10 dieser RL sind künftig Kündigungen vom Beginn der Schwangerschaft bis zum Ende des Mutterschaftsurlaubs generell unzulässig. Die Umsetzungsfrist der RL für die Mitgliedstaaten läuft Ende Oktober 1994 ab.

Urteil vom 14. Juli 1994, Rs. C-32/93, Carole Louise Webb (Slg. 1994, S. I-3567)

* **Möglichkeiten zur Vereinheitlichung des Rentenalter männlicher und weiblicher Arbeitnehmer**[FE]

Seit dem Urteil vom 17. Mai 1990 in der Rs. C-262/88, Barber, steht fest, daß Betriebsrentensysteme dem Grundsatz des gleichen Entgelts für gleichwertige Arbeit aus Art. 119 EGV unterliegen und damit weibliche und männliche Arbeitnehmer gleichbehandeln müssen. Dazu gehört auch die Vereinheitlichung des Rentenalters. Wenn ein Mitgliedstaat vor dem Barber-Urteil ein niedrigeres Rentenalter für Frauen vorgesehen hatte, so kann er zur Vereinheitlichung entweder für Frauen und Männer einheitlich das höhere Rentenalter der Männer oder das niedrigere der Frauen festsetzen. Bis zum Inkrafttreten der gesetzlichen Neuregelung müssen dagegen alle Arbeitnehmer gleich günstig behandelt werden, d.h. es gilt einheitlich die niedrigere Rentenalterregelung.

Urteile vom 28. September 1994, Rs. C-408/92, Constance Christina Ellen Smith; und Rs. C-28/93, Maria Nelleke Gerda van den Akker (Slg. 1994, S. I-4435 und S. I-4527)

* **Beamtenpensionsansprüche sind "Entgelt" i.S.d. Art. 119 EGV**[FE]

Nachdem der EuGH in dem Urteil vom 28. September 1994 in der Rs. C-200/91, Coloroll Pension Trustees bereits festgestellt hatte, daß alle betrieblichen Versorgungsleistungen für Arbeitnehmer, insbesondere sog. Betriebsrentensysteme, dem Grundsatz des gleichen Entgelts für Frauen und Männer gem. Art. 119 EGV unterliegen, hat der EuGH dies nun auch für Pensionsansprüche von Beamten klargestellt. Damit gilt die strikte Gleichstellung von Frauen und Männern unstreitig für jede Art der Altersversorgungssysteme, gleichgültig ob privater oder staatlicher Träger. Nachzahlungsansprüche von Diskriminierten Arbeitnehmern, die sich auf Versicherungszeiten zwischen dem 8. April 1976, dem Tag des Urteils in der Rs. 43/75, Defrenne II, und dem 17. Mai 1990, dem Tag des Urteils in der Rs. C-262/88, Barber, beziehen, können jedoch nur verlangt werden, wenn der oder die Betroffene bereits vor dem letztgenannten Datum Klage erhoben oder einen Rechtsbehelf eingelegt hat. Für Versicherungszeiten vor dem 8. April 1976 bestehen keine Ausgleichsansprüche und für Zeiten nach dem 17. Mai 1990 bestehen die Ansprüche ohne Ausschlußfrist.

Alle in den Niederlanden ansässigen Personen, die dort lohnsteuerpflichtig sind, erhalten nach dem Algemene Ourderdomswet (AOW) eine allgemeine Rente. War der oder die Betroffene mindestens 50 Jahre in den Niederlanden versichert, wird diese Rente zum vollen Satz ausgezahlt. Bis 1985 galt dabei, daß verheirateten Männern der Satz für Ehepaare von maximal 100% des gesetzlichen Mindestlohns gezahlt wurde, während unverheirateten Männern oder Frauen maximal 70% gezahlt wurden. Verheiratete Frauen hatten keinen eigenen Anspruch, sondern erwarben einen solchen nur im Fall des Todes ihres Mannes.

Beamte erhalten in den Niederlanden eine Pension nach dem Algemene Burgerlijke Pensionenwet (ABPW). Diese beträgt bis zu 70% des letzten Gehaltes, wenn der oder die Betroffene mindests 40 Jahre als Beamte versichert war.

Zur Verhinderung der Kumulierung von AOW und ABPW war vorgesehen, daß der Teil der AOW, der in parallelen Versicherungszeiten erworben wurde, von der ABPW abgezogen wurde. Da die ABPW auf der Grundlage einer Versicherungszeit von höchstens vierzig Jahren berechnet wurde, konnten höchstens 80% der AOW berücksichtigt, d.h. abgezogen werden. Diese 80% der AOW wurden bei verheirateten Männern entsprechend der oben dargelegten Regelung aufgrund von einem Höchstsatz von 100% der AOW berechnet, bei unverheirateten Frauen dagegen aufgrund von einem Höchstsatz von 70% der AOW.

1985 wurde das System geändert und auch verheiratete Frauen erhalten nunmehr ab ihrem 65. Lebensjahr eine eigene allgemeine Rente nach der AOW. In der Übergangsregelung wurde vorgesehen, daß für Versicherungszeiten vor dem 1. Januar 1986 verheiratete Frauen unverheirateten Frauen gleichzustellen sind. Im Ergebnis wurde daher bei verheirateten (ehemaligen) Beamtinnen von der ABPW eine AOW von bis zu 80% von 70% des gesetzlichen Mindestlohns abgezogen, während bei verheirateten (ehemaligen) Beamten von der ABPW eine AOW von bis zu 80% von 100% des gesetzlichen Mindestlohns abgezogen wurde. Die Beamtenpension eines verheirateten Mannes war damit systematisch niedriger als die jenige einer verheirateten Frau, die dieselbe dienstliche Stellung in der öffentlichen Verwaltung erreicht hatte. Im konkreten Fall eines pensionierten männlichen Beamten führte dies zu Abzügen, die rund 4.000 Gulden im Jahr höher waren, als bei einer fiktiven weiblichen Kollegin. Der Betroffene klagte gegen diese Schlechterstellung und in der Berufungsinstanz legte der Centrale Raad van Beroep dem EuGH Fragen nach der Auslegung der RL 79/7 und des Art. 119 EGV vor.

Der Gerichtshof entschied wie eingangs dargestellt.

Urteil vom 28. September 1994, Rs. C-7/93, Beune (Slg. 1994, S. I-4471)

* **Aus Art. 119 EGV ergibt sich ein Anspruch für Frauen und Teilzeitbeschäftigte auf gleichberechtigten Zugang zu betrieblichen Altersversorgungssystemen[FE]**

Ein Betriebsrentensystem verstößt gegen Art. 119 EGV, den Anspruch auf gleiches Entgelt für Frauen und Männer, wenn es verheiratete Frauen und/oder Angestellte mit Teilzeitverträgen ausschließt.

Bereits in seiner Entscheidung vom 13. Mai 1986 in der Rs. 170/84, Bilka Kaufhaus, hat der Gerichtshof klargestellt, daß der gleichberechtigte Zugang zu betrieblichen Versorgungssystemen zu den von Art. 119 EGV geschützten Ansprüchen gehört. Da regelmäßig wesentlich mehr Frauen als Männer in Teilzeitarbeitsverhältnissen beschäftigt werden, handelt es sich um eine indirekte Diskriminierung, wenn Personen allein deshalb nicht an den Versorgungssystemen teilnehmen können, weil die wöchentliche Arbeitszeit weniger als 80% der Vollarbeitszeit beträgt.

Frauen, die bisher nicht zu betrieblichen Versorgungssystemen zugelassen wurden, können sich gegenüber ihrem Arbeitgeber und/oder dem Versicherungsträger unmittelbar auf Art. 119 in der Auslegung durch jenes Urteil berufen und rückwirkend bis zum 13. Mai 1986 in die Systeme eintreten. Dazu müssen sie allerdings auch die Beiträge rückwirkend einzahlen.

Dem stehen weder die Entscheidung in der Rs. C-262/88, Barber, noch das Protokoll Nr. 2 zum Maastrichter Vertrag über die Europäische Union entgegen, da dort jeweils nur die Ansprüche auf Leistungen aus betrieblichen Altersversorgungssystemen auf die Zeit nach dem 17. Mai 1990 (dem Erlaß des Barber-Urteils) beschränkt werden, nicht aber die Ansprüche auf Zugang zu diesen Systemen.

Eine Regelung, wonach der rückwirkende Eintritt von einem bestimmten Mindestalter, z.B. 50 Jahre, oder von einer langjährigen Betriebszugehörigkeit abhängig gemacht wird, ist ebenfalls unzulässig, soweit sie nicht in gleicher Weise für die schon immer dem System angeschlossenen (männlichen) Arbeitnehmer gelten oder galten.

Urteile vom 28. September 1994, Rs. C-57/93, Anna Adriaantje Vroege und Rs. C-128/93, Geertrudia Catharina Fisscher (Slg. 1994, S. I-4541 und S. I-4583)

* **Vergütung von nebenberuflich Teilzeitbeschäftigten[DS]**

Der in Art. 119 EGV niedergelegte Grundsatz des gleichen Entgelts von Männern und Frauen verbietet es nicht, den Bezug einer Rente einer hauptberuflichen, sozial abgesicherten Position gleichzustellen, selbst wenn diese Rente aufgrund von Erwerbsausfall durch Kindererziehung gemindert ist und die Gleichstellung dazu führt, daß nebenberuflich Teilzeitbeschäftigte weniger Entgelt für vergleichbare Tätigkeiten erhalten als hauptberuflich Beschäftigte.

Frau Grau-Hupka, die zwischen 1956 und 1991 hauptberuflich für die Musikschule Bremen tätig war und seither eine Rente bezieht, arbeitet seit 1991 nur noch nebenberuflich für die Musikschule. Dabei stellte sie fest, daß ihre Vergütung pro Stunde unter der früheren Vergütung als Vollzeitbeschäftigte lag. Die Musikschule rechtfertigte diese Ungleichbehandlung damit, daß der Bundesangestelltentarif für nebenberuflich Tätige nicht gelte. Sachlich sei die Ungleichbehandlung gerechtfertigt, weil nebenberuflich Tätige anderweitig ihre soziale Position absichern. Im konkreten Fall sei Frau Grau-Hupka durch ihre Rente abgesichert. Frau Grau-Hupka hielt entgegen, daß bei ihrer Rente teilweise die Erziehungsjahre nicht angerechnet würden. Die Ungleichbehandlung verstoße deshalb gegen den Grundsatz des gleichen Entgelts von Mann und Frau (Art. 119 EGV). Auf Vorlage des Arbeitsgerichts Bremen entschied der EuGH:

Ein Verstoß gegen Art. 119 EGV liegt nicht vor. Insoweit ist zu berücksichtigen, daß die *RL 79/7 über die Gleichbehandlung im Bereich der sozialen Sicherheit* (ABl. 1979 L 6/24) die Mitgliedstaaten nicht verpflichtet, Kindererziehungszeiten in die Berechnung der gesetzlichen Altersrente einzubeziehen. Deshalb darf auch die um die Erziehungszeiten gekürzte Rente als hauptberufliche Tätigkeit qualifiziert werden mit der Folge, daß der Bundesangestelltentarif auf Frau Grau-Hupka keine Anwendung findet.

Urteil vom 13. Dezember 1994, Rs. C-297/93, Grau-Hupka

---

* **Vergütung von Überstunden bei Teilzeitarbeit**[DS]

Es verstößt nicht gegen EG-Recht - insbesondere gegen Art. 119 EGV (Gleichbehandlung von Männern und Frauen) -, wenn ein Tarifvertrag die Zahlung von Überstundenzuschlägen nur bei Überschreiten der Regelarbeitszeit für Vollzeitbeschäftigte vorsieht.

Frau Helmig ist Teilzeitbeschäftigte der Stadt Lengerich. Für die von ihr geleisteten Überstunden verlangte sie von der Stadt Nachvergütung der Überstunden einschließlich der Zuschläge, die Vollzeitbeschäftigten für die Ableistung von Überstunden zustehen. Die Stadt verweigerte die Zahlung der Zuschläge, weil in dem zugrundeliegenden Tarifvertrag vereinbart war, daß Zuschläge nur bei Überschreiten der Regelarbeitszeit gezahlt werden. Da diese tarifvertragliche Regelung nach Ansicht von Frau Helmig gegen Art. 119 EGV (Grundsatz des gleichen Entgelts für Männer und Frauen) verstößt, erhob sie Klage zum Arbeitsgericht. Auf Vorlage des Gerichts entschied der EuGH:

Art. 119 EGV verbietet nicht nur unmittelbare Diskriminierungen von Männern und Frauen sondern auch mittelbare Diskriminierung aufgrund des Geschlechts. Von einer mittelbaren Diskriminierung ist jedoch im konkreten Fall nur auszugehen, wenn die nationale Regelung (hier der Tarifvertrag) eine Ungleichbehandlung von Vollzeitbeschäftigten und Teilzeitbeschäftigten vorsieht und diese Ungleichbehandlung erheblich mehr Frauen als Männer betrifft. Darüber hinaus ist im Rahmen des Art. 119 EGV zu prüfen, ob die Ungleichbehandlung sachlich gerechtfertigt ist.

Im konkreten Fall ist nach Ansicht des EuGH von einer mittelbaren Diskriminierung nicht auszugehen, weil es bereits am Kriterium der Ungleichbehandlung fehlt. Eine Ungleichbehandlung liegt nach Ansicht des EuGH nämlich nur dann vor, wenn bei gleicher Stundenzahl die Vergütung der Vollzeitbeschäftigten höher ist als die der Teilzeitbeschäftigten.

Die Teilzeitbeschäftigten erhalten aber für die gleiche Anzahl geleisteter Arbeitsstunden genau die gleiche Gesamtvergütung wie die Vollzeitbeschäftigten. So erhält beispielsweise ein Teilzeitbeschäftigter, dessen vertragliche Arbeitszeit 18 Stunden beträgt, für die 19. Arbeitsstunde die gleiche Gesamtvergütung wie ein Vollzeitbeschäftigter für 19 Arbeitsstunden. Darüber hinaus hat der Teilzeitbeschäftigte - ebenso wie der Vollzeitbeschäftigte - Anspruch auf Überstundenzuschläge, wenn er die Schwelle der tarifvertraglich festgesetzten Regelarbeitszeit überschreitet.

Urteil vom 15. Dezember 1994, Verb. Rs. C-399/92 u.a., Helmig

*   Das holländische Gesetz über die Arbeitsunfähigkeitsversicherung diskriminiert Frauen[FE]

Nach früherem niederländischem Recht besaßen unverheiratete Frauen und alle Männer Anspruch auf Sozialleistungen, wenn sie mehr als ein Jahr arbeitsunfähig waren. Verheiratete Frauen hatten diesen Anspruch nicht. Im Rahmen der Umsetzung der RL 79/7 über die Gleichberechtigung von Männern und Frauen im Bereich der sozialen Sicherheit (ABl. 1979 L 6/24) wurde der Anspruch auf verheiratete Frauen ausgedehnt. Die verheirateten Frauen, deren Arbeitsunfähigkeit vor 1975 oder zwischen 1975 und 1979 begonnen hatte, mußten jedoch bestimmte Nachweise erbringen, die von Männern und unverheirateten Frauen nicht verlangt wurden. Diese Praxis erklärte der EuGH nunmehr für unvereinbar mit Gemeinschaftsrecht.

Dagegen stehe das Gemeinschaftsrecht mitgliedstaatlichen Kürzungen von Sozialleistungen nicht entgegen, wenn diese ohne Unterschied zwischen Männern und Frauen erfolgten.

Urteil vom 24. Februar 1994, Rs. C-343/92, Roks (Slg. 1994, S. I-571)

Europäisches Verwaltungsrecht

Keine Grundsatz-Urteile im Berichtszeitraum

* **Garantiefonds für Ansprüche gegen Güterkraftverkehrsunternehmer**, siehe Verb. Rs. C-20 und C-21/93, DKV

* **Francovich-Urteil gilt auch für leitende Angestellte**[DS]

Die RL 80/987 über den Schutz der Arbeitnehmer bei Zahlungsunfähigkeit der Arbeitgeber findet auch auf leitende Angestellte Anwendung. Eine Ausnahme gilt nur, wenn ein Mitgliedstaat die leitenden Angestellten in Abschnitt I des Anhangs der RL aufgeführt und somit einen Vorbehalt erklärt hat.

Herr Wagner Miret war leitender Angestellter der spanischen Gesellschaft CEP Catalana SA, die 1989 zahlungsunfähig wurde. Herr Wagner Miret beantragte erfolglos beim Fondo de garantía salarial u.a. die Zahlung von zwei noch ausstehenden Monatslöhnen. Der Fondo de garantía salarial wurde in Umsetzung der *RL 80/987 zur Angleichung der Rechtsvorschriften der Mitgliedstaaten über den Schutz der Arbeitnehmer bei Zahlungsunfähigkeit des Arbeitgebers* (ABl. 1980 L 283/23) in der Fassung der RL 87/164 (ABl. 1987 L 66/11) geschaffen. Die Ablehnung des Antrags wurde damit begründet, daß der Garantiefonds Ansprüche leitender Angestellter nicht erfasse. Herr Wagner Miret erhob Klage. Auf Vorlage des spanischen Gerichts entschied der EuGH:

Die RL 80/987 erfaßt grundsätzlich auch Ansprüche leitender Angestellter bei Zahlungsunfähigkeit des Arbeitgebers. Zwar können die Mitgliedstaaten bestimmte Gruppen von Arbeitnehmern aus dem Anwendungsbereich der RL ausschließen. Diese Berufsgruppen müssen aber in Abschnitt I des Anhangs zur RL genannt sein. Spanien hat lediglich einen Vorbehalt für Hausangestellte erklärt, die bei natürlichen Personen beschäftigt sind. Deshalb fallen leitende Angestellte grundsätzlich in den Anwendungsbereich der RL.

Den Mitgliedstaaten steht es aber frei, auf welche Weise sie ein Garantiesystem zum Schutz vor Zahlungsunfähigkeit der Arbeitgeber errichten. Sie sind insbesondere nicht verpflichtet, ein einziges Garantiesystem für alle Gruppen von Arbeitnehmern zu schaffen. Es verstößt deshalb grundsätzlich nicht gegen die RL, wenn ein Garantiesystem die leitenden Angestellten ausdrücklich ausschließt. Das Führungspersonal kann sich deshalb nicht auf eine richtlinienkonforme Auslegung berufen.

Erforderlich ist aber, daß für leitende Angestellte ein gleichwertiger Schutz vorhanden ist. Fehlt dieser, so kann das Führungspersonal in Anwendung des Francovich-Urteils (EuGH, Slg. 1991, S. I-5357) Amtshaftungsansprüche gegen den Mitgliedstaat geltend machen. Im Francovich-Urteil hatte der EuGH erstmals anerkannt, daß die nicht ordnungsgemäße Umsetzung einer RL (es ging ebenfalls um die RL 80/987) Amtshaftungsansprüche auslösen kann. Die Staatshaftung wurde von drei Voraussetzungen abhängig gemacht, die im Fall der RL 80/987 vorlagen: (1) Die RL beinhaltet Rechte für den einzelnen. (2) Der genaue Inhalt der RL ist aufgrund der RL bestimmbar. (3) Die fehlende Umsetzung muß kausal für den Schaden des einzelnen sein.

Urteil vom 16. Dezember 1993, Rs. C-334/92, Wagner Miret (Slg. 1993, S. I-6911)

*   **Verspätete Umsetzung von Verbraucherschutzrichtlinien in Spanien[FE]**

Auf Klage der Kommission wurde Spanien verurteilt, weil es die *RL 88/320 über die Inspektion und Überprüfung der Laborpraxis* nicht fristgerecht in nationales Recht umgesetzt hat. Originell war die Verteidigung Spaniens, das vorgebracht hatte, die Verspätung könne dadurch gerechtfertigt werden, daß Spanien zunächst die RL 87/18 hatte umsetzen wollen, in welcher die Grundsätze für die Laborpraxis aufgestellt worden sind. Das Problem mit dieser Rechtfertigung war allerdings, daß die Frist für die Umsetzung der RL 87/18 am 30. Juni 1988 abgelaufen ist, die Umsetzung durch Spanien aber erst 1993 erfolgte. Der Gerichtshof war dann doch der Ansicht, daß die Verspätung der Umsetzung einer Richtlinie nicht mit der Verspätung der Umsetzung einer anderen Richtlinie gerechtfertigt werden könne.

Urteil vom 23. März 1994, Rs. C-268/93, Kommission gegen Spanien (Slg. 1994, S. I-947)

2.2. Umsetzung des sekundären Gemeinschaftsrechts

Institutioneller Aufbau und
interne Kompetenzverteilung der EG

*   Erneute Anhörung des Parlaments nach Änderung von Gesetzentwürfen[FE]

Wenn eine Richtlinie oder Verordnung auf eine Rechtsgrundlage gestützt wird, die eine Anhörung des Europäischen Parlaments vorschreibt, so muß das Parlament erneut angehört werden, wenn der Rechtsakt nach der ersten Anhörung in wesentlichen Punkten abgeändert wird. Das Erfordernis einer erneuten Anhörung entfällt nur dann, wenn die Änderungen im wesentlichen einem vom Parlament selbst geäußerten Änderungswunsch entsprechen. Letzteres ist nicht schon dann der Fall, wenn das Parlament in anderem Zusammenhang bestimmte Wünsche geäußert hat, sondern nur dann, wenn das Parlament den konkret vorgelegten Gesetzentwurf tatsächlich beraten und einen Beschluß mit Änderungswünschen gefaßt hat.

Die *VO 2454/92 zur Festlegung der Bedingungen für die Zulassung von Verkehrsunternehmen zum Personenverkehr mit Kraftomnibussen innerhalb eines Mitgliedstaats, in dem sie nicht ansässig sind* (ABl. 1992 L 251/1) ist nichtig, da nach Änderung des Gesetzesentwurfs das Parlament nicht nochmals angehört worden ist. Die Wirkungen der VO werden jedoch aufrechterhalten, bis der Rat nach Anhörung des Parlaments eine neue Regelung erlassen hat. Dies hat der EuGH auf Klage des EP entschieden. Der Rat ist mit seinem Argument abgewiesen worden, das EP habe sich bezüglich der Güterkabotage ausdrücklich für eine schrittweise Liberalisierung ausgesprochen, die Abschwächung und Begrenzung des Kommissionsentwurfs zur Personenkabotage entspreche daher den Wünschen des Parlaments.

Urteil vom 1. Juni 1994, Rs. C-388/92, Parlament gegen Rat (Slg. 1994, S. I-2067)

* **Nochmals zu Beteiligungsrechten des Parlaments: Wahl der Rechtsgrundlage für die Abfallverordnung**[FE]

Eine Klage des Europäischen Parlaments, mit der die Nichtverwendung einer Rechtsgrundlage gerügt wird, die dem EP keine Beteiligungsrechte eingeräumt hätte, ist unzulässig.

Das Parlament klagte auf Nichtigerklärung der *VO 259/93 des Rates zur Überwachung und Kontrolle der Verbringung von Abfällen in der, in die und aus der Europäischen Gemeinschaft* (ABl. 1993 L 30/1). Diese VO wurde erlassen, um die *RL 84/631 über die Überwachung und Kontrolle - in der Gemeinschaft - der grenzüberschreitenden Verbringung gefährlicher Abfälle* (ABl. 1984 L 326/31) durch eine VO zu ersetzen.

Die Kommission hatte in ihrem Verordnungsentwurf die Artikel 100a und 113 EGV als Rechtsgrundlage vorgeschlagen und das Parlament war zu diesem Entwurf konsultiert worden, wie in Art. 100a vorgesehen. Als Reaktion auf die Stellungnahme des Parlament hatte die Kommission einen geänderten Entwurf vorgelegt, der gleichfalls noch auf die Artikel 100a und 113 gestützt war. Bei den nachfolgenden Beratungen kam der Rat zu der Überzeugung, daß die vorgeschlagene VO auf Art. 130s EGV gestützt werden müsse, der lediglich eine unverbindliche Anhörung des EP vorsieht. Das EP wurde zu der Änderung der Rechtsgrundlage angehört und lehnte diese ab. Dennoch erließ der Rat die VO am 1. Februar 1993 aufgrund von Art. 130s. Das EP erhob daraufhin Nichtigkeitsklage.

Der Gerichtshof erklärte die Klage für unzulässig, soweit sie sich gegen die Nichtverwendung von Art. 113 als Rechtsgrundlage wendet. Da Art. 113 in der vor Inkrafttreten des Maastrichter Vertrages gültigen Fassung keinerlei Beteiligung des EP am Entscheidungsverfahren vorsah, war eine Verletzung von Rechten des EP durch Änderung der Rechtsgrundlage insoweit nicht möglich.

Im übrigen erklärte der Gerichtshof die Klage für unbegründet. Die VO diene vor allem Zielen der Umweltpolitik und sei nicht darauf gerichtet, den freien Verkehr von Abfällen innerhalb der Gemeinschaft zu verwirklichen. Damit sei der Rat berechtigt gewesen, die VO auf Art. 130s und nicht auf Art. 100a zu stützen.

Urteil vom 28. Juni 1994, Rs. C-187/93, Parlament gegen Rat (Abfallverordnung) (Slg. 1994, S. I-2857)

Rechtsschutzverfahren vor dem EuGH

*   **Unzulässigkeit einer Nichtigkeitsklage wegen Versäumung der Klagefrist**, siehe Rs. C-195/91 P, Bayer

* **Das Selbstbeschränkungsabkommen EG-Japan über Autoeinfuhren vor dem EuGH - Gerichtliche Konkursverwalter sind kein "Gericht" i.S.d. Art. 177 EGV**, siehe Rs. C-428/93, Monin Automobiles

*   **Zulässigkeit einer Vertragsverletzungsklage**[DS]

Eine Vertragsverletzungsklage i.S. des Art. 169 EWGV ist unzulässig, wenn das Klagebegehren vom Gegenstand des Vorverfahrens abweicht.

Die italienische Provinzialverwaltung von Ascoli Piceno vergab einen Auftrag im Rahmen eines Schnellstraßenausbaus freihändig ohne vorherige Ausschreibung im Amtsblatt der EG. Die Kommission sah hierin einen Verstoß gegen die *RL 71/305 über die Koordinierung der Verfahren zur Vergabe öffentlicher Bauaufträge* (ABl. 1971 L 185/5). Im Vorverfahren forderte die Kommission die italienische Regierung deshalb auf, zu der vermeintlichen Vertragsverletzung Stellung zu nehmen. Da die Kommission mit der übermittelten Antwort nicht zufrieden war, erhob sie Vertragsverletzungsklage gegen Italien. Sie beantragte festzustellen, daß Italien gegen die RL 71/305 verstoßen habe, indem die Zentralregierung nicht gegen die freihändige Auftragsvergabe der Provinzregierung eingeschritten sei.

Der EuGH wies die Klage der Kommission als unzulässig ab. Nach ständiger Rechtsprechung (EuGH, Slg. 1992, S. I-5899, Kommission gegen Niederlande) wird der Gegenstand der Vertragsverletzungsklage durch das vorprozessuale Verfahren beschränkt. Im vorliegenden Fall weichen die Streitgegenstände jedoch voneinander ab. Im Vorverfahren hatte die Kommission eine Vertragsverletzung durch die Provinzregierung angenommen. In der Klage wurde der Zentralregierung vorgeworfen, nicht gegen die Vertragsverletzung der Provinzregierung vorgegangen zu sein. Dies sind zwei voneinander zu trennende Vorwürfe, obwohl in beiden Fällen die vermeintlichen Verstöße gegen das EG-Recht dem Mitgliedstaat als Ganzem zugerechnet werden.

Urteil vom 12. Januar 1994, Rs. C-296/92, Kommission gegen Italien (Slg. 1994, S. I-1)

* **Unselbständige Vertriebsorganisationen haben keine eigene Klagebefugnis gegen Antidumping-Zölle**, siehe Rs. C-75/92, Gao Yao (Hong Kong) - Einwegfeuerzeuge

* **Erster Erfolg einer Verbraucherschutzorganisation im Kampf gegen "freiwillige" Selbstbeschränkungsabkommen im internationalen Autohandel**, siehe Rs. T-37/92, BEUC u.a. gegen Kommission

* **Klagemöglichkeiten vom Umweltschutzverbänden gegen nationale Projekte vor den europäischen Gerichten**, siehe Rs. T-461/93, An Taisce - The National Trust for Ireland und World Wildlife Fund gegen Kommission

* **Klagefrist gegen Kommissionsentscheidungen in Beihilfesachen**, siehe Rs. C-188/92, TWD Textilwerke Deggendorf

* **Individuelle Betroffenheit als Zulässigkeitsvoraussetzung einer Nichtigkeitsklage**[DS]

Fordert die Kommission einen Mitgliedstaat per Entscheidung auf, die Vergünstigungen aufzuheben, die die staatliche Eisenbahn bestimmten regional benachteiligten Unternehmen gewährt, so können die Unternehmen gegen die Entscheidung der Kommission keine Klage gem. Art. 173 Abs. 2 EWGV zum EuGH erheben. Sie sind durch die Entscheidung nicht individuell betroffen, weil sich die Aufhebung der Vergünstigung auch auf andere Wirtschaftsteilnehmer (z.B. Transportunternehmer) auswirkt.

Durch eine gesetzliche Regelung ist die staatliche italienische Eisenbahn verpflichtet, den mineralienproduzierenden Unternehmen aus Sardinien und Sizilien einen günstigeren Tarif für den Transport ihrer Güter anzubieten. Den Differenzbetrag zum Normaltarif (bis zu 60 %) trägt der italienische Staat. Mit Entscheidung vom 18.9.91 (ABl. 1991 L 283/20) forderte die Kommission Italien auf, das Tarifsystem zu beenden. Die Kommission begründete ihre Entscheidung mit Art. 80 Abs. 1 EWGV, der besondere Vergünstigungen für bestimmte nationale Unternehmen verbietet. Gegen die Entscheidung erhoben ein Industrieverband und einige mineralienproduzierende Unternehmen Klage zum EuGH gem. Art. 173 Abs. 2 EWGV. Die Kommission beantragte gem Art. 91 VerfO eine Entscheidung über die Zulässigkeit der Klage. Der EuGH entschied:

Die Nichtigkeitsklage einer natürlichen oder juristischen Person ist gem. Art. 173 Abs. 2 EWGV nur zulässig, wenn die Person - sollte die Entscheidung nicht direkt an sie gerichtet sein - durch den Rechtsakt unmittelbar und individuell betroffen ist. Nach dem Plaumann-Urteil (EuGH, Slg. 1963, S. 197) ist von individueller Betroffenheit nur auszugehen, wenn der Kläger wegen bestimmter persönlicher Eigenschaften oder Umstände aus dem Kreis der übrigen Personen herausgehoben ist und er damit in ähnlicher Weise wie ein Adressat der Entscheidung individualisiert ist.

Diese Voraussetzung ist nach Ansicht des EuGH nicht erfüllt. Zwar hat die Entscheidung große Auswirkungen auf die Unternehmen; es ist aber zu berücksichtigen, daß auch andere Wirtschaftsteilnehmer betroffen sind: die Eisenbahn, die bisher durch die günstigen Tarife vor Konkurrenz geschützt war, die übrigen Transportunternehmen und die Kunden der Unternehmen. Es fehlt deshalb an der individuellen Betroffenheit, so daß die Klage als unzulässig abzuweisen war. Gleiches gilt für die Klage des Industrieverbandes, der seine unmittelbare und individuelle Betroffenheit im Verfahren nicht begründet hatte.

Urteil vom 7. Dezember 1993, Rs. C-6/92, Federmineraria (Slg. 1993, S. I-6357)

* **Das Gericht erster Instanz präzisiert ungeschriebene Grundsätze des Gemeinschaftsrechts**[FE]

In einem Verfahren vor dem Gericht erster Instanz ging es um die Förderung von Projekten im Rahmen der gemeinschaftlichen Strukturfonds. Auf der Grundlage der *VO 2052/88 über Aufgaben und Effizienz der Strukturfonds und über die Koordinierung ihrer Interventionen untereinander sowie mit denen der Europäischen Investitionsbank und der anderen vorhandenen Finanzinstrumente* (ABl. 1988 L 185/9) und der dazu erlassenen *Durchführungsverordnung 4253/88* (ABl. 1988 L 374/1) werden, unter enger Zusammenarbeit zwischen Kommission, Mitgliedstaaten und regionalen Behörden, Projekte zur Förderung ländlicher Gebiete finanziell unterstützt. Die Förderungsanträge sind von den lokalen und regionalen Behörden auszuarbeiten und von den Mitgliedstaaten bei der Kommission einzureichen. Die Entscheidung der Kommission wird den Mitgliedstaaten mitgeteilt, die sie an die lokalen Behörden weiterleiten.

In einem Bewertungsverfahren untersuchte die Kommission zwischen September 1991 und September 1992 insgesamt 46 Vorhaben, die von Italien vorgelegt worden waren, und wählte die ihrer Ansicht nach förderungswürdigsten aus. Ein Projektentwurf aus der Region Murgia Messapica wurde dabei nicht berücksichtigt. Der Träger dieses Entwurfs, ein Zusammenschluß aus Unternehmen der Region, klagte gegen das Auswahlverfahren und gab dem Gericht erster Instanz Gelegenheit zu folgenden Feststellungen:

Auch wenn eine natürliche oder juristische Person keinen Anspruch auf eine bestimmte Entscheidung der Kommission oder, wie hier, auf Fördermittel hat, so ist sie doch spätestens dann von einer ablehnenden Entscheidung konkret und individuell betroffen und damit klagebefugt, wenn sie an einem beschränkten Auswahlverfahren und an Sitzungen der Kommission teilgenommen hat.

Die Klagefrist für eine Nichtigkeitsklage nach Art. 173 Abs. 2 EGV läuft bei einem Rechtsakt, der dem Betroffenen nicht bekanntgegeben oder mitgeteilt worden ist, erst ab dem Zeitpunkt, an dem dieser Betroffene genaue Kenntnis vom Inhalt und von der Begründung des Rechtsakts erlangt, so daß er sein Klagerecht ausüben kann. Dabei kann dem Betroffenen allerdings zugemutet werden, den vollständigen Wortlaut des Rechtsakts selbst anzufordern, sobald er von dessen Existenz Kenntnis erlangt hat. Unter normalen Umständen wird es dem Betroffenen zumutbar sein, den vollen Wortlaut innerhalb eines Monats nach Kenntniserlangung anzufordern und dann innerhalb eines weiteren Monats Klage zu erheben.

Im Rahmen der Vergabe von Mitteln aus den gemeinschaftlichen Strukturfonds hat die Kommission ein weites Entscheidungsermessen. Der Nachweis eines Ermessensmißbrauchs ist nur erbracht, wenn der Betroffene objektive und schlüssige Indizien dafür darlegt, daß eine Ermessensentscheidung zu anderen Zwecken als den von der betroffenen Regelung verfolgten erlassen worden ist.

Eine Selbstbindung der Kommission, und damit ein Anspruch auf Erlass einer bestimmten Entscheidung aus dem Gedanken des Vertrauensschutzes, kann nur dann bejaht werden, wenn bei dem Betroffenen durch klare Zusicherungen der Gemeinschaftsverwaltung berechtigte Erwartungen geweckt worden sind.

Im Ergebnis konnten die Kläger nicht nachweisen, daß die Ablehnung ihres Projektvorschlags gegen geltendes Recht verstoßen hätte. Die Klage war abzuweisen.

Urteil vom 19. Mai 1994, Rs. T-465/93, Consorzio gruppo di azione locale "Murgia Messapica" (Slg. 1994, S. II-361)

*   **Klagebefugnis einzelner gegen Schreiben der Kommission an einen Drittstaat**[FE]

In einem verfahrensrechtlich interessanten Urteil hat der Gerichtshof die Stellung von Unternehmen und Einzelpersonen in Drittstaaten spürbar verbessert: Wenn sich die Kommission auf der Grundlage eines völkerrechtlichen Vertrages zwischen der Gemeinschaft und einem Drittstaat mit der Regierung dieses Drittstaats ins Benehmen setzt und dabei unmittelbar und konkret in die Rechtstellung einzelner eingegriffen wird, so müssen diese vorher angehört werden und können erforderlichenfalls eine Anfechtungsklage beim EuGH erheben um ihre Rechte zu wahren.

Der Rechtsstreit hat folgenden Hintergrund: Die Gemeinschaft hat mit Schweden im Jahre 1980 ein Fischereiabkommen geschlossen (ABl. 1980 L 226, S. 1), in welchem jede Partei den Fischereifahrzeugen der anderen Partei Zugang zu ihren Fanggründen gewährt. Die Fischereirechte werden dabei durch jährliche Fangquoten begrenzt. Zur Verwaltung der Quoten werden auf Antrag Fanglizenzen an interessierte Fischer vergeben. Die Einzelheiten und Bedingungen für den Fischfang durch schwedische Fischereifahrzeuge werden gemeinschaftsseitig jährlich durch Verordnungen geregelt.

Die Klägerin betreibt das Fangschiff Lavön und beantragte für dieses Schiff 1990, 1991 und 1992 jeweils eine Fischereilizenz. 1991 wurde ihr jedoch nur eine Lizenz für die Monate Januar bis April erteilt. Dennoch wurde die Lavön bei einer Überprüfung am 10. Dezember 1991 in der niederländischen Fischereizone ohne Lizenz angetroffen.

Am 19. Februar 1992 richtete die Kommission daher an den Botschafter Schwedens bei den Europäischen Gemeinschaften einen Brief, worin die Fischereiaktivität der Lavön gerügt und angekündigt wird, die Lavön werde vom 15. Dezember 1991 an für eine Dauer von zwölf Monaten nicht mehr für neue Lizenzen in Betracht gezogen. Nach Abweisung einer Beschwerde hiergegen durch die Kommission erhob die Betreiberin der Lavön Klage zum EuGH auf Nichtigerklärung der in dem Schreiben enthaltenen "Entscheidung". Die Kommission machte geltend, die Klage sei unzulässig.

Der EuGH erklärte die Klage für zulässig und für begründet: Mit dem Schreiben werde auf der Grundlage einer EG-Verordnung eine Sanktion verhängt, welche die Klägerin unmittelbar und individuell betreffe. Unabhängig von den Bestimmungen des Fischereiabkommens zwischen Schweden und der Gemeinschaft sei darin eine anfechtbare "Entscheidung" i.S.d. Art. 173 EGV zu sehen. Die Begründetheit der Klage ergebe sich im übrigen schon daraus, daß die Kommission der Klägerin vor dem Erlaß der streitigen Entscheidung keine Gelegenheit zur Stellungnahme gegeben hat. Dieses Versäumnis sei eine Verletzung des Anspruchs auf rechtliches Gehör. Die Entscheidung sei daher für nichtig zu erklären, ohne daß auf die übrigen Klagegründe eingegangen werden müsse.

Urteil vom 29. Juni 1994, Rs. C-135/92, Fiskano AB (Slg. 1994, S. I-2885)

* **Nichtigkeitsklage eines Verbandes gegen eine Richtlinie unzulässig**[DS]

Die Klage eines Verbandes auf Feststellung der Nichtigkeitkeit einer Richtlinie ist unzulässig, weil die Richtlinie kein anfechtbarer Rechtsakt i.S. des Art. 173 Abs. 4 EGV ist. Zumindest ist der Verband durch die Richtlinie nicht individuell betroffen. Hiergegen kann der Verband auch nicht einwenden, daß er am Gesetzgebungsverfahren beteiligt war.

Der Verband Asocarne erhob 1994 Klage auf Nichtigerklärung der *RL 93/118 zur Änderung der RL 85/73 über die Finanzierung der Untersuchungen und Hygienekontrollen von frischem Fleisch und Geflügelfleisch* (ABl. 1993 L 340/15). In dieser Richtlinie wurde u.a. festgelegt, daß die Gebühren für die Untersuchungen grundsätzlich aufgrund von Pauschalbeträgen berechnet werden. Der Rat, der die Richtlinie erlassen hatte, beantragte Klageabweisung wegen Unzulässigkeit. Das Gericht folgte der Auffassung des Rates.

Aus Art. 173 Abs. 4 EGV ergibt sich, daß Einzelne keine direkten Klagen gegen Richtlinien erheben können. Der Rechtsschutz wird vielmehr durch die nationalen Gerichte gesichert (Vorabentscheidungsverfahren).

Aber selbst wenn man davon ausgeht, daß Richtlinien den Verordnungen i.S. des Art. 173 Abs. 4 EGV gleichzustellen seien und deshalb grundsätzlich als anfechtbare Rechtsakte qualifiziert werden könnten, ergebe sich im konkreten Fall, daß es an der Klagebefugnis fehlt. Die Richtlinie sei keine "verschleierte Entscheidung", die den Verband "unmittelbar und individuell" betreffe. Sie betreffe vielmehr allgemein und abstrakt alle Unternehmen der Mitgliedstaaten, die Gesundheitsuntersuchungen durchführen lassen müssen.

Der Verband sei auch nicht deshalb individuell betroffen, weil er am EG-Rechtsetzungsverfahren beteiligt war. Der EuGH habe zwar im Beihilferecht anerkannt, daß Verbände, die kollektive Interessen fördern sollen, durch eine Entscheidung individuell betroffen sein können (EuGH, Slg. 1988, S. 219, van der Kooy). Diese Rechtsprechung könne aber auf den vorliegenden Fall nicht übertragen werden.

Auch die einzelnen Mitglieder des Verbandes seien durch die Richtlinie nicht individuell betroffen. Sie seien vielmehr - wie alle anderen Wirtschaftsteilnehmer - durch die Richtlinie und die nationalen Umsetzungsakte betroffen. Der Voraussetzungen der Rechtsfigur des "individualisierten geschlossenen

Kreises" - wie sie von der Rechtsprechung in früheren Entscheidungen entwickelt wurden - liegen im konkreten Fall nicht vor.

Beschluß vom 20. Oktober 1994, Rs. T-99/94, Asocarne (Slg. 1994, S. II-871)

* **Unzulässigkeit einer Nichtigkeitsklage wegen Versäumung der Klagefrist**[DS]

Hat ein Unternehmen aufgrund eines internen Organisationsverschuldens die Frist zur Anfechtung einer Bußgeldentscheidung der EG-Kommission falsch berechnet und ist deshalb die Frist zur Erhebung einer Klage gem. Art. 173 EGV nicht eingehalten worden, so kann sich das Unternehmen nicht auf einen vermeintlich entschuldbaren Irrtum über den Beginn der Klagefrist berufen, um hierdurch die Zulässigkeit der Klage zu erreichen.

Mit Entscheidung vom 13.12.89 (ABl. 1990 L 21/71 - Bayo-n-ox) setzte die Kommission gegen die Fa. Bayer eine Geldbuße in Höhe von 500.000 ECU wegen Verstoßes gegen das EG-Wettbewerbsrechts fest. Die Entscheidung der Kommission wurde Bayer am 28.12.89 zugestellt. Aufgrund eines internen Organisationsfehlers erhielt das Schreiben der Kommission aber den Eingangsstempel vom 3.1.90. Deshalb erhob Bayer erst am 9.3.90 Klage und nicht - wie erforderlich - am 6.3.90. Das Gericht erster Instanz wies die gegen die Bußgeldentscheidung gerichtete Klage daraufhin als unzulässig ab (Rs. T-12/90). Das von Bayer eingelegte Rechtsmittel blieb erfolglos. Der EuGH entschied:

Die Entscheidung der Kommission ist nicht - wie Bayer behauptet hatte - rechtlich inexistent mit der Folge, daß es auf die fristgerechte Erhebung der Klage nicht ankommt. Bayer hatte sich insoweit auf die BASF-Entscheidung des Gerichts erster Instanz (verb. Rs. 79/89 u.a., Slg. 1992, S. II-315) berufen, in der eine Bußgeldentscheidung für rechtlich inexistent erklärt worden war, nachdem die Kommission zugestanden hatte, daß zahlreiche Bußgeldentscheidungen in Wettbewerbssachen unter Verstoß gegen das EG-rechtliche Kollegialitätsprinzip erlassen worden waren. Der EuGH hielt der Argumentation von Bayer entgegen, daß die BASF-Entscheidung in der Rechtsmittelinstanz aufgehoben worden ist (EuGH, Slg. 1994, S. I-2555, BASF).

Nach Ansicht des EuGH kann sich Bayer auch nicht darauf berufen, daß das "Prinzip der Formenklarheit bei der Zustellung beschwerender Maßnahmen" verletzt worden sei. Bayer hatte insoweit behauptet, daß die Kommission zwei Zustellungsverfahren (Zustellung auf dem Postweg mit Rückschein und Zustellung gegen Rücksendung eines Schriftstücks mit der Überschrift "Acknowledgement of Receipt") miteinander vermengt habe. Dies habe bei Bayer zu Verwirrung geführt. Der EuGH hielt entgegen, daß die Verwirrung im wesentlichen durch die mangelhafte interne Organisation beim Posteingang von Bayer hervorgerufen worden sei.

Der Irrtum über den Beginn der Klagefrist ist nach Ansicht des EuGH auch nicht entschuldbar. Dies ergebe sich schon daraus, daß die Klagefrist aufgrund einer mangelhaften internen Organisation von Bayer hervorgerufen worden sei.

Nach Ansicht des EuGH kann sich Bayer auch nicht auf Art. 42 Abs. 2 der EWG-Satzung des Gerichtshofs berufen, wonach der Ablauf von Fristen keinen Rechtsnachteil zur Folge hat, wenn der Betroffene nachweist, daß ein Zufall oder ein Fall höherer Gewalt vorliegt. Nach Ansicht des EuGH setzen die Begriffe "Zufall" oder "höhere Gewalt" nämlich gleichermaßen ungewöhnliche, vom Willen des Betroffenen unabhängige Schwierigkeiten voraus, die selbst bei Beachtung aller erforderlichen Sorgfalt unvermeidbar waren. Im konkreten Fall ist der Fehler aber auf ein mangelnde Organisation von Bayer zurückzuführen.

Urteil vom 15. Dezember 1994, Rs. C-195/91 P, Bayer

4.5. Untätigkeitsklagen nach Artikel 175 EGV

Keine Grundsatz-Entscheidungen im Berichtszeitraum

* **Berechnung des Schadenersatzes im Rahmen der außervertraglichen Haftung**[DS]

Hat ein Kläger dem Grunde nach Schadenersatzansprüche gegen eine der Europäischen Gemeinschaften - hier die EAG, so werden bei der Berechnung der Schadenshöhe sowohl Vermögensschäden (hier durch den Unfall verursachte Ausgaben sowie Verdienstausfall) als auch Nichtvermögensschäden (Schmerzensgeld) berücksichtigt. Der Kläger muß die einzelnen Schadensposten durch Belege nachweisen. Hinzuaddiert wird ein Betrag für die Geldentwertung seit Eintritt des schädigenden Ereignisses. Die Verzugszinsen ab Erlaß des Urteils betragen 8 %.

Der EuGH entschied mit Zwischenurteil vom 27. März 1990 (Slg. 1990, S. I-1203), daß die EAG 50 % der Schäden tragen muß, die Herr Grifoni bei einem Sturz von einer Wetterstation erlitten hat, die von der EAG betrieben wird. Da sich die Parteien in der Folgezeit nicht über die Schadenshöhe einigen konnten, mußte der EuGH über die Schadenssumme entscheiden. Über den konkreten Sachverhalt hinaus sind lediglich die oben aufgeführten Grundsätze von allgemeiner Bedeutung.

Urteil vom 3. Februar 1994, Rs. C-308/87, Grifoni (Slg. 1994, S. I-341)

* **Außervertragliche Haftung der EG bei Kündigung eines Entwicklungshilfeprojekts wegen Ausbruchs eines Bürgerkriegs**[DS]

Kündigt die Kommission bei Ausbruch eines Bürgerkriegs einen Auftrag im Rahmen des Europäischen Entwicklungshilfefonds, so ist Kommission jedenfalls dann nicht zu Schadenersatzleistungen verpflichtet, wenn der Geschädigte nicht nachweisen kann, daß der Schaden gerade durch die Kündigung der Kommission entstanden ist.

1987 schloß die Kommission ein Finanzierungsabkommen mit Somalia über den Bau von sechs Brücken und den dazugehörigen Zufahrtsstraßen. Die Finanzmittel wurden vom Fünften Europäischen Entwicklungsfonds zur Verfügung gestellt. 1988 schloß die Regierung von Somalia einen Vertrag mit der Gesellschaft San Marco Impex Italiana SA über das Bauvorhaben. Nachdem Ende 1990 der Bürgerkrieg in Somalia ausbrach, kündigte die Kommission den Bauaufrag zum März 1991. Als die Kommission sich weigerte, den Zahlungsaufforderungen von San Marco Impex Italiana nachzukommen, erhob die Gesellschaft Schadenersatzklage gegen die Kommission. Das Gericht erster Instanz wies die Klage ab.

Das Gericht stellte vorab fest, daß keine vertraglichen Beziehungen zwischen der Kommission und San Marco Impex Italiana bestehen. Der Vertrag sei ausschließlich zwischen der Regierung von Somalia und San Marco Impex Italiana geschlossen worden. Als Grundlage für die Schadenersatzklage gegen die Kommission kommt deshalb ausschließlich Art. 178 EGV i.V. mit Art. 215 Abs. 2 EGV in Betracht (außervertragliche Haftung). Im konkreten Fall habe San Marco Impex Italiana aber nicht nachweisen können, daß die Kommission einen Amtsfehler begangen habe.

San Marco Impex Italiana hatte zunächst die Nichtbezahlung bestimmter Rechnungen gerügt. Die Kommission hatte sich geweigert, die Rechnungen mit einem sog. Sichtvermerk zu versehen, weil San Marco Impex Italiana nicht nachgewiesen hatte, daß die geltend gemachten Preiserhöhungen durch einen Preisanstieg der Baumaterialien gerechtfertigt waren. Das Gericht war der Auffassung, daß die Kommission nicht nur berechtigt sondern sogar verpflichtet ist, den Sichtvermerk zu verweigern, wenn sie im Rahmen ihrer Prüfung zu der Ansicht gelangt, daß die Voraussetzungen für die Gemeinschaftsfinanzierung nicht vorliegen. Im konkreten Fall sei die Kommission berechtigt gewesen, die Vorlage entsprechender Belege zu fordern.

San Marco Impex Italiana kann nach Ansicht des Gerichts darüber hinaus keinen Schadensersatz für Beträge beanspruchen, die durch die Verlängerung und vorübergehende Unterbrechung des Bauauftrags angefallen sind. Die Kommission sei zwar berechtigt, Zahlungen an einen Auftragnehmer zu leisten, wenn auf nationaler Ebene Verzögerungen entstehen. Die Kommission sei jedoch zu Zahlungen nicht verpflichtet, da der Vertrag mit der jeweiligen Regierung des Entwicklungshilfelandes abgeschlossen sei. Die Kommission habe auch die berechtigten Erwartungen der Gesellschaft nicht enttäuscht.

Das Gericht wies schließlich auch die Schadenersatzansprüche von San Marco Italiana Impex ab, soweit sie sich auf die von der Kommission vorgenommene Kündigung des Bauauftrags bezogen. Die Kommission sei berechtigt gewesen, die Kündigung anstelle der somalischen Regierung vorzunehmen, da die Regierung nach Ausbruch des Bürgerkriegs nicht mehr handlungsfähig gewesen sei. Schadenersatzansprüche gegen die Kommission entstehen nach Ansicht des Gerichts aber nur dann, wenn das betroffene Unternehmen nachweist, daß der vermeintliche Schaden gerade durch die Kündigung seitens der Kommission entstanden sei. Diesen Nachweis habe San Marco Impex Italiana nicht erbracht.

Urteil vom 16. November 1994, Rs. T-451/93, San Marco Impex Italiana SA

* **Verwendung von Kommissions-Dokumenten in nationalen Gerichtsverfahren**[DS]

Auf Antrag der Postbank NV entschied das Gericht erster Instanz, daß die Entscheidung der Kommission vom 23.9.1994 vorläufig ausgesetzt wird, soweit die Kommission in dieser Entscheidung zwei niederländischen Unternehmen gestattet, die Mitteilung der Beschwerdepunkte und das Anhörungsprotokoll, die sich auf ein Wettbewerbsverfahren gegen die Postbank beziehen, vor den nationalen Gerichten zu verwenden.

Die Kommission führt ein Verfahren nach der VO 17 (Kartellverordnung) gegen die Postbank NV durch. Mit Entscheidung vom 23.9.1994 gestattete die Kommission zwei niederländischen Unternehmen, die Mitteilung der Beschwerdepunkte und das Anhörungsprotokoll aus diesem Verfahren in einem nationalen Gerichtsverfahren vorzulegen und zu verwenden. Hiergegen erhob die Postbank Klage zum Gericht erster Instanz. Durch gesonderten Schriftsatz beantragte die Postbank, die Durchführung der angefochtenen Entscheidung vorläufig auszusetzen. Das Gericht erster Instanz gab dem Antrag, der auf Art. 185 und 186 EGV gestützt war, statt.

Nach Ansicht des Gerichts hat die Postbank die Notwendigkeit der Anordnung glaubhaft gemacht. Dabei berücksichtigte das Gericht insbesondere, daß die Kommission in Verfahren nach der VO 17 die Verteidigungsrechte und die Geschäftsgeheimnisse der betroffenen Unternehmen schützen muß. Im konkreten Fall sei zudem zu beachten, daß die Schriftstücke in einem nationalen Gerichtsverfahren verwendet werden sollen, in dem überwiegend Privatinteressen in Rede stehen.

Nach Ansicht des Gerichts ist auch die Dringlichkeit, die für den Erlaß einer einstweiligen Anordnung erforderlich ist, nachgewiesen. Der Postbank droht nämlich ein schwerer, nicht wiedergutzumachender Schaden, wenn die Anordnung nicht erlassen wird. Dabei berücksichtigte das Gericht insbesondere, daß die Beschwerdepunkte zu einem Zeitpunkt verfaßt wurden, als ein kontradiktorisches Verfahren noch nicht stattgefunden hat. Darüber hinaus hat die Postbank hinreichend dargelegt, daß die Schriftstücke der Kommission möglicherweise Geschäftsgeheimnisse enthalten. Schließlich ist nicht auszuschließen, daß durch das Verfahren vor den nationalen Gerichten andere Dritte Zugang zu den Schriftstücken erhalten.

Da die Einführung der Schriftstücke in das nationale Verfahren unmittelbar bevorstehe und mit der Einführung in den Prozeß unabänderbare Verhältnisse geschaffen werden, war dem Antrag auf Erlaß einer einstweiligen Anordnung stattzugeben. Hierfür sprach auch, daß die einstweiligen Maßnahmen die Rechte der niederländischen Unternehmen nicht unverhältnismäßig behindern, weil die Unternehmen die Schriftstücke zu einem späteren Zeitpunkt in den nationalen Gerichtsprozeß einführen können.

Da das Gericht erster Instanz den niederländischen Unternehmen und den niederländischen Gerichten keine unmittelbaren Anweisungen erteilen kann, hat das Gericht die Kommission verpflichtet sicherzustellen, daß die Unternehmen die Kommissions-Dokumente von den Gerichten und sonstigen Dritten wieder herausverlangen.

Beschluß vom 1. Dezember 1994, Rs. T-353/94 R, Postbank NV

Warenverkehr

* **Pflichtbeiträge zu öffentlich-rechtlichen Vermarktungsorganisationen nur in engen Grenzen zulässig[FE]**

Zwangsabgaben auf ausgeführte landwirtschaftliche Produkte sind unzulässige zollgleiche Abgaben i.S.d. Art. 9 und 12 EGV, soweit sie auf Ausfuhren in andere Mitgliedstaaten erhoben werden. Zulässig sind allein Abgaben auf Ausfuhren in Drittstaaten.

Der EuGH hatte sich schon wiederholt mit verschiedenartigen Konstruktionen zu befassen, mit denen die Mitgliedstaaten ihre landwirtschaftlichen Vermarktungsorganisationen durch Pflichtbeiträge von den Erzeugern und Händlern finanzieren liessen. Nach ständiger Rechtsprechung ist dabei unstreitig, daß Abgaben, die allein auf Ein- oder Ausfuhren erhoben werden, gegen Art. 9 und 12 EGV verstoßen.

Belgien hat zur Finanzierung seines *Nationalen Dienstes für den Absatz von Landwirtschafts- und Gartenbauerzeugnissen* (NDALTP) im Bereich Kartoffeln folgendes System eingeführt: Es werden jährliche Pflichtbeiträge von 5.000 BFR von jedem zugelassenen Bearbeiter, Verpacker, Schälbetrieb, Großhändler, Makler und Kommissionär erhoben. Importeure zahlen ebenfalls 5.000 BFR. Importeure von Frühkartoffeln zahlen 25.000 BFR. Für je 100 kg ausgeführte Kartoffeln sind 2 BFR zu zahlen. Diese Pflichtbeiträge werden nicht kumulativ erhoben, sondern nur der jeweils höchste Beitragssatz.

Auf den ersten Blick sieht dieses System nichtdiskriminierend aus, da es sowohl auf inländisch hergestellte und verbrauchte wie auf ein- und ausgeführte Kartoffeln anwendbar ist. Bei genauer Betrachtung zeigt sich jedoch, daß zumindest solche Betriebe, die Frühkartoffeln einführen und/oder größere Mengen an Kartoffeln ausführen mit höheren Abgaben belastet werden als die inländisch tätigen Betriebe.

Die Firma Lamaire NV handelt mit Kartoffeln und führt diese in erheblichen Mengen in andere Mitgliedstaaten der Gemeinschaft und in Drittstaaten aus. Vor der Rechtbank van eerste aanleg Brüssel machte Lamaire geltend, die Abgabe verstoße gegen Art. 9 und 12 EGV. Auf Vorlage entschied der EuGH wie folgt:

Jede - auch noch so geringfügige - finanzielle Belastung, die in- oder ausländischen Waren wegen des Überschreitens einer mitgliedstaatlichen Grenze einseitig auferlegt wird, ist unabhängig von ihrer Bezeichnung und der Art ihrer Erhebung eine Abgabe mit gleicher Wirkung wie ein Ein- oder Ausfuhrzoll. Ausgenommen sind lediglich Abgaben, die als Teil eines allgemeinen inländischen Steuersystems anzusehen sind und inländische und eingeführte Waren nach gleichen Kriterien erfassen.

Im vorliegenden Fall werden grenzüberschreitend gehandelte Waren anders behandelt als rein inländisch gehandelte Waren. Die Pflichtbeiträge sind daher Abgaben zollgleicher Wirkung. Hierbei spielt es keine Rolle, daß die Gebühren nicht zugunsten des Staates, sondern zugunsten einer rechtlich selbständigen Einrichtung erhoben werden. Entscheidend ist die zwangsweise Erhebung.

Abgaben zollgleicher Wirkung sind nur zulässig, wenn sie entweder
- als angemessenes Entgelt für einen dem Wirtschaftsteilnehmer tatsächlich und individuell geleisteten Dienst erhoben werden, durch den diesem ein besonderer und individualisierter Vorteil verschafft wird, auf den er nicht ohnehin eine Rechtsanspruch hat; oder

- zur Deckung der Kosten von Kontrollen erhoben werden, die gemeinschaftsrechtlich vorgeschrieben sind.

Da die Gebühren im vorliegenden Fall allgemein zur Finanzierung der vom NDALTP ausgeübten Tätigkeit zur Absatzförderung dient, ist keine der Ausnahmen einschlägig.

Die Pflichtbeiträge sind damit unzulässig, soweit sie auf Ein- und Ausfuhren von und nach anderen Mitgliedstaaten der Gemeinschaft erhoben werden. Zulässig sind die auf rein innerstaatliche Sachverhalte erhobenen Beiträge, sowie die auf Ausfuhren nach Drittstaaten erhobenen Beiträge, da die Art. 9 und 12 EGV insoweit nicht anwendbar sind.

Urteil vom 7. Juli 1994, Rs. C-130/93, Lamaire NV (Slg. 1994, S. I-3215)

* **Zollgleiche Abgaben beim Handel zwischen verschiedenen Regionen eines Mitgliedstaats sind gemeinschaftswidrig**[FE]

Auch wenn in den Artikeln 9 ff. EGV über die Zollunion ausdrücklich nur Zölle und zollgleiche Abgaben im Handel "zwischen den Mitgliedstaaten" verboten werden, so erstreckt sich dieses Verbot doch auch auf Abgaben, die im Binnenhandel eines Mitgliedstaats erhoben werden. Der sog. "octroi de mer", der bis 1992 auf alle Einfuhren in die französischen überseeischen Departemente erhoben wurde, d.h. sowohl auf Einfuhren aus dem französischen Mutterland, wie auch auf Einfuhren aus Drittstaaten, ist eine solche verbotene zollgleiche Abgabe. Rückerstattung kann nach der EuGH-Entscheidung jedoch nur verlangen, wer bereits ein Rechtsmittel eingelegt hat.

Seit Inkrafttreten des EWG-Vertrags im Jahre 1958 wurde auf alle Einfuhren in die französischen überseeischen Departemente eine Abgabe erhoben, die "octroi de mer" genannt wurde, und deren Ziel, neben der Erhöhung der Staatseinnahmen, vor allem der Schutz der örtlichen Wirtschaftstätigkeit war. In den achtziger Jahren beschwerten sich erstmals einige Handelsunternehmen gegen die Abgabe, worauf der Rat 1989 den Beschluß 89/687 und die Entscheidung 89/688 erließ und Frankreich erlaubte, die Abgabe (nur) noch bis zum 31. Dezember 1992 beizubehalten.

Seinerzeit waren jedoch schon Verfahren gegen die Abgabe anhängig und am 16. Juli 1992 entschied der EuGH in der Rs. C-163/90, Legros, daß der "octroi de mer", soweit er bis 1989 auf Einfuhren aus anderen Mitgliedstaaten der EG erhoben wurde, gegen Art. 9 und 12 EGV verstoßen hat. Soweit die Abgabe auf Einfuhren aus Schweden (und anderen EFTA-Partnern) erhoben worden war, lag ein Verstoß gegen die jeweiligen Freihandelsabkommen vor. Rückerstattung könne jedoch nur verlangen, wer bereits ein Rechtsmittel eingelegt hat.

In einem zweiten Verfahren lagen dem EuGH nunmehr Fragen nach der Rechtmäßigkeit der Verlängerung des "octroi de mer" durch den Rat und die Zulässigkeit seiner Erhebung auf Einfuhren aus dem französischen Mutterland vor. Die Cour d'appel Paris und das Tribunal d'instance Saint-Denis (Réunion) erhielten auf ihre Vorlagen folgende Antworten:

Soweit sich die Art. 9 und 12 EGV über die Zollunion darauf beschränken, Zölle und zollgleiche Abgaben im Handel zwischen den Mitgliedstaaten zu verbieten, ist dies darauf zurückzuführen, daß als selbstverständlich vorausgesetzt wurde, daß es innerhalb der Staaten keine zollgleichen Abgaben gibt. Letztere sind aber genauso verboten, da der EGV von einem einzigen und einheitlichen Zollgebiet ausgeht. Eine Unterscheidung zwischen Waren aus dem Mutterland, die mit einer Abgabe belegt werden dürften, und solchen aus anderen Mitgliedstaaten, die nicht belastet werden dürften, wäre auch nicht praktikabel, da durch die arbeitsteilige Wirtschaft heute bereits ein Großteil aller Waren aus Bestandteilen aus verschiedenen Staaten zusammengesetzt sind. Die genannten Unterscheidung würde es daher erfordern, daß für jede Warensendung eine Ursprungsbestimmung durchgeführt wird. Die damit verbundenen Verwaltungsverfahren und Verzögerungen wären mit dem freien Warenverkehr unvereinbar.

Der Rat war auch nicht befugt, die Erhebung des "octroi de mer" befristet zu genehmigen. Art. 227 EGV regelt unmißverständlich, welche Bestimmungen des EGV mit seinem Inkrafttreten für die französischen überseeischen Departemente gelten, darunter namentlich die Bestimmungen über den freien Warenverkehr. Lediglich in bezug auf die "anderen Bestimmungen dieses Vertrages", d.h. die nicht namentlich in Art. 227 genannten, kann der Rat Sonderregelungen treffen. Davon kann der Rat auch nicht nach Art. 235 abweichen, da Art. 227 insoweit als lex specialis vorgeht.

Auch für den Zeitraum zwischen 1989 und 1992 gilt, daß nur diejenigen Importeure eine Rückerstattung der gezahlten Abgaben verlangen können, die gegen die Erhebung im Zeitpunkt dieses Urteils bereits Rechtsmittel eingelegt haben.

Urteil vom 9. August 1994, Verb. Rs. C-363, C-407 und C-411/93, René Lancry u.a. (Slg. 1994, S. I-3957)

5.2. Verbot der mengenmäßigen Einfuhrbeschränkungen und der Maßnahmen gleicher Wirkung

5.2.1. Nichtkommerzielle Waren im persönlichen Reisegepäck

Keine Grundsatz-Urteile im Berichtszeitraum

5.2. Verbot der mengenmäßigen Einfuhrbeschränkungen und der Maßnahmen gleicher Wirkung

5.2.2. Behinderungen des gewerblichen Warenverkehrs

a) Produktbezogene Behinderungen

* **Für Funksendegeräte darf eine Typenzulassung verlangt werden, für reine Empfangsgeräte dagegen nicht[FE]**

Der Warenverkehr mit Funkgeräten im europäischen Binnenmarkt ist nur teilweise liberalisiert. Die Mitgliedstaaten dürfen auch weiterhin vor dem Inverkehrbringen von Funksendern eine staatliche Typenzulassung verlangen, auch wenn baugleiche Geräte bereits in anderen Mitgliedstaaten zugelassen und rechtmäßig angeboten werden. Bei reinen Empfangsgeräten ist eine Typenzulassung jedoch unverhältnismäßig. Zur Verhinderung von Störungen des Funkverkehrs und zum Schutz vertraulicher Sendungen und Signale kann hier gegebenenfalls ein Meldesystem für die Besitzer und Benutzer von Funkempfängern ausreichen.

Artikel 34 EGV, das Verbot nichttarifärer Ausfuhrbeschränkungen, steht nationalen Ausfuhrregeln nicht entgegen, wenn diese gleichermaßen für den Binnen- wie für den Außenhandel gelten und eine spezifische Beschränkung der Ausfuhrströme weder bezwecken noch bewirken.

Das Königreich Belgien hat mit Gesetz vom 30. Juli 1979 und dazu erlassenen Durchführungsverordnungen das Inverkehrbringen und den Betrieb von Funksende- und Empfangsgeräten geregelt (Moniteur belge vom 30. August und vom 30. Oktober 1979). Nach diesen Vorschriften ist der Besitz und die Benutzung von Funkgeräten im belgischen Staatsgebiet sowie auf belgischen Schiffen oder Flugzeugen erlaubnispflichtig. Funkgeräte, die in Belgien zum Verkauf oder zur Vermietung angeboten werden, bedürfen einer Typenzulassung durch die belgischen Behörden. Ausschließlich zur Ausfuhr bestimmte Geräte können durch Sondergenehmigung von der Typenzulassung befreit werden. Die Kommission war der Ansicht, Belgien dürfe gegen Funkgeräte, die in einem anderen Mitgliedstaat rechtmäßig hergestellt wurden oder dorthin exportiert werden sollen keine unnötigen bürokratischen Hindernisse aufrechterhalten und klagte gegen Belgien wegen Verletzung der Art. 30 und 34 EGV.

Belgien hat seine Regelungen mit dem Argument verteidigt, bei Sendegeräten sei eine Typenzulassung erforderlich, um Störungen des Funkverkehrs auszuschließen. Hinsichtlich von Geräten, die ausschließlich zum Empfang von Funksignalen und -sendungen vorgesehen sind, hat Belgien angeboten, das System der vorherigen Zulassung durch ein System der bloßen Anmeldung zu ersetzen. Völlig verzichten auf jegliche Kontrolle wollte Belgien jedoch nicht. Gewisse Funksignale, z.B. der Armee oder der Polizei, seien vertraulich und bedürften eines Mindestschutzes.

Der Gerichtshof entschied, daß ein staatliches System, wonach für importierte Geräte, die ausschließlich zum Empfang von Funksignalen und -sendungen vorgesehen sind, vor dem Inverkehrbringen eine Typenzulassung erworben werden muß, gegen die Warenverkehrsfreiheit verstoße. Das bloße Angebot, des Zulassungserfordernis durch ein Anmeldesystem zu ersetzen bzw. eine entsprechende innerdienstliche Anordnung, die nicht öffentlich verkündet wurde, genüge nicht, um der Verurteilung zu entgehen.

Dagegen sei bei Funksendeanlagen ein Zulassungssystem mit Gemeinschaftsrecht vereinbar. Auch was die Ausfuhr von Geräten angehe, habe Belgien nicht gegen die Warenverkehrsfreiheit verstoßen. Vorschriften, welche gleichermaßen für den Binnenhandel und den Außenhandel gelten, und eine spezifische Beschränkung des Außenhandels weder bezweckten noch bewirkten, seien mit Art. 34 vereinbar.

Urteil vom 24. März 1994, Rs. C-80/92, Kommission gegen Belgien (Slg. 1994, S. I-1019)

*   **Verbot des Verkaufs von nichtzugelassenen Telekommunikationsendgeräten**[DS]

Weder Art. 30 EWGV noch die *RL 88/301 über den Wettbewerb auf dem Markt für Telekommunikations-Endgeräte* stehen einer nationalen strafrechtlichen Bestimmung entgegen, die den Vertrieb nichtzugelassener Telekommunikations-Endgeräte selbst dann verbietet, wenn der Verkäufer den Käufer darauf hinweist, daß diese Geräte nur für die Wiederausfuhr bestimmt sind.

Gegen die Herren Francois Rouffeteau und Robert Badia wird vor dem Strafgericht in Reims (Frankreich) ein Strafverfahren durchgeführt, weil sie Telefonapparate besessen und zum Kauf angeboten haben, die nicht für die Benutzung in Frankreich zugelassen waren. Dem Gericht stellte sich die Frage, ob die französische Vorschrift, die dieses Verhalten unter Strafe stellt, mit Art. 30 EWGV bzw. der *Richtlinie 88/301 über den Wettbewerb auf dem Markt für Telekommunikations-Endgeräte* (ABl. 1988 L 131/73) vereinbar sind. Auf Vorlage des Gerichts entschied der EuGH:

Die Mitgliedstaaten sind berechtigt, die Telekommunikationsendgeräte einer sog. Konformitätskontrolle zu unterziehen, um zu prüfen, ob sie den grundlegenden technischen Anforderungen genügen. Sofern deshalb in einem Mitgliedstaat nichtzugelassene Geräte verkauft werden, muß der Verkäufer sicherstellen, daß diese Geräte tatsächlich ausgeführt werden. Zur effektiven Durchsetzung dieser Bestimmungen dürfen die Mitgliedstaaten auch strafbewehrte Vorschriften erlassen.

Urteil vom 12. Juli 1994, Rs. C-314/93, Francois Rouffeteau (Slg. 1994, S. I-3257)

5. Warenverkehr

5.2. Verbot der mengenmäßigen Einfuhrbeschränkungen und der Maßnahmen gleicher Wirkung

5.2.2. Behinderungen des gewerblichen Warenverkehrs

b) Vermarktungsbezogene Behinderungen

* **Deutschland: Werbeverbot für Apotheker verstößt nicht gegen den freien Warenverkehr**[DS]

Eine von der Apothekerkammer eines Mitgliedstaates erlassene Standesregel, die den Apothekern die Werbung außerhalb der Apotheke für apothekenübliche Waren verbietet, verstößt nicht gegen Art. 30 EWGV. Damit bestätigte der EuGH zugleich seine Rechtsprechung im Keck-Urteil, das eine neues Verständnis des freien Warenverkehrs einführte.

Die Berufsordnung der baden-württembergischen Landesapothekenkammer verbietet es den Apothekern, Werbung für apothekenübliche Waren außerhalb der Apotheke zu machen. Die deutsche Apothekerin, Frau Hünermund, war der Auffassung, das Werbeverbot verstoße gegen den freien Warenverkehrs, Art. 30 EWGV und erhob deshalb Klage. Auf Vorlage des VGH Mannheim entschied der EuGH:

Standesregeln einer Landesapothekenkammer sind "Maßnahmen" i.S. des Art. 30 EWGV. Die Landesapothekenkammer ist eine Körperschaft des öffentlichen Rechts, die der staatlichen Aufsicht untersteht und der alle Apotheker angehören müssen. Die Kammer überwacht die Einhaltung der Berufspflichten. Die bei den Kammern gebildeten Berufsgerichte können Disziplinarmaßnahmen verhängen. Die Berufsordnung ist deshalb grundsätzlich eine Maßnahme i.S. des Art. 30 EWGV. Demgegenüber ist unerheblich, daß die Kammer nicht befugt ist, den Apothekern die Approbation zu entziehen.

Gleichwohl liegt kein Verstoß gegen Art. 30 EWGV vor. Zwar nimmt der EuGH nach ständiger Rechtsprechung eine Maßnahme gleicher Wirkung an, wenn die Maßnahme geeignet ist, "den innergemeinschaftlichen Handel unmittelbar oder mittelbar, tatsächlich oder potentiell zu behindern" (sog. Dassonville-Formel, EuGH, Slg. 1974, S. 837). Der grenzüberschreitende Handel könnte vorliegend auch beschränkt werden, weil die Werbung eine Methode der Förderung des Absatzes der importierten Waren darstellt.

Der EuGH hält aber, wie er im Keck-Urteil (Slg. 1993, S. I-6097) ausgeführt hat, nicht mehr uneingeschränkt an der Dassonville-Formel fest. Vielmehr fallen aus dem Anwendungsbereich des Art. 30 EWGV alle staatlichen Regelungen heraus, (1) die lediglich Verkaufsmodalitäten regeln (vertriebsbezogene Regelungen), (2) die keine diskriminierende Wirkung haben und (3) die den Absatz der in- und ausländischen Produkte tatsächlich und rechtlich in gleicher Weise berühren (keine marktaufsplitternde Wirkung). Da das Werbeverbot keine diskriminierende Wirkung und keine marktaufsplitternde Wirkung hat, ist Art. 30 EWGV auf den Sachverhalt nicht anwendbar.

Urteil vom 15. Dezember 1993, Rs. C-292/92, Hünermund u.a. (Slg. 1993, S. I-6787)

5.2. Verbot der mengenmäßigen Einfuhrbeschränkungen und der Maßnahmen gleicher Wirkung

5.2.2. Behinderungen des gewerblichen Warenverkehrs

b) Vermarktungsbezogene Behinderungen

*   Zwei neue Urteile zur EG-Warenverkehrsfreiheit contra nationale Ladenschlußgesetze[FE]

Der Gerichtshof hat nochmals seine sog. "Keck-Entscheidung" bestätigt, wonach nationale Geset-ze über Ladenöffnungszeiten im Einzelhandel nicht mit dem Argument angegriffen werden kön-nen, der abendliche Geschäftsschluß und das Verbot der Öffnung an Sonntagen führe zu einer Verminderung des Warenabsatzes insgesamt und damit auch zu einer Verminderung des Ab-satzes eingeführter Waren. Erstmals hat der EuGH auch ausdrücklich Verbote über Verkäufe in Tankstellen nach Ladenschluß in diese Rechtsprechung einbezogen.

In den Niederlanden dürfen Tankstellen, die außerhalb geschlossener Ortschaften an Autobahnen oder Schnellstraßen liegen, außerhalb der allgemeinen Ladenschlußzeiten nur die folgenden Produkte verkaufen: Kraftstoffe und Schmiermittel; Bedarfsgegenstände für die Benutzung, Reinigung oder dringende Reparaturen von Autos; sowie Körperpflegemittel, geringwertige Lebensmittel, Speiseeis, alkoholfreie Getränke, Tabak und Tabakwaren, soweit diese Waren gewöhnlich während einer Fahrt verwendet werden. Hinsichtlich aller anderen Waren, die nicht mit dem Reisen zusammenhängen, gel-ten dagegen auch für den Verkauf in Tankstellen die allgemeinen Ladenschlußzeiten.

Zwei Tankstelleninhaber wurden wegen Verstoßes gegen diese Regelung strafrechtlich belangt. Zur Verteidigung beriefen sie sich auf die Warenverkehrsfreiheit des Gemeinschaftsrechts, und machten geltend, diese gestatte es den Mitgliedstaaten nicht mehr, irgendwelche nationalen Regelungen zu tref-fen oder aufrechtzuhalten, die de facto zu einer Beschränkung des Verkaufes von aus anderen Mit-gliedstaaten importierten Waren führen können.

Auf Vorlage des Gerechtshof Herzogenbusch berief sich der EuGH auf seine Entscheidung vom 24. November 1993 in den verb. Rs. C-267 u. 268/91, Keck und Mithouard (vgl. BLE 1/94, S. 1) und wiederholte, daß nationale Vorschriften, die sich nicht auf konkrete Produkte, sondern vielmehr auf die Verkaufsmodalitäten von Waren im allgemeinen beziehen, gar nicht mehr an den Erfordernissen der EG- Warenverkehrsfreiheit gemessen werden. Voraussetzung hierfür sei lediglich, daß die nationalen Vorschriften ohne Diskriminierung für inländische und ausländische Händler gelten und den Absatz von inländischen und ausländischen Waren rechtlich und tatsächlich in gleicher Weise berühren. Bei Beachtung dieser Voraussetzungen sei gewährleistet, daß die nationalen Märkte für den Verkauf von Erzeugnissen aus anderen Mitgliedstaaten nicht verschlossen werden können. Ein Ein-schreiten mit Hilfe der Warenverkehrsfreiheit sei nicht erforderlich, vielmehr könne die Gemeinschaft die nationalen Traditionen und Wertentscheidungen respektieren und sich auf diejenigen Fälle konzen-trieren, in denen ausländische Waren rechtlich oder tatsächlich diskriminiert werden.

Urteil vom 2. Juni 1994, Verb. Rs. C-401 u. C-402/92, Tankstation 't Heukse vof (Slg. 1994, S. I-2199)

In dem zweiten Fall ging es um administrative Maßnahmen gegen die Betreiber zweier Supermärkte, die ihre Geschäfte unter Verstoß gegen das italienische Gesetz Nr. 558 vom 28. Juli 1971 auch an Sonn- und Feiertagen geöffnet hatten.

5.2. Verbot der mengenmäßigen Einfuhrbeschränkungen und der Maßnahmen gleicher Wirkung

5.2.2. Behinderungen des gewerblichen Warenverkehrs

b) Vermarktungsbezogene Behinderungen

Wie in der Tankstation-Entscheidung weigerte sich der EuGH überhaupt in eine materielle Prüfung anhand der Warenverkehrsfreiheit einzusteigen und stellte fest, daß die nationalen Ladenschlußregelungen in gemeinschaftsrechtlicher Hinsicht unbedenklich seien.

Urteil vom 2. Juni 1994, Verb. Rs. C-69 u. C-258/93, Punto Casa (Slg. 1994, S. I-2355)

5. Warenverkehr

5.2. Verbot der mengenmäßigen Einfuhrbeschränkungen und der Maßnahmen gleicher Wirkung

5.2.3. Rechtfertigung durch immanente Schranken des Artikels 30 EGV

a) Lauterkeit des Handelsverkehrs

Keine Grundsatz-Urteile im Berichtszeitraum

5.2. Verbot der mengenmäßigen Einfuhrbeschränkungen und der Maßnahmen gleicher Wirkung

5.2.3. Rechtfertigung durch immanente Schranken des Artikels 30 EGV

b) Verbraucherschutz

*   Vom nationalen zum europäischen Verbraucherschutz[DS]

In einer wichtigen Entscheidung hat der EuGH klargestellt, daß die Mitgliedstaaten Beschränkungen des freien Warenverkehrs zwar aus Gründen des Verbraucherschutzes vornehmen dürfen. Die Mitgliedstaaten dürfen sich aber nicht auf den Schutz der "nationalen Verbraucher" berufen, wenn die Verbraucher der anderen Mitgliedstaaten seit vielen Jahren durch die Verwendung desselben Produktnamens nicht getäuscht werden. Damit ersetzt der EuGH den nationalen Verbraucher durch einen europäischen Verbraucher. Im konkreten Fall wurde der Firma Estée Lauder gestattet, ihre Kosmetikprodukte unter dem Namen "Clinique" in Deutschland zu vermarkten.

Die Firma Estée Lauder Cosmetics vertreibt in der gesamten EG kosmetische Mittel unter dem Namen "Clinique". Lediglich in Deutschland werden die Produkte seit 1972 unter dem Namen "Linique" verkauft. Um Verpackungs- und Werbungskosten zu reduzieren, beschloß Estée Lauder, die Produkte auch auf dem deutschen Markt unter dem Namen "Clinique" zu vertreiben. Hiergegen klagte der Verband Sozialer Wettbewerb unter Berufung auf § 3 UWG (Gesetz gegen den unlauteren Wettbewerb). Das LG Berlin hielt eine Verbraucherbefragung für überflüssig, wenn die deutsche Regelung gegen Art. 30 EWGV verstößt. Auf Vorlage des Gerichts entschied der EuGH:

Der EuGH ist in Vorabentscheidungsverfahren berechtigt, dem nationalen Gericht alle Hinweise zur Auslegung des Gemeinschaftsrechts zu geben, die für die Vorlagefrage erheblich sind. Im konkreten Fall ist neben dem EWG-Vertrag das EG-Sekundärrecht zu beachten.

Der EuGH hat bereits entschieden, daß *RL 84/450 zur Angleichung der Rechts- und Verwaltungsvorschriften der Mitgliedstaaten über irreführende Werbung* (ABl. 1984 L 250/7) keine abschließende Regelung enthält, sondern lediglich Mindestanforderungen aufstellt.

Die *RL 76/768 zur Angleichung der Rechtsvorschriften der Mitgliedstaaten über kosmetische Mittel* (ABl. 1976 L 262/169) enthält hingegen eine abschließende Harmonisierung. Das EG-Sekundärrecht ist aber i.S. des primären EG-Rechts - hier Art. 30 ff. EWGV - auszulegen. Damit sind als Prüfungsmaßstab letztendlich die Vorschriften über den freien Warenverkehr heranzuziehen.

Im Keck-Urteil (EuGH, Slg. 1993, S. I-6097) hat der EuGH zwischen produktbezogenen und vertriebsbezogenen Beschränkungen des freien Warenverkehrs unterschieden. Lediglich für produktbezogene Maßnahmen hat der EuGH in vollem Umfang an der Dassonville-Formel festgehalten.

Vorliegend geht es um eine produktbezogene Maßnahme. Es ist unzweifelhaft, daß der freie Warenverkehr beschränkt wird, wenn Estée Lauder die kosmetischen Mittel in Deutschland nur unter der Bezeichnung Linique vertreiben darf. Hierdurch entstehen höhere Verpackungs- und Werbungskosten.

Nach Ansicht des EuGH ist die Beschränkung des freien Warenverkehrs auch nicht aus Gründen des Verbraucherschutzes gerechtfertigt. Die kosmetischen Erzeugnisse von Estée Lauder werden ausschließlich in Parfümerien und Kosmetikabteilungen von Kaufhäusern vertrieben. Darüber hinaus werden die Produkte in den übrigen EG-Staaten rechtmäßig unter der Bezeichnung Clinique verkauft,

5. Warenverkehr

5.2. Verbot der mengenmäßigen Einfuhrbeschränkungen und der Maßnahmen gleicher Wirkung

5.2.3. Rechtfertigung durch immanente Schranken des Artikels 30 EGV

b) Verbraucherschutz

ohne daß die Verbraucher durch die Verwendung dieser Bezeichnung irregeführt werden. Vom Produktnamen geht deshalb keine irreführende Wirkung aus.

Für die Mitgliedstaaten bedeutet die Entscheidung, daß sie sich nur noch unter eingeschränkten Voraussetzungen auf Verbraucherschutzerwägungen berufen können. Maßgeblich ist nicht mehr der Schutz der nationalen Verbraucher. Erforderlich ist vielmehr ein Vergleich mit Verbrauchern in den übrigen Mitgliedstaaten. Dadurch wird letztendlich ein europäischer Verbraucherbegriff eingeführt. Dies ist rechtspolitisch zu begrüßen, erscheint aber bedenklich, weil nationale Besonderheiten bei den Verbrauchergewohnheiten außer Acht bleiben.

Urteil vom 2. Februar 1994, Rs. C-315/92, Clinique (Slg. 1994, S. I-317)

*   **Nationale Etikettierungsvorschriften für importiertes Brot**[DS]

Eine nationale Regelung, die das Inverkehrbringen von Brot mit einem Salzghalt von mehr als 2 % gesetzlich verbietet, verstößt gegen den Grundsatz des freien Warenverkehrs, soweit hierdurch der Import von Brot aus anderen EG-Staaten behindert wird. Die Beschränkung des freien Warenverkehrs ist nicht aus Gründen des Gesundheitsschutzes gerechtfertigt, wenn dem Einfuhrstaat nicht der Nachweis gelingt, daß der erhöhte Salzgehalt gesundheitsgefährend ist. Der Einfuhrstaat darf demgegenüber den Import von Brot verhindern, das auf der Verpackung lediglich den allgemeinen Hinweis auf Konservierungsstoffe enthält und nicht den Namen oder die EWG-Nummer der im Brot enthaltenen Konservierungsstoffe angibt.

Gegen Herrn van der Veldt wird in Belgien ein Strafverfahren durchgeführt, weil er Brot von den Niederlanden nach Belgien einführte, das nicht den belgischen Gesundheits- und Etikettierungsvorschriften entsprach. So war der in Belgien gesetzlich zugelassene Salzgehalt von 2 % überschritten. Darüber hinaus war auf den Verpackungen lediglich ein allgemeiner Hinweis auf Konservierungsstoffe abgedruckt, während in Belgien der Name der Konservierungsstoffe oder die EWG-Nummer angegeben werden muß. Dem belgischen Gericht stellte sich die Frage, ob die nationalen Vorschriften mit den Grundsäzen des freien Warenverkehrs vereinbar sind. Auf Vorlage des belgischen Gerichts entschied der EuGH:

Der Anwendungsbereich des Art. 30 EWGV ist eröffnet. Sowohl die Festsetzung der zulässigen Salzmenge als auch die Etikettierungsvorschriften erschweren die Einfuhr von Brot aus anderen Mitgliedstaaten, wenn in den Herkunftsländern weniger strenge Anforderungen gelten. Die entscheidende Frage ist deshalb, ob die belgischen Vorschriften sachlich gerechtfertigt sind, Art. 36 EWGV bzw. zwingende Erfordernisse i.S. der Cassis-de-Dijon Rechtsprechung.

Bezüglich des Salzgehaltes stellte der EuGH fest, daß sich Belgien nicht auf den Gesundheitsschutz i.S. des Art. 36 EWGV berufen kann. Nach ständiger Rechtsprechung ist eine Einschränkung von EG-Grundfreiheiten nur zulässig, wenn der betreffende Mitgliedstaat darlegt und beweist, daß die Tatbestandsvoraussetzungen der Ausnahmevorschrift vorliegen. Im Rahmen des Gesundheitsschutzes ist

5.2. Verbot der mengenmäßigen Einfuhrbeschränkungen und der Maßnahmen gleicher Wirkung

5.2.3. Rechtfertigung durch immanente Schranken des Artikels 30 EGV

b) Verbraucherschutz

der Nachweis durch wissenschaftliche Untersuchungen zu erbringen. Belgien hat diesen Nachweis nicht erbracht hat, weil es sich lediglich pauschal auf den Gesundheitsschutz berufen hatte.

Bezüglich der belgischen Etikettierungsvorschriften für Konservierungsstoffe stellte der EuGH vorab fest, daß die *Richtlinie 79/112 zur Angleichung der Rechtsvorschriften der Mitgliedstaaten über die Etikettierung und Aufmachung von für den Endverbraucher bestimmten Lebensmitteln sowie die Werbung hierfür* (ABl. 1979 L 33/1) keine abschließende Harmonisierung der Etikettierungsvorschriften vorsieht. Eine weitergehende Harmonisierung sei zwar durch die RL 89/395 zur Änderung der RL 79/112 (ABl. 1989 L 186/17) erreicht worden, diese RL finde aber auf den Sachverhalt keine Anwendung. Der EuGH war deshalb der Auffasung, daß sich die Mitgliedstaaten auf nationale Verbraucherschutzinteressen berufen darf.

Im konkreten Fall seien die Etikettierungsvorschriften sachlich gerechtfertigt. Es sei nicht zu bestreiten, daß die Verpflichtung, den Namen der Konservierungsstoffe oder deren EWG-Nummern auf der Verpackung anzugeben, der Gewährleistung des Verbraucherschutzes diene. Angesichts der Vielzahl der Konservierungstoffe handele es sich auch um das mildeste Mittel.

Urteil vom 14. Juli 1994, Rs. C-17/93, van der Veldt (Slg. 1994, S. I-3537)

* **Edelmetallhandel: Wann dürfen Mitgliedstaaten erneute Punzierung eingeführter Metalle nach inländischem Recht verlangen?**[FE]

Punzierungen aus anderen Mitgliedstaaten müssen akzeptiert werden, wenn sie inhaltlich gleichwertig sind und von einer Stelle stammen, deren Unabhängigkeit und Zuverlässigkeit gewährleistet ist.

Der Markt für Edelmetallprodukte, vor allem Schmuckstücke, unterliegt nach wie vor unterschiedlichen nationalen Regelungen, was die zulässigen Feingehalte, die Art, Form und Anzahl der eingestanzten Zeichen und die Toleranzgrenzen für den Gehalt an anderen Metallen in Legierungen angeht (z.B. dürfen in Dänemark, Deutschland, Griechenland und Italien Schmuckstücke ab 8 Karat Goldgehalt als "Gold" verkauft werden, während dies in Frankreich erst ab 18 Karat zulässig ist; in einigen Mitgliedstaaten erfolgt die Punzierung durch den Hersteller selbst, in anderen muß sie durch einen unabhängigen Dritten erfolgen). Die meisten Mitgliedstaaten schreiben daher vor, daß Arbeiten aus Edelmetall bei ihrer Einfuhr aus anderen Mitgliedstaaten erneut geprüft und gepunzt werden müssen. Da solche Vorschriften geeignet sind, die Einfuhren zu erschweren und zu verteuern, fallen sie grundsätzlich unter das Verbot des Art. 30 EGV.

Die nationalen Sonderregeln dienen jedoch zugleich dazu, die Verbraucher zu schützen und die Lauterkeit des Handelsverkehrs zu sichern; das sind legitime Ziele i.S.d. Rechtsprechung des Gerichtshofs zu Art. 30 und 36 EGV (sog. Cassis-Rechtsprechung). Die einzelstaatlichen Regeln sind daher zulässig, soweit sie zur Erreichung ihrer Ziele erforderlich und im Verhältnis zu bewirkten Behinderung des Warenverkehrs nicht unverhältnismäßig sind. Auf dieser Grundlage müssen die Mitgliedstaaten somit Punzierungen als gleichwertig anerkennen, die von einer Stelle durchgeführt wurden, deren Unabhängigkeit und Zuverlässigkeit gewährleistet ist, und deren Angaben für die nationalen Verbraucher unabhängig von ihrer Form verständlich sind. Soweit diese Voraussetzungen dagegen nicht erfüllt sind, ist es den Mitgliedstaaten nicht verwehrt, eine erneute Punzierung nach bzw. bei der Einfuhr zu verlangen.

Anm. der Red.: Die Kommission bemüht sich seit längerem, die unterschiedlichen nationalen Regelungen über den Handel mit Edelmetallen zu harmonisieren. Der Entwurf einer Richtlinie wurde am 19. April 1994 vom Europäischen Parlament - nach zahlreichen Änderungen - in erster Lesung beschlossen (vgl. EP-Dok. A3-191/94). Bemerkenswert ist vor allem, daß das EP die Punzierung nur noch unabhängigen Dritten vorbehalten will.

Urteil vom 15. September 1994, Rs. C-293/93, Ludomira Neeltje Barbara Houtwipper (Slg. 1994, S. I-4249)

5. Warenverkehr

5.2. Verbot der mengenmäßigen Einfuhrbeschränkungen und der Maßnahmen gleicher Wirkung

5.2.3. Rechtfertigung durch immanente Schranken des Artikels 30 EGV

c) Umweltschutz

Keine Grundsatz-Urteile im Berichtszeitraum

5. Warenverkehr

5.2. Verbot der mengenmäßigen Einfuhrbeschränkungen und der Maßnahmen gleicher Wirkung

5.2.3. Rechtfertigung durch immanente Schranken des Artikels 30 EGV

d) Sonstige Rechtfertigungsgründe

Keine Grundsatz-Urteile im Berichtszeitraum

5.2. Verbot der mengenmäßigen Einfuhrbeschränkungen und der Maßnahmen gleicher Wirkung

5.2.4. Rechtfertigung nach Artikel 36 EGV

a) Öffentliche Sicherheit und Ordnung

Keine Grundsatz-Urteile im Berichtszeitraum

5. Warenverkehr

5.2. Verbot der mengenmäßigen Einfuhrbeschränkungen und der Maßnahmen gleicher Wirkung

5.2.4. Rechtfertigung nach Artikel 36 EGV

b) Öffentliche Sittlichkeit

Keine Grundsatz-Urteile im Berichtszeitraum

5.2. Verbot der mengenmäßigen Einfuhrbeschränkungen und der Maßnahmen gleicher Wirkung

5.2.4. Rechtfertigung nach Artikel 36 EGV

c) Schutz der Gesundheit und des Lebens von Menschen, Tieren und Pflanzen

*   **Nationale Etikettierungsvorschriften für importiertes Brot**, siehe Rs. C-17/93, van der Veldt

*   **Gesetzliche Gebietsmonopole für die künstliche Besamung von Rindern rechtmäßig**, siehe Rs. C-323/93, Société civile agricole du Centre d' insémination de la Crespelle

*   **Systematische Grenzkontrollen sind nicht mehr zulässig[FE]**

In einem Urteil zu landwirtschaftlichen Ausfuhrbeihilfen und der Betrugsbekämpfung im Gemeinschaftsrecht hat der EuGH verallgemeinerungsfähige Ausführung zur Zulässigkeit von Grenzkontrollen gemacht: Systematische Kontrollen der Waren sind im innergemeinschaftlichen Verkehr nicht mehr zulässig. Kontrollen, zumal wenn die Kosten dem Inhaber der Waren oder dem Spediteur auferlegt werden, sind nur noch zulässig, wenn eine konkreter Anlaß vorliegt oder Stichproben zur Sicherstellung der Beachtung zulässiger Schutzvorschriften gemacht werden sollen.

Gemäß VOen 1624/76, 1726/79 und 1725/79 werden landwirtschaftliche Beihilfen gewährt, wenn Milchpulver aus einem Mitgliedstaat ausgeführt und in einem anderen Mitgliedstaat zu Futtermittel verarbeitet wird. Die Deutsche Milch-Kontor GmbH kauft in Deutschland Magermilchpulver auf, führt dieses nach Italien aus und läßt es dort zu Mischfutter verarbeiten. Zur Kontrolle der Einhaltung der gemeinschaftsrechtlichen Regelungen über die Ausfuhrbeihilfen und zur Betrugsbekämpfung gingen die deutschen Zollbehörden dazu über, jeden einzelnen Lastwagen mit Milchpulver zu überprüfen und Proben der Ladung zu entnehmen und zu analysieren. Die Kosten für diese Nachprüfungen wurden den Speditionen in Rechnung gestellt. Die Deutsche Milch-Kontor wehrt sich gegen die systematischen Kontrollen und vor allem gegen die damit verbundenen Kosten. Das in letzter Instanz mit dem Rechtsstreit befaßte Bundesverwaltungsgericht hat dem EuGH vorgelegt. Der EuGH entschied:

Gesundheitsbehördliche Kontrollen an der Grenze erhöhen die Beförderungskosten und verzögern den Transport und sind damit geeignet Ein- und Ausfuhren zu erschweren und zu verteuern. Damit fallen sie in den Anwendungsbereich der Art. 30 und 34 EGV und dürfen nur in begründeten Ausnahmefällen stattfinden. Die zulässigen Ausnahmetatbestände für solche diskriminierenden Maßnahmen sind in Art. 36 EGV abschließend geregelt. Art. 36 gestattet die Abwälzung von Kosten im Zusammenhang mit der Grenzabfertigung auf den Importeur nur insoweit, als der Importeur eine geldwerte Gegenleistung erhält, auf die er nicht ohnehin Anspruch hat. Systematische Kontrollen können hierbei nicht als Gegenleistung für die Ausfuhrbeihilfen angesehen werden, da sie in den gemeinschaftsrechtlichen Regelungen über die Ausfuhrbeihilfen nicht als Bedingung vorgesehen und zur Verhinderung von Betrügereien auch nicht erforderlich sind. Art. 36 gestattet daher nur stichprobenartige Kontrollen, sowie Kontrollen aufgrund konkreter Verdachtsmomente. Insoweit dürfen die Kosten dann allerdings auf die Unternehmen abgewälzt werden, wenn sie der Höhe nach gerechtfertigt und nicht geeignet sind, die Unternehmen von der Durchführung der Geschäfte insgesamt abzuhalten.

Urteil vom 22. Juni 1994, Rs. C-426/92, Deutsche Milch-Kontor (Slg. 1994, S. I-2757)

*   **Deutsches Einfuhrverbot für lebende Flußkrebse war gemeinschafswidrig**[FE]

Flußkrebse gehören in Deutschland zu den gefährdeten Tierarten. Neben der Gewässerverschmutzung hat vor allem eine aus Amerika eingeschleppte Krebspest nahezu das Aussterben der Art bewirkt. Über die Bundesartenschutzverordnung wurde daher die Einfuhr von Flußkrebsen aller Art einer Genehmigungspflicht unterworfen, mit dem Ziel, die Einfuhr von infizierten Krebsen zu verhindern und die genetische Identität der wildlebenden Restbestände deutscher Flußkrebse zu erhalten. Diese Regelung galt bis Ende 1992, als sie im Rahmen der Umsetzung der *RL 91/67 betreffend die tierseuchenrechtlichen Vorschriften für die Vermarktung von Tieren und anderen Erzeugnissen der Aquakultur* (ABl. 1991 L 46/1) abgelöst wurde.

Die Kommission sah in der bis 1992 bestehenden Genehmigungspflicht ein Hindernis für den freien Warenverkehr. Deutschland machte dagegen geltend, die Regelung sei zum Schutz der Gesundheit und des Lebens von Tieren gerechtfertigt gewesen i.S.d. Art. 36 EGV und überdies seien die Einfuhrgenehmigungen freigiebig und in solchem Umfang vergeben worden, daß sie von den Antragstellern regelmäßig nicht ausgeschöpft worden sind.

Der Gerichtshof kam zu dem Ergebnis, daß Deutschland bis 1992, d.h. bis zum Inkrafttreten der harmonisierten gemeinschaftsrechtlichen Vorschriften grundsätzlich berechtigt gewesen sei, selbst die nötigen Schutzmaßnahmen für die Flußkrebse zu verfügen, daß eine genereller Genehmigungsvorbehalt jedoch unverhältnismäßig und damit unvereinbar mit dem freien Warenverkehr gewesen sei.

Urteil vom 13. Juli 1994, Rs. C-131/93, Kommission gegen Deutschland (Slg. 1994, S. I-3303)

*   **Kontrollen bei der Einfuhr von Pflanzen**[FE]

Soweit ein Rechtsgebiet durch Gemeinschaftsrecht - i.d.R. eine Richtlinie - harmonisiert wurde, können sich die Mitgliedstaaten nicht mehr auf Art. 36 EGV berufen, um abweichendes nationales Recht zu rechtfertigen.

Gemäß *RL 77/93 über Maßnahmen zum Schutz gegen das Verbringen von Schadorganismen der Pflanzen oder Pflanzenerzeugnisse in die Mitgliedstaaten* (i.d.F. der RL 88/572 und 89/439) werden die Schranken im innergemeinschaftlichen Handel mit Pflanzen nach und nach abgebaut. Gleichzeitig wird die Überwachung im Rahmen des Pflanzenschutzes in den Mitgliedstaaten neu geordnet. Nach der RL ist grundsätzlich der Ursprungsstaat für die Untersuchung der Pflanzen zuständig. Nochmalige

5.2. Verbot der mengenmäßigen Einfuhrbeschränkungen und der Maßnahmen gleicher Wirkung

5.2.4. Rechtfertigung nach Artikel 36 EGV

c) Schutz der Gesundheit und des Lebens von Menschen, Tieren und Pflanzen

Kontrollen im Bestimmungsstaat dürfen nur durchgeführt werden, soweit dies in der RL ausdrücklich geregelt ist.

Auf Klage der Kommission hat der EuGH festgestellt, daß Italien dadurch gegen seine Verpflichtungen aus der genannten RL, sowie aus den Art. 30 ff EGV verstoßen hat, daß es für die Einfuhr von Pflanzen, die für den sog. Feuerbrand (Erwinia amylovora) anfällig sind, jeweils die Einholung einer Genehmigung des Ministers für Landwirtschaft und Forsten verlangt hat.

Italien könne sich zur Rechtfertigung seiner Vorschriften nicht auf Art. 36 EGV berufen. Dort sei zwar ausdrücklich vorgesehen, daß die Mitgliedstaaten den freien Warenverkehr einschränken dürften, wenn dies u.a. aus Gründen des Pflanzenschutzes erforderlich sei, der Rückgriff auf Art. 36 sei jedoch unzulässig, wenn und soweit schon im Gemeinschaftsrecht auf der Grundlage von Art. 100 oder 100a EGV harmonisierte Vorschriften erlassen wurden, die die erforderlichen Schutzmaßnahmen und Kontrollen vorsehen.

Urteil vom 20. September 1994, Rs. C-249/92, Kommission gegen Italien (Slg. 1994, S. I-4311)

* **Werbeverbot für Arzneimittel, die im Einfuhrstaat nicht zugelassen sind**[DS]

Es verstößt nicht gegen die Grundsätze des freien Warenverkehrs, wenn ein Mitgliedstaat die Werbung für Arzneimittel verbietet, die bisher nur im EG-Ausland zugelassen wurden.

In Deutschland dürfen Arzneimittel nur nach entsprechender Zulassung durch eine Bundesbehörde in den Verkehr gebracht werden. Ausländische Arzneimittel, die in Deutschland bisher nicht zugelassen sind, dürfen jedoch ausnahmsweise nach Deutschland eingeführt werden, wenn sie im Herkunftsland zugelassen sind und von Apotheken in geringen Mengen auf ärztliche Verschreibung bestellt sind (sog. Einzeleinfuhr). Um sicherzustellen, daß es nicht zu einer systematischen Einfuhr nichtzugelassener Arzneimittel kommt, bestimmt § 8 Heilmittelwerbegesetz, daß für ausländische Arzneimittel keine Werbung gemacht werden darf, wenn sie lediglich im Wege der Einzeleinfuhr in Deutschland vertrieben werden dürfen. Gegen dieses Werbeverbot hat die Fa. Eurim-Pharm verstoßen, indem sie in einer Fachzeitschrift für nichtzugelassene Arzneimittel warb, die sie aus dem EG-Ausland einführen wollte. Ein Konkurrenzunternehmen, die Fa. Lucien Ortscheit, erhob daraufhin Unterlassungsklage vor dem Landgericht Saarbrücken. Auf Vorlage des Gerichts entschied der EuGH:

Die nationale Regelung fällt in den Anwendungsbereich des Art. 30 EWGV, weil § 8 Heilmittelwerbegesetz ausschließlich die Werbung für importierte Arzneimittel betrifft und zumindest potentiell Auswirkungen auf das Volumen der Einfuhr hat.

Die Maßnahme ist aber gem. Art. 36 EWGV zum Schutz der Gesundheit und des Lebens von Menschen gerechtfertigt. Hierzu stellte der EuGH zunächst fest, daß die Harmonisierung im Arzneimittelsektor noch nicht vollständig erreicht sei. Insbesondere komme auf den konkreten Sachverhalt die *RL 92/28 über die Werbung für Humanarzneimittel* (ABl. 1992 L 113/13) noch nicht zur Anwendung, weil diese Richtlinie erst bis zum 1.1.1993 - also nach Beginn des Ausgangsrechtsstreits - in nationales Recht umzusetzen war. Damit sei es grundsätzlich Sache der Mitgliedstaaten festzulegen, in welcher Weise sie den Schutz der Gesundheit sicherstellen wollen, wobei sie allerdings die gemeinschaftsrechtlichen Grenzen beachten müssen (Verhältnismäßigkeitsgrundsatz).

Im konkreten Fall sei festzuhalten, daß die Mitgliedstaaten berechtigt waren, das Inverkehrbringen von nichtzugelassenen Arzneimitteln vollständig zu verbieten. Wenn der Mitgliedstaat deshalb die Einzeleinfuhr gleichwohl erlaube, so sei er zumindest berechtigt, den Ausnahmecharakter der Einzeleinfuhren zu wahren. Das Werbeverbot sei deshalb rechtmäßig.

Urteil vom 10. November 1994, Rs. C-320/93, Lucien Ortscheit

d) Schutz des nationalen Kulturguts

Keine Grundsatz-Urteile im Berichtszeitraum

5.2. Verbot der mengenmäßigen Einfuhrbeschränkungen und der Maßnahmen gleicher Wirkung

5.2.4. Rechtfertigung nach Artikel 36 EGV

e) Schutz des gewerblichen und kommerziellen Eigentums

*   Schutz von Warenzeichen im freien Warenverkehr[DS]

Die Entstehung eines Warenzeichen- oder vergleichbaren Rechts regelt sich vor dem Inkrafttreten der Warenzeichenrichtlinie 89/104 grundsätzlich nach nationalem Recht. Gleiches gilt für die Frage, ob im konkreten Fall wegen der Verwendung eines Zeichens durch mehrere Hersteller eine Verwechselungsgefahr vorlag. Die nationalen Vorschriften verstoßen nur dann gegen Art. 30 und 36 EWGV (freier Warenverkehr), wenn sie zu einer willkürlichen Diskriminierung oder zu einer verschleierten Beschränkung des Handels führen. Diese Grundsätze gelten auch für die Frage, ob fremdsprachige Zahlworte (hier quattro) als Warenzeichen oder vergleichbares Recht anzuerkennen sind.

Seit 1980 verkauft Audi PKWs mit Allradantrieb unter der Bezeichnung "quattro". 1988 führte Renault den "Espace Quadra" auf dem deutschen Markt ein. Wegen der (vermeintlich) bestehenden Verwechselungsgefahr erhob Audi Klage auf Unterlassung der Bezeichnung "Quadra". "quattro" sei ein geschütztes Warenzeichen i.S. des deutschen Warenzeichengesetzes (WZG), zumindest aber ein Ausstattungsrecht i.S. des § 25 WZG. Der BGH war der Auffassung, daß das deutsche WZG möglicherweise gegen Art. 30 ff. EWGV (freier Warenverkehr) verstößt. Auf Vorlage des BGH entschied der EuGH:

Die *RL 89/104 zur Angleichung der Rechtsvorschriften der Mitgliedstaaten über die Marken* (ABl. 1989 L 40/1) ist auf den Sachverhalt zeitlich nicht anwendbar. Deshalb beurteilt sich die Rechtslage ausschließlich nach Art. 30 ff. EWGV.

Unbestritten ist, daß das Warenzeichenrecht zu einer Beschränkung des freien Warenverkehrs führt. Gem. Art. 36 EWGV sind Beschränkungen des Warenverkehrs aber gerechtfertigt, soweit dies zum Schutz des gewerblichen und kommerziellen Eigentums notwendig ist. Beim Schutz des geistigen Eigentums (hier Warenzeichenrecht) sind nach Auffassung des EuGH zwei Situationen zu unterscheiden: die Entstehung des Rechts sowie dessen Ausübung.

1. Die Entstehung des Rechts: Wie der EuGH bereits mehrfach entschieden hat (vgl. zuletzt Slg. 1988, S. 3585, Thetford), bestimmen sich die Voraussetzungen und die Modalitäten des Schutzes von Immaterialgüterrechten beim gegenwärtigen Stand des Gemeinschaftsrechts nach nationalem Recht. Das nationale Recht darf aber gem. Art. 36 S. 2 EWGV "weder ein Mittel zur willkürlichen Diskriminierung noch eine verschleierte Beschränkung des Handels zwischen den Mitgliedstaaten darstellen". Diesen Anforderungen genügt das deutsche Recht.

Eine verschleierte Beschränkung liegt nicht vor, weil Zahlen - auch in fremdsprachiger Fassung - in Deutschland nicht als Warenzeichen eintragungsfähig sind. Als nicht eingetragenes Zeichen ist die Bezeichnung "quattro" nur geschützt, wenn eine große Mehrheit der deutschen Verbraucher das Zeichen einem bestimmten Unternehmen (hier Audi) zuordnet. Dabei ist nach deutscher Rechtsprechung auch zu berücksichtigen, daß der Zahl 4 im Automobilsektor große Bedeutung zukommt und deshalb ein erhöhtes Freihaltebedürfnis besteht.

5.2. Verbot der mengenmäßigen Einfuhrbeschränkungen und der Maßnahmen gleicher Wirkung

5.2.4. Rechtfertigung nach Artikel 36 EGV

e) Schutz des gewerblichen und kommerziellen Eigentums

Auch eine Diskriminierung der ausländischen Hersteller liegt nicht vor, denn sie genießen den Schutz des WZG unter denselben Bedingungen wie inländische Hersteller.

2. Die Ausübung des Rechts: Bei der Ausübung des Rechts kommt es entscheidend darauf an, wie der Begriff "Verwechselungsgefahr" auszulegen ist. Nach Ansicht des EuGH ist auch insoweit das nationale Recht maßgeblich. Zur Begründung führt der EuGH an, daß der Begriff Verwechselungsgefahr eng mit Entstehung und Modalitäten des (Warenzeichen-) Rechts verknüpft ist. Das Gemeinschaftsrecht gebietet deshalb - entgegen der Auffassung der Kommission - keine enge Auslegung des Begriffs.

Nach nationalem Recht beurteilt sich darüber hinaus, ob die Verwechselungsgefahr u.U. deshalb entfällt, weil die Zeichen "quattro" bzw. "Quadra" stets in Verbindung mit dem jeweiligen Automodell (z.B. Espace Quadra) verwandt werden. Der EuGH wies darauf hin, daß es in Deutschland einen engen und einen weiten Begriff der Verwechselungsgefahr gibt. Unmittelbare Verwechselungsgefahr liege vor, wenn die Verbraucher irrtümlich annehmen, daß die Waren von ein und demselben Unternehmen stammen. Verwechselungsgefahr im weiteren Sinn sei demgegenüber anzunehmen, wenn sich der Irrtum auf das Bestehen einer organisatorischen oder wirtschaftlichen Verbindung zwischen den Unternehmen bezieht. Diese Differenzierung sei gemeinschaftsrechtlich nicht zu beanstanden.

Es ist deshalb alleinige Aufgabe des nationalen Gerichts über die Entstehung und die Verwechselungsgefahr zu befinden.

Urteil vom 30. November 1993, Rs. C-317/91, Deutsche Renault (Slg. 1993, S. I-6227)

---

*   **Auch spanischer Schaumwein darf "crémant" heißen**[FE]

Die *VO 2045/89 zur Änderung der VO 3309/85 zur Festlegung der Grundregeln für die Bezeichnung und Aufmachung von Schaumwein und Schaumwein mit zugesetzter Kohlensäure* (ABl. 1989 L 202/12) legt fest, daß die Bezeichnung "crémant", wie z.B. in Crémant de l'Alsace, nur für Schaumweine aus bestimmten Anbaugebieten in Luxemburg und im Osten Frankreichs verwendet werden darf, die nach einem bestimmten Verfahren hergestellt werden. Hiergegen klagte die spanische Firma Codorniu, die seit 1924 einen Schaumwein nach demselben Verfahren herstellt und unter der Bezeichnung "Gran Cremant de Codorniu" vertreibt. Der Gerichtshof stellte klar, daß eine unterschiedliche Bezeichnung von Schaumweinen nur vorgeschrieben werden darf, wenn sie an objektive Unterschiede anknüpft. Solche Unterschiede können sich vor allem aus dem Herstellungsverfahren ergeben. Als weiteres Kriterium kommt die traditionelle Bezeichnung der Schaumweine in den Anbaugebieten in Betracht, die vom Gemeinschaftsrecht respektiert und geschützt wird. Aus diesen Überlegungen ist es zulässig, die Bezeichnung "crémant" den Schaumweinen vorzubehalten, die traditionell nach einem bestimmten Verfahren hergestellt und ebenso traditionell unter der Bezeichnung "crémant" vertrieben werden. Weitergehende Beschränkungen sind dagegen unzulässig. Da der spanische Schaumwein der Klägerin sowohl nach dem betreffenden Verfahren hergestellt als auch schon seit 1924 unter der betreffenden

Bezeichnung vertrieben wird, ist die VO 2045/89 insoweit nichtig, als sie an rein geographische Merkmale anknüpft.

Urteil vom 18. Mai 1994, Rs. C-309/89, Codorniu (Slg. 1994, S. I-1853)

* **Weiterentwicklung des Kaffee Hag II-Urteils zum Warenzeichenrecht**[FE]

Der Inhaber eines Warenzeichens im Mitgliedstaat A kann sich gegen Einfuhren von Waren wehren, die im Mitgliedstaat B vom dortigen Warenzeicheninhaber mit dem gleichen Zeichen versehen worden sind. Dies gilt immer dann, wenn die beiden Warenzeicheninhaber voneinander unabhängig sind, d.h. keine einheitliche Kontrolle über die Qualität und die sonstigen Merkmale der Ware besteht. Es kommt nicht darauf an, wie die Aufspaltung des Warenzeichens zustande kam; die Aufspaltung kann insbesondere durch Hoheitsakt oder durch Rechtsgeschäft erfolgt sein.

Der Gerichtshof hatte sich bisher erst zweimal mit dem Problem zu beschäftigen, daß ein und dasselbe Warenzeichen in verschiedenen Mitgliedstaaten von verschiedenen Inhabern gehalten wird und diese aus dem jeweiligen Territorium exportieren, so daß es zum Streit über die berechtigte Nutzung des Zeichens kommt. Beide Fälle drehten sich um den koffeinfreien "Kaffee Hag". Das Herstellungsverfahren wurde von der Bremer Hag AG um 1900 erfunden. 1907 wurde das Zeichen in Deutschland und 1908 in Belgien für Hag eingetragen. In der Folge gründete Hag in Belgien eine 100%ige Tochter und übertrug ihr das Zeichen für Belgien. Während des Zweiten Weltkriegs wurde die belgische Tochter samt allen Vermögenswerten und einschließlich ihrer Warenzeichenrechte als Feindvermögen beschlagnahmt und nach dem Krieg an ein belgisches Unternehmen verkauft. 1972 begann zunächst die deutsche Hag AG damit, ihren koffeinfreien Kaffee unter dem Zeichen "Hag" nach Belgien zu verkaufen. Die belgischen Zeicheninhaber wollten dies unter Berufung auf ihre Zeichenrechte verhindern, scheiterten jedoch am EuGH, der auf Vorlage des zuständigen belgischen Gerichts erklärte, es verstoße gegen den freien Warenverkehr, wenn ein Inhaber eines Warenzeichens Einfuhren von Waren eines anderen Inhabers des ursprungsgleichen Warenzeichens verhindere (Hag I, Urteil vom 3. Juli 1974, Slg. 1974, S. 731). In der Literatur erklärte man sich dieses etwas seltsame Ergebnis damit, daß der EuGH der enteigneten Hag AG möglicherweise einen gewissen Ausgleich verschaffen wollte. Unbefriedigend war dabei jedoch, daß die belgischen Zeicheninhaber dieses keineswegs unentgeltlich erhalten, sondern zum Marktwert vom belgischen Staat erworben hatten.

Jahre später ging das belgische Unternehmen seinerseits dazu über, koffeinfreien Kaffee mit dem Warenzeichen "Hag" nach Deutschland zu verkaufen. Diesmal korrigierte der EuGH sein Ergebnis wie folgt: Jeder rechtmäßige Inhaber eines Warenzeichens könne sich gegen Wareneinfuhren wehren, die von einem anderen rechtmäßigen Warenzeicheninhaber mit dem gleichen oder einem verwechslungsfähigen Zeichen versehen worden sind (Hag II, Urteil vom 17. Oktober 1990, Slg. 1990, S. I-3711). Um Hag I und II in Einklang zu bringen wurde in der Literatur daraufhin z.T. die Ansicht vertreten, die Beschränkung des freien Warenverkehrs sei nur zulässig in Fällen, in denen das ursprungsgleiche Warenzeichen durch staatlichen Eingriff getrennt worden ist.

5.2. Verbot der mengenmäßigen Einfuhrbeschränkungen und der Maßnahmen gleicher Wirkung

5.2.4. Rechtfertigung nach Artikel 36 EGV

e) Schutz des gewerblichen und kommerziellen Eigentums

In dem jetzt ergangenen Urteil hat der EuGH Hag II präzisiert und erklärt und zugleich deutlich gemacht, daß er an seiner Hag I-Rechtsprechung nicht mehr festhalten will. Es ging um das Warenzeichen "Ideal Standard", dessen Eintragung von der American Standard-Gruppe für Sanitärartikel wie z.B. Waschbecken in verschiedenen Mitgliedstaaten der Gemeinschaft für die jeweiligen Tochtergesellschaften veranlaßt worden ist. In den siebziger Jahren kamen einige der Tochtergesellschaften in wirtschaftliche Schwierigkeiten. Die deutsche Tochter stellte Herstellung und Vertrieb von Sanitär- und Heizungsanlagen 1976 ein, behielt aber die Warenzeichenrechte. Die französische Tochter wurde 1984 samt ihrer Zeichenrechte verkauft. Die Erwerber begannen anschließend damit, Heizungs- und Sanitäranlagen mit dem "Ideal Standard" Zeichen auch nach Deutschland zu verkaufen. Die deutsche Tochter wollte dies verhindern. Das OLG Düsseldorf hat dem EuGH vorgelegt.

Der Gerichtshof erinnerte an sein Urteil in der Rechtssache Hag II. Entscheidend sei die Frage, ob das Zeichen in den verschiedenen Mitgliedstaaten von Firmen gehalten wird, die zu ein und derselben Gruppe gehören, so daß eine einheitliche Kontrolle der Qualität oder sonstigen Merkmale der Ware gewährleistet ist. Wenn dies der Fall ist, dann dürfen sich die rechtlich verschiedenen Zeicheninhaber nicht auf ihre Zeichenrechte berufen, um (Parallel-) Einfuhren aus anderen Mitgliedstaaten zu verhindern. Andernfalls würde man den Zeicheninhabern die Möglichkeit gewähren, die nationalen Handelsgrenzen wiederaufzurichten und den EG-Binnenmarkt zu unterlaufen. Gehören die Zeicheninhaber jedoch nicht zusammen, gibt es also keine einheitliche Kontrolle der Qualität und sonstigen Merkmale der Ware, dann steht die Warenverkehrsfreiheit einer Verhinderung der (Parallel-) Einfuhren nicht entgegen. Dabei spielt es keine Rolle, auf welche Art und Weise es zu der Aufspaltung des Warenzeichens gekommen ist, denn auch eine rechtsgeschäftliche Übertragung beinhaltet nicht die Zustimmung zum Vertrieb in allen Mitgliedstaaten, wenn sich die Übertragung nur auf die Zeichenrechte für einen Mitgliedstaat erstreckte. Nur so könne gewährleistet werden, daß die Verbraucher die gekauften Produkte zweifelsfrei einem Hersteller zuordnen und diesen gegebenenfalls für Mängel verantwortlich machen können.

Urteil vom 22. Juni 1994, Rs. C-9/93, Ideal Standard (Slg. 1994, S. I-2789)

*   **Bezeichnung von Wein - "Chateau" als Qualitätsmerkmal**[FE]

Nach der EG-Weinmarktordnung darf ein Wein mit der Ursprungsangabe "Chateau ..." versehen werden, wenn der Anbau auf den Ländereien dieses Chateau erfolgt. Es kommt nicht darauf an, daß die Verarbeitung auch in den Räumen des Chateau vorgenommen wird. Verkauft ein Schloßherr Teile seines Landes, so dürfen die Erwerber den Begriff "Chateau ..." weiterverwenden. Dies gilt auch für eine Erzeugergemeinschaft oder -genossenschaft, solange sichergestellt ist, daß der Ernteertrag von den früheren Ländereien des Schlosses nicht mit dem Ertrag von anderen Weinbergen vermischt wird.

Urteil vom 29. Juni 1994, Rs. C-403/92, Chateau de Calce (Slg. 1994, S. I-2961)

5.2. Verbot der mengenmäßigen Einfuhrbeschränkungen und der Maßnahmen gleicher Wirkung

5.2.4. Rechtfertigung nach Artikel 36 EGV

e) Schutz des gewerblichen und kommerziellen Eigentums

*   **Vermarktung von Sekt unter der Bezeichnung "Flaschengärung im Champagnerverfahren"**, siehe Rs. C-306/93, SMW Winzersekt

* **Für Funksendegeräte darf eine Typenzulassung verlangt werden, für reine Empfangsgeräte dagegen nicht**, siehe Rs. C-80/92, Kommission gegen Belgien

*   **Begriff der Etikettierung in der RL 79/112 über die Etikettierung von Lebensmitteln**[DS]

Unter einer Etikettierung i.S. des Art. 1 Abs. 3 lit. a RL 79/112 sind nur Angaben über ein Lebensmittel zu verstehen, die darauf abzielen, den Verbraucher über die Merkmale des betreffenden Produkts zu informieren. Eine nationale Käsemarke, die u.a. aus einer Buchstaben- und Zahlenkombination besteht, ist keine Etikettierung i.S. der RL. Die Käsemarke dient vielmehr den Kontrollbedürfnissen des Staates. Die RL ist deshalb auf den Sachverhalt nicht anwendbar.

In den Niederlanden muß jeder Produzent auf bestimmten Käsesorten eine sog. Käsemarke anbringen. Die Käsemarke besteht aus einer Buchstaben- und Zahlenkombination und enthält u.a. Angaben über die Herstellungsregion. Darüber hinaus dokumentiert die Marke, daß der Käse ordnungsgemäß hergestellt wurde. Da der Käsehersteller Coöperatieve Zuivelindustrie «Twee Provinciën» WA gegen die niederländische Vorschrift verstoßen hatte, wurden die Geschäftsführer strafrechtlich zur Verantwortung gezogen. In dem Strafverfahren machten sie geltend, daß die niederländische Vorschrift gegen die *RL 79/112 zur Angleichung der Rechtsvorschriften der Mitgliedstaaten über die Etikettierung und Aufmachung von Lebensmitteln sowie die Werbung hierfür* (ABl. 1979 L 33/1) verstößt. Auf Vorlage des Gerichts entschied der EuGH:

Die RL 79/112 ist auf den Sachverhalt nicht anwendbar. Eine Etikettierung i.S. des Art. 1 Abs. 3 lit. a der RL ist nur anzunehmen, wenn die auf dem Produkt gemachten Angaben dazu dienen, den Verbraucher über die Merkmale des Produkts zu informieren. Diese restriktive Auslegung ergibt sich aus den Begründungserwägungen der RL.

Im vorliegenden Fall ist nach Ansicht des EuGH zu beachten, daß die Käsemarke im wesentlichen aus einer Buchstaben- und Zahlenkombination besteht, die sich nicht an die Verbraucher richtet. Die Marke dient vielmehr den Kontrollbedürfnissen des Staates. Sie erlaubt es den Behörden, schnell und einfach den Hersteller, den Herstellungsort und den Herstellungszeitpunkt festzustellen.

Urteil vom 17. November 1993, Rs. C-285/92, Twee Provinciën (Slg. 1993, S. I-6045)

*   **Widerruf der Erlaubnis, ein Medikament auf den Markt zu bringen**[DS]

Die RL 65/65 enthält eine abschließende Auflistung der Gründe, die zum Widerruf der Erlaubnis berechtigen, ein Arzneimittel auf den Markt zu bringen. Die Mitgliedstaaten sind deshalb nicht berechtigt, weitere Widerrufsgründe zu erlassen. Von der Harmonisierung sind auch die Nichtigkeitsgründe erfaßt.

In Italien verfällt die Erlaubnis, ein Medikament auf den Markt zu bringen, 18 Monate nach der Erlaubniserteilung, wenn das Medikament bis zu diesem Zeitpunkt nicht auf den Markt gebracht wurde, Art. 19 Abs. 11 Gesetz Nr. 67 vom 11.3.88. Unter Anwendung dieser Vorschrift erklärte der italienische Gesundheitsminister eine an Pierrel SpA erteilte Erlaubnis für nichtig. Hiergegen erhob Pierrel Klage. Pierrel berief sich auf die *RL 65/65 zur Angleichung der Rechts- und Verwaltungsvorschriften über Arzneispezialitäten* (ABl. 1965 L 22/369) in der derzeit geltenden Fassung. Auf Vorlage des Consiglio di Stato entschied der EuGH:

Die RL enthält eine abschließende Auflistung der Widerrufsgründe. Die Mitgliedstaaten sind deshalb nicht berechtigt, neue Widerrufsgründe zu erlassen.

Gleiches müsse für die Nichtigkeitsgründe gelten. Diese seien zwar in der RL nicht ausdrücklich erwähnt. Für die betroffenen Unternehmen sei es aber unerheblich, ob sie die Erlaubnis durch Widerruf oder durch Nichtigkeit verlieren. Im vorliegenden Fall sei darüber hinaus zu berücksichtigen, daß die Erlaubnis nach den Bestimmungen der RL fünf Jahre gültig ist und verlängert werden muß, wenn der Berechtigte rechtzeitig einen entsprechenden Antrag stellt. Deshalb verstoße die in Italien geltende Frist von 18 Monaten mit der damit verbundenen Nichtigkeitsfolge gegen die RL.

Urteil vom 7. Dezember 1993, Rs. C-83/92, Pierrel (Slg. 1993, S. I-6419)

*   **Italien: Gesundheitsuntersuchungen am Bestimmungsort der Waren rechtswidrig**[DS]

Es verstößt gegen die RL 64/433, wenn ein Mitgliedstaat vorschreibt, daß importiertes Frischfleisch am Bestimmungsort einer Gesundheitsuntersuchung unterzogen werden muß, obwohl eine gleichwertige Untersuchung bereits im Herkunftsland durchgeführt wurde. Auch eine Gebühr für die zusätzliche Gesundheitsuntersuchung ist nicht mit dem EG-Recht vereinbar. Art. 30 EWGV verbietet es dem Mitgliedstaat (hier den Gemeinden), örtlich ansässigen Unternehmen ein Exklusivrecht für den Transport von Frischfleisch im Gemeindegebiet einzuräumen.

Die Gesellschaften Ligur Carni Srl, Genova Carni Srl und Ponente SpA importierten Frischfleisch aus Dänemark und den Niederlanden nach Italien. Obwohl die Gesellschaften für das Fleisch die Bescheinigungen vorlegen konnten, die gem. *RL 64/433 zur Regelung gesundheitlicher Fragen beim innergemeinschaftlichen Handel mit frischem Fleisch* (ABl. 1964 Nr. 121, S. 2012, in der Fassung der RL 83/90, ABl. 1983 L 59/10) im Herkunftsland erteilt werden, verlangten die italienischen Bestimmungsgemeinden eine zusätzliche veterinärärztliche Untersuchung. Für diese Untersuchung wurde eine Gebühr erhoben. Darüber hinaus mußte Ponente SpA eine Gebühr entrichten, weil die Gesellschaft die Waren nicht von der Firma transportieren ließ, die für Frischfleisch-Transporte im Gemeindegebiet ein Exklusivrecht hatte. Die Gesellschaften klagten auf Rückzahlung der Gebühren. Auf Vorlage der italienischen Gerichte entschied der EuGH:

Für die Frage, ob die Gesundheitsuntersuchungen in Italien durchgeführt werden dürfen, ist die RL 64/433 in Fassung der RL 83/90 maßgeblich. Nicht zur Anwendung kommen hingegen die RL 89/662 und 90/425, deren Umsetzungsfristen erst nach Klageerhebung abliefen. Die RL 64/433 sieht vor, daß die Gesundheitsuntersuchungen von Frischfleisch im Herkunftsland durchgeführt werden. Entspricht das Fleisch den Anforderungen der RL, so erhalten die Händler eine Bescheinigung, die in den anderen Mitgliedstaaten anzuerkennen ist. Die Mitgliedstaaten dürfen nur bei ernsthaften Zweifeln an der Rechtmäßigkeit der Bescheinigung Kontrollen durchführen. Darüber hinaus sind Stichproben zulässig.

Verboten sind hingegen systematische Kontrolluntersuchungen. Für die Untersuchungen darf auch keine Gebühr erhoben werden, weil sie für den Importeur keine gleichwertige Gegenleistung enthalten.

Schließlich verstößt es gegen die Grundsätze des freien Warenverkehrs (Art. 30 EWGV), wenn eine Gemeinde einer örtlich ansässigen Gesellschaft ein Exklusivrecht für den Transport von Frischfleisch im Gemeindegebiet einräumt. Hierdurch wird es den Importeuren erschwert, ihr Fleisch im Gebiet dieser Gemeinde zu vermarkten. Dabei ist es unerheblich, daß hiervon gleichermaßen nationale wie importierte Waren betroffen sind.

Urteil vom 15. Dezember 1993, Verb. Rs. C-277, 318 und 319/91, Ligur Carni (Slg. 1993, S. I-6621)

* **Partielle Nichtigkeit der Kosmetik-RL[DS]**

Art. 1 der 12. RL 90/121 zur Anpassung der Anhänge II bis VI der *RL 76/768 zur Angleichung der Rechtsvorschriften der Mitgliedstaaten über kosmetische Mittel* ist ungültig, soweit er 11 Alpha OHP und dessen Ester in die Liste der Stoffe aufnimmt, die in kosmetischen Mittel nicht enthalten sein dürfen.

Die Firma Angelopharm vertrieb das Mittel Setaderm, das nach Ansicht der Hersteller Haarausausfall verhindert. Das Mittel enthielt die chemische Verbindung 11 Alpha OHP, die vom deutschen Bundesgesundheitsamt als gesundheitsschädigend eingestuft und deshalb zum 31.12.87 verboten wurde, vgl. § 6a Kosmetik-VO (BGBl. I 1985, S. 586). Daraufhin erhob Angelopharm Klage vor dem Verwaltungsgericht Hamburg auf Feststellung, daß das Mittel auch nach 1987 hergestellt und vertrieben werden darf. Im Lauf dieses Prozesses trat die EG-RL 90/121 (ABl. 1990 L 71/40) in Kraft, die die Herstellung und den Vertrieb von 11 Alpha OHP europarechtlich verbietet. Diese RL wurde durch Änderung der deutschen Kosmetik-VO in nationales Recht umgesetzt (vgl. BGBl. I 1990, S. 1945). Das Verwaltungsgericht ist der Auffassung, daß die deutsche Kosmetik-VO rechtswidrig ist. Es fragt sich aber, ob es die nationale Bestimmung angesichts der europarechtlichen Regelung verwerfen darf. Auf Vorlage des Gerichts entschied der EuGH:

Über die Vorlagefrage des Gerichts hinaus ist zu klären, ob das Mittel als "Arzneimittel" i.S der RL 65/65 (ABl. 1965 Nr. 22, S. 369) oder als kosmetisches Mittel i.S. der RL 76/768 (ABl. 1976 L 262/169 - sog. Kosmetik-RL) anzusehen ist. Entscheidendes Abgrenzungskriterium ist, daß Arzneimittel eine Auswirkung auf Körperfunktionen haben können, während kosmetische Mittel zwar auf den menschlichen Körper einwirken, sich aber nicht nennenswert auf den Stoffwechsel auswirken. Es ist Sache des nationalen Gerichts zu entscheiden, ob das Mittel ein Arzneispezialität oder ein kosmetisches Mittel ist.

Geht man davon aus, daß es sich um ein kosmetisches Mittel handelt, so stellt sich grundsätzlich die vom nationalen Gericht vorgelegte Frage nach der Verwerfungskompetenz. Die Frage kann jedoch offen bleiben, wenn nicht nur das nationale Recht, sondern auch die RL 90/121 nichtig ist. In diesem Fall scheidet nämlich ein Konflikt zwischen EG-Recht und nationalem Recht aus.

Hierzu stellte der EuGH fest, daß die RL 90/121 wegen Verletzung wesentlicher Formvorschriften ungültig ist. Für den Erlaß der RL war es erforderlich, daß zuvor der Wissenschaftliche Ausschuß für Kosmetologie angehört wurde. Eine solche Anhörung fand jedoch nicht statt.

Die Pflicht zur Anhörung des Ausschusses ergibt sich zwar nicht unmittelbar aus dem Wortlaut des Art. 8 Abs. 2 Kosmetik-RL 76/768, denn die verschiedenen sprachlichen Fassungen weichen insoweit erheblich voneinander ab. Auch die systematische Auslegung greift nicht durch, weil erhebliche Abweichungen in den sprachlichen Fassungen der vergleichbaren Vorschriften zu konstatieren sind.

Die Pflicht zur Anhörung des Ausschusses ergibt sich aber aus dem Sinn und Zweck der Vorschrift. Die Vertreter der Kommission und der Mitgliedstaaten verfügen nicht über ausreichende Fachkenntnisse, um beurteilen zu können, ob von bestimmten kosmetischen Mitteln Gesundheitsschäden ausgehen. Deshalb war in jedem Fall eine Anhörung der Experten, die im Ausschuß versammelt sind, notwendig.

Urteil vom 25. Januar 1994, Rs. C-212/91 - Angelopharm (Slg. 1994, S. I-171)

* **PCP-Fall entschieden: Strenge Auslegung von Art. 100a Abs. IV EGV**[FE]

Einzelne Mitgliedstaaten dürfen aufgrund von Art. 100a IV EGV in Abweichung von gemeinschaftsweiten Rechtsharmonisierungen strengere Schutzvorschriften zugunsten von Verbrauchern und Umwelt anwenden, wenn dies aus "wichtigen Erfordernissen" geboten ist. Solange diese strengeren Normen nicht als Mittel zur willkürlichen Diskriminierung importierter Waren oder sonst zur verschleierten Beschränkung des Handels verwendet werden, ist auch nicht zu beanstanden, wenn diese Normen faktisch wie Einfuhrverbote für Waren wirken, die nur den weniger strengen Gemeinschaftsstandards entsprechen. Die strengeren einzelstaatlichen Normen müssen jedoch von der Kommission geprüft und genehmigt werden. Die Kommission ist hierbei verpflichtet, eine umfassende Prüfung der wichtigen Erfordernisse und der Verhältnismäßigkeit zwischen verbessertem Schutz und den bewirkten Beschränkungen des freien Warenverkehrs vorzunehmen. Die anderen Mitgliedstaaten sind befugt, die Erwägungen der Kommission gegebenenfalls vor dem Gerichtshof auf Vereinbarkeit mit Gemeinschaftsrecht überprüfen zu lassen.

Seit 1989 ist in Deutschland die Verwendung von Pentachlorphenol (PCP) in Holzschutzmitteln und in der industriellen Textilverarbeitung stark eingeschränkt. Produkte dürfen nur auf den Markt gebracht werden, wenn der PCP-Anteil 0,01 % nicht übersteigt. In der Gemeinschaft wurde dagegen erst 1991 eine Harmonisierungsrichtlinie erlassen, die gegen den Widerstand Deutschlands einen einheitlichen europäischen Grenzwert von 0,1 % festlegt. Da diese RL auf Art. 100a EGV gestützt wurde - und somit gegen die Stimme Deutschlands vom Rat mit qualifizierter Mehrheit der anderen Mitgliedstaaten verabschiedet werden konnte - berief sich die Bundesregierung in der Folge auf Art. 100a Abs. IV EGV und lehnte eine Umsetzung des großzügigeren Grenzwerts in nationales Recht ab. Diese Auffassung wurde von der Kommission bestätigt (Entscheidung C(92) 776 endg.). Art. 100a IV EGV lautet wie folgt: "Hält es ein Mitgliedstaat, wenn der Rat mit qualifizierter Mehrheit eine Harmonisierungsmaßnahme erlassen hat, für erforderlich, einzelstaatliche Bestimmungen anzuwenden, die durch wichtige Erfordernisse im Sinne des Artikels 36 oder in bezug auf den Schutz der Arbeitsumwelt oder den Umweltschutz gerechtfertigt sind, so teilt er diese Bestimmungen der Kommission mit. Die Kommission bestätigt die betreffenden Bestimmungen, nachdem sie sich vergewissert hat, daß sie kein Mittel zur willkürlichen Diskriminierung und keine verschleierte Beschränkung des Handels zwischen den Mitgliedstaaten darstellen."

5.4. Rechtsharmonisierung und Warenverkehr

In der Folge befürchtete Frankreich Schwierigkeiten für den Absatz französischer Produkte mit PCP-Anteilen über 0,01% jedoch unter 0,1% in Deutschland und klagte zum EuGH gegen die Entscheidung der Kommission, mit der sie die deutsche Sonderregelung akzeptiert hatte. Nach Ansicht der französischen Regierung komme die deutsche Sonderregelung einem Einfuhrverbot für Produkte gleich, deren Herstellung und Vermarktung mit dem Gemeinschaftsrecht in Einklang stehe. Zumindest hätte die Kommission nachweisen müssen, daß die strengeren deutschen Grenzwerte tatsächlich aufgrund wichter Erfordernisse gerechtfertigt seien und den Warenverkehr in der Gemeinschaft nicht unverhältnismäßig beeinträchtigten.

Das erste Argument Frankreichs wurde vom EuGH nicht aufrechterhalten. Im Ergebnis würde sonst Art. 100a IV EGV völlig entwertet, denn Sinn und Zweck dieser Vorschrift ist es ja gerade, strengere nationale Normen zu gestatten, und zwar nicht etwa nur für die nationale Produktion.

In bezug auf das zweite Argument gab der EuGH dagegen der Klage Frankreichs statt. Die Kommission sei verpflichtet, bei einer Bestätigung i.S.d. Art. 100a IV EGV ausführlich zu prüfen und zu begründen, aus welchen wichtigen Erfordernissen sich die Rechtfertigung der strengeren Normen herleiten lasse und daß eine unverhältnismäßige Beeinträchtigung des freien Warenverkehrs nicht vorliege. Diese Begründung müsse die Erwägungen der Kommission klar erkennen lassen. Entscheidung und Begründung könnten von anderen Mitgliedstaaten gegebenenfalls vor dem EuGH auf Rechtmäßigkeit überprüft werden.

Anmerkung der Red.: Mit dem PCP-Urteil hat der EuGH einen Mittelweg zwischen den Interessen der umwelt- und verbraucherbewußteren Staaten an höheren Schutznormen und dem Binnenmarktkonzept des grenzenlosen Handels gewählt. Die ständige Rechtsprechung, wonach Ausnahmen von den Grundfreiheiten eng auszulegen sind, gilt auch hier. Zugleich gilt aber eben auch, daß der freie Handel nicht über alle anderen Ziele und Interessen geht, begründete Ausnahmen also möglich sind und bleiben. Die strengen deutschen Grenzwerte dürften dabei durchaus haltbar sein, denn in zahlreichen Urteilen hat der EuGH immer wieder entschieden, daß es grundsätzlich den Mitgliedstaaten überlassen ist, welches Schutzniveau sie im Einzelfall gewährleisten wollen. Das Begründungserfordernis für die Entscheidung durch die Kommission steht dem nicht entgegen und folgt im übrigen auch aus dem Gedanken der Rechtsgemeinschaft, in der alle verbindlichen Maßnahmen, die belastende Wirkung für Dritte haben können, begründet werden und gerichtlich überprüfbar sein müssen.

Urteil vom 17. Mai 1994, Rs. C-41/93, Frankreich gegen Kommission (Slg. 1994, S. I-1829)

---

*   **Vereinheitlichung der Verfallsdatenangaben bei medizinischen Instrumenten und Arzneimitteln**[FE]

Das deutsche Arzneimittelgesetz verstößt gegen Gemeinschaftsrecht insoweit es vorschreibt, daß bei Arzneimitteln und sterilen medizinischen Instrumenten zur einmaligen Verwendung als Verfallsdaten nur der 30. Juni oder der 31. Dezember angegeben werden dürfen.

Nach Art. 13 der *Arzneimittel-RL 65/65* (in der derzeit gültigen Fassung der RL 83/570, ABl. 1983 L 332/1) sind die Mitgliedstaaten verpflichtet, bei Arzneimitteln und sterilen Geräten zur einmaligen Verwendung die Angabe eines Verfallsdatums vorzuschreiben. Seit 1986 (für Arzneimittel - und seit 1988 für sterile Instrumente zur einmaligen Verwendung) verlangt das deutsche Arzneimittelgesetz, daß als Verfallsdatum regelmäßig der 30. Juni bzw. der 31. Dezember anzugeben ist. Diese Regelung ist zwar geeignet, das Aussortieren von überfälligen Beständen zu erleichtern, sie zwingt jedoch die Hersteller in anderen Mitgliedstaaten, für Deutschland besondere Verpackungen oder Etiketten zu verwenden und behindert damit den freien Warenverkehr. Auf Klage der Kommission hat der Gerichtshof festgestellt, daß die deutsche Regelung zum Verbraucherschutz nicht erforderlich und damit gemeinschaftswidrig ist.

Urteil vom 1. Juni 1994, Rs. C-317/92, Kommission gegen Deutschland (Slg. 1994, S. I-2039)

*   **Etikettierung von Kristallglas**[DS]

Die *RL 69/493 zur Angleichung der Rechtsvorschriften der Mitgliedstaaten für Kristallglas* bestimmt, daß auf dem Etikett von Kristallglas nur die Sprache des Landes verwendet werden kann, in dem die Ware in den Verkehr gebracht wird. Nach Ansicht des EuGH verstößt diese Vorschrift nicht gegen die Grundsätze des freien Warenverkehrs.

Die belgische Firma Meyhui NV erhob Klage gegen den deutschen Glashersteller Schott Zwiesel Glaswerke AG, weil sich die Firma Schott weigerte, auf dem nach Belgien gelieferten Bleiglas Etikettierungen auf französisch, flämisch und deutsch anzubringen, wie es in der *RL 69/493 zur Angleichung der Rechtsvorschriften der Mitgliedstaaten für Kristallglas* (ABl. 1969 L 326/36) vorgesehen ist. Auf Vorlage des belgischen Gerichts entschied der EuGH:

An die Grundsätze des freien Warenverkehrs sind nicht nur die Mitgliedstaaten sondern auch die Gemeinschaftsorgane gebunden. Der Anwendungsbereich des Art. 30 EWGV ist im konkreten Fall eröffnet, weil durch die Etikettierungsvorschrift zusätzliche Aufmachungskosten entstehen. Das Hindernis für den freien Warenverkehr ist aber zum Schutz der Verbraucher gerechtfertigt.

Zwar reicht es für die Kristallglaserzeugnisse mit hohem Anteil an Bleioxyd aus, wenn der Bleigehalt in Prozentzahlen auf dem Etikett angegeben wird. Bei den geringwertigen Arten von Bleiglas - um die es im vorliegenden Rechtsstreit geht - ist der Qualitätsunterschied für die durchschnittlichen Verbraucher hingegen nicht leicht feststellbar. Deshalb ist die Etikettierung in der Landessprache nach Ansicht des EuGH ein geeignetes und verhältnismäßiges Mittel zum Schutz der Verbraucher.

Die Etikettierung muß in der Sprache des Landes erfolgen, in dem der Endverkauf stattfindet. Unmaßgeblich ist demgegenüber der Staat des ersten Inverkehrbringens der Waren.

Urteil vom 9. August 1994, Rs. C-51/93, Meyhui (Slg. 1994, S. I-3879)

*   **Vermarktung von Sekt unter der Bezeichnung "Flaschengärung im Champagnerverfahren"**[DS]

Es verstößt nicht gegen das Eigentumsrecht und das Recht auf freie Berufsausübung, wenn es den Herstellern von Sekt durch eine Agrarmarktordnung der EG verboten wird, ihren Sekt un-

ter der Bezeichnung "Flaschengärung im Champagnerverfahren" zu vertreiben, es sei denn der Sekt kommt aus der Champagne.

Artikel 6 Abs. 5 der *VO 2333/92 zur Festlegung der Grundregeln für die Bezeichnung und Aufmachung von Schaumwein und Schaumwein mit zugesetzter Kohlensäure* (ABl. 1992 L 231/9) bestimmt, daß Sekt, der nicht aus der Champagne kommt, nur bis zum 31.8.1994 unter der Bezeichnung "Flaschengärung im Champagnerverfahren" bzw. "méthode champenoise" verkauft werden darf. Nach diesem Datum ist die Verwendung der Bezeichnung nur noch für Sekt zugelassen, der aus der Champagne stammt. Die deutsche Sektkellerei SMW Winzersekt beantragte bei den deutschen Behörden gleichwohl die Genehmigung, ihren Sekt unter der Bezeichnung "Flaschengärung im Champagnerverfahren" vermarkten zu dürfen. Da die Genehmigung nicht erteilt wurde, erhob SMW Klage zum Verwaltungsgericht Mainz. Nach Ansicht des VG Mainz hängt die Entscheidung davon ab, ob Art. 6 Abs. 5 VO 2333/92 gegen EG-Grundrechte verstößt. Auf Vorlage des Gerichts entschied der EuGH:

Die Marktordnung und insbesondere Art. 6 Abs. 5 VO 2333/92 ist wirksam. Beim Erlaß von Agrarmarktordnungen verfügt der Gemeinschaftsgesetzgeber über ein weites Ermessen. Die Grundrechte, hier das Recht auf Eigentum und die freie Berufsausübung, können demzufolge keine uneingeschränkte Geltung beanspruchen. Vielmehr dürfen die Grundrechte Beschränkungen unterworfen werden, sofern diese Beschränkungen tatsächlich dem Gemeinwohl dienenden Zielen der Gemeinschaft entsprechen und nicht zu unverhältnismäßigen Eingriffen in die Grundrechte führen, die den Wesensgehalt der Grundrechte antasten.

Für den konkreten Fall sei festzuhalten, daß ein Eingriff in das Eigentumsrecht nicht vorliege, weil vor Inkrafttreten der VO 2333/92 *allen* Schaumweinherstellern die Verwendung des Begriffs "méthode champenoise" erlaubt gewesen sei. Damit werde nicht in eine besonders schützenswerte Rechtsposition der SMW eingegriffen.

Auch ein rechtswidriger Eingriff in den Wesensgehalt des Grundrechts der Berufsfreiheit liege nicht vor, weil der Bestand des Berufes nicht gefährdet sei. Vielmehr werde nur in die Modalitäten der Berufsausübung eingegriffen. Dieser Eingriff sei nicht unverhältnismäßig, weil der Schutz der Ursprungsbezeichnungen und geographischen Herkunftsangaben dem Gemeinwohl diene. Der Endverbraucher habe ein Recht auf genaue Information, wo der Wein herkomme, und die Hersteller von Schaumwein haben keinen Anspruch darauf, für ihre Erzeugnisse Nutzen aus dem Ansehen eines ähnlichen Erzeugnisses zu ziehen. Im übrigen sei zu beachten, daß in der VO 2333/92 eine Übergangsregelung vorgesehen war.

Nach Ansicht des EuGH kann sich SMW auch nicht auf den Grundsatz der Gleichbehandlung berufen. Der Grundsatz gebietet es nämlich nicht, ungleiche Sachverhalte gleich zu behandeln. Im konkreten Fall ist die unterschiedliche Behandlung der Schaumweine durch objektive Kriterien gerechtfertigt. Die Bezeichnung "Flaschengärung im Champgnerverfahren" darf deshalb für Sekt aus der Champagne vorbehalten werden.

Urteil vom 13. Dezember 1994, Rs. C-306/93, SMW Winzersekt

Keine Grundsatz-Urteile im Berichtszeitraum

*   **Besteuerung von Werbemaßnahmen**[DS]

Frankreich, Luxemburg und Spanien haben die sechste Mehrwertsteuer-RL (RL 77/388) nicht ordnungsgemäß umgesetzt, weil die Staaten eine Reihe von Wirtschaftsvorgängen vom Begriff der "Leistungen auf dem Gebiet der Werbung" i.S. des Art. 9 Abs. 2 lit. e RL 77/388 ausgenommen haben.

Die Kommission hat gegen Frankreich, Luxemburg und Spanien Vertragsverletzungsklage erhoben, weil die Staaten nach Auffassung der Kommission zu Unrecht bestimmte Werbemaßnahmen (z.B. Pressekonferenzen, Seminare, Cocktailempfänge und Erholungstagungen) aus dem Anwendungsbereich die sechsten Mehrwertsteuer-RL 77/388 (ABl. 1977 L 145/1) ausgenommen haben. Der EuGH entschied:

Der Begriff der Werbung i.S. des Art. 9 Abs. 2 lit. e der Mehrwertsteuer-RL erfaßt jede Verbreitung einer Botschaft, durch die die Verbraucher über die Existenz und die Eigenschaften eines Erzeugnisses oder einer Dienstleistung informiert werden sollen, um die Verkaufszahlen zu erhöhen. Unerheblich ist dabei die Form der Verbreitung, auch wenn Werbung üblicherweise durch Wort, Schrift oder Bild in Presse, Funk und Fernsehen erfolgt.

Werden ausschließlich andere Mittel als Wort, Schrift oder Bild eingesetzt, kommt es auf die Umstände des Einzelfalls an. Als Indiz für eine Werbemaßnahme i.S. der RL ist es zu bewerten, wenn die verwendeten Mittel von einer Werbeagentur beschafft wurden. Aber auch wenn eine Werbeagentur nicht tätig geworden ist, kann vor einer Werbemaßnahme auszugehen sein. So stellen die verbilligte oder unentgeltliche Abgabe von Waren oder Dienstleistungen an die Verbraucher, die Veranstaltung eines Cocktailempfangs oder eines Banketts eine Werbemaßnahme dar, wenn die Maßnahme Informationscharakter hat und der Verkaufsförderung dient.

Urteile vom 17. November 1993, Rs. C-68/92, Kommission gegen Frankreich (Slg. 1993, S. I-5881); Rs. C-69/92, Kommission gegen Luxemburg (Slg. 1993, S. I-5907); Rs. C-73/92, Kommission gegen Spanien (Slg. 1993, S. I-5997)

*   **Dänische Arbeitsmarktabgabe verstößt gegen Art. 33 Mehrwertsteuer-RL**[DS]

Die dänische Abgabenregelung über die Entrichtung einer Arbeitsmarktabgabe verstößt gegen Art. 33 der *Sechsten Mehrwertsteuer-RL 77/388*, weil die Abgabe auf derselben Grundlage wie die Mehrwertsteuer erhoben wird, ohne jedoch die für diese Steuer geltenden gemeinschaftsrechtlichen Grundlagen einzuhalten.

Durch Gesetz Nr. 840 vom 18.12.1987 führte Dänemark eine Arbeitsmarktabgabe ein, die auf derselben Grundlage wie die Mehrwertsteuer erhoben wird. Die Kommission war der Auffassung, daß die Abgabe gegen Art. 33 *RL 77/388 zur Harmonisierung der Rechtsvorschriften der Mitgliedstaaten über die Umsatzsteuern - Gemeinsames Mehrwertsteuersystem* (ABl. 1977 L 145/1) verstößt. Auf Klage der Kommission entschied der EuGH:

Bereits im Vorabentscheidungsverfahren Dansk Denkavit (Slg. 1992, S. I-2217) hat der EuGH entschieden, daß die Einführung der Arbeitsmarktabgabe gegen Art. 33 RL 77/388 verstößt.

Für den Ausgang des jetzigen Rechtsstreits sei es unerheblich, daß Dänemark wenige Tage nach Klageerhebung die in Streit stehende Regelung aufgehoben hat. Dänemark könne sich auch nicht darauf berufen, daß durch das Dansk-Denkavit-Urteil eine hinreichende Klärung der Rechtslage erfolgt sei. Maßgeblich sei allein, daß die Gesetzesänderung nicht in der Frist, die die Kommission in ihrer begründeten Stellungnahme gesetzt hatte, in Kraft getreten sei.

Urteil vom 1. Dezember 1993, Rs. C-234/91, Kommission gegen Dänemark - Arbeitsmarktabgabe (Slg. 1993, S. I-6273)

* **Mehrwertsteuer auf Schadenersatzzahlungen wegen vorzeitiger Auflösung eines Mietvertrages**[DS]

Erhält ein Mieter bei vorzeitiger Beendigung des Mietvertrages vom Vermieter eine Entschädigung, so ist der Mitgliedstaat nicht berechtigt, Mehrwertsteuer auf die Entschädigung zu erheben, wenn die Vermietung des Gebäudes von der Mehrwertsteuer befreit war.

Lubbock Fine erhielt 850.000 UK £ Entschädigung für die vorzeitige Auflösung eines Mietvertrages. Als die englischen Steuerbehörden hierfür Mehrwertsteuer verlangten, erhob Lubbock Fine Klage zum Value Added Tax Tribunal. Auf Vorlage des englischen Gerichts entschied der EuGH:

Gem. Art. 13 B lit. b der Sechsten *RL zur Harmonisierung der Rechtsvorschriften der Mitgliedstaaten über die Umsatzsteuern* (RL 77/388, ABl. 1977 L 145/1) sind Einnahmen aus Vermietung und Verpachtung von der Mehrwertsteuer befreit. Die Mitgliedstaaten haben aber das Recht, bestimmte Arten von Mietverträgen von dieser Steuerbefreiung auszunehmen, z.B. die Gewährung von Unterkunft im Hotelgewerbe.

Fällt ein Mietvertrag in die Kategorie der von der Steuer befreiten Verträge, so ist auch die Entschädigung bei vorzeitiger Auflösung des Vertrags von der Steuer befreit. Für die Änderung des Vertrages kann nach Ansicht des EuGH steuerrechtlich keine andere Regelung gelten als für den Vertrag selbst.

Großbritannien kann sich auch nicht darauf berufen, daß die Mitgliedstaaten bestimmte Mietverträge von der Steuerbefreiung ausnehmen können. Die Ausnahmen beziehen sich nicht auf die vorzeitige Beendigung steuerbefreiter Mietverträge.

Urteil vom 15. Dezember 1993, Rs. C-63/92, Lubbock Fine (Slg. 1993, S. I-6665)

* **Erhebung von Mehrwertsteuer auf freiwillige Zahlungen ist unzulässig**[FE]

Spenden sind nicht mehrwertsteuerpflichtig. Eine freiwillig erbrachte Leistung, wie z.B. das Musizieren auf öffentlichen Wegen, ist keine Dienstleistung gegen Entgelt i.S.d. Sechsten Mehr-

wertsteuerrichtlinie. **Die vom Künstler erzielten Einnahmen dürfen von den nationalen Finanzbehörden nicht mit der Mehrwertsteuer belegt werden.**

Auf Klage eines niederländischen Straßenmusikanten stellte der EuGH fest, daß dessen Einnahmen nicht als Gegenleistung für eine den Passanten erbrachte Dienstleistung angesehen werden dürften. Zwischen den Parteien bestehe keine Vereinbarung. Die Passanten hätten nicht darum gebeten, daß ihnen die Musik zu Gehör gebracht wird. Sie zahlten, wenn überhaupt, dann freiwillig und bestimmten selbst die Höhe der Leistung. Es fehle auch an einem hinreichenden Zusammenhang zwischen Leistung und Gegenleistung. Im Bereich der freiwilligen Geldspenden spielten gefühlsmäßige Erwägungen eine erhebliche Rolle. Manche Passanten spendeten größere Beträge ohne zu verweilen um die Musik anzuhören, andere hörten der Musik längere Zeit zu, ohne irgendeine Vergütung zu leisten. Damit fehle es an essentiellen Voraussetzungen für die Besteuerung als Dienstleistung gegen Entgelt.

Urteil vom 3. März 1994, Rs. C-16/93, Tolsma (Slg. 1994, S. I-743)

*   **Besteuerungsgrundlage bei Geldspielautomaten**[FE]

In der Bundesrepublik Deutschland ist der Betrieb von Geldspielautomaten mit Gewinnmöglichkeit detailliert gesetzlich geregelt. Die Automaten müssen technisch so ausgestattet werden, daß immer mindestens 60% der Spieleinsätze, abzüglich der Mehrwertsteuer, als Gewinne ausgezahlt werden und höchsten 40% der Spieleinsätze vom Automatenbetreiber entnommen werden können.

Das beklagte Finanzamt zog 1991 als Besteuerungsgrundlage für die Mehrwertsteuerschuld der Klägerin alle im Laufe dieses Jahres in die Automaten eingeworfenen Geldbeträge heran. Die Automatenbetreiberin war jedoch der Auffassung, die Mehrwertsteuer dürfe nur auf die von ihr entnommenen 40% aller Spieleinsätze erhoben werden und legte daher Widerspruch und Klage gegen den Steuerbescheid ein. Das FG Hamburg hat dem EuGH vorgelegt und folgende Antwort erhalten:

Art. 11 Teil A Absatz 1 Buchstabe a der Sechsten Mehrwertsteuerrichtlinie (ABl. 1977 L 145/1) legt fest, Besteuerungsgrundlage sei "bei Lieferung von Gegenständen und Dienstleistungen ... alle, was den Wert der Gegenleistung bildet, die der Lieferer oder Dienstleistende für diese Umsätze vom Abnehmer oder Dienstleistungsempfänger oder von einem Dritten erhält oder erhalten soll...". Die vom Betreiber für die Bereitstellung der Automaten tatsächlich erhaltene Gegenleistung bestehe nur in dem Teil der Spieleinsätze, über den er effektiv selbst verfügen könne. Die Einsätze der Spieler bestünden im vorliegenden Fall aus zwei Teilen: einem Teil der zur Auffüllung der Gewinnkasse und somit zur Auszahlung als Gewinn bestimmt sei, und einem zweiten Teil, der in die Automatenkasse, d.h. an den Betreiber gelange. Da der Teil, der als Gewinn wieder ausgeschüttet wird, von vornherein zwingend feststehe, könne er nicht als Gegenleistung für die Bereitstellung der Automaten angesehen und damit auch nicht der Mehrwertsteuer unterworfen werden.

Urteil vom 5. Mai 1994, Rs. C-38/93, Glawe Spiel- und Unterhaltungsgeräte (Slg. 1994, S. I-1679)

*   **Besteuerungsgrundlage bei Werbegeschenken ist der Einkaufspreis und nicht ein hypothetischer Verkaufspreis[FE]**

Nach Gemeinschaftsrecht ist es den nationalen Steuerbehörden verwehrt, bei der Abgabe von "Werbegeschenken" im Gegenzug für die Werbung neuer Kunden einen fiktiven Warenwert anzusetzen. Die Besteuerungsgrundlage für die Mehrwertsteuer muß vielmehr dem Aufwand des Unternehmens entsprechen, regelmäßig also dem Einkaufspreis der Ware.

Vor dem Value Added Tax Tribunal in Manchester war ein Rechtsstreit zwischen einem Versandhandelsunternehmen und der Steuerbehörde anhängig. Das Unternehmen hatte zur Werbung neuer Kunden zwei Programme eingeführt: Neue Kunden, die einen Fragenbogen über ihre Einkommensverhältnisse und Kreditwürdigkeit ausgefüllt und mindestens einen Artikel aus dem Katalog des Unternehmens bestellt und bezahlt hatten, konnten sich aus einem Prospekt einen weiteren Artikel gratis aussuchen (sog. "self-introduction scheme"). Kunden, die bereits in der Kartei des Unternehmens erfaßt waren, konnten einen Freund oder Bekannten als Kunden werben. Sobald der neue Kunde das Formular ausgefüllt und einen Artikel aus dem Katalog bestellt und bezahlt hatte, erhielt der Werber ein Geschenk nach Wahl aus dem Prospekt (sog. "introduce-a-friend scheme"). Die zur Auswahl stehenden Geschenkartikel waren nicht im üblichen Warensortiment des Unternehmens enthalten und hatten somit keinen "Katalogpreis". In ihrer Mehrwertsteuererklärung verbuchte das Unternehmen daher den Einkaufspreis dieser Waren. Die Steuerbehörden waren dagegen der Ansicht, es müsse der Einkaufs- oder Selbstkostenpreis um ca. 50 % erhöht werden, was nach ihrer Schätzung zu dem Preis geführt hätte, den das Unternehmen berechnet hätte, wenn die Waren in ihrem Verkaufskatalog angeboten worden wären. Das Unternehmen klagte gegen die entsprechenden Steuerbescheide.

Der EuGH gab dem Versandunternehmen Recht. Artikel 11 Teil A Absatz 1 Buchstabe a der Sechsten Mehrwertsteuerrichtlinie (RL 77/388, ABl. 1977 L 145/1) sei dahingehend auszulegen, daß bei der Abgabe von Waren im Austausch gegen Dienstleistungen (hier die Vorstellung von potentiellen künftigen Kunden) der Wert der Waren danach zu bemessen ist, was sie den Lieferanten tatsächlich gekostet haben (sog. subjektiver Wert).

Urteil vom 2. Juni 1994, Rs. C-33/93, Empire Stores (Slg. 1994, S. I-2329)

5. Warenverkehr

5.7. Zoll- und Aussenhandelsrecht der EG

5.7.1. Anwendung des GZT: Allgemeine Grundsätze

* **Keine Zollpräferenzen für Windjacken aus China und Südkorea[DS]**

Die *VO 3563/84 zur Anwendung allgemeiner Zollpräferenzen für Textilwaren mit Ursprung in Entwicklungsländern im Jahr 1985* (ABl. 1984 L 338/98) erstreckt sich in Anhang II Kategorie 161 nicht auf aus China und Südkorea eingeführte Herrenwindjacken aus Leinen.

Die Firma Lloyd-Textil führte aus China und Südkorea einen Posten Herren-Windjacken aus Leinen in die Bundesrepublik ein. Hierauf wurde ein Zoll erhoben. In dem Verfahren vor den deutschen Gerichten vertrat Lloyd-Textil die Auffassung, daß die Waren in den Anwendungsbereich der VO 3563/84 fallen und der Zoll deshalb auszusetzen sei. Auf Vorlage des Bundesfinanzhofes entschied der EuGH im oben genannten Sinn.

Urteil vom 22. Dezember 1993, Rs. C-304/92, Lloyd-Textil (Slg. 1993, S. I-7007)

* **Italien: Gesetz über die Zollanmeldung rechtswidrig[DS]**

Auf Klage der Kommission hat der EuGH entschieden, daß Italien gegen die *VO 3632/85 zur Festlegung der Voraussetzungen, unter denen eine Person eine Zollanmeldung abgeben kann* (ABl. 1985 L 350/1) verstoßen hat. Ein Verstoß gegen Art. 2 und 3 VO 3632/85 ist darin zu sehen, daß Italien nationale Rechtsvorschriften aufrechterhalten hat, nach denen es dem Eigentümer obliegt, die Zollanmeldung abzugeben und die Vertretung der Eigentümer den Zollspediteuren vorbehalten wird, ohne eindeutig die Möglichkeit der Abgabe einer Anmeldung im eigenen Namen und für fremde Rechnung vorzusehen. Gegen Art. 6 VO 3632/85 hat Italien verstoßen, indem die italienischen Gesetze von Angestellten, die mit der Abgabe der Zollanmeldungen betraut sind, die gleiche Befähigung verlangen wie von den selbständigen Gewerbetreibenden.

Urteil vom 9. Februar 1994, Rs. C-119/92, Kommission gegen Italien - Zollspediteure (Slg. 1994, S. I-393)

* **Wichtiges Urteil zum "Barter-Trade" mit Staatshandels- und Entwicklungsländern[FE]**

Im Rahmen von Kompensations- bzw. Tauschhandelsgeschäften dürfen Ursprungszeugnisse ausnahmsweise nachträglich neu ausgestellt werden, wenn das endgültige Abnehmerland bekannt ist.

Eine französische Spedition hatte in den Jahren 1987 und 1988 Lederbekleidung aus Indien nach Frankreich eingeführt. In den indischen Ursprungszeugnissen (Formblatt A) waren als Bestimmungsländer jedoch Polen und die Tschechoslowakei angegeben. Die französischen Zollbehörden weigerten sich wegen dieser falschen Angaben, den Indien zustehenden Präferenzzollsatz auf die Waren anzuwenden.

Hintergrund der falschen Angaben sind Tauschhandelsgeschäfte, wie sie häufig im Handel mit Ländern getätigt werden, die Schwierigkeiten haben, Importe bar zu bezahlen. Vorliegend hatte Indien Waren aus Polen und der Tschechoslowakei bezogen. Als Bezahlung wurde im Gegenzug die Lederbekleidung vorgesehen. Die polnischen und tschechischen Handelspartner verkauften die Ware jedoch weiter nach Frankreich und baten die indischen Partner, direkt an den Endabnehmer zu liefern.

Der EuGH erklärte, die französischen Behörden hätten zu Recht die Anwendung des Präferenzzolls verweigert. Die Angabe "Europäische Wirtschaftsgemeinschaft" oder eines der Mitgliedstaaten im Feld 12 des Formblatts, als Empfängerland, sei eine wesentliche Voraussetzung für die Gewährung der Zollpräferenzen.

Weiter entschied der EuGH dann jedoch, da beim Abschluß des Vertrages das endgültige Abnehmerland noch nicht mit Sicherheit bekannt war, durfte zunächst das Land des Wirtschaftsteilnehmers eingetragen werden, der Partei des Tauschgeschäftes ist. Ausnahmsweise sei dem Importeur zu gestatten, von den Behörden des exportierenden Landes - hier also aus Indien - neue Ursprungszeugnisse zu beschaffen, in die nunmehr die EG als endgültiger Zielort eingetragen ist.

Urteil vom 24. Februar 1994, Rs. C-368/92, Solange - Bonnieux (Slg. 1994, S. I-605)

*   **Nationale Abgaben auf die Einfuhr von Erzeugnissen aus Drittländern**[DS]

Eine inländische Verbrauchssteuer, die u.a. auf die Einfuhr von audiovisuellen und photo-optischen Erzeugnissen aus Drittländern erhoben wird, stellt keine Abgabe i.S. des Art. 12 EWGV dar (Einfuhrzoll), wenn die Steuer nach objektiven Kriterien erhoben wird und der allgemeinen Finanzierung von Staatsausgaben dient. Eine solche Steuer ist auch nicht am Maßstab des Art. 95 EWGV zu messen, weil Art. 95 EWGV nur auf Waren Anwendung findet, die sich in den Mitgliedstaaten im freien Verkehr befinden. Art. 95 EWGV findet hingegen keine Anwendung auf Waren aus Drittstaaten. Die Erhebung der Abgabe verstößt auch nicht gegen Art. 113 EWGV, weil Art. 113 EWGV dem Einzelnen keine hinreichend klaren und unbedingten Rechte verleiht. Demzufolge ist die Erhebung der Abgabe mit dem Gemeinschaftsrecht vereinbar. Etwas anderes könnte sich allenfalls aus vertraglichen Abmachungen zwischen der EG und den betroffenen Drittländern ergeben.

Urteil vom 13. Juli 1994, Rs. C-130/92, OTO SpA (Slg. 1994, S. I-3281)

*   **Tarifierung von orthopädischen Schuhen**[FE]

Sandalen und Schuhe mit Laufsohlen aus Kunststoff und Oberteil aus Spinnstoff bzw. Kunststoff, die zum Tragen über einem Gipsverband am Fuß bestimmt sind, sind keine "orthopädischen Vorrichtungen" i.S.d. Tarifstelle 9021 und auch keine "Vorrichtungen zum Behandeln von Knochenbrüchen" i.S.d. Unterposition 9021 19 90 der Kombinierten Nomenklatur. Eine Einordnung durch die Zollbehörden in die Unterpositionen 6404 19 90 ("andere Schuhe mit Laufsohlen aus Kautschuk oder Kunststoff" für die Sandalen) bzw. 6402 91 90 ("andere Schuhe mit Laufsohlen und Oberteil aus Kautschuk oder Kunststoff" für die Schuhe) ist nicht zu beanstanden.

Anmerkung der Red.: Die vom EuGH hier vorgenommene Tarifierung erscheint nicht unproblematisch, da in den Anmerkungen zu Kapitel 64 ausdrücklich erklärt ist, "1. Zu Kapitel 64 gehören nicht ... d) orthopädische Schuhe ... (Position 9021)". Der Unterschied ist bedeutsam, da auf Waren der Tarifstelle 6402 bzw. 6404 ein Zoll von 20% erhoben wird, während der Einfuhrzoll für Waren der Tarifstelle 9021 19 90 nur 5,8% beträgt.

Urteil vom 24. März 1994, Rs. C-148/93, 3M Medica GmbH (Slg. 1994, S. I-1123)

*   **Tarifierung von Reisetaschen**[FE]

Reisetaschen aus Zellkunststoff (PVC), die innen mit Gewebe verstärkt sind, werden dem Kapitel 4202 "Waren mit Außenseite aus Kunststoff und nicht aus Spinnstoff" des Gemeinsamen Zolltarifs zugeordnet, wenn der Spinnstoff als bloße Unterlage dient, insbesondere wenn der Spinnstoff ungemustert oder ungefärbt und nur auf einer Seite auf den Kunststoff aufgebracht ist.

Urteil vom 12. April 1994, Rs. C-150/93, Superior France (Slg. 1994, S. I-1161)

*   **Tarifierung von Computer-Monitoren**[FE]

Am 7. Juni 1991 trat eine Änderung des Gemeinsamen Zolltarifs in Kraft (VO 1288/91, ABl. 1991 L 122/11), mit der klargestellt wurde, daß "automatische Datenverarbeitungsmaschinen" und ihre "Ein- und Ausgabeeinheiten" in die Tarifstelle 8471 92 90 eingereiht werden müssen. Damit ist ein Zollsatz von 4,9% anzuwenden. Unter "Ausgabegeräte" fallen unstreitig auch Monitore.

Die Firma Siemens Nixdorf hatte jedoch vor Inkrafttreten dieser VO eine Position Farbmonitore eingeführt. Bei der Abfertigung entstand Streit, ob diese in die Tarifstelle 8471 einzureihen sind, die nach ihrer früheren Definition für "automatische Datenverarbeitungsmaschinen und ihre Einheiten" anzuwenden ist. Das Hauptzollamt Augsburg war dagegen der Ansicht, die allgemeinere Tarifstelle 8543 sei anwendbar. Diese gilt für "elektrische Maschinen, Apparate und Geräte mit eigener Funktion, in Kapitel 85 anderweit weder genannt noch inbegriffen", mit der Folge, daß ein Zollsatz von 7% zur Anwendung kam.

Das Finanzgericht München erhielt auf Vorlage an den EuGH folgende Klarstellung: Auch vor dem 7. Juni 1991 war die Tarifstelle 8471 auf Farbmonitore anzuwenden, die nur Signale von der Zentraleinheit einer automatischen Datenverarbeitungsmschine empfangen können und unabhängig von einem solchen Computer kein Farbbild, insbesondere keine Video Signale wiedergeben können.

Urteil vom 19. Mai 1994, Rs. C-11/93, Siemens Nixdorf Informationssysteme (Slg. 1994, S. I-1945)

* **Tarifierung eines Testkits zur Bestimmung des Cholesterinspiegels im Blut**[FE]

Eine Warenzusammenstellung für den Einzelverkauf, die zur diagnostischen Bestimmung des Cholesterinspiegels im Blutplasma vertrieben wird, fällt nach Ansicht des EuGH unter die Position 4823 90 90 (Andere Papiere, Pappen, Zellstoffwatte und Vliese aus Zellstoffasern, zugeschnitten) der harmonisierten Zollnomenklatur. Der Generalanwalt hatte die Tarifposition 3822 (Zusammengesetzte Diagnostik- oder Laborreagenzien) vorgeschlagen. Für die Einfuhr des Testkits "Chemcard Cholesteroltest" aus den USA bedeutet dies einen Zollsatz von 11% (nach der Auslegung des Generalanwalts wären es 7,6% gewesen).

Urteil vom 2. Juni 1994, Rs. C-356/93, Techmeda (Slg. 1994, S. I-2371)

* **Tarifierung von Wildschweinfleisch**[FE]

Einfuhren von Fleisch, das nach Bestätigung der nationalen Behörden des Ursprungslandes von wildlebenden Schweinearten stammt, fallen nicht unter die Tarifstellen 0203 für Hausschweine-Fleisch, sondern unter die Tarifstellen für "anderes" Schweinefleisch. Daraus ergibt sich i.d.R. ein niedrigerer Einfuhrzoll.

Urteil vom 9. August 1994, Rs. C-393/93, Walter Stanner (Slg. 1994, S. I-4011)

* **Tarifierung von Schlafanzügen**[FE]

Bei der Auslegung des Gemeinsamen Zolltarifs (GZT) ist grundsätzlich auf objektive Merkmale abzustellen, damit eine möglichst einheitliche Anwendung in allen Mitgliedstaaten gewährleistet werden kann. "... Nachthemden, Schlafanzüge ... für Frauen oder Mädchen" i.S.d. Tarifstelle 6108 sind daher Kleidungsstücke, die im wesentlichen dazu bestimmt sind, im Bett getragen zu werden. Erfaßt werden also einerseits nicht nur Kleidungsstücke, die ausschließlich im Bett getragen werden können, andererseits aber nicht alle Kleidungsstücke, die auch im Bett getragen werden könnten.

Urteil vom 9. August 1994, Rs. C-395/93, Neckermann Versand (Slg. 1994, S. I-4027)

*   Tarifierung von Mecadecks[DS]

Die *VO 2257/88 über die Einreihung von bestimmten Waren in die Kombinierte Nomenklatur* ist ungültig, soweit sie die Mecadecks in Punkt 9 ihres Anhanges der Unterposition 8521 10 39 zuweist.

Die südkoreanische Firma Goldstar Europe GmbH importierte in den Jahren 1988 bis 1991 sog. Mecadecks (Bandtransportmechaniken für Videogeräte) von Südkorea nach Deutschland. Der Import wurde mit demselben Zollsatz (14 %) belegt, der für vollständige Videogeräte galt, vgl. Punkt 9 des Anhangs zur *VO 2257/88 über die Einreihung von bestimmten Waren in die Kombinierte Nomenklatur* (ABl. 1988 L 200/10). Im Jahr 1991 erließ der Rat die VO 3085/91 (ABl. 1991 L 291/12), in der festgelegt wurde, daß Mecadecks nicht den vollständigen Videogeräten gleichgestellt werden dürfen, sondern als Ersatzteile zu behandeln sind. Der Zollsatz wurde demzufolge auf 5,8 % festgelegt. Daraufhin beantragte Goldstar für den Zeitraum zwischen 1988 und 1991 teilweise Rückerstattung des Zolls. Da das Hauptzollamt die Rückerstattung verweigerte, erhob Goldstar Klage zum Finanzgericht Rheinland-Pfalz. Auf Vorlage des Gerichts entschied der EuGH:

Wenn der Rat keine Rechtsakte über die Tarifierung von bestimmten Waren erlassen hat, obliegt es grundsätzlich der Kommission, die Waren in die Kombinierte Nomenklatur einzureihen. Dabei kommt der Kommission ein weites Ermessen zu. Die von der Kommission vorgenommene Tarifierung ist jedoch rechtswidrig, wenn die Kommission einen offensichtlichen Beurteilungsfehler begangen hat.

Im konkreten Fall ist von einem offensichtlichen Beurteilungsfehler auszugehen. Die Tarifierung der Mecadecks beruhte nämlich auf der Tatsache, daß die Mecadecks das alleinige Herzstück der Videogeräte seien mit der Folge, daß die Mecadecks wie vollständige Videogeräte zu behandeln seien.

Nach Ansicht des EuGH hat die Kommission hierbei aber übersehen, daß die elektronischen Elemente für die besondere Funktionsweise von Videogeräten ebenso unentbehrlich sind und die Mecadecks nur 30 % bis 40 % des Wertes der Videogeräte ausmachten. Deshalb hätte die Kommission die Mecadecks nur als Ersatzteile qualifizieren dürfen.

Urteil vom 13. Dezember 1994, Rs. C-401/93, Goldstar Europe

* **Quotenkosten dürfen nicht in den Zollwert von Waren einbezogen werden**[FE]

Soweit die Gemeinschaft mit Drittländern generell oder in Bezug auf bestimmte Produkte mengenmäßige Handelsbeschränkungen vereinbart hat, werden den interessierten Handelsunternehmen sog. Import- oder Exportkontingente, d.h. Anteile an der Gesamtquote, eingeräumt. Immer wieder kommt es vor, daß die Inhaber solcher Kontingente diese nicht selbst ausschöpfen wollen oder können und ihre Quoten an andere Handelsunternehmen verkaufen. Die dafür gezahlten Geldbeträge werden als Quotenkosten bezeichnet. In einem aktuellen Urteil hat der Gerichtshof entscheiden, daß die Quotenkosten nicht Teil des Warenwerts sind, d.h. diesen nicht erhöhen. Es brauche daher auch nicht geprüft zu werden, ob die Ausfuhrquoten in dem betreffenden Exportland rechtmäßig gehandelt werden können.

Urteil vom 19. Mai 1994, Rs. C-29/93, OSPIG Textil (Slg. 1994, S. I-1963)

* **Zollwertermittlung im Textilhandel - Einbeziehung von Quotenkosten**[FE]

Für Einfuhren von Textilien in Industriestaaten (darunter die EG) gibt es nach den sog. Multifaserabkommen nach wie vor Einfuhrquoten, die den Exportländern zugeteilt werden. Die betreffenden Länder entscheiden selbst, wie sie diese Quoten unter ihren Herstellern aufteilen wollen, ob die Quoten gehandelt werden dürfen und ob die Hersteller für die Quoten bezahlen müssen. Daraus ergibt sich die Unterscheidung in Eigenquoten, die einem Hersteller unmittelbar zugeteilt wurden, und Fremdquoten, die er von einem anderen Hersteller übernommen hat, sowie in entgeltliche und unentgeltliche Quoten.

Bei der Feststellung des Zollwertes der eingeführten Textilien ist grundsätzlich vom Transaktionswert, d.h. dem Rechnungsbetrag, auszugehen. Soweit in der Rechnung die Quotenkosten nicht gesondert ausgewiesen werden, kommt ein Abzug vom Zollwert nicht in Betracht. Sind die Quotenkosten gesondert ausgewiesen, dürfen jedoch auch nur entgeltlich erworbene Quoten berücksichtigt werden. Wenn der Hersteller dem Importeur einen Geldbetrag für unentgeltlich erworbene Quoten in Rechnung stellt, so liegt in Wahrheit in verdeckter Preisbestandteil vor, der vom Zollwert nicht abgezogen werden kann.

Urteil vom 9. August 1994, Rs. C-340/93, Klaus Thierschmidt (Slg. 1994, S. I-3905)

* **Begriff des Warenurprungs im Handelsabkommen EWG-Österreich**, siehe Rs. C-12/92, Huygen u.a.

* **Überseeische Länder und Gebiete: Begriff der Ursprungsware**[DS]

Waren mit Ursprung in den überseeischen Ländern und Gebieten können gem. Beschluß 91/482 frei von Zöllen und sonstigen Abgaben in die Gemeinschaft eingeführt werden. Erfüllt ein Produkt nicht die im Beschluß 91/482 niedergelegte Definition der Ursprungsware, so kann diesem Produkt auf Antrag gleichwohl der Status als Ursprungsware verliehen werden. Wird ein solcher Antrag nicht innerhalb von 60 Werktagen nach Eingang der vollständigen Unterlagen beim Vorsitzenden des Ausschusses für Ursprungsfragen abgelehnt, so gilt der Antrag als angenommen. Lehnt die Kommission nach Ablauf der Frist einen Antrag auf Anerkennung als Ursprungsware ab, so ist diese Entscheidung der Kommission rechtswidrig und damit aufzuheben.

Die niederländischen Antillen beantragten, bestimmte in den niederländischen Antillen verarbeitete Videokassetten als Ursprungswaren i.S. des *Beschlusses 91/482 über die Assoziation der überseeischen Länder und Gebiete mit der Europäischen Wirtschaftsgemeinschaft* anzuerkennen. Hierzu reichten die niederländischen Antillen einen Antrag auf Erteilung einer Ausnahmegenehmigung ein, da die Videokassetten nicht der gesetzlichen Definition der Ursprungsware entsprachen. Der Antrag war formal vollständig. Gleichwohl machte die Kommission die Bearbeitung von der Übermittlung weiterer Auskünfte abhängig. Zuvor könne die Bearbeitungsfrist von 60 Werktagen nicht zu laufen beginnen. Nach Ablauf der Frist von 60 Tagen entschied die Kommission, daß der Antrag der niederländischen Antillen abgelehnt werden müsse. Gegen diese Entscheidung erhoben die Niederlande Klage zum EuGH.

Der EuGH entschied, daß die Genehmigungsfiktion mit Ablauf der Bearbeitungsfrist eintrat. Damit sind die Waren als Ursprungswaren zu qualifizieren. Die gegenteilige Entscheidung der Kommission ist deshalb rechtswidrig und aufzuheben.

Die Kommission könne sich auch nicht darauf berufen, daß sie für die Beurteilung der Genehmigungsfähigkeit noch weitere Unterlagen benötigt habe. Die Frist beginne mit Einreichung des vollständigen Antragsformulars beim Vorsitzenden des Ausschusses für Ursprungsfragen. Die Frage, ob der Antrag formal vollständig sei, sei von dessen inhaltlicher Prüfung zu unterscheiden. Die von der Kommission vertretene Auffassung führe dazu, daß es die Gemeinschaftsbehörden in der Hand hätten, den Antrag zu verzögern. Dies widerspreche aber dem Interesse nach Rechtssicherheit und der Garantie für eine schnelle und effiziente Bearbeitung der Anträge.

Urteil vom 26. Oktober 1994, Rs. C-430/92, Niederlande gegen Kommission (Slg. 1994, S. I-5197)

* **Nichtigkeit einer Antidumping-VO bei rechtswidriger Eröffnung des Antidumpingverfahrens[DS]**

Wird gegen ein Unternehmen ein endgültiger Antidumpingzoll festgesetzt, obwohl bei Eröffnung des Antidumpingverfahrens nicht die gem. Art. 7 Abs. 1 Antidumping-GrundVO erforderlichen Beweismittel für die Einleitung des Verfahrens vorlagen, so ist die Festsetzung des endgültigen Antidumpingzolles für nichtig zu erklären.

Aufgrund einer Beschwerde der Ferrosilicium-Hersteller der Gemeinschaft erließ der Rat die VO 3650/87 (ABl. 1987 L 343/1), die einen endgültigen Antidumpingzoll auf die Einfuhr von Ferrosilicium mit Ursprung in Brasilien festsetzte. Der brasilianische Ferrosilicium-Hersteller Rima Eletrometalurgia war von der VO ausgenommen. 1990 leitete die Kommission aufgrund der Beschwerde einiger brasilianischer Unternehmen ein Überprüfungsverfahren gem. der Antidumping-GrundVO (VO 2423/88, ABl. 1990 L 209/1) ein. Dabei bezog die Kommission auch Rima in die Untersuchungen mit ein. Gem. Art. 1 Abs. 3 der VO 1115/91 (ABl. 1991 L 111/1) wurde der endgültige Antidumpingzoll für Rima nunmehr auf 12,2 % festgesetzt. Hiergegen erhob Rima Klage zum EuGH. Dieser entschied:

Die Eröffnung einer Untersuchung - sei es bei Eröffnung eines Antidumpingverfahrens, sei es im Rahmen der Überprüfung einer Antidumping-VO - hängt davon ab, daß es ausreichend Beweismittel für das Vorliegen eines Dumpings gibt. Dies ergibt sich sowohl aus der Antidumping-GrundVO als auch aus den Bestimmungen des GATT. Im vorliegenden Fall haben nach Ansicht des EuGH die erforderlichen Beweismittel gefehlt.

Der Rat, der die streitige Antidumping-VO 1115/91 erlassen hat, kann sich nicht darauf berufen, daß das Überprüfungsverfahren aufgrund der Beschwerde brasilianischer Unternehmen eingeleitet wurde. Denn die von den Unternehmen gemachten Angaben können kein Beweismittel für das Vorliegen eines Dumpings sein. Diese Angaben bezwecken vielmehr, den Wegfall des Dumpings zu dokumentieren.

Auch der Preisverfall auf dem Ferrosiliciummarkt der Gemeinschaft ist kein hinreichendes Beweismittel für das Vorliegen eines Dumpings. Die brasilianischen Hersteller hatten insoweit nämlich vorgetragen, daß die Schwäche des Ferrosilicium-Markts auf die weltweiten Überkapazitäten zurückzuführen sei. Auch in Brasilien sei der Markt zusammengebrochen, so daß kein Dumping mehr vorliege.

Der Rat kann sich schließlich auch nicht darauf berufen, daß die Einbeziehung Rimas in die Untersuchung unter dem Gesichtspunkt der Gleichbehandlung geboten gewesen sei. Notwendig sei allenfalls die Einbeziehung aller Unternehmen, gegen die in der ersten Antidumping-VO 3650/87 ein Antidumpingzoll festgesetzt wurde.

Urteil vom 7. Dezember 1993, Rs. C-216/91, Rima Eletrometalurgia (Slg. 1993, S. I-6303)

5. Warenverkehr

5.7. Zoll- und Aussenhandelsrecht der EG

5.7.5. Handelsrechtliche Schutzmaßnahmen

a) Verfahren bei Schutzmaßnahmen, Rechtsschutz

* Der Gerichtshof gestattet die Ausdehnung eines Antidumping-Schutzzolls auf weitere Produkte durch bloße "Berichtigung" der entsprechenden VO[FE]

Antidumping-Zölle können so festgesetzt werden, daß sie, vor allem bei Produkten, die schnellem technischen Wandel unterliegen, auch zukünftige Generationen des betroffenen Produkts erfassen, ohne daß jeweils das Entscheidungsverfahren in der Kommission bzw. im Rat neu zu durchlaufen wäre.

Am 23. Januar 1990 erließ die Kommission die VO 165/90 (ABl. 1990 L 20/5), mit der sie Selbstverpflichtungserklärungen von elf großen japanischen Herstellern sog. DRAMs (Dynamic Random Access Memory-Chips) akzeptierte, und für alle anderen Einfuhren solcher Chips aus Japan einen vorläufigen Antidumping-Zoll von 60% festsetzte. Aus den Begründungserwägungen der VO war ersichtlich, daß die Kommission auch zukünftige Generationen der Chips in dieses Antidumping-Verfahren einbezogen wissen wollte.

Am 10. Februar wurde die VO 165/90 formlos berichtigt und im Amtsblatt bekanntgegeben, daß die VO sich nicht nur auf Chips der Tarifstelle 8542 11 71 (Mikrocontroller mit einer Verarbeitungskapazität von 8 bit oder weniger) erstrecke, sondern auch auf Chips der Tarifstelle 8542 11 43 (programmierbare Lesespeicher; ABl. 1990 L 131/6).

Am 26. Juli 1990 trat schließlich die VO des Rates in Kraft, mit der für beide Typen von Chips ein endgültiger Antidumping-Zoll von 60% festgelegt wurde (ABl. 1990 L 193/1).

Am 5. April 1990, d.h. nach Bekanntgabe der Berichtigung aber vor Inkrafttreten der endgültigen Antidumping-VO, importierte die Firma AC-ATEL Toshiba Chips des Typs 8542 11 43 über den Flughafen München Riem. Dabei entstand Streit über die Frage, ob auf diese Chips der Antidumping-Zoll erhoben werden durfte. Das Finanzgericht München hatte Zweifel, ob eine Gemeinschaftsverordnung durch eine einfache Berichtigung inhaltlich geändert werden kann, und legte dem EuGH vor. Weder der Generalanwalt noch der Gerichtshof hatten jedoch Bedenken gegen die Ausdehnung des Antidumping-Zolls per Berichtigung auf den anderen Chip-Typ.

Anmerkung der Red.: Dieses Urteil muß verwundern, wenn man die hohe Meßlatte betrachtet, die der EuGH normalerweise an die Zulässigkeit von Änderungen an Rechtsakten der Kommission anlegt (vgl. zuletzt das Urteil vom 15. Juni 1994, Rs. C-137/92 P, PVC-Kartell, BLE 14/94, S. 2). Sollte es etwa eine Rolle gespielt haben, daß die Betroffenen vorliegend japanische, d.h. außereuropäische Hersteller gewesen sind, denen unfaire Handelspraktiken zulasten von europäischen Wettbewerbern vorgeworfen werden?

Urteil vom 2. Juni 1994, Rs. C-30/93, AC-ATEL (Slg. 1994, S. I-2305)

* Unselbständige Vertriebsorganisationen haben keine eigene Klagebefugnis gegen Antidumping-Zölle[FE]

Der Gerichtshof beschränkt die Rechtsschutzmöglichkeiten von joint-venture Unternehmen in der Volksrepublik China: Klagen gegen Antidumpingzölle kann grundsätzlich nur der chinesische Staat oder die zuständige staatliche Stelle erheben. Eine quasi-marktwirtschaftliche Unabhängigkeit der Unternehmen in den chinesischen Sonderwirtschaftszonen wäre von diesen konkret nachzuweisen.

Der europäische Verband der Feuerzeughersteller stellte 1989 einen Antrag auf Einleitung eines Antidumpingverfahrens gegen Einfuhren von Einwegfeuerzeugen aus der VR China, der Republik Korea und Thailand. Die Kommission eröffnete das Verfahren und sandte u. a. an den chinesischen Hersteller Gao Yao Hua Fa Industrial in Guangdong den üblichen Antidumping-Fragebogen. Gao Yao ist ein joint-venture-Unternehmen in einer chinesischen Sonderwirtschaftszone. In ihrer Antwort führte Gao Yao aus, sie habe ein "Sales Office" in Hongkong, über das der Einfachheit halber die Korrespondenz abgewickelt werden könne. Nach Festsetzung des endgültigen Antidumpingzolls in Höhe von 16,9 % auf Einwegfeuerzeuge aus China in der VO 3433/91 (ABl. 1991 L 326/1) erhob Gao Yao Hongkong Nichtigkeitsklage. Diese Klage wurde vom Gerichtshof mit folgenden Argumenten für unzulässig erklärt:

Antidumpingverordnungen sind grundsätzlich Rechtsnormen mit abstrakt generellem Charakter. Dennoch ist nicht ausgeschlossen, daß einzelne Wirtschaftsteilnehmer konkret und individuell betroffen und damit klagebefugt sind. Dies ist insbesondere der Fall "bei produzierenden und exportierenden Unternehmen, die nachweisen, daß sie in den Rechtsakten der Kommission oder des Rates namentlich genannt oder von den vorbereitenden Handlungen betroffen waren, sowie bei Einführern … deren Wiederverkaufspreise für die betreffenden Waren zur Festsetzung des Ausfuhrpreises dienen."

Im vorliegenden Fall hat die Produzentin ihren Sitz in der VR China, einem Land, in dem bislang keine Marktwirtschaft besteht, und das daher im Antidumpingrecht gesondert behandelt wird (vgl. Art. 2 Absatz 5 der VO 2423/88 über den Schutz gegen gedumpte oder subventionierte Einfuhren, ABl. 1988 L 209/1). Die Produzentin führt jedoch keine Verkaufstätigkeit durch. Alle Verkäufe werden über die Gesellschaft in Hongkong abgewickelt, einem Land mit marktwirtschaftlichem System, das bei der Berechnung des Dumping anders zu behandeln wäre.

In der VO 3433/91 ist nur die Produzentin in Guangdong namentlich genannt. Die Tatsache, daß Gao Yao Hongkong am Untersuchungsverfahren beteiligt war reicht für sich allein nicht zur Begründung der Klagebefugnis aus. In diesem Verfahren kann die Kommission von jeder natürlichen oder juristischen Person sachdienliche Informationen in Empfang nehmen ohne deren rechtliche Identität und/oder Parteistellung zu prüfen. Bei der Beantwortung des Fragebogens hat Gao Yao Hongkong im Namen und Auftrag der chinesischen Produzentin gehandelt. Von dem Antidumpingzoll wird sie in genau gleicher Weise getroffen wie die Produzentin. Der Nachweis einer unmittelbaren und individuellen Betroffenheit - gesondert von der Betoffenheit von Gao Yao Guangdong - ist nicht erbracht worden, die Klage damit unzulässig.

5.7. Zoll- und Aussenhandelsrecht der EG

5.7.5. Handelsrechtliche Schutzmaßnahmen

a) Verfahren bei Schutzmaßnahmen, Rechtsschutz

Von besonderem Interesse sind folgende weiteren grundsätzlichen Ausführungen des Gerichtshofs zu Klagen gegen Antidumpingverordnungen bei Staatshandelsländern:

"Ein Antidumpingverfahren gegen ein Land ohne Marktwirtschaft führe im Unterschied zu den andere Länder betreffenden Antidumpingverfahren normalerweise zu der Festsetzung eines einheitlichen Antidumpingzolls für das ganze Land. Dies sei darauf zurückzuführen, daß der Normalwert für ein solches Land auf der Grundlage einer besonderen Berechnung ermittelt werde und für das ganze Land gelten müsse, sowie darauf, daß wegen der zentralen Kontrolle der Ausfuhren angenommen werde, daß die Ausfuhrpreise koordiniert seien. Die Festsetzung eines einheitlichen Antidumpingzolls für ein solches Land habe zur Folge, daß nur der Staat oder die für die Ausfuhr der betreffenden Ware zuständige staatliche Stelle von Antidumpingmaßnahmen unmittelbar und individuell betroffen sei. Eine besondere Behandlung einzelner Ausführer, d.h. die Festsetzung von spezifischen Antidumpingzöllen für jeden einzelnen Wirtschaftsteilnehmer in einem solchen Land, werde daher nur möglich, wenn nachgewiesen werden könne, daß die Ausführer in ihrem Handeln unabhängig seien."

Wegen Ablaufs der Klagefrist können im vorliegenden Fall allerdings weder Gao Yao Guangdong noch der chinesische Staat an ihrer Stelle gegen die Antidumpingverordnung vorgehen.

Urteil vom 7. Juli 1994, Rs. C-75/92, Gao Yao (Hong Kong) - Einwegfeuerzeuge (Slg. 1994, S. I-3141)

*   **Antidumping-Zölle können nicht durch Lieferung von "Bausätzen" unterlaufen werden - wieder ein Urteil zu Fotokopiergeräten**[FE]

Eine Ware, die in Einzelteilen in die Gemeinschaft eingeführt wird, fällt unter die gleiche Tarifstelle wie das fertig montierte Produkt, wenn sämtliche Bestandteile, die erkennbar zur Erstellung des fertigen Produkts bestimmt sind, gleichzeitig zur Zollabfertigung gestellt werden. Soweit ein Antidumping-Zoll auf das Endprodukt erhoben wird, gilt dieser damit in gleicher Weise auf die Einzelteile, wobei es nicht darauf ankommt, ob die Montage aufwendig ist und qualifiziertes Personal erfordert oder nicht.

Ab 21. August 1986 erhob die Gemeinschaft auf japanische Fotokopiergeräte einen vorläufigen und ab 23. Februar 1987 einen endgültigen Antidumping-Zoll (ABl. 1986 L 239/5 und 1987 L 54/12). Wie alle Antidumping-Zölle wurde auch in diesem Fall der Zoll für das durch die Tarifstelle in der harmonisierten Zollnomenklatur definierte Produkt (Normalpapierkopierer) aus einem bestimmten Land (Japan) erhoben.

Schon einmal wurde versucht, diesen Zoll zu umgehen, nämlich durch Verlagerung der Endmontage von Japan nach Taiwan. Der EuGH hat jedoch festgestellt, daß die Verlagerung der Endmontage eines Produkts in eine eigene Produktionsstätte des gleichen Herstellers in einem anderen Land jedenfalls dann keinen Ursprung verleihen kann, wenn die Wertschöpfung der Montage spürbar geringer ist als die Wertschöpfung bei der Herstellung der Teile und ein zeitlicher Zusammenhang zwischen der Verlagerung und der Erhebung eines Antidumping-Zolls besteht (Urteil vom 13. Dezember 1989, Rs. C-26/88, Brother).

Ein neuerlicher Umgehungsversuch ist nun ebenfalls gescheitert: Auch die Verlagerung der Endmontage von Japan in die Gemeinschaft kann nicht das gewünschte Ergebnis bringen. Anders als im Brother-Fall ging es diesmal nicht um Warenursprungsregeln, da der Ursprung der Teile in Japan unbestritten war. Stattdessen konzentrierte sich der Rechtsstreit auf die Tarifierung der Teile. Dazu hat der EuGH entschieden, daß die Tarifstelle 90.10 A, Unterposition 22 (Apparate), auf die der Antidumping-Zoll angewendet wird, auch dann anzuwenden ist, wenn das Fotokopiergerät in ca. 200 Einzelteilen geliefert wird, die erst montiert werden müssen. Die Tarifstelle 90.10 A Unterposition 28 (Teile und Zubehör), auf die kein Antidumping-Zoll angewendet würde, kommt nur zur Anwendung, wenn Teile geliefert werden, die nicht ausschließlich zur Endmontage des fertigen Produkts bestimmt sind, sondern z.B. als Ersatzteile. Bei dieser Einstufung spielt es keine Rolle, ob die Montage einfach und kostengünstig oder kompliziert und nur durch hochqualifiziertes Personal vorgenommen werden kann. Die Nacherhebung des Antidumping-Zolls in Höhe von 3.112.836,97 DM war damit rechtmäßig.

Urteil vom 16. Juni 1994, Rs. C-35/93, Develop Dr. Eisbein (Slg. 1994, S. I-2655)

*   Das Selbstbeschränkungsabkommen EG-Japan über Autoeinfuhren vor dem EuGH - Gerichtliche Konkursverwalter sind kein "Gericht" i.S.d. Art. 177 EGV[FE]

Der Gerichtshof hat sich geweigert, höchst brisante Vorlagefragen zur Zulässigkeit und den Rechtswirkungen des freiwilligen Selbstbeschränkungsabkommens zwischen der Gemeinschaft und Japan über die Einfuhren japanischer Autos nach Frankreich zu beantworten: Der mit der Durchführung eines Konkurses beauftragte Richter sei kein vorlageberechtigtes "Gericht" i.S.d. Artikels 177 EGV. Indirekt hat der EuGH aber den Weg zu einer zulässigen Vorlage gewiesen: Wenn im Konkurs des Autohändlers einzelne Gläubiger nicht voll befriedigt werden, müssen diese gegen den französischen Staat auf Schadensersatz klagen und sich vor dem erkennenden Gericht auf Gemeinschaftsrecht berufen. Dieses wäre dann vorlageberechtigt und in letzter Instanz sogar vorlageverpflichtet.

Die französische Firma Monin hatte sich auf den Vertrieb einiger japanischer Automarken spezialisiert. In einem sog. freiwilligen Selbstbeschränkungsabkommen zwischen der Gemeinschaft und der japanischen Regierung hat letztere zugesagt, Autoeinfuhren nach Frankreich bis auf weiteres auf 3 % der jährlichen Zulassungen zu beschränken. Zur praktischen Durchführung dieses Abkommens wurde fünf Generalimporteuren das ausschließliche Recht zur Einfuhr eingeräumt. Monin gehörte nicht zu dieser privilegierten Gruppe von Importeuren und hatte fortan keinen Zugang mehr zu japanischen Neuwagen.

Da Gebrauchtfahrzeuge von dem Abkommen nicht erfaßt werden, verlegte sich die Firma auf den Vertrieb von sog. parallel oder grau importierten Autos, die in einem anderen Mitgliedstaat bereits einmal pro forma zugelassen und als Gebrauchtwagen nach Frankreich verbracht wurden. Um diese Umgehung des Abkommens zu unterbinden, gingen die französischen Verwaltungsbehörden in der Folge allerdings dazu über, die erforderlichen Einzelbetriebsgenehmigungen nicht mehr innerhalb der zwei Monate zu erteilen, während der die Käufer mit fremden Zulassungspapieren und -kennzeichen fahren dürfen. Zahlreiche Käufer wurden anschließend von der Polizei verfolgt und begehren jetzt Schadensersatz bzw. Rückgängigmachung des Kaufvertrags von Monin.

In dieser Situation sah sich die Firma gezwungen, ihre geschäftliche Tätigkeit einzustellen. Das Tribunal de commerce Romans beauftragte einen Richter mit dem gerichtlichen Sanierungsverfahren. Dieser Richter gelangte zu der Überzeugung, die Zahlungsunfähigkeit der Firma Monin sei durch gemeinschaftswidriges Verhalten der französischen Verwaltung und der fünf privilegierten Importeure verschuldet. Diese hätten ein unzulässiges Kartell betrieben und Beschränkungen der Warenverkehrsfreiheit bewirkt. Möglicherweise stünden Monin daher Schadensersatzansprüche zu, die im Konkursverfahren zu berücksichtigen sind.

Der beauftragte Richter legte dem EuGH daher eine Reihe von Fragen vor, insbesondere,

-     ob das Selbstbeschränkungsabkommen mit Japan zugleich eine Rechtfertigung für die Einführung an sich gemeinschaftsrechtswidriger Hindernisse für Parallelimporte von Fahrzeugen biete;

-       und ob das Selbstbeschränkungsabkommen weiterhin als Ausnahme vom Kartellverbot des Art. 85 herangezogen werden könne, mit der Wirkung, daß ein Mitgliedstaat wie Frankreich ein Kartell von fünf Generalimporteuren nicht nur dulden, sondern geradezu verlangen dürfe.

Durch Beschluß erklärte der Gerichtshof diese Vorlage jedoch für unzulässig und folgte damit dem Antrag der französischen Regierung. Der mit der Konkursabwicklung beauftragte Richter sei nicht zu einer Entscheidung in einem Rechtsstreit befugt. Seine Aufgabe bestehe lediglich darin, Informationen zu sammeln und das Konkursverfahren zu überwachen, und so die endgültige Entscheidung des Tribunal de commerce über die Verwertung der Konkursmasse vorzubereiten. Unter diesen Umständen seien die Voraussetzungen für eine Vorlage durch den beauftragten Richter nicht erfüllt, denn Art. 177 gebe dieses Recht nur *Gerichten*, denen sich in einem *tatsächlich vor ihnen anhängigen Rechtsstreit* eine Frage stelle, deren *Beantwortung zum Erlaß des Urteils erforderlich* ist.

Beschluß vom 16. Mai 1994, Rs. C-428/93, Monin Automobiles (Slg. 1994, S. I-1707)

*   **Antrag der Kommission auf einstweilige Anordnung gegen Griechenland zur Aufhebung des Embargos gegen Makedonien vom Gerichtshof abgewiesen - der EuGH (er-)findet die "political questions"-Doktrin**, siehe Rs. C-120/94 R, Kommission gegen Griechenland

*   **Deutschland unterliegt vor dem EuGH endgültig im Bananen-Streit**[FE]

Am 5. Oktober hat der EuGH letztinstanzlich die Klage der Bundesrepublik gegen die gemeinsame Marktordnung für Bananen abgewiesen. Die Quotenregelung für die Einfuhren sog. "Dollar-Bananen" bleibt damit bis auf weiteres bestehen.

Hintergrund des Verfahrens: Bananen stehen im weltweiten Handel mit Obst und tropischen Früchten an erster Stelle. Aus europäischer Sicht gibt es vor allem drei wichtige Gruppen von Erzeugerländern: 1) Aus Mittelamerika kommen vor allem qualitativ hochwertige Bananen, die dort das ganze Jahr über reifen. Hauptabnehmerland ist die Bundesrepublik Deutschland. 2) In den sog. AKP- oder Lomé-Staaten, d.h. den Ländern in Afrika, der Karibik und dem Pazifikraum, mit denen die Gemeinschaft besondere Handelsbeziehungen pflegt, werden qualitativ mittelwertige Bananen produziert und vor allem in die ehemaligen Kolonialstaaten verkauft. 3) In der Gemeinschaft selbst werden qualitativ eher minderwertige Bananen produziert, vor allem auf Madeira, den Azoren, den Kanarischen Inseln, in einigen Gebieten Portugals und Italiens, auf Kreta und in den französischen Überseedepartementen (Martinique, etc.). Die Gemeinschaft ist daher gespalten in nördliche Länder, die große Mengen Bananen einführen ohne selbst Bananen zu produzieren, und südliche Länder, die zumindest einen Teil ihres Bedarfs selbst decken. Außerdem war der Bananenhandel geprägt durch unterschiedliche traditionelle und präferenzielle Handelsbeziehungen der einzelnen Mitgliedstaaten, die von strengen Kontingenten zum Schutz der eigenen Hersteller bis zur völligen Einfuhrfreiheit reichten.

5. Warenverkehr

5.7. Zoll- und Aussenhandelsrecht der EG

5.7.5. Handelsrechtliche Schutzmaßnahmen

c) Andere handelsrechtliche Schutzmaßnahmen

Um innerhalb der Gemeinschaft den freien Handel mit Bananen gewährleisten zu können, d.h. den Binnenmarkt ohne Grenzkontrollen auch für Bananen zu verwirklichen, mußten die unterschiedlichen Regelungen der einzelnen Mitgliedstaaten angeglichen werden. In der VO 404/93 vom 13. Februar 1993 über die gemeinsame Marktordnung für Bananen (ABl. 1993 L 69/7) hat der Rat solche einheitlichen Regeln für die Einfuhr, Produktion und Vermarktung von Bananen geschaffen, welche die bisherigen unterschiedlichen nationalen Systeme ablösen. Die wesentlichen Elemente dieser Bananenmarktordnung sind: 1) Festlegung von einheitlichen Qualitätsnormen für Frischprodukte; 2) Gründung von Erzeugerorganisationen mit Befugnissen zum Erlaß von allgemeinverbindlichen Vermarktungsregeln; 3) Schaffung eines strukturellen Beihilfenprogramms für die Hersteller in der Gemeinschaft; 4) Einführung einheitlicher Kontingente und Zollsätze für Bananen aus Drittländern. Auf die im EG-Agrarrecht sonst üblichen Preisregulierungen und -interventionen wurde dagegen verzichtet.

Insbesondere die Regeln über den Handel mit Drittländern stießen in Deutschland auf Widerstand. Bislang war die Einfuhr von Bananen nach Deutschland ohne jede mengenbeschränkung zollfrei möglich. Die neue Bananenmarktordnung sieht dagegen für alle Einfuhren in die EG vereinfacht gesagt folgende Regelung vor: 1) Bis zu 875.000 Tonnen dürfen zollfrei aus den AKP-Staaten eingeführt werden. 2) Ein Kontingent von weiteren 2 Mio. Tonnen wird zwischen den AKP-Staaten und allen interessierten Drittstaaten aufgeteilt und mit einem Präferenzzoll von 100 ECU je Tonne belegt. 3) Alle darüber hinaus gehenden Einfuhren unterliegen den nichtpräferenziellen Zollsätzen von 750 ECU/Tonne (für AKP-Staaten) bzw. 850 ECU/Tonne für sonstige Staaten. Die Kontingente können für künftige Jahre aufgrund von Bedarfsvorausschätzungen unter Einbeziehung der zu erwartenden Ernte in der Gemeinschaft angepaßt werden.

Im Ergebnis laufen diese Einfuhrregelung vor allem darauf hinaus, daß Hersteller in der Gemeinschaft bevorzugt und Hersteller in Drittstaaten, vor allem in Mittelamerika, benachteiligt werden. Am meisten betroffen hiervon ist die Bundesrepublik, die den höchsten Verbrauch hat, und die bisher vor allem hochwertige mittelamerikanische Bananen zollfrei eingeführt hat. Die Bundesregierung und der Handel rechnen daher mit deutlichen Preissteigerungen und einem spürbaren Absatzrückgang, mit Folgen für die Strukturen und die Beschäftigungslage im Handel.

Der Rechtsstreit: Die Bundesrepublik hatte beim Gerichtshof zunächst einen Antrag auf Erlaß einer einstweiligen Anordnung gestellt, mit dem Ziel, die Einfuhr von Bananen aus Drittländern zu den Konditionen von 1992 weiterführen zu dürfen, d.h. für die Bundesrepublik das Inkrafttreten der Gemeinsamen Marktorganisation während des Laufes des Rechtsstreits auszusetzen. Dieser Antrag war mit Beschluß vom 29. Juni 1993 abgelehnt worden (vgl. Kap. 4.7. Seite 1). Der EuGH war der Ansicht, die Bundesrepublik habe nicht darlegen können, daß ihr im Hinblick auf das Beschäftigungsniveau und die Lebenshaltungskosten ein nicht wiedergutzumachender Schaden drohe. Die Bananenmarktordnung trat daher auch für Deutschland am 1. Juli 1993 in Kraft.

Obwohl die Bundesregierung inzwischen Zahlenmaterial vorlegen konnte, wonach sich Bananen im Handel infolge der neuen Marktordnung durchschnittlich um 63 % verteuert haben, kam der Generalanwalt im Hauptverfahren zu dem Ergebnis, der Rat habe den ihm zustehenden Ermessensspielraum nicht überschritten und die Verordnung sei daher rechtmäßig. Der EuGH ist dieser Ansicht gefolgt und hat die Klage Deutschlands kostenpflichtig abgewiesen.

Die Hauptargumente des Gerichtshofs:

1. Die Ziele der Gemeinsamen Agrarpolitik der EU sind gem. Art. 39 EGV a) die Steigerung der Produktivität der Landwirtschaft, b) die Sicherung eines angemessenen Einkommens der europäischen Landwirte, c) die Stabilisierung der Märkte, d) die Sicherstellung der Versorgung und e) die Belieferung der Verbraucher zu angemessenen Preisen. Bei Massnahmen gem. Art. 43 verfügt der Rat über ein weites Ermessen. Da häufig nicht alle der genannten Ziele gleichzeitig und in gleicher Weise verfolgt werden können, schliesst dieses Ermessen die Auswahl von Prioritäten ein. Im Einzelfall ist der Rat damit befugt, wie hier geschehen, die Einkommenssicherung zugunsten der Landwirte über die Versorgung der Verbraucher zu angemessenen Preisen zu setzen.

2. Bei der Beurteilung, ob eine Massnahme dem Ziel der Versorgung der Verbraucher zu angemessenen Preisen dient oder nicht darf nicht auf die Preise in einem einzelnen Mitgliedstaat, hier Deutschland, abgestellt werden, sondern muss das Preisniveau auf dem gesamten Gemeinsamen Markt berücksichtigt werden. Wenn unterschiedliche staatliche Systeme harmonisiert und durch eine Gemeinsame Marktordnung ersetzt werden, ist es durchaus nicht ungewöhnlich und hinzunehmen, daß sich in einzelnen Mitgliedstaaten zunächst eine Preisanpassung nach oben ergeben kann.

3. Das vertraglich in Art. 3 g) EGV fixierte Ziel, den unverfälschten Wettbewerb im Gemeinsamen Markt sicherzustellen, gilt im Agrarbereich nur eingeschränkt, wie sich aus Art. 42 I ergibt, wo ausdrücklich festgelegt ist, "Das Kapitel über die Wettbewerbsregeln findet auf die Produktion landwirtschaftlicher Erzeugnisse und den Handel mit diesen nur insoweit Anwendung, als der Rat dies unter Berücksichtigung der Ziele des Artikels 39 ... bestimmt". Im Rahmen der landwirtschaftlichen Marktordnungen ist der Rat daher befugt, der Agrarpolitik Vorrang vor der Wettbewerbspolitik einzuräumen.

4. Marktanteile von Produzenten und Importeuren landwirtschaftlicher Erzeugnisse, die diese vor Einführung einer Gemeinsamen Marktordnung besessen haben, sind keine Eigentumsrechte sondern nur "augenblickliche wirschaftliche Position[en], die den mit einer Änderung der Umstände verbundenen Risiken ausgesetzt [sind]." Die Wirtschaftsteilnehmer können sich auch nicht auf wohlerworbene Rechte oder ein berechtigtes Vertrauen auf die Beibehaltung einer bestehenden Situation berufen, solange die Entscheidung der Gemeinschaftsorgane zur Änderung der Rechtslage sich innerhalb der ihnen eingeräumten Ermessensspielräume hält.

5. In Bereichen, in denen die Gemeinschaftsorgane über ein weites Ermessen verfügen, kann eine Maßnahme nur dann wegen Verstosses gegen den Verhältnismässigkeitsgrundsatz annuliert werden, wenn der Kläger nachweist, dass die Massnahme zur Erreichung des verfolgten Ziels "offensichtlich ungeeignet" ist. Bei Prognoseentscheidungen über künftige Auswirkungen heißt dies, daß die Beurteilung des Rates nur beanstandet werden kann, wenn sie aufgrund der Erkenntnisse, über die der Rat im Zeitpunkt des Erlasses verfügte, als "offensichtlich irrig erscheint". Auch wenn die Klägerin darlegt, daß zur Erreichung des angestrebten Ziels auch andere Maßnahmen in Betracht gekommen wären, ist es nicht Sache des Gerichtshofs, seine eigene Beurteilung der Angemessenheit der gewählten Maßnahme an die Stelle der Beurteilung des Rates zu setzen, solange nicht der Beweis erbracht ist, daß die ergriffene Massnahme "zur Verwirklichung des verfolgten Ziels offensichtlich ungeeignet war".

6. Auch wenn die Kommission grundsätzlich als Kollegialorgan entscheidet, so liegt doch ein Verstoß gegen wesentliche Formvorschriften beim Erlass eines Rechtsaktes nicht schon deshalb vor, weil ein durch die Kommission vorgelegter Verordnungsentwurf bei den Ratsverhandlungen modifiziert und von dem zuständigen Kommissar ohne ausdrückliche Rücksprache mit dem Kollegium akzeptiert wird. Wenn zwischen Aushandlung der modifizierten Fassung und endgültiger Verabschiedung durch den informieren, und dieses keine Einwände erhebt, so ist den Anforderungen an das gemeinschaftliche Rechtssetzungsverfahren Genüge getan.

Urteil des EuGH vom 5. Oktober 1994, Rs. C-280/93, Deutschland gegen Rat (Bananenmarktordnung) (Slg. 1994, S. I-4973)

*   **Begriff des Warenurprungs im Handelsabkommen EWG-Österreich**[DS]

Läßt sich der genaue Ursprung einer Ware nicht mehr ermitteln, so ist die Zollbehörde des Einfuhrlandes nicht an das vom Exportland ausgestellte Ursprungszeugnis EUR 1 gebunden. Die Ware ist als Ware unbekannten Ursprungs einzuordnen. Die Zollbehörde des Einfuhrlandes ist jedoch berechtigt, andere Beweise für den Ursprung der Ware zu berücksichtigen.

Die Gesellschaft Depaire führte eine in Deutschland hergestellte Faltkartonklebemaschine von Österreich nach Belgien ein. Sie legte bei den belgischen Zollbehörden ein Ursprungszeugnis EUR 1 vor. Waren mit diesem Ursprungszeugnis fallen in den Vorzugstarif, der gem. dem Handelsabkommen EWG-Österreich gewährt wird. Da die belgischen Behörden Zweifel an der Echtheit der Bescheinigung hatten, ersuchten sie die österreichischen Behörden um Auskunft. Diese teilten mit, daß sich der Warenursprung nicht mehr ermitteln lasse. Daraufhin wurde der Zoll nacherhoben und der Angestellte der Firma, der das Ursprungszeugnis vorgelegt hatte (Herr Huygen), strafrechtlich verfolgt. Da das Strafverfahren von der Auslegung des Handelsabkommens EWG-Österreich abhing, legte das belgische Gericht dem EuGH mehrere Fragen zur Vorabentscheidung vor. Der EuGH entschied:

Das Handelsabkommen soll den Warenverkehr zwischen der Gemeinschaft und Österreich erleichtern. Zu diesem Zweck stellt der jeweilige Ausfuhrstaat für Waren mit Ursprung in der EWG bzw. Österreich ein Ursprungszeugnis EUR 1 aus. Die Zollbehörden des Einfuhrstaates sind jedoch berechtigt, bei Zweifeln die Echtheit der Bescheingung zu überprüfen. Teilt der Ausfuhrstaat den Behörden des Einfuhrstaates bei dieser nachträglichen Kontrolle mit, daß sich der Warenursprung nicht mehr ermitteln lasse, so ist die Ware als Ware unbekannter Herkunft zu qualifizieren. Der Vorzugstarif ist nicht anwendbar.

Die Behörden des Einfuhrstaates sind aber an die Feststellungen des Ausfuhrstaates nicht gebunden. Legt der Importeur neue Beweise vor, die den Ursprung der Ware nachweisen, so können diese Beweise vom Einfuhrstaat berücksichtigt werden.

Ein Importeur kann sich auf höhere Gewalt berufen, wenn die Zollbehörden des Ausfuhrstaats aufgrund eigener Nachlässigkeit den genauen Ursprung einer Ware im Rahmen der nachträglichen Kontrolle nicht feststellen können. Maßgeblich sind die Umstände des Einzelfalls. Es ist Sache des nationalen Gerichts, die hierzu erforderlichen Feststellungen zu treffen.

Urteil vom 7. Dezember 1993, Rs. C-12/92, Huygen u.a. (Slg. 1993, S. I-6381)

*   **Kein Präferenzstatus für Waren aus dem besetzten Nordteil Zyperns - deutliche Worte des EuGH zur Unrechtmäßigkeit der Besatzung**[FE]

Die in dem Assoziierungsabkommen der Gemeinschaft mit Zypern im Jahre 1972 vereinbarte Vorzugsbehandlung zypriotischer Waren gilt nicht für Waren aus dem von der Türkei seit 1974 besetzten Nordteil der Insel. Die de facto Verwaltung von Nordzypern wurde weder von der Gemeinschaft noch von ihren Mitgliedstaaten anerkannt. Warenursprungszeugnisse und Pflanzen-

gesundheitszeugnisse, die von dieser Verwaltung ausgestellt werden, dürfen entsprechend von den Behörden der Mitgliedstaaten nicht als rechtmäßige zypriotische Zeugnisse anerkannt werden.

Die zypriotischen Erzeuger und Exporteure von Zitrusfrüchten und die nationale zypriotische Vermarktungsorganisation für Kartoffeln klagten vor dem High Court of Justice gegen das Ministerium für Landwirtschaft, Fischerei und Ernährung des Vereinigten Königreichs und rügten die Behandlung von Einfuhren dieser Produkte aus dem Nordteil Zyperns. Zitrusfrüchte und Kartoffeln unterliegen dem Assoziierungsabkommen zwischen der Gemeinschaft und Zypern und genießen eine Vorzugsbehandlung bei der Einfuhr in die Gemeinschaft.

Diese Vorzugsbehandlung setzt gemäß einem Protokoll von 1977 den Nachweis des Ursprungs durch die Warenverkehrsbescheinigung EUR.1 sowie die nach der RL 77/93 erforderlichen Pflanzengesundheitszeugnisse voraus. Diese Zeugnisse werden von den zuständigen Behörden der Republik Zypern erteilt. Der High Court of Justice hat dem EuGH die Frage vorgelegt, ob die Verkehrsbescheinigungen und Gesundheitszeugnisse der Verwaltung in Nordzypern von den nationalen Behörden der Mitgliedstaaten als gleichwertig zu denen der zypriotischen Behörden im Südteil der Insel anerkannt werden dürften oder müßten. Der EuGH antwortete wie folgt:

Das System der Verkehrsbescheinigungen als Mittel zum Nachweis des Ursprungs der Waren und die Anerkennung der Pflanzengesundheitszeugnisse des Ausfuhrstaats beruhen auf dem Grundsatz des institutionellen Vertrauens zwischen den zuständigen Behörden des Ausfuhr- und des Einfuhrstaats. Letztere beweisen damit ihr Vertrauen in die Integrität und die Prüfungsverfahren der Behörden des Ausfuhrstaats. Das System zeigt auch, daß der Einfuhrstaat keine Zweifel daran hat, daß eventuelle Nachprüfungen möglich und etwaige Streitigkeiten in vertrauensvoller Zusammenarbeit gelöst werden können.

Eine solche Zusammenarbeit hinsichtlich des Nordteils der Insel sei jedoch nicht möglich. Einerseits können die als rechtmäßige Verwaltung anerkannten Behörden des zypriotischen Staats im Südteil der Insel ihre Befugnisse im Nordteil de facto nicht ausüben. Andererseits ist das Gebilde, wie es im Nordteil Zyperns besteht, und damit seine de facto Verwaltung weder von der Gemeinschaft noch von ihren Mitgliedstaaten als rechtmäßig anerkannt.

Im folgenden läßt der Gerichtshof keine Zweifel an seiner Auffassung hinsichtlich der türkischen Besatzung des Nordteils der Insel:

"Unter diesen Umständen würde die Zulassung von Verkehrsbescheinigungen, die nicht von der Republik Zypern ausgestellt wurden, mangels einer Möglichkeit zur Prüfung und zur Zusammenarbeit geradezu die Negation des Gegenstands und des Zwecks des durch das Protokoll von 1977 geschaffenen Systems darstellen."

Urteil vom 7. Juli 1994, Rs. C-432/92, Anastasiou Pissouri (Slg. 1994, S. I-3087)

Personenverkehr

Keine Grundsatz-Urteile im Berichtzeitraum

6. Personenverkehr

6.2. Freizügigkeit der Arbeitnehmer aus anderen Mitgliedstaaten

6.2.1. Einreise und Aufenthalt des Arbeitnehmers

Keine Grundsatz-Urteile im Berichtszeitraum

6. Personenverkehr

6.2. Freizügigkeit der Arbeitnehmer aus anderen Mitgliedstaaten

6.2.2. Gleichbehandlung im Arbeitsrecht und bei sozialen Vergünstigungen

* **Erfordernis der Staatsangehörigkeit für Arbeitsplätze in der Seeschiffahrt**[DS]

Auf Klage der Kommission hat der EuGH festgestellt, daß Belgien dadurch gegen Art. 48 EWGV und die *VO 1612/68 über die Freizügigkeit der Arbeitnehmer innerhalb der Gemeinschaft* (ABl. 1968 L 257/2) verstoßen hat, daß Belgien nationale Vorschriften aufrechterhalten hat, aufgrund deren bestimmte Arbeitsplätze in der Seeschiffahrt - ausgenommen der des Kapitäns und des Ersten Offiziers - belgischen Staatsangehörigen vorbehalten werden.

Urteil vom 1. Dezember 1993, Rs. C-37/93, Kommission gegen Belgien (Slg. 1993, S. I-6295)

* **Berufserfahrung aus anderen Mitgliedstaaten muß berücksichtigt werden**[FE]

Wenn bei der Einstellung, Einstufung oder Beförderung von Arbeitskräften die Länge der Berufserfahrung eine Rolle spielt, so muß Berufserfahrung, die in einem anderen Mitgliedstaat erworben wurde in gleicher Weise angerechnet werden, wie die im Inland erworbene.

Die Klägerin des Ausgangsverfahrens ist gebürtige Deutsche, die nach ihrer Eheschließung mit einem Italiener dessen Staatsangehörigkeit erworben hat. Bei ihrer Bewerbung auf eine Stelle in der Kantine der Universität Cagliari wurde sie unter anderem nach ihrer Berufserfahrung im öffentlichen Dienst gefragt. Vor ihrem Umzug nach Italien hatte die Klägerin für die Bundespost gearbeitet. Diese Tätigkeit im deutschen öffentlichen Dienst wollte man ihr jedoch nicht anrechnen.

Der EuGH stellte zunächst klar, daß es sich vorliegend nicht um einen Fall der - immer noch zulässigen - Inländerdiskriminierung handele. Auch wenn die Klägerin jetzt als Italienerin gegen den italienischen Staat klage, könne sie sich auf Gemeinschaftsrecht berufen. Jeder Gemeinschaftsbürger, der einmal von seinem Recht auf Freizügigkeit Gebrauch gemacht und in einem anderen Mitgliedstaat eine Berufstätigkeit ausgeübt habe, falle unabhängig von seinem Wohnort und seiner Staatsangehörigkeit in den Anwendungsbereich der Art. 48 ff EGV.

Zweitens stellt der Gerichtshof fest, daß die beschriebene Weigerung der Anrechnung ausländischer Berufserfahrung eine mit Art. 48 EGV unvereinbare mittelbare Diskriminierung sei.

Urteil vom 23. Februar 1994, Rs. C-419/92, Scholz (Slg. 1994, S. I-505)

* **Luxemburg diskriminiert nach wie vor ausländische Arbeitnehmer in berufsständischen Organisationen**[FE]

Auf Klage der Kommission wurde Luxemburg verurteilt, weil es Rechtsvorschriften aufrechterhalten hat, nach denen alle Arbeitnehmer, auch ausländische, zwangsweise Mitglied in berufsständischen Interessenvertretungen sein müssen und an diese Beiträge zu entrichten haben, während zugleich das aktive und passive Wahlrecht zu den Vertretungsorganen dieser Organisationen Personen mit luxemburgischer Staatsangehörigkeit vorbehalten ist. Schon in der Rs. C-213/90, Association de soutien aux travailleurs immigrés/Chambre des Employés Privés hat der EuGH dieses System für unvereinbar mit Gemeinschaftsrecht erklärt. Das Großherzogtum hat den Verstoß nicht bestritten und angekündigt, eine Gesetzesänderung sei in Vorbereitung und werde in Kürze verabschiedet.

Urteil vom 18. Mai 1994, Rs. C-118/92, Kommission gegen Luxemburg (Slg. 1994, S. I-1891)

Keine Grundsatz-Urteile im Berichtszeitraum

6.2. Freizügigkeit der Arbeitnehmer aus anderen Mitgliedstaaten

6.2.4. Beschränkungen aus Gründen der öffentlichen Ordnung, Sicherheit und Gesundheit

Keine Grundsatz-Urteile im Berichtszeitraum

*   **Die gemeinschaftsrechtlich nach wie vor zulässige sog. "Inländerdiskriminierung" kann gegen nationales Verfassungsrecht verstoßen**[FE]

Kläger des Ausgangsverfahrens ist eine deutscher Staatsangehöriger, der von 1985 bis 1987 den zweijährigen Vorbereitungsdienst für den mittleren technischen Dienst bei der Bundespost absolviert hat. Nach Abschluß der Ausbildung weigerte er sich, in ein Beamtenverhältnis übernommen zu werden, da er zu jener Zeit als Angestellter eine höhere Vergütung bezog, als die Besoldung, die er bezogen hätte, wenn er den Posten im Beamtenverhältnis angenommen hätte. Wegen dieser Weigerung wurde der Kläger auf einen Dienstposten mit Einstufung in eine niedrigere Lohngruppe versetzt. Hiergegen klagte er zum Arbeitsgericht Elmshorn und machte geltend, er werde wegen seiner Staatsangehörigkeit diskriminiert, da EG-Ausländer, die nicht deutsche Beamte werden können, dauerhaft in einem Angestelltenverhältnis bei der Post arbeiten könnten. Auf Vorlage erklärte der EuGH jedoch, der Sachverhalt weise keinerlei Bezug zum Gemeinschaftsrecht auf, da der Kläger niemals von seinen Freizügigkeitsrechten Gebrauch gemacht habe. Es handele sich somit um einen rein internen Sachverhalt, der ausschließlich nach deutschem Recht zu entscheiden sei (Urteil in der Rs. C-332/90, Steen I)

Nachdem das Arbeitsgericht Elmshorn diese Antwort erhalten hatte, legte es dem EuGH zum zweiten Mal vor und fragte diesmal, ob das Gemeinschaftsrecht im vorliegenden Fall einer Anwendung des im deutschen Verfassungsrecht verankerten Gleichheitsgrundsatzes entgegenstehe. Der EuGH hat diese Frage wie folgt beantwortet:

Das Gemeinschaftsrecht hindert ein nationales Gericht nicht, zu prüfen, ob eine innerstaatliche Rechtsvorschrift, die inländische Arbeitnehmer gegenüber den Staatsangehörigen anderer Mitgliedstaaten benachteiligt, mit der Verfassung des betreffenden Mitgliedstaats vereinbar ist.

Urteil vom 16. Juni 1994, Rs. C-132/93, Steen II (Slg. 1994, S. I-2715)

* Marokkanische Staatsangehörige können nach dem Kooperationsabkommen EWG-Marokko Anspruch auf Behindertenbeihilfe in der Gemeinschaft haben[FE]

Aus dem Kooperationsabkommen zwischen der Gemeinschaft und Marokko ergibt sich ein Verbot der Diskriminierung marokkanischer Staatsangehöriger, die innerhalb der Gemeinschaft als Arbeitnehmer tätig sind oder waren, im Bereich der sozialen Sicherheit. Diese Personen können sich vor mitgliedstaatlichen Behörden und Gerichten unmittelbar auf das gemeinschaftsrechtliche Benachteiligungsverbot berufen und eine Gleichstellung mit den eigenen Staatsangehörigen des betreffenden Mitgliedstaats verlangen.

Vor dem Tribunal du travail Brüssel ist ein Rechtsstreit anhängig zwischen dem belgischen Staat und Herrn Yousfi, einem marokkanischen Staatsangehörigen, der als Sohn marokkanischer Gastarbeiter in Belgien geboren und aufgewachsen ist. Yousfi war in Belgien als Arbeitnehmer beschäftigt, erlitt 1984 einen Arbeitsunfall und ist seitdem körperbehindert. Am 15. Oktober 1990 beantragte er in Belgien eine Beihilfe für Behinderte nach dem Gesetz vom 27. Februar 1987 (Moniteur belge vom 1. April 1984, S. 4832). Nach diesem Gesetz hat Anspruch auf eine Beihilfe wer Belgier, staatenlos, Flüchtling, oder von unbestimmter Staatsangehörigkeit ist, und in den fünf Jahren vor der Antragstellung tatsächlich und ständig in Belgien gewohnt hat. Unter Hinweis auf seine marokkanische Staatsangehörigkeit wurde Yousfis Antrag am 15. Februar 1991 abgelehnt.

Herr Yousfi erhob daraufhin Klage beim Tribunal de travail und macht geltend, aus Art. 41 Absatz 1 des Kooperationsabkommens zwischen der Gemeinschaft und Marokko (VO 2211/78, ABl. 1978 L 264/1) folge, daß auf dem Gebiet der sozialen Sicherheit keine auf der Staatsangehörigkeit beruhende Benachteiligung marokkanischer Staatsangehöriger erfolgen dürfe. Dem EuGH wurden daher die Fragen vorgelegt, ob sich aus dem Abkommen tatsächlich ein solches Benachteiligungsverbot ergebe, und, bejahendenfalls, ob ein solches Verbot unmittelbar anwendbar sei, d.h. Rechtswirkungen unmittelbar zugunsten von einzelnen Betroffenen entfalten könne.

Der EuGH legte dar, daß Artikel 41, der zu Titel III (Zusammenarbeit im Bereich der Arbeitskräfte) gehöre, in seinem Absatz 1 vorsehe, daß die Arbeitnehmer marokkanischer Staatsangehörigkeit in der Gemeinschaft auf dem Gebiet der sozialen Sicherheit gegenüber den Staatsangehörigen der Mitgliedstaaten nicht benachteiligt werden dürften. Dieses Verbot sei klar, eindeutig und unbedingt. Seine Wirkungen hingen nicht vom Erlaß weitere Normen ab. Sowohl seinem Wortlaut wie seinem Sinn und Zweck nach sei Art. 41 damit geeignet, unmittelbar angewandt zu werden. Der Begriff der "sozialen Sicherheit" in Art. 41 sei dabei analog dem gleichlautenden Begriff der VO 1408/71 über die soziale Sicherheit der Wanderarbeitnehmer, die innerhalb der Gemeinschaft zu- oder abwandern (aktuelle Fassung in der VO 2001/83, ABl. 1983 L 230/6) zu verstehen.

Wenn ein Mitgliedstaat seinen eigenen Staatsangehörigen, die innerhalb der letzten fünf Jahre ständig und tatsächlich im Inland gewohnt haben, eine Behindertenbeihilfe gewährt, so sei er nach Art. 41 des Kooperationsabkommens verpflichtet, eine solche Beihilfe unter den gleichen Voraussetzungen auch marokkanischen Arbeitnehmern, bzw. marokkanischen Staatsangehörigen zu gewähren, die nur wegen eines Arbeitsunfalls im Inland nicht mehr Arbeitnehmer sind.

Urteil vom 20. April 1994, Rs. C-58/93, Yousfi (Slg. 1994, S. I-1353)

6.3. Freizügigkeitsgarantien in Assoziierungsabkommen der EG und im EWR

*   Zur Aufenthalts- und Arbeitserlaubnis von Kindern türkischer Gastarbeiter[FE]

Kinder türkischer Arbeitnehmer sind in einem Mitgliedstaat der Gemeinschaft aufenthaltsberechtigt und können sich nach freier Wahl auf Stellenangebote bewerben, wenn zumindest ein Elternteil in diesem Mitgliedstaat seit mindestens drei Jahren ansässig und ordnungsgemäss beschäftigt ist und wenn sie selbst in diesem Mitgliedstaat eine Berufsausbildung abgeschlossen haben. Dabei spielt es keine Rolle, zu welchem Zweck die Kinder ursprünglich in den Mitgliedstaat eingereist sind und wie lange sie sich dort bereits aufhalten.

Frau Hayriye Eroglu reiste im April 1980 im Alter von 20 Jahren in die Bundesrepublik Deutschland ein, wo ihr Vater seit 1976 lebte und arbeitete. Sie studierte an der Universität Hamburg Betriebswirtschaftslehre und schloss als 1987 mit dem Diplom ab. Während dieser Zeit und danach noch bis 1989 wurden ihr eine Reihe von jeweils einjährig befristeten Aufenthaltserlaubnissen "zu Studienzwecken" erteilt. Von 1989 bis 1992 arbeitete Frau Eroglu mit entsprechenden Erlaubnissen als Praktikantin nacheinander bei zwei Firmen und verdiente jeweils mindestens 3.000 DM brutto. Obwohl sie ein Stellenangebot ihres ersten Arbeitgebers vorlegen konnte, wurde 1992 die Fortsetzung ihrer Arbeitserlaubnis abgelehnt. Hiergegen klagte Frau Eroglu und machte geltend, dass ihr ein Aufenthaltsrecht und eine Arbeitserlaubnis aufgrund des Beschlusses Nr. 1/80 des durch das Assoziierungsabkommen zwischen der Europäischen Wirtschaftsgemeinschaft und der Türkei errichteten Assoziationsrates vom 19. September 1980 zustehe.

Artikel 6 und 7 des Beschlusses Nr. 1/80 des Assoziationsrates lauten wie folgt:

"6. (1) Vorbehaltlich der Bestimmungen in Artikel 7 über den freien Zugang der Familienangehörigen zur Beschäftigung hat der türkische Arbeitnehmer, der dem regulären Arbeitsmarkt eines Mitgliedstaats angehört, in diesem Mitgliedstaat a) nach einem Jahr ordnungsgemässer Beschäftigung Anspruch auf Erneuerung seiner Arbeitserlaubnis bei dem gleichen Arbeitgeber, wenn er über einen Arbeitsplatz verfügt; b) nach drei Jahren ordnungsgemässer Beschäftigung - vorbehaltlich des den Arbeitnehmern aus den Mitgliedstaaten der Gemeinschaft einzuräumenden Vorrangs - das Recht, sich für den gleichen Beruf bei einem Arbeitgeber seiner Wahl auf ein unter normalen Bedingungen unterbreitetes und bei den Arbeitsämtern dieses Mitgliedstaats eingetragenes anderes Stellenangebot zu bewerben; c) nach vier Jahren ordnungsgemässer Beschäftigung freien Zugang zu jeder von ihm gewählten Beschäftigung im Lohn- oder Gehaltsverhältnis. ...

7. (1) Die Familienangehörigen eines dem regulären Arbeitsmarkt eines Mitgliedstaates angehörenden türkischen Arbeitnehmers, die die Genehmigung erhalten haben, zu ihm zu ziehen, haben vorbehaltlich des den Arbeitnehmern aus den Mitgliedstaaten der Gemeinschaft einzuräumenden Vorrangs das Recht, sich auf jedes Stellenangebot zu bewerben, wenn sie dort seit mindestens drei Jahren ihren ordnungsgemässen Wohnsitz haben; haben freien Zugang zu jeder von ihnen gewählten Beschäftigung im Lohn- oder Gehaltsverhältnis, wenn sie dort seit mindestens fünf Jahren ihren ordnungsgemässen Wohnsitz haben.

(2) Die Kinder türkischer Arbeitnehmer, die im Aufnahmeland eine Berufsausbildung abgeschlossen haben, können sich unabhängig von der Dauer ihres Aufenthalts in dem betreffenden Mitgliedstaat dort auf jedes Stellenangebot bewerben, sofern ein Elternteil in dem betreffenden Mitgliedstaat seit mindestens drei Jahren ordnungsgemäss beschäftigt war."

6.3. Freizügigkeitsgarantien in Assoziierungsabkommen der EG und im EWR

Das VG Karlsruhe legte dem EuGH Fragen zur Auslegung dieser Vorschriften vor und erhielt die folgenden Antworten:

1. Der Beschluss Nr. 1/80 lässt die Befugnis der Mitgliedstaaten unberührt, Vorschriften zu erlassen über die Einreise türkischer Staatsangehöriger sowie die Voraussetzungen für deren erste Beschäftigung.

2. Art. 6 (1) des Beschlusses ist unmittelbar anwendbar, d.h. begründet unmittelbar Rechte zugunsten türkischer Staatsangehöriger, die von den Behörden und Gerichten der Mitgliedstaaten zu beachten sind (vgl. bereits das Urteil in der Rs. C-192/89, Sevince (BLE 21/90)). Die Vorschrift regelt aber lediglich die Stellung türkischer Arbeitnehmer, die bereits ordnungsgemäss in den Arbeitsmarkt der Mitgliedstaaten eingegliedert sind. Dies ist z.B. der Fall bei mehr als einjähriger Beschäftigung bei dem gleichen Arbeitgeber, wenn das Arbeitsverhältnis dort fortgesetzt werden kann. Da Frau Eroglu jedoch nach einjähriger Beschäftigung zunächst zu einem anderen Arbeitgeber gewechselt hat und nach zehnmonatiger Tätigkeit für den zweiten Arbeitgeber nun zu dem ersten Arbeitgeber zurück-kehren will, ist die Vorschrift auf sie nicht anwendbar. Andernfalls würden die Arbeitnehmer aus den anderen Mitgliedstaaten der Gemeinschaft ihren, in Art. 6 des Beschlusses festgehaltenen Anspruch auf Vorrang verlieren.

3. Artikel 7 (2) des Beschlusses verleiht seinem Wortlaut nach ebenso wie Artikel 6 (1) klar, eindeutig und ohne dass dies an Bedingungen geknüpft wäre, den Kindern türkischer Arbeitnehmer, gewisse Rechte, die von den Behörden und Gerichten der Mitgliedstaaten zu beachten sind.

4. Nach Art. 7 (2) hat Frau Eroglu, die in Deutschland ein Hochschulstudium abgeschlossen hat und deren Vater seit mehr als drei Jahren in Deutschland ordnungsgemäss beschäftigt ist, unabhängig von der Dauer ihres eigenen Aufenthalts das Recht, sich in Deutschland auf jedes Stellenangebot zu bewerben. Daraus folgt zwangsläufig auch ein Rechtsanspruch auf Verlängerung der Aufenthalts-erlaubnis.

5. Für die vorstehenden Erwägungen spielt es keine Rolle, aus welchen Gründen der Klägerin ursprünglich die Einreise- und Aufenthaltsgenehmigung erteilt worden ist. Die Tatsache, dass diese Genehmigung nicht zu Zwecken der Familienzusammenführung, sondern zu Studienzwecken erteilt worden ist, schliesst das Kind eines türkischen Arbeitnehmers, das die Voraussetzungen des Artikels 7 Absatz 2 erfüllt, nicht von den Rechten aus, die ihm diese Bestimmung verleiht.

Urteil vom 5. Oktober 1994, Rs. C-355/93, Hayriye Eroglu (Slg. 1994, S. I-5113)

Keine Grundsatz-Urteile im Berichtszeitraum

6.5. Regelungs- und Kontrollkompetenzen der EG im Bereich Bildung und Ausbildung

* Ansprüche auf Finanzierung eines Auslandsstudiums[DS]

Die staatliche Ausbildungsförderung fällt beim gegenwärtigen Stand des Gemeinschaftsrechts nicht in den Anwendungsbereich des EWG-Vertrages. Der Unterricht an einer Hochschule, die im wesentlichen aus öffentlichen Mitteln finanziert wird, stellt keine Dienstleistung i.S. der Art. 59 ff. EWGV dar.

Der deutsche Staatsangehörige Stephan Max Wirth beantragte 1990 in Deutschland die Gewährung von Ausbildungsförderung für ein Studium an einer niederländischen Musikhochschule. Der Antrag wurde abgelehnt, weil die Voraussetzungen des deutschen Ausbildungsförderungsgesetz (BAföG) nicht erfüllt waren. Herr Wirth erhob Klage zum Verwaltungsgericht Hannover mit der Begründung, daß nach der alten Fassung des Gesetzes ein Anspruch auf Förderung bestanden hätte. Die neue Regelung stelle deshalb eine rechtswidrige Beschränkung seiner Freizügigkeit in der EG dar. Auf Vorlage des Gerichts entschied der EuGH:

Der an einer staatlichen Hochschule erteilte Unterricht ist nicht als Dienstleistung i.S. des Art. 60 EWGV anzusehen, weil es am Merkmal des Entgelts fehlt. Der Staat will mit der Errichtung des Bildungssystems keine gewinnbringende Tätigkeit aufnehmen, sondern seine sozialen, kulturellen und bildungspolitischen Aufgaben gegenüber dem Bürger erfüllen. Außerdem wird das Bildungssystem in der Regel aus dem Staatshaushalt finanziert.

Der EuGH konnte die Frage offen lassen, ob Hochschulen, die im wesentlichen aus privaten Mitteln finanziert werden, eine Dienstleistung i.S. des Art. 60 EWGV erbringen. Das nationale Gericht ist bei seiner Vorlagefrage offensichtlich von einer Hochschule ausgegangen, die aus öffentlichen Mitteln finanziert wird und von den Studenten nur Gebühren erhält.

Da die Hochschule kein Erbringer von Dienstleistungen i.S. des Art. 60 EWGV ist, fällt die nationale Ausbildungsförderung ebenfalls nicht in den Anwendungsbereich der Dienstleistungsfreiheit. Auch die *stand-still* Klausel des Art. 62 EWGV (Verbot der Einführung neuer Hindernisse) ist nicht verletzt, weil Art. 62 EWGV die Anwendbarkeit der Art. 59 ff. EWGV voraussetzt.

Herr Wirth kann sich auch nicht auf Art. 7 EWGV berufen, da das Diskriminierungsverbot nur einschlägig ist, wenn der Anwendungsbereich des EWGV eröffnet ist. Dies ist aber für die Gewährung von Ausbildungsförderung nicht der Fall, wie der EuGH bereits im Urteil Lair (EuGH, Slg. 1988, S. 3161) entschieden hat.

Urteil vom 7. Dezember 1993, Rs. C-109/92, Wirth (Slg. 1993, S. I-6447)

* Gravier, Blaizot und folgende: Wieder ein Serienkrimi im Gemeinschaftsrecht[FE]

Auf Klage der Kommission wurde Belgien verurteilt, weil es bei den Studiengebühren ausländische Studenten diskriminiert. Die Unzulässigkeit diskriminierender Gebühren hat der EuGH schon 1985 in der Rs. 293/83, Gravier, festgestellt. 1988, in der Rs. 24/86, Blaizot, hat der EuGH außerdem ausdrücklich den Anspruch auf Rückzahlung der diskriminierenden Studiengebühren bejaht. Spätestens seit der nun erfolgten weiteren Verurteilung Belgiens in gleicher

Sache, können alle Betroffenen nach den Francovich-Grundsätzen Schadensersatz vom Belgischen Staat verlangen.

In seinem Urteil vom 13. Februar 1985 in der Rs. 293/83, Gravier, stellte der EuGH fest, daß eine Abgabe oder eine Einschreibe- oder Studiengebühr für den Zugang zum berufsbildenden Unterricht eine gegen Art. 7 EGV verstoßende Diskriminierung aus Gründen der Staatsangehörigkeit darstelle, wenn sie von Studenten aus anderen Mitgliedstaaten, nicht aber von inländischen Studenten erhoben werde. Dennoch erließ Belgien am 21. Juni 1985 die Loi concernant l'enseignement (Moniteur belge vom 6. Juli 1985), nach deren Art. 16 Studierende, die nur wegen eines Studiums nach Belgien kommen, d.h. dort weder vorher noch während des Studiums gearbeitet haben und nicht Kinder von in Belgien lebenden Wanderarbeitnehmern sind, eine besondere Studiengebühr bezahlen müssen (minerval étudiants-étrangers). Die Hochschulen sind befugt, die Einschreibung zu verweigern, bis die Gebühr eingezahlt ist.

Das Gesetz von 1985 legte weiter fest, daß eine Rückerstattung von vor 1985 gemeinschaftswidrig erhobenen Gebühren nur denjenigen Betroffenen gewährt wird, die bereits vor dem 13. Februar 1985 Klage erhoben haben, d.h. Belgien beschränkte einseitig die Rückwirkung des EuGH Urteils in der Rs. Gravier.

Auf Klage der Kommission bestätigte der EuGH zunächst seine Rechtsprechung aus der Rs. 24/86, Blaizot, vom 2. Februar 1988, wonach die nach dem Gravier-Urteil neu eingeführte Regelung diesem nicht gerecht wird, sondern eine gemeinschaftswidrige Diskriminierung ausländischer Studenten enthalte.

Daneben sei auch die Möglichkeit, ausländischen Studierenden die Einschreibung zu verweigern, als Diskriminierung aufgrund der Staatsangehörigkeit mit Art. 7 EGV unvereinbar, da eine vergleichbare Sanktion für belgische Studierende nicht besteht.

Hinsichtlich der Möglichkeit, die Rückerstattung rechtsgrundlos gezahlter Studiengebühren auf Fälle zu beschränken, in denen die Betroffenen bereits vor Erlaß des Gravier-Urteils Klage erhoben haben, erinnerte der EuGH an seine Urteile in der Rs. Blaizot und in der Rs. 309/85, Barra (ebenfalls vom 2. Februar 1988). Im Blaizot Urteil hatte der EuGH ausdrücklich anerkannt, daß die Anwendung von Art. 128 EGV auf *Universitätsstudiengänge* eine Rechtsfortbildung sei. Daher sei es gerechtfertigt, die Wirkungen des Gravier-Urteils für die Vergangenheit auf diejenigen Fälle zu beschränken, in denen bereits Klage erhoben sei. Im Barra-Urteil hatte der EuGH jedoch eine solche Beschränkung für *nichtuniversitäre* Ausbildungsgänge abgelehnt. Insoweit sei bereits früher für die Mitgliedstaaten erkennbar gewesen, daß ein gemeinschaftsrechtlicher Gleichberechtigungsanspruch zu beachten sei. Indem Belgien pauschal die Rückerstattung aller vor 1985 zu unrecht erhobenen Ausbildungsgebühren auf Fälle beschränkt hat in denen am 13. Februar 1985 bereits Klage erhoben war, habe es auch insoweit gegen Gemeinschaftsrecht verstoßen.

Urteil vom 3. Mai 1994, Rs. C-47/93, Kommission gegen Belgien (Slg. 1994, S. I-1593)

* **Berufserfahrung aus anderen Mitgliedstaaten muß berücksichtigt werden**, siehe Rs. C-419/92, Scholz

* **Deutschland: Zulassung als Kassenzahnarzt[DS]**

Ein EG-Ausländer, der ein Zahnarztdiplom in einem Drittstaat erworben hat, kann sich nicht auf Art. 20 RL 78/686 berufen, um in Deutschland als Kassenzahnarzt ohne Absolvierung des Vorbereitungsdienstes zugelassen zu werden. Ein Anspruch auf Zulassung ohne Vorbereitungsdienst kann sich aber aus Art. 52 EWGV ergeben, der die Mitgliedstaaten verpflichtet zu prüfen, ob die Berufserfahrungen und Diplome der EG-Ausländer für die Zulassung ausreichen.

Der italienische Staatsanghörige Haim erwarb 1946 ein türkisches Zahnarztdiplom. 1981 wurde er in Deutschland als Privatzahnarzt (nicht hingegen als Kassenzahnarzt) zugelassen. 1982 wurde sein Zahnarztdiplom in Belgien als gleichwertig anerkannt. Herr Haim war daraufhin einige Jahre in Brüssel als Kassenzahnarzt tätig. 1988 beantragte er die Zulassung als Kassenzahnarzt in Deutschland. Die kassenzahnärztliche Vereinigung lehnte den Antrag ab, weil Herr Haim nicht die nach deutschem Recht erforderliche Vorbereitungszeit absolviert hatte. Daraufhin erhob Herr Haim Klage auf Zulassung. Auf Vorlage des Bundessozialgerichts entschied der EuGH:

Art. *20 RL 78/686 für die gegenseitige Anerkennung der Diplome, Prüfungszeugnisse und sonstigen Befähigungsnachweise des Zahnarztes* (...) (ABl. 1978 L 233/1) erlaubt den Mitgliedstaaten für eine Übergangzeit von acht Jahren, die Zulassung zum Kassenzahnarzt von der Ableistung einer Vorbereitungszeit abhängig zu machen, wenn der Vorbereitungsdienst auch von den eigenen Staatsangehörigen verlangt wird. Die Übergangsvorschrift gilt aber in direkter Anwendung nur für Zahnärzte, die ein Diplom i.S des Art. 3 RL 78/686 vorweisen können, also ein Diplom, das in einem Mitgliedstaat erworben wurde. Nach Auffassung des EuGH gilt die Vorschrift aber entsprechend, wenn das Diplom in einem Drittstaat erworben wurde.

Herr Haim ist auch nicht deshalb vom Vorbereitungdsdienst zu befreien, weil Belgien sein Examen als gleichwertig anerkannt hat und er daraufhin einige Jahre in Belgien als Kassenzahnarzt tätig war. Die Mitgliedstaaten - hier Deutschland - sind an die von einem anderen Mitgliedstaat ausgesprochene Anerkennung nicht gebunden, vgl. Art. 1 Abs. 4 RL 78/687 (ABl. 1978 L 233/10).

Ein Anspruch auf Zulassung ohne Vorereitungsdienst kann sich aber aus der EG-Niederlassungsfreiheit (Art. 52 EWGV) ergeben. Der Anwendungsbereich der Vorschrift ist eröffnet. Art. 52 EWGV verpflichtet die Mitgliedstaaten, die vom Betroffenen bereits erworbenen Kenntnisse und Fähigkeiten mit den Qualifikationen zu vergleichen, die nach nationalem Recht vorgeschrieben sind (vgl. EuGH, Slg. 1991, S. I-2357, Vlassopoulou). Die deutschen Behörden müssen deshalb die in Belgien erworbene Berufserfahrung des Herrn Haim berücksichtigen.

Urteil vom 9. Februar 1994, Rs. C-319/92, Haim (Slg. 1994, S. I-425)

* **Keine Pflicht zur Anerkennung von Zahnarztdiplomen aus Drittstaaten**[DS]

Die Zahnarzt-RL 78/686 verpflichtet die Mitgliedstaaten nicht, Zahnarztdiplome aus Drittstaaten anzuerkennen. Etwas anderes ergibt sich auch nicht daraus, daß einzelne Mitgliedstaaten das Diplom als gleichwertig anerkannt haben.

Der Franzose Abdullah Tawil-Albertini erwarb 1968 im Libanon ein Zahnarztdiplom. Dieses Diplom wurde in Belgien, Irland und Großbritannien als gleichwertig anerkannt. Der Antrag auf Anerkennung des Diploms in Frankreich wurde jedoch 1986 abgelehnt. Hiergegen erhob Herr Tawil-Albertini Klage zu den französischen Gerichten. Auf Vorlage des Conseil d'Etat entschied der EuGH:

Maßgeblich ist die *RL 78/686 für die gegenseitige Anerkennung der Diplome, Prüfungszeugnisse und sonstigen Befähigungsnachweise des Zahnarztes und für Maßnahmen zur Erleichterung der tatsächlichen Ausübung des Niederlassungsrechts und des Rechts auf freien Dienstleistungsverkehr* (ABl. 1978 L 233/1). Art. 2 der RL verpflichtet die Mitgliedstaaten zur Anerkennung der Diplome, die in Art. 3 der RL abschließend aufgezählt sind. Das Prinzip der Anerkennung beruht auf der Tatsache, daß zugleich eine Harmonisierung der Ausbildungsordnungen in der EG gelungen war.

Eine solche Harmonisierung der Mindeststandards ist jedoch für Drittstaaten nicht garantiert. Sie ist lediglich durch den Abschluß internationaler Abkommen möglich. Ohne ein solches Abkommen sind die Mitgliedstaaten berechtigt, die Einhaltung ihrer nationalen Ausbildungsvorschriften zu verlangen, vgl. Art. 4 RL 78/686. Sie sind nicht zur Anerkennung der Drittland-Diplome verpflichtet. Dies gilt auch dann, wenn andere EG-Staaten die in einem Drittstaat absolvierte Ausbildung als gleichwertig anerkannt haben. Denn auch Art. 7 RL 78/686 betrifft nur die von den Mitgliedstaaten ausgestellten Diplome.

Urteil vom 9. Februar 1994, Rs. C-154/93, Tawil-Albertini (Slg. 1994, S. I-451)

* **Unverständlicher Formalismus bei der Anerkennung von Architekturstudiengangen**[FE]

Nur wo "Architekturstudium" draufsteht ist auch Architektur drin. Der EuGH läßt neuerdings die Bürger für die Fehler ihrer Mitgliedstaaten haften.

In einem Verfahren vor dem Conseil d'appel d'expression française de l'ordre des architectes in Lüttich klagt Herr Nicolas Dreessen auf Eintragung in die Liste der selbständigen Architekten. Herr Dreessen ist belgischer Staatsangehöriger und hat in den sechziger Jahren an der Staatlichen Ingenieurschule für Bauwesen in Aachen die Fachrichtung Hochbau studiert und 1966 mit dem Diplom eines "Ingenieur (grad.)" abgeschlossen. Anschließend war er von 1966 bis 1991, also 25 Jahre lang, als angestellter Architekt in verschiedenen Architekturbüros in Belgien tätig. Nachdem 1991 sein letzter Arbeitgeber in Konkurs gefallen war, wollte sich Herr Dreessen selbständig machen. Die Eintragung in die Architektenliste wurde ihm jedoch verweigert mit der Begründung, sein Diplom entspreche nicht einem in den Studiengängen für Architektur erteilten Diplom i.S.d. *RL 85/384 für die gegenseitige Anerkennung der Diplome, Prüfungszeugnisse und sonstigen Befähigungsnachweise auf dem Gebiet der Architektur und für Maßnahmen zur Erleichterung der tatsächlichen Ausübung des Niederlassungsrechts und des Rechts auf freien Dienstleistungsverkehr* (ABl. 1985 L 223/15). Auf

6.6. Gegenseitige Anerkennung von Prüfungen und Diplomen

Vorlage des Conseil hat der EuGH unverständlicherweise diese Auslegung der belgischen Architekten-kammer bestätigt:

Die Architekten-RL zählt in ihrem Artikel 11 die Studiengänge abschließend auf, deren Abschlüsse von den anderen Mitgliedstaaten als gleichwertig anzuerkennen sind. Für Deutschland werden aufge-zählt: (a) die von Kunsthochschulen ausgestellten Zeugnisse "Dipl. Ing. Architekt", (b) die von Technischen Hochschulen ausgestellten Zeugnisse in Studiengängen l'Architektur/Hochbau", (c) die von Fachhochschulen ausgestellten Zeugnisse in den Studiengängen "Architektur/Hochbau", wobei Studiengänge von weniger als vier aber mindestens drei Jahren anerkannt werden, wenn nachfolgende Berufserfahrung von mindestens vier Jahren nachgewiesen wird, und (d) Prüfungszeugnisse von Ingenieurschulen und Werkkunstschulen von vor 1973, wenn es sich um Architekturstudiengänge gehandelt hat und eine mindestens sechsjährige Berufstätigkeit nachgewiesen wird. Da der Studien-gang "Hochbau" der Staatlichen Ingenieurschule für Bauwesen in Aachen in der RL nicht genannt wird, sind die anderen Mitgliedstaaten auch nicht verpflichtet, solche Studien als gleichwertig anzuer-kennen.

Weiter heißt es wörtlich: "Dem kann nicht entgegen gehalten werden, daß die früheren Ingenieur-schulen, an denen keine Studiengänge für Architektur bestanden, seit 1971 in die Fachhochschulen einbezogen sind, deren Diplome unter die Anerkennungsregelung der Richtlinie fallen. Denn wenn [die abschließende Aufzählung in der RL] fehlerhaft oder lückenhaft war, so war es ... Sache des betroffenen Mitgliedstaats, d.h. der Bundesrepublik Deutschland, zur Berichtigung dieses Fehlers oder zur Füllung dieser Lücke eine Änderung der Richtlinie zu bewirken."

Urteil vom 9. August 1994, Rs. C-447/93, Nicolas Dreessen (Slg. 1994, S. I-4087)

* **Wo müssen ausserhalb der Gemeinschaft tätige Arbeitnehmer versichert werden?**[FE]

Bei Entsendung eines Wanderarbeitnehmers in einen Drittstaat ist regelmäßig das Sozialversicherungssystem des Staates anwendbar, in dem der Arbeitgeber seinen Sitz hat.

Der Niederländer Aldewereld wurde von einer deutschen Firma eingestellt und unmittelbar von den Niederlanden nach Thailand entsandt. Der Arbeitgeber behielt die gesetzlichen Sozialversicherungsbeiträge direkt vom Lohn ein und versicherte Herrn Aldewereld in Deutschland gegen Krankheit, Arbeitslosigkeit, Alter und Unfall. Da Herr Aldewereld seinen Wohnsitz zuletzt in den Niederlanden hatte, verlangten auch die niederländischen Behörden von ihm Sozialversicherungsbeiträge.

Auf Vorlage des Falles entschied der EuGH, daß die *VO 1408/71 über die soziale Sicherheit der Wanderarbeitnehmer* auch auf Entsendungsfälle anwendbar ist, solange das Arbeitsverhältnis eine genügend enge Anknüpfung an das Gebiet der Gemeinschaft behält. Die genannte VO verbietet daher auch in Entsendungsfällen die zwangsweise Doppelversicherung von Arbeitnehmern in mehr als einem Mitgliedstaat. Die Frage, ob das Sozialversicherungssystem des (früheren) Wohnsitzstaats des Arbeitnehmer oder das System des Sitzstaats des Arbeitgebers vorrangig anwendbar ist, wird dabei regelmäßig zugunsten des Sitzstaats des Arbeitgebers zu entscheiden sein.

Urteil vom 29. Juni 1994, Rs. C-60/93, Aldewereld (Slg. 1994, S. I-2991)

* **Kumulierung und Kollision von Sozialversicherungen - Stellung von Beamten**[FE]

Beamte sind Arbeitnehmer im Sinne des EG-Sozialrechts. Soweit Beamte in einem Mitgliedstaat dem allgemeinen Sozialversicherungssystem unterliegen, fallen sie auch in den Anwendungsbereich der VO 1408/71. Übt ein Beamter aus einem Mitgliedstaat zugleich eine selbständige Tätigkeit in einem anderen Mitgliedstaat aus, so unterliegt er allein dem Sozialversicherungsrecht des ersten Mitgliedstaats. Dieser ist befugt, von dem Beamten Versicherungsbeiträge wie von einem Selbständigen zu erheben.

Vor dem Arbeidshof Gent ist ein Verfahren anhängig bei dem es um die Versicherungspflichtigkeit von Personen in einem Staat geht, in dem sie einer selbständigen Tätigkeit nachgehen, während sie zugleich im Nachbarstaat unselbständig beschäftigt (und versichert) sind. Der Kläger ist Militärarzt in Belgien und zugleich selbständiger Arzt in den Niederlanden. Das belgische Rijksinstituut voor de Sociale Verzekeringen der Zelfstandigen und die belgische Algemene Kas voor Zelfstandigen waren der Meinung, aufgrund der selbständigen Tätigkeit im Nachbarland sei der Kläger auch in Belgien als Selbständiger versicherungspflichtig. Auf Vorlage des Arbeidshofs entschied der EuGH wie folgt:

Als belgischer Berufssoldat falle der Kläger in den Anwendungsbereich der VO 1408/71 über die soziale Sicherheit der Wanderarbeitnehmer (neu gefaßt in der VO 2001/83, ABl. 1983 L 230/6). Diese VO gelte auch für Beamte, wenn im nationalen Recht des betreffenden Mitgliedstaats vorgesehen ist, daß die Beamten der obligatorischen Kranken- und Invalidenversicherung oder irgendeinem

Zweig der allgemeinen Sozialversicherung unterliegen sollen. Etwas anderes gelte nur in den Mitgliedstaaten, in denen für Beamte vollständige Sonderversorgungssysteme eingerichtet worden sind.

Die Tätigkeit als Beamter sei auch als "Tätigkeit im Lohn und Gehaltsverhältnis" im Sinne des Gemeinschaftsrechts anzusehen. Für die Einordnung als "Arbeitnehmer" in diesem Sinne komme es allein darauf an, daß jemand für einen anderen nach dessen Weisung Leistungen erbringt, für die er als Gegenleistung eine Vergütung erhält.

Damit seien die Kollisionsnormen des Gemeinschaftsrechts auf den Kläger anwendbar. Artikel 14c der genannten VO bezwecke, daß Arbeitnehmer, die nacheinander oder gleichzeitig in mehreren Mitgliedstaaten tätig werden, zu jeder Zeit immer nur einem staatlichen System der sozialen Sicherheit unterliegen sollen. Damit werde die Kumulierung verschiedener nationaler Systeme, d.h. die Mehrfachversicherung und die Mehrfachleistung, und der damit verbundene bürokratische Aufwand unterbunden. Bei einer unselbständigen Tätigkeit in einem und der gleichzeitigen selbständigen Tätigkeit in einem anderen Mitgliedstaat sei nach Artikel 14c Absatz 1 Buchstabe a allein die Rechtsordnung des Mitgliedstaats anwendbar, in dem die unselbständige Tätigkeit ausgeübt werde. Die Betroffenen seien also im nationalen Sozialrecht so zu behandeln, als ob alle Tätigkeiten in dem Staat ausgeübt werden, in dem die unselbständige Tätigkeit ausgeübt wird. Im Ergebnis sei es daher nicht zu beanstanden, wenn der Kläger in Belgien zu Versicherungsbeiträgen als Selbständiger herangezogen wird, vorausgesetzt er wird insgesamt nicht anders behandelt, als eine Person, die zugleich in Belgien unselbständiger Militärarzt und selbständiger Arzt ist. In den Niederlanden sei der Kläger dagegen gar nicht versicherungspflichtig.

Urteil vom 24. März 1994, Rs. C-71/93, Guido Van Poucke (Slg. 1994, S. I-1101)

* **Berechnung der Altersrente bei Eintritt der Invalidität in einem anderen Mitgliedstaat[DS]**

Stellt ein Mitgliedstaat die Zeiten der Berufsunfähigkeit mit den Beschäftigungszeiten gleich, so darf der Staat bei der Berechnung der Altersrente ausländische Arbeitnehmer nicht allein deshalb schlechter stellen, weil die Arbeitsunfähigkeit im Ausland eingetreten ist.

Der italienische Staatsangehörige Lepore war von 1951-1954 in Belgien und später in anderen Mitgliedstaaten beschäftigt. Als er 1986 in Luxemburg berufsunfähig wurde, bezog er u.a. eine belgische Arbeitsunfähigkeitsrente. Diese wurde 1990 in eine Altersrente umgewandelt. Bei der Berechnung der Altersrente wurden die Zeiten der Invalidität jedoch nicht berücksichtigt, weil Herr Lepore nicht zuletzt in Belgien beschäftigt war. Gegen den Rentenbescheid erhob Herr Lepore Klage zum Arbeitsgericht Brüssel. Er ist der Auffassung, daß die Rentenberechnung gegen die *VO 1408/71 über die Anwendung der Systeme der sozialen Sicherheit auf Arbeitnehmer und Selbständige sowie deren Familienangehörige, die innerhalb der Gemeinschaft zu- und abwandern* (hier in der Fassung der VO 2001/83, ABl. 1983 L 230/6) verstößt. Auf Vorlage des Gerichts entschied der EuGH im oben ausgeführten Sinn.

Urteil vom 9. Dezember 1993, Verb. Rs. C-45 und 46/92, Lepore (Slg. 1993, S. I-6497)

* **Rechtmäßigkeit nationaler Anti-Kumulierungsvorschriften bei der Berechnung der Altersrente[DS]**

Im Anwendungsbereich der europarechtlichen Anti-Kumulierungvorschriften des Art. 46 VO 1408/71 dürfen die Mitgliedstaaten ihre nationalen Anti-Kumulierungsvorschriften nicht mehr anwenden.

Die Italiener Fabrizii, Neri und Del Grosso erhalten für ihre Berufstätigkeit in Belgien eine belgische Altersrente. Bei der Berechnung der Renten wurden zunächst auch fiktive Versicherungsjahre berücksichtigt, die jedoch bei der endgültigen Festsetzung der Rente abgezogen wurden, weil die Betroffenen auch in Italien eine Altersrente bezogen. Im Fall des Herrn Del Grosso wurden einige Versicherungsjahre nicht anerkannt, weil nach belgischem Recht maximal 45 Versicherungsjahre berücksichtigt werden dürfen. Auf Vorlage der belgischen Gerichte entschied der EuGH:

Bei der Berechnung von Altersrenten ist die Anti-Kumulierungsvorschrift des Art. 46 *VO 1408/71 über die Anwendung der Systeme der sozialen Sicherheit auf Arbeitnehmer und Selbständige sowie deren Familienangehörige, die innerhalb der Gemeinschaft zu- und abwandern* (ABl. 1971 L 149/2) maßgeblich. Nach Art. 46 Abs. 2 lit. a VO 1408/71 muß der zuständige Träger der Rentenversicherung sämtliche Versicherungszeiten - auch solche, die in anderen Mitgliedstaaten zurückgelegt wurden - zusammenrechnen. Dies gilt selbst dann, wenn diese Zeiten nach dem Recht des Mitgliedstaates des zuständigen Trägers nicht berücksichtigt werden dürften. Die ausländischen Versicherungszeiten werden jedoch gem. Art. 46 Abs. 1 VO 1408/71 nicht berücksichtigt, wenn der Arbeitnehmer bereits nach nationalem Recht Anspruch auf eine volle Rente hat.

Demgegenüber darf der zuständige Mitgliedstaat im Anwendungsbereich des Art. 46 VO 1408/71 nicht mehr seine eigenen externen Antikumulierungsvorschriften anwenden.

Ein Verstoß gegen die VO 1408/71 liegt hingegen nicht vor, wenn ein Mitgliedstaat die maximal zu berücksichtigenden Versicherungsjahre auf 45 Jahre begrenzt. Dies gilt auch dann, wenn ein Wanderarbeitnehmer mehr als 45 Versicherungsjahre vorweisen kann. Der Arbeitnehmer muß aber nach der VO die Möglichkeit haben, die Altersrente in einem anderen Mitgliedstaat geltend zu machen.

Urteil vom 15. Dezember 1993, Verb. Rs. C-113, 114 und 156/92, Fabrizii u.a. (Slg. 1993, S. I-6707)

* **Keine Rückerstattung von Pflichtversicherungsbeiträgen bei vorzeitigem Ausscheiden aus der gesetzlichen Altersversorgung**[DS]

Die VO 1408/71 steht einer nationalen Rechtsvorschrift nicht entgegen, die die Rückerstattung von Pflichtversicherungsbeiträge vorsieht, wenn der Arbeitnehmer in das nationale Versicherungssystem für Beamte wechselt, eine Rückerstattung aber ausschließt, wenn der Arbeitnehmer in den öffentlichen Dienst eines anderen Mitgliedstaates eintritt.

Die französische Staatsangehörige Leguaye-Neelsen war vier Jahre in Deutschland beschäftigt und zahlte während dieser Zeit in die gesetzliche Rentenversicherung für Angestellte ein. Als sie in den französischen Staatsdienst wechselte, beantragte sie Rückerstattung der Pflichtversicherungsbeiträge. Sie berief sich darauf, daß Arbeitnehmer in vergleichbarer Lage, die in Deutschland Beamte werden, einen Anspruch auf Rückerstattung der Beiträge haben. Deshalb stehe ihr nach der VO 1408/71 (hier in der Fassung der VO 2001/83, ABl. 1983 L 230/6) ebenfalls ein Anspruch auf Rückerstattung zu. Da der Versicherungsträger den Antrag ablehnte, erhob Frau Leguaye-Neelsen Klage zum Sozialgericht Reutlingen. Auf Vorlage des Gerichts entschied der EuGH:

Die VO 1408/71 ist auf den Sachverhalt anwendbar. Der Ausnahmetatbestand des Art. 4 Abs. 4 der VO ist nicht einschlägig, da die Rückerstattung für deutsche Beamte nicht darauf beruht, daß für Beamte eine besondere Art der Altersversorgung gilt sondern darauf, daß Beamte nicht das Recht haben, nach Beginn des Beamtenverhältnisses Beiträge in die gesetzliche Rentenversicherung einzuzahlen.

Ein Verstoß gegen den Gleichbehandlungsgrundsatz des Art. 3 VO 1408/71 liegt nicht vor. Insoweit ist nämlich zu berücksichtigen, daß Arbeitnehmer, die in den Staatsdienst eines anderen Mitgliedstaates wechseln, das Recht haben, auch in Zukunft in das deutsche Rentenversicherungssystem einzuzahlen. Es fehlt daher an einem vergleichbaren Sachverhalt.

Eine andere rechtliche Beurteilung ergibt sich auch nicht aus den Art. 9, 10 Abs. 2 und 13 Abs. 2 lit. d VO 1408/71. Damit ist als Gesamtergebnis festzuhalten, daß aus der VO 1408/71 kein Anspruch auf Rückerstattung der Pflichtversicherungsbeiträge hergeleitet werden kann.

Urteil vom 16. Dezember 1993, Rs. C-28/92, Leguaye-Neelsen (Slg. 1993, S. I-6857)

* **Altersrente für Zwangsarbeit während des Zweiten Weltkriegs in Deutschland**[FE]

Die Niederlande und Deutschland haben am 21. Dezember 1956 in Den Haag eine Vereinbarung geschlossen, wonach die von Niederländern während des Zweiten Weltkriegs in Deutschland geleistete Zwangsarbeit keinen Anspruch auf eine Rente gegen die deutschen Altersrentenversicherungen eröffnet, sondern in der niederländischen Rentenversicherung so berücksichtigt wird, als wäre diese Zwangsarbeit in den Niederlanden geleistet worden. Diese Vereinbarung verstößt nicht gegen Gemeinschaftsrecht, auch wenn sie heute dazu führen kann, daß Deutschen, die im Zweiten Weltkrieg in Deutschland Zwangsarbeit geleistet haben, diese Arbeitszeit auf ihre höhere deutsche Rente angerechnet wird, während Niederländern die Zeit nur auf ihre niedrigere niederländische Rente angerechnet wird. Da die Vereinbarung nur die anwendbaren Rechtsvorschriften regelt, nicht aber die Höhe der Renten, und da es den Mitgliedstaaten im übrigen freisteht, die Höhe ihrer Renten festzulegen, bewirkt die Vereinbarung keine Diskriminierung aufgrund der Staatsangehörigkeit.

Urteil vom 28. April 1994, Rs. C-305/92, Albert Hoorn (Slg. 1994, S. I-1525)

* **Zur Berechnung von Altersrenten bei Wanderarbeitnehmern**[FE]

Ein Wanderarbeitnehmer, der in zwei oder mehr Mitgliedstaaten gearbeitet hat und rentenversichert war, hat Rentenansprüche gegen die Rentenversicherungsträger in allen diesen Mitgliedstaaten jeweils nach dem nationalen Recht und proportional zu den jeweils zurückgelegten Versicherungszeiten. Unter der VO 1408/71 über die soziale Sicherheit der Wanderarbeitnehmer wird kein gemeinsames System der sozialen Sicherheit der EG geschaffen, sondern nur eine Koordinierung der mitgliedstaatlichen Systeme.

Herr McLachlan besitzt die französische und die britische Staatsangehörigkeit. Nach Militärdienst und Studium in Großbritannien war er zunächst dort, später in Frankreich berufstätig. 1985 wurde er im Alter von 61 Jahren aus wirtschaftlichen Gründen entlassen. Zu jener Zeit hatte er während 53 Quartalen in Großbritannien und 120 Quartalen in Frankreich in die jeweilige Rentenversicherung einbezahlt.

In Großbritannien gilt für Männer die Altersgrenze von 65 Jahren, vor der keine Rentenansprüche bestehen. In Frankreich gilt eine flexible Altersgrenze: Wer mehr als 150 Quartale rentenversichert war, erhält keine Arbeitslosenunterstützung mehr, sondern Rente.

Die französischen Sozialversicherungsträger zählten bei Herrn McLachlan die Versicherungszeiten aus Großbritannien und Frankreich zusammen um über die 150er Grenze zu kommen, verweigerten ihm die Zahlung von Arbeitslosenunterstützung, zahlten dann aber nur eine Rente auf der Basis der 120 Quartale, die Herr McLachlan in Frankreich versichert gewesen ist.

Der EuGH hatte hiergegen keine Bedenken. Obwohl die Einbeziehung der britischen Versicherungszeiten bei der Frage der Altersgrenze und ihre Ausscheidung bei der Berechnung der Rentenhöhe dazu führen, daß der Kläger schlechter gestellt wird, als wenn er sein ganzes Erwerbsleben in Frankreich verbracht hätte, liegt doch keine Diskriminierung aufgrund der Staatsangehörigkeit vor. Die Schlechterstellung beruht ausschliesslich darauf, dass in Großbritannien eine höhere Altersgrenze gilt, so dass die britischen Rentenversicherungsträger erst später zu Leistungen an den Betroffenen verpflichtet sind. Dieser Effekt wird vom gemeinschaftlichen Sozialrecht hingenommen, da es nach seinem heutigen Stand keine Vereinheitlichung der Sozialversicherungssysteme bewirkt, sondern lediglich eine Koordinierung der ansonsten weiterhin eigenständigen nationalen Systeme.

Urteil vom 7. Juli 1994, Rs. C-146/93, McLachlan (Slg. 1994, S. I-3229)

*   **Grundsatzurteil zur Berechnung von Rentenansprüchen bei Wanderarbeitnehmern**[FE]

Art. 51 EWGV läßt zwar die jeweiligen Systeme der sozialen Sicherheit in den Mitgliedstaaten und damit auch die Unterschiede zwischen den Ansprüchen der dort Beschäftigten bestehen, diese Unterschiede dürfen jedoch nicht dazu führen, daß Wanderarbeitnehmer, die von ihrem Recht auf Freizügigkeit Gebrauch gemacht und in verschiedenen Mitgliedstaaten gearbeitet haben, schlechter gestellt werden als seßhafte Arbeitnehmer. Die nationalen Behörden und Gerichte sind daher im Einzelfall verpflichtet, das nationale Recht unter Berücksichtigung der Ziele der Art. 48-51 EWGV auszulegen und Benachteiligungen von Wanderarbeitnehmern soweit wie möglich zu verhindern.

Nach belgischem Recht erhalten Arbeitnehmer ab dem 65. Lebensjahr einen Rentenanspruch. Dieser beträgt bei Alleinstehenden 60% des letzten Bruttolohnes und bei Verheirateten, deren Ehegatte weder berufstätig ist, noch einen eigenen Rentenanspruch hat, 75% des letzten Bruttolohnes. Obwohl dieses System dazu führt, daß wesentlich mehr Männer die höhere Familienrente erhalten, weil ihre Frauen jünger und nicht (mehr) berufstätig oder (noch) nicht rentenberechtigt sind, als umgekehrt, verstößt es nicht gegen Gemeinschaftsrecht. Art. 7 der RL 79/7 zur schrittweisen Verwirklichung des Grundsatzes der Gleichberechtigung von Männern und Frauen im Bereich der sozialen Sicherheit (Abl. 1979 L 6/24) gestattet den Mitgliedstaaten ausdrücklich in folgenden Fällen vom Gleichbehandlungsgrundsatz abzuweichen:

a)   bei der Festsetzung des Rentenalters;
b)   bei Vergünstigungen für Personen, die Kinder aufgezogen haben;
c), d)   bei der Berücksichtigung von abgeleiteten Ansprüchen der Ehefrauen;
e)   ...

Herr van Munster hatte 37 Jahre in den Niederlanden und 8 Jahre in Belgien gearbeitet. Anschließend erhielt er in beiden Staaten eine Rente, entsprechend der jeweiligen Versicherungsdauer. Da seine Frau nie berufstätig gewesen ist und keinen eigenen Rentenanspruch hatte, erhielt van Munster in Belgien die höhere Familienrente. In den Niederlanden wurde ihm außerdem eine Rente auf der Grundlage von 100% des Nettomindestlohns ausbezahlt, und zwar 50% als Verheiratetem und 50%, weil seine Frau noch nicht 65 Jahre als war.

Ab dem 65. Geburtstag seiner Frau wurde ihm dann allerdings die niederländische Rente nur noch zur Hälfte ausbezahlt und die andere Hälfte direkt an seine Frau. Obwohl sich das Familieneinkommen damit nicht verändert hatte, zahlten die belgischen Behörden Herrn van Munster im folgenden nur noch die Alleinstehendenrente, mit der Begründung, seine Frau habe nunmehr einen eigenen Rentenanspruch.

Auf Klage van Munsters legte der Arbeidshof Antwerpen dem EuGH nach Art. 177 EGV vor und erhielt die folgende Antwort:

Auch wenn das Gemeinschaftsrecht grundsätzlich keine Vereinheitlichung der nationalen Renten- und Sozialversicherungssysteme bedingt, kann eine nationale Vorschrift, die für sich allein betrachtet zulässig ist, im Zusammenwirken mit den Vorschriften anderer Mitgliedstaaten eine Diskriminierung von Wanderarbeitnehmern bewirken. In solchen Fällen sind die nationalen Behörden und Gerichte verpflichtet, das nationale Recht im Lichte der Art. 48-51 EGV auszulegen und soweit wie möglich zu verhindern, daß Wanderarbeitnehmer benachteiligt werden, da sie sonst davon abgehalten würden, von ihrem Recht auf Freizügigkeit tatsächlich Gebrauch zu machen.

Urteil vom 5. Oktober 1994, Rs. C-165/91, van Munster (Slg. 1994, S. I-4661)

6. Personenverkehr

6.7. Soziale Sicherheit der Wanderarbeitnehmer

6.7.3. Kinder- und Familienbeihilfen

Keine Grundsatz-Urteile im Berichtszeitraum

*   Wer zahlt was bei Unfall im Ausland[FE]

Begibt sich ein Deutscher in einen anderen Mitgliedstaat und wird dort durch Verschulden eines Dritten verletzt, so kann er regelmässig von seiner Krankenkasse Erstattung der Kosten der ärztlichen Heilbehandlung im anderen Mitgliedstaat, der Rückführung nach Hause und der Weiterbehandlung zu Hause verlangen. Mit der Leistung erwirbt die Krankenkasse den Schadensersatzanspruch gegen den Dritten. Die Behörden und Gerichte des anderen Mitgliedstaats müssen den Forderungsübergang auf den Sozialversicherungsträger anerkennen. Die Krankenkasse kann dann gegen den Schädiger gem. nationalem Recht des anderen Mitgliedstaats vorgehen um Ersatz des Schadens zu erlangen.

Frau Leipelt, eine deutsche Staatsangehörige, wurde bei einem Verkehrsunfall in Dänemark verletzt. Die Krankenversicherung der Geschädigten (DAK) übernahm die Kosten für den Krankenhausaufenthalt in Dänemark, die Überführung nach Deutschland und die Weiterbehandlung in Deutschland. Gemäss § 116 SGB/X ging damit der Regressanspruch gegen den Schädiger auf die DAK über (cessio legis). Als die DAK bei der Haftpflichtversicherung des Unfallverursachers Regress nehmen wollte, wurden ihr die §§ 17 I Unterabs. 1 und 22 II des dänischen Lov om Erstatningsansvar Nr. 228 entgegengehalten, wonach Regressansprüche von Personenversicherungen (Lebens-, Unfall- und Krankenversicherungen) gegen einen Schadensersatzpflichtigen grundsätzlich nicht anerkannt werden. Der in zweiter Instanz mit dem Fall befasste Østre Landsret hat dem EuGH Fragen zur Auslegung von Art. 93 der *VO 1408/71 über die Soziale Sicherheit der Wanderarbeitnehmer* (in der Fassung der VO 2001/83, Abl. 1983 L 230/1) vorgelegt und folgende Antwort erhalten:

Art. 93 legt fest, daß ein im nationalen Recht vorgesehener Forderungsübergang auf einen Sozialversicherungsträger im Heimatstaat des Geschädigten von den Behörden und Gerichten des Unfallstaates anzuerkennen ist. Alternativ, d.h. vor oder ohne Forderungsübergang, können die Sozialversicherungsträger die Regressansprüche auch direkt im Namen des Geschädigten geltend machen, wenn dies in ihrem nationalen Recht vorgesehen ist. Dieser Anspruch ist der Ausgleich dafür, daß die Personenversicherungen ihren Schutz auf das gesamte Gebiet der Gemeinschaft ausdehnen müssen. Das nationale Recht des Heimatstaats des Geschädigten entscheidet somit zum einen darüber ob die Versicherung im eigenen Namen oder im Namen des Geschädigten Regressansprüche geltend machen kann und zum zweiten, welche Ansprüche die Versicherung geltend machen kann. In Betracht kommen dabei alle Ansprüche, die ihren Grund in dem Schaden haben, der im Gebiet eines anderen Mitgliedstaats eingetreten ist.

Die Frage, ob und inwieweit der Schädiger haftet und ob eventuell ein Mitverschulden der Geschädigten zu berücksichtigen ist, richtet sich dagegen nach dem nationalen Recht desjenigen Staates, auf dessen Gebiet der Schaden entstanden ist.

Urteil vom 2. Juni 1994, Rs. C-428/92, Deutsche Angestellten Krankenkasse (Slg. 1994, S. I-2259)

6.7. Soziale Sicherheit der Wanderarbeitnehmer

6.7.5. Sozialleistungen bei Arbeitslosigkeit

Keine Grundsatz-Urteile im Berichtszeitraum

*   Das holländische Gesetz über die Arbeitsunfähigkeitsversicherung diskriminiert Frauen, siehe Rs. C-343/92, Roks

*   **Bestimmung des zuständigen Staates für Leistungen bei Invalidität**[DS]

Ein Mitgliedstaat ist nicht für Leistungen bei Invalidität zuständig, wenn der Antragsteller zwar in diesem Staat wohnt, aber dort weder arbeitet noch arbeitslos gemeldet ist und die Arbeitsunfähigkeit während einer Berufstätigkeit in einem anderen Mitgliedstaat eintrat. Der Mitgliedstaat ist jedoch verpflichtet, einen Antrag auf Leistung bei Invalidität dem zuständigen Träger des Staates der letzten Beschäftigung zu übermitteln.

Frau Alison Maitland Toosey, eine britische Staatsangehörige, zog 1973 mit ihrem Ehemann nach Belgien, wo sie bis zum Eintritt der Invalidität im Jahr 1982 berufstätig war. Nach einem zweijährigen Aufenthalt in Frankreich kehrte sie 1985 nach Großbritannien zurück. 1986 beantragte sie dort Schwerbeschädigtengeld ("severe disablement allowance"). Der Antrag wurde abgelehnt, weil sie die einschlägigen Voraussetzungen nicht erfüllte. Hiergegen erhob Frau Toosey Klage unter Berufung auf Art. 39 Abs. 5 und Art. 71 Abs. 1 *VO 1408/71 über die Anwendung der Systeme der sozialen Sicherheit auf Arbeitnehmer und Selbständige sowie deren Familienangehörige, die innerhalb der Gemeinschaft zu- und abwandern* (ABl. 1971 L 149/2) - hier in der Fassung der VO 2001/83 (ABl. 1983 L 230/6). Auf Vorlage des nationalen Gerichts entschied der EuGH:

Gem. Art. 13 Abs. 1 VO 1408/71 unterliegen Personen, für die die VO gilt, grundsätzlich nur den Rechtsvorschriften eines Mitgliedstaates. Gem. Art. 39 Abs. 1 VO 1408/71 ist für Leistungen bei Invalidität grundsätzlich der Staat zuständig, der bei Eintritt der Invalidität zuständig war. Eine Ausnahme gilt aber gem. Art. 39 Abs. 5 VO 1408/71. Danach ist der Wohnstaat für Arbeitnehmer i.S. des Art. 71 Abs. 1 lit. b Ziff. 2 VO 1408/71 zuständig. Nach Ansicht des EuGH ist die Klägerin des Ausgangsverfahrens aber nicht als Arbeitnehmerin i.S. des Art. 71 VO 1408/71 zu qualifizieren. Für sie ist deshalb der Staat zuständig, in dem die Invalidität eintrat.

Die englischen Behörden sind aber verpflichtet, den Antrag auf Invalidenrente dem Träger des zuständigen Staats zu übermitteln, Art. 86 VO 1408/71. Sie sind jedoch nicht verpflichtet - und sei es auch gegen Erstattung durch den zuständigen Staat -, Leistungen bei Invalidität zu gewähren.

Urteil vom 27. Januar 1994, Rs. C-287/92, Alsion Maitland Toosey (Slg. 1994, S. I-279)

*   **Berechnung von Invaliditätsrenten**[FE]

Grundsätzlich berechnet sich eine Invaliditätsrente auf der Grundlage des Arbeitseinkommens, das der Betroffene beim Eintritt der Invalidität bezogen hat. In Fällen, in denen der Betroffene zu diesem Zeitpunkt in einem anderen Mitgliedstaat beschäftigt war, als dem des Versicherungsträgers, muß die Berechnung auf der Grundlage des dortigen Arbeitseinkommens erfolgen. Dies folgt aus dem

6. Personenverkehr

6.7. Soziale Sicherheit der Wanderarbeitnehmer

6.7.6. Arbeitsunfähigkeit und Invalidität

Grundsatz, wonach den Arbeitnehmern aus der Wahrnehmung ihrer Freizügigkeitsrechte keine Nachteile in bezug auf Leistungen der sozialen Sicherheit entstehen dürfen.

Urteil vom 9. August 1994, Rs. C-406/93, Reichling (Slg. 1994, S. I-4061)

Wenn ein Wanderarbeitnehmer von zwei Mitgliedstaaten Invaliditätsrenten bezieht, so werden diese nach den gemeinschaftlichen Antikumulierungsvorschriften aufeinander angerechnet. Wird von dem einen Mitgliedstaat eine Familienbeihilfe zusätzlich gewährt, so ist es dem anderen jedoch verwehrt, diese in die Antikumulierung einzubeziehen und seine Invaliditätsrente neu zu berechnen, da es sich nicht um eine gleichartige Leistung i.S.d. Art. 51 Abs. 2 der VO 1408/71 handelt.

Urteil vom 22. September 1994, Rs. C-301/93, Bettaccini (Slg. 1994, S. I-4361)

Anhang VI Buchstabe J Nr. 4 der VO 1408/71 ist auch insoweit mit Art. 45 Abs. 4 dieser VO vereinbar, als er als Voraussetzung für Ansprüche auf Invalidenrente die Arbeitnehmereigenschaft bei Eintritt der Arbeitsunfähigkeit festlegt. Ebenso ist es zulässig, wenn ein Mitgliedstaat diese Anforderung dahingehend präzisiert, daß Arbeitnehmer nur ist, wer ein Arbeitseinkommen in bestimmter Mindesthöhe bezogen hat. Das harmonisierte System der sozialen Sicherheit der Gemeinschaft will vor allem Diskriminierungen aufgrund der Staatsangehörigkeit und Benachteiligungen wegen einer Berufstätigkeit im Ausland ausschließen. Beides liegt jedoch nicht vor, wenn ein Mitgliedstaat keine Unterscheidungen trifft zwischen Personen, die ihr ganzen Leben in diesem Staat gearbeitet haben, und solchen, die während eines Teils ihres Arbeitslebens in einem anderen Mitgliedstaat beschäftigt waren.

Urteil vom 20. September 1994, Rs. C-12/93, Drake (Slg. 1994, S. I-4337)

Keine Grundsatz-Urteile im Berichtszeitraum

Dienstleistungsverkehr
und Niederlassungsfreiheit

*   **Die Veranstaltung einer Lotterie ist eine Dienstleistung i.S. des Art. 60 EWGV**[DS]

In einem neuen Grundsatzurteil entschied der EuGH, daß die grenzüberschreitende Veranstaltung von Lotterien in den Anwendungsbereich der EG-Dienstleistungsfreiheit fällt. Das gleiche gilt für die Einfuhr von Werbematerial und Losen für Lotterien. Verbietet ein Mitgliedstaat die Veranstaltung von Lotterien, so stellt dies grundsätzlich eine (rechtswidrige) Beschränkung des freien Dienstleistungsverkehrs dar. Die Beschränkung ist aber mit dem EG-Recht vereinbar, wenn sie unter Berücksichtigung der Anliegen der Sozialpolitik und mit dem Ziel der Betrugsbekämpfung erfolgt.

Herr Schindler führte aus den Niederlanden Werbematerial für die Süddeutsche Klassenlotterie nach Großbritannien ein. Daraufhin erhoben die britischen Commissioners of Customs and Excise (Ministerialabteilung für Zölle und Verbrauchssteuern) Klage auf Feststellung, daß die Versendung des Werbematerials rechtswidrig ist. Das britische Lotteriegesetz gestattet nur die Veranstaltung kleiner Lotterien. Die Versendung von Werbematerial für verbotene Lotterien ist nach dem Abgabengesetz von 1898 untersagt. Herr Schindler vertrat die Auffassung, daß die britischen Vorschriften gegen EG-Recht verstoßen. Auf Vorlage des High Court of Justice entschied der EuGH:

Die Versendung des Werbematerials ist notwendige Voraussetzung für die Veranstaltung der Lotterien. Deshalb ist die Einfuhr der Werbeprospekte rechtlich genauso zu beurteilen wie die Veranstaltung der Lotterien. Die Werbeprospekte sind demzufolge keine Waren i.S. des Art. 30 EWGV. Die Tätigkeiten im Lotteriewesen sind vielmehr insgesamt der Dienstleistungsfreiheit i.S. der Art. 59 ff. EWGV zuzuordnen.

Die Voraussetzungen des Dienstleistungsbegriffs i.S. des Art. 60 EWGV sind erfüllt. Der Veranstalter der Lotterie erbringt eine "Leistung", weil er den Käufer der Lose an einem Glücksspiel mit Gewinnchance teilnehmen läßt. Die Leistung erfolgt gegen "Entgelt", weil der Käufer für das Los bezahlen muß. Es handelt sich auch um eine "grenzüberschreitende Tätigkeit". Andere Vorschriften des EWG-Vertrages sind nicht einschlägig, so daß die Subsidiaritätsklausel des Art. 60 EWGV nicht eingreift.

Entgegen der Ansicht einiger Mitgliedstaaten handelt es sich auch um eine wirtschaftliche Tätigkeit. Zwar unterliegen Lotterien in allen Mitgliedstaaten einer strengen behördlichen Kontrolle. Die Veranstaltung der Lotterien ist aber nicht vollkommen verboten. Deshalb können Lotterien nicht als Tätigkeit angesehen werden, die wegen ihrer Schädlichkeit in allen Mitgliedstaaten verboten sind und aus dem Anwendungsbereich des EG-Rechts herausfallen.

Auch die Tatsache, daß die Gegenleistung von einem Zufall abhängt, nimmt dem Lotteriewesen nicht den wirtschaftlichen Charakter. Gegen die Anwendbarkeit des Art. 60 EWGV kann auch nicht vorgebracht werden, daß Lotterien ebenso wie Amateursport Unterhaltungscharakter haben. Die Veranstalter der Lotterie verfolgen nämlich in der Regel Gewinnerzielungsabsicht.

Unerheblich ist schließlich, daß in der Dienstleistungs-RL 75/368 (ABl. 1975 L 167/22) Tätigkeiten im Lotteriewesen ausdrücklich vom Anwendungsbereich der RL ausgeschlossen wurden. Die RL kann den Anwendungsbereich der Art. 59 ff. EWGV nicht einschränken.

Die britischen Gesetze stellen eine Beschränkung der Dienstleistungsfreiheit dar. Der EuGH hat bereits im Säger-Urteil (EuGH, Slg. 1991, S. I-4221) festgestellt, daß Art. 59 EWGV auch nichtdiskriminierende Beschränkungen des freien Dienstleistungsverkehrs verbietet. Es spielt deshalb keine Rolle, daß die britischen Vorschriften unterschiedslos für In- und Ausländer gelten.

Die Beschränkung der Dienstleistungsfreiheit ist aber gerechtfertigt. Zur Anwendung kommen nicht nur ausdrückliche, sondern auch ungeschriebene Rechtfertigungsgründe (sog. "zwingende Gründe des Allgemeininteresses"). Im konkreten Fall konnte sich Großbritannien auf Anliegen der Sozialpolitik und der Betrugsbekämpfung berufen.

Urteil vom 24. März 1994, Rs. C-275/92, Schindler (Slg. 1994, S. I-1039)

* **Wichtiges Grundsatzurteil: Dienstleister dürfen Drittstaater mitbringen**[FE]

Die nach Art. 59 und 60 EGV gewährleistete Dienstleistungsfreiheit umfasst das Recht eines Bauunternehmers, zur Ausführung eines Bauauftrags in einem anderen Mitgliedstaat seine Arbeitskräfte mitzubringen. Der Aufnahmemitgliedstaat darf den Unternehmer nicht dazu verpflichten, für Arbeitskräfte, die im Heimatstaat ordnungsgemäss ansässig sind und beschäftigt werden, eine Arbeitserlaubnis zu beantragen. Dies gilt auch, wenn es sich um Staatsangehörige von Drittstaaten, hier um Marokkaner, handelt.

Der Kläger des Ausgangsverfahrens betreibt in Belgien eine Bauunternehmung. Zu den Arbeitskräften des Unternehmens gehören neben belgischen Staatsangehörigen auch einige marokkanische Staatsangehörige, die in Belgien dauerhaft aufenthaltsberechtigt sind und eine Arbeitserlaubnis besitzen. 1989 erhielt das Unternehmen einen Bauauftrag aus Frankreich und setzte auf der Baustelle während eines Zeitraums von einem Monat unter anderem vier marokkanische Arbeiter ein. Für die Marokkaner hatte das Unternehmen beim französischen Konsulat in Brüssel Einreisevisa mit einer Gültigkeitsdauer von einem Monat beantragt und erhalten.

Die französischen Gewerbeaufsichtsbehörden inspizierten am 12. und 18. April 1989 die Baustelle und stellten fest, dass für die marokkanischen Arbeiter keine Arbeitserlaubnis der französischen Behörden beantragt und ausgestellt worden war. Nach Ansicht dieser Behörden ergab sich die Arbeitserlaubnis nicht schon aus dem Einreisevisum. Dem Unternehmen wurde daher ein Bussgeld von zunächst 121.000 Francs auferlegt, das später auf 30.000 Francs ermässigt wurde. Das Bauunternehmen klagte gegen den Bussgeldbescheid zum Tribunal Administratif Châlons-sur-Marne und dieses legte dem EuGH mehrere Fragen zur Reichweite der gemeinschaftlichen Dienstleistungsfreiheit vor.

Der Gerichtshof wiederholte seine ständige Rechtsprechung, wonach gem. Art. 59 EGV "nicht nur sämtliche Diskriminierungen des in einem anderen Mitgliedstaat ansässigen Dienstleistungserbringers zu beseitigen [sind], die auf seiner Staatsangehörigkeit beruhen, sondern auch alle Beschränkungen aufzuheben [sind], die - obwohl sie unterschiedslos für einheimische Dienstleistende wie für Dienstleistende anderer Mitgliedstaaten gelten - geeignet sind, die Tätigkeit eines in einem anderen Mitgliedstaat ansässigen Dienstleistenden, der dort rechtmässig gleichartige Dienstleistungen erbringt, zu unterbinden oder zu behindern".

Dies ist der Grundsatz der Betätigungsfreiheit, der wesentlich über das blosse Diskriminierungsverbot hinausgeht und sich dadurch rechtfertigt, dass es dem einheimischen Dienstleister regelmässig zumutbar ist, gewisse bürokratische und andere Voraussetzungen zu erfüllen, da er am Ort niedergelassen und ständig tätig ist, während der auswärtige Dienstleister am Ort nur gelegentlich oder gar nur einmal tätig werden will. Für die gelegentlichen oder einmaligen Dienstleistungen ist es weder nötig noch wirtschaftlich angemessen, die gleichen Anforderungen zu stellen, wie für die ständig Niedergelassenen. Zum einen erfüllt der Dienstleister ja bereits die - i.d.R. gleichwertigen - Anforderungen in seinem Heimatstaat, zum anderen würde ihn die Pflicht, in jedem Gaststaat die Erlaubnisse und Genehmigungen erneut einzuholen effektiv davon abhalten, seine Dienste gelegentlich oder einmalig dort überhaupt anzubieten.

Der Gerichtshof billigt Frankreich zwar zu, über das Ausländern auferlegte Erfordernis einer Arbeitsgenehmigung den Zugang zu seinem Arbeitsmarkt zu regeln, dieser Gedanke sei auf Dienstleister aus anderen Mitgliedstaaten jedoch nicht anwendbar, denn die "Arbeitnehmer, die von einem in einem Mitgliedstaat ansässigen Unternehmen beschäftigt und vorübergehend zur Erbringung einer Dienstleistung in einen anderen Mitgliedstaat entsandt werden, verlangen ... keinen Zutritt zum Arbeitsmarkt dieses zweiten Staates, da sie nach Erfüllung ihrer Aufgabe in ihr Herkunfts- oder Wohnsitzland zurückkehren."

Zur Verhinderung von Sozialdumping könnten die Mitgliedstaaten allerdings ihre Vorschriften über arbeitsrechtliche Mindeststandards und -löhne auch auf die Arbeitskräfte von ausländischen Dienstleistern ausdehnen und mit geeigneten Mitteln durchsetzen.

Anmerkung der Red.: Das Urteil wirft erneut die Problematik der seit Jahren diskutierten "Entsende-Richtlinie" auf. Der von der Kommission vorgeschlagene Text ist abgedruckt im ABl. 1991 C 225/6. Eine Entscheidung des Rates über den Erlass der Richtlinie ist seither jedoch nicht ergangen. Vielleicht wird dieses Urteil den Rat veranlassen, mit Hilfe der Richtlinie die Voraussetzungen für die (vorübergehende) Entsendung von Arbeitnehmern in einen anderen Mitgliedstaat zu regeln.

Urteil vom 9. August 1994, Rs. C-43/93, Raymond Vander Elst (Slg. 1994, S. I-3803)

Keine Grundsatz-Urteile im Berichtszeitraum

* **Unmittelbare Wirkung der zweiten KFZ-Haftpflichtversicherungs-RL**[DS]

Vor dem 31.12.88 begründet die zweite *RL 84/5 betreffend die Angleichung der Rechtsvorschriften der Mitgliedstaaten bezüglich der Kraftfahrzeug-Haftpflichtversicherung* keine Rechte des einzelnen, die die nationalen Gerichte schützen müssen, vgl. Art. 5 Abs. 2 RL 84/5.

Frau Vaneetveld war bei einem Verkehrsunfall, den ihr Ehemann verschuldet hatte, am 2.12.88 verletzt worden. Die KFZ-Versicherung des Ehemanns, Le Foyer SA, verweigerte die Schadensregulierung, weil nach den vertraglichen Vereinbarungen Ehegatten vom Versicherungsschutz ausgeschlossen waren. Frau Vaneetveld sah hierin einen Verstoß gegen die zweite *RL 84/5 betreffend die Angleichung der Rechtsvorschriften der Mitgliedstaaten bezüglich der Kraftfahrzeug-Haftpflichtversicherung* (ABl. 1994 L 8/17). Art. 3 RL 84/5 schreibt vor, daß Familienmitglieder nicht von der Personenschadenversicherung ausgeschlossen werden dürfen. Auf Vorlage des belgischen Gerichts entschied der EuGH:

Das Vorlageverfahren ist zulässig. Der EuGH hat zwar in seiner neuen Rechtsprechung wiederholt betont, daß die nationalen Gericht verpflichtet sind, den tatsächlichen und rechtlichen Rahmen des Ausgangsverfahrens darzustellen (vgl. EuGH, Slg. 1992, S. I-4871, Meilicke; EuGH, Slg. 1993, S. I-393 - Telemarsicabruzzo). "Dieses Erfordernis ist jedoch weniger zwingend, wenn sich die Fragen auf genau umschriebene technische Einzelheiten beziehen". Im vorliegenden Fall verfügte der EuGH über ausreichende Informationen.

In der Sache entschied der EuGH, daß die Umsetzungsfrist der RL zwar am 31.12.87 endete. Die nationalen Bestimmungen müssen aber erst zum 31.12.88 zur Anwendung kommen. Das bedeutet für Frau Vaneetveld, daß sie keine Ansprüche aus der RL herleiten kann.

Urteil vom 3. März 1994, Rs. C-316/93, Vaneetveld (Slg. 1994, S. I-763)

*   **Garantiefonds für Ansprüche gegen Güterkraftverkehrsunternehmer**[DS]

Art. 3 Abs. 3 RL 74/561 verpflichtet die Mitgliedstaaten, ein System zu errichten, daß die finanzielle Leistungsfähigkeit von Güterkraftverkehrsunternehmen garantiert. Die Mitgliedstaaten haben aber bis zum Erlaß der RL 89/438 einen weiten Ermessensspielraum gehabt, wie sie das Garantiesystem ausgestalten und welche Ansprüche gegen die Unternehmen erfaßt werden sollen. Die Gläubiger eines Güterkraftverkehrsunternehmen können sich deshalb nicht auf den Grundsatz der richtlinienkonformen Auslegung berufen, um zu erreichen, daß die von ihnen geltend gemachten Zahlungsansprüche in den Anwendungsbereich des nationalen Garantiesystems fallen.

DKV lieferte an das belgische Güterkraftverkehrsunternehmen Zelltrans Dieselöl. Als Zelltrans in Konkurs fiel, erhob DKV Zahlungsklage gegen die Générale de Banque (SGB), die sich für Ansprüche gegen Zelltrans verbürgt hatte. Die Bürgschaft erfaßt jedoch in Übereinstimmung mit den belgischen Vorschriften nur Ansprüche aus Beförderungsverträgen, nicht hingegen Kaufpreisansprüche. Die belgischen Vorschriften beruhen auf der *RL 74/561 über den Zugang zum Beruf des Güterkraftverkehrsunternehmers im innerstaatlichen und grenzüberschreitenden Verkehr* (ABl. 1974 L 308/18). DKV war der Auffassung, daß das nationale Recht richtlinienkonform auszulegen sei und deshalb auch die Kaufpreisansprüche durch die Bürgschaft abgedeckt seien. Auf Vorlage des belgischen Gerichts entschied der EuGH:

Auf den Sachverhalt kommt Art. 3 Abs. 3 in seiner ursprünglichen Fassung (RL 74/561) zur Anwendung. Außer Betracht bleibt demgegenüber die RL 89/438 (ABl. 1989 L 212/101), die Art. 3 Abs. 3 RL 74/561 abänderte.

Art. 3 Abs. 3 RL 74/561 sieht die Errichtung eines Garantiesystems zum Schutz der Gläubiger von Güterkraftverkehrsunternehmen vor. Der Artikel überläßt den Mitgliedstaaten die Ausgestaltung des Garantiesystems. Die Mitgliedstaaten sind frei zu regeln, welche Ansprüche von dem Garantiesystem erfaßt werden sollen. Deshalb widerspricht es der RL nicht, wenn das nationale Garantiesystem nur Ansprüche aus Beförderungsverträgen erfasse.

DKV könne sich auch nicht auf die 3. Begründungserwägung der RL berufen. Zwar bezwecke die RL den Schutz des Wirtschaftsverkehrs. Der Wortlaut des Art. 3 Abs. 3 räume den Mitgliedstaaten aber eindeutig ein Ermessen bei der Ausgestaltung des Systems ein. Deshalb scheidet eine Berufung auf eine richtlinienkonforme Auslegung aus.

Urteil vom 16. November 1993, Verb. Rs. C-20 und C-21/93, DKV (Slg. 1993, S. I-5727)

*   **Berechnung der Lenkzeiten im Straßenverkehr**[DS]

Art. 7 Abs. 1 *VO 3820/85 über die Harmonisierung bestimmter Sozialvorschriften im Straßenverkehr* verbietet es Fahrern von Kraftfahrzeugen, die in den Anwendungsbereich der VO fallen, mehr als viereinhalb Stunden ohne Unterbrechung hinter dem Steuer zu sitzen. Hat der Fahrer eine einmalige Unterbrechung von 45 Minuten oder mehrere Unterbrechungen von mindestens 15 Minuten innerhalb oder nach viereinhalb Stunden Fahrzeit eingelegt, so darf er nach der Unterbrechung erneut viereinhalb Stunden hinter dem Steuer sitzen.

Herr Charlton wurde in Großbritannien strafrechtlich verfolgt, weil er vermeintlich gegen die *VO 3820/85 über die Harmonisierung bestimmter Sozialvorschriften im Straßenverkehr* (ABl. 1985 L 370/1) verstoßen hatte. Auf Vorlage des englischen Gerichts entschied der EuGH:

Art. 7 Abs. 1 VO 3820/85 sieht vor, daß ein Fahrer nach viereinhalbstündiger Lenkzeit die Fahrt für 45 Minuten unterbrechen muß. Gem. Art. 7 Abs. 2 kann diese Pause durch mehrere Unterbrechungen von mindestens 15 Minuten ersetzt werden. Herr Charlton hatte vorgetragen, daß ein Fahrer gem. der VO berechtigt sei, täglich insgesamt neun Stunden zu fahren. Es sei deshalb unerheblich, zu welchem Zeitpunkt er Pausen einlege, solange die Gesamtfahrzeit nicht überschritten werde. Der EuGH wies diese Auslegung zurück, da sie zu einer Verlängerung der "Fahrzeit ohne Pause" führe. Die VO ziele jedoch u.a. darauf ab, die Sicherheit im Straßenverkehr zu verbessern.

Der EuGH verwarf aber auch die von Großbritannien vorgetragene Auslegung, nach der die tägliche Lenkzeit von neun Stunden nur dann ausgeschöpft werden darf, wenn nach der ersten Lenkzeit von viereinhalb Stunden eine Pause von 45 Minuten eingehalten wurde. Diese Auslegung läßt Abs. 2 des Art. 7 VO 3820/85 unberücksichtigt, der eine Aufteilung der Pausen erlaubt.

Nach Ansicht des EuGH ist Art. 7 VO 3820/85 vielmehr so zu verstehen, daß es dem Fahrer überlassen ist, ob er innerhalb oder nach der ersten Lenkzeit von viereinhalb Stunden eine oder mehrere Pausen einlegt. Entscheidend ist, daß er die Gesamtpausenzeit von 45 Minuten erreicht. Ist dieses Zeitlimit erfüllt, darf der Fahrer erneut viereinhalb Stunden fahren. Diese Auslegung führt dazu, daß ein Fahrer, der beispielsweise nach 3 Stunden Lenkzeit 45 Minuten Pause einlegt, spätestens nach siebeneinhalb Stunden Fahrtzeit die nächste Pause von 45 Minuten einlegen muß.

Die Fahrzeit wird nach Ansicht des EuGH ab dem Zeitpunkt berechnet, in dem der Fahrer das Kontrollgerät einschaltet und zu lenken beginnt.

Urteil vom 15. Dezember 1993, Rs. C-116/92, Charlton u.a. (Slg. 1993, S. I-6755)

* **Die Lotsentarife im Hafen von Genua verstoßen gegen den freien Dienstleistungsverkehr und gegen das EU-Wettbewerbsrecht**[FE]

Die Seeschiffahrt zum Transport von Waren und/oder Personen zwischen Mitgliedstaaten der Gemeinschaft und zwischen Mitgliedstaaten und Drittstaaten unterliegt dem freien Dienstleistungsverkehr gem. Artikel 59 ff. EGV. Mit dem darin enthaltenen Diskriminierungsverbot ist es nicht vereinbar, wenn in einem Hafen die Lotsendienste an Schiffe unter inländischer Flagge zu günstigeren Konditionen erbracht werden als an Schiffe, die unter ausländischer Flagge fahren. Soweit der Lotsengesellschaft durch den betreffenden Mitgliedstaat Monopolrechte eingeräumt wurden, verstoßen solche diskriminierenden Tarife außerdem gegen die Artikel 90 Abs. I und 86 EGV.

Im Hafen von Genua müssen alle ein- und auslaufenden Schiffe gemäß Dekret des Präsidenten der Republik Lotsendienste des Corpo dei piloti del porto di Genova in Anspruch nehmen. Die anwendbaren Tarife für diese Dienste werden vom Lotsenkorps festgelegt und vom Minister für die Handelsflotte genehmigt. In den Jahren 1989 bis 1991 wurden Ermäßigungen von bis zu 50% für Schiffe eingeräumt, die in Italien zur Seekabotage, d.h. zur Beförderung zwischen zwei italienischen Häfen zugelassen sind. Allerdings konnten in diesem Zeitraum nur unter italienischer Flagge fahrende Schiffe zur Seekabotage zugelassen werden.

Die Klägerin, eine Gesellschaft italienischen Rechts, betreibt mit zwei in Panama registrierten und unter panamaischer Flagge fahrenden Schiffen einen Liniendienst zwischen Genua und verschiedenen korsischen Häfen. Da ihre Schiffe nicht unter italienischer Flagge und zwischen zwei italienischen Häfen fuhren, wurden ihr die Preisermäßigungen für die Lotsendienste nicht gewährt. Hiergegen klagte die Gesellschaft und berief sich auf das gemeinschaftsrechtliche Diskriminierungsverbot. Das Tribunale Genua hat dem EuGH vorgelegt und folgende Antwort erhalten:

Spätestens seit Erlaß der *VO 4055/86 zur Anwendung des Grundsatzes des freien Dienstleistungsverkehrs auf die Seeschiffahrt zwischen den Mitgliedstaaten sowie zwischen Mitgliedstaaten und Drittländern* (ABl. 1986 L 378/1), die am 1. Januar 1987 in Kraft getreten ist, sei das in den Artikeln 59 ff. EGV konkretisierte Diskriminierungsverbot auch auf den Seeverkehr der streitigen Art anwendbar. Der persönliche Anwendungsbereich der VO sei eröffnet, wenn Staatsangehörige anderer Mitgliedstaaten betroffen seien, auf die Registrierung oder Flagge der betriebenen Schiffe komme es nicht an. Damit könne sich ein Unternehmen gegenüber dem Staat, in dem es seinen Sitz hat, auf den freien Dienstleistungsverkehr und auf das Diskriminierungsverbot berufen, wenn es Dienstleistungen an Personen erbringt, die in anderen Mitgliedstaaten ansässig sind. Das sei bei einem Fährverkehr zwischen zwei Mitgliedstaaten regelmäßig gegeben.

Es liege auch eine Diskriminierung vor, denn die Lotsendienste stellten eine entgeltliche Dienstleistung dar, die für Schiffe unter italienischer Flagge und solche unter ausländischer Flagge in identischer Weise aber zu unterschiedlichen Preisen erbracht würden. Diese Diskriminierung könne auch nicht, wie von der italienischen Regierung vorgetragen, mit Erwägungen der Sicherheit der Seeschiffahrt oder der nationalen Verkehrspolitik oder des Umweltschutzes gerechtfertigt werden, da diskriminierende Tarife jedenfalls zur Erreichung dieser Ziele nicht erforderlich seien.

Damit seien die italienischen Tarifregelungen mit Art. 1 Abs. I der VO 4055/86, der den Grundsatz des freien Dienstleistungsverkehrs und insbesondere das Diskriminierungsverbot auf das Gebiet des Seeverkehrs ausdehnt, unvereinbar.

Weiterhin liege auch ein Verstoß gegen die Artikel 90 Abs. I und 86 EGV vor. Relevanter Markt sei vorliegend der Markt für Lotsendienste im Hafen von Genua. Angesichts des Verkehrsaufkommens in diesem Hafen und seiner Bedeutung für die gesamten Ein- und Ausfuhren nach Italien könne dieser Markt als ein "wesentlicher Teil des Gemeinsamen Marktes" i.S.d. Art. 86 EGV angesehen werden. Zwar sei die Schaffung einer beherrschenden Stellung durch staatliche Gewährung ausschließlicher Rechte an ein Unternehmen nicht per se mit Art. 90 Abs. I und Art. 86 unvereinbar, ein Mitgliedstaat verstoße jedoch gegen diese Bestimmungen, wenn er das Unternehmen durch Genehmigung diskriminierender Tarife zur mißbräuchlichen Ausnutzung seiner beherrschenden Stellung veranlasse bzw. davon nicht abhalte.

Urteil vom 17. Mai 1994, Rs. C-18/93, Corsica Ferries Italia (Slg. 1994, S. I-1783)

---

* **Anwendbarkeit des AETR und seiner Durchführungs-VOen auf Beförderungen von und nach der Schweiz - Berechnung der Ruhezeiten**[FE]

In der EU werden die Lenk- und Ruhezeiten von LKW-Fahrern durch die *VO 3820/85 über die Harmonisierung bestimmter Sozialvorschriften im Straßenverkehr* (ABl. 1985 L 370/1) geregelt. Für grenzüberschreitende Transporte von und/oder nach Drittstaaten gilt ergänzend das *Europäische Übereinkommen über die Arbeit des im internationalen Straßenverkehr beschäftigten Fahrpersonals (AETR)*. Die Schweiz ist jedoch weder Mitglied der EU, noch des AETR. Bei Transporten von und nach der Schweiz und/oder durch die Schweiz wendeten die niederländischen Behörden daher für die Gesamtstrecke, d.h. für die Fahrtstrecke in der Schweiz und für die Fahrtstrecke in der EU, ausschließlich niederländisches Recht an. Das nationale niederländische Recht unterscheidet sich geringfügig vom EU Recht und vom AETR, insbesondere was die Berechnung der Ruhezeiten angeht. Wegen dieser Unterschiede kam es zu Strafverfahren gegen die niederländische Spedition Van Swieten und ihre Fahrer, die sich auch für Fahrten in die Schweiz nach dem europäischen Einheitsrecht gerichtet hatten.

Auf Vorlage gem. Art. 177 EGV erklärte der EuGH zunächst die VO 3820/85 auch für solche Beförderungsleistungen für anwendbar, die mit Fahrzeugen, die in der Gemeinschaft zugelassen sind, von oder aus einem Drittstaat erfolgen, der seinerseits nicht Mitglied des AETR ist. Auch wenn dieser Fall nicht ausdrücklich in der VO geregelt sei, so folge diese Auslegung doch aus der Zielsetzung der VO, namentlich der Optimierung der Sicherheit im Straßenverkehr und bei den Arbeitsbedingungen der Fahrer.

Hinsichtlich der Ruhezeiten verlange die VO, daß jeder Fahrer innerhalb eines "Zeitraums von 24 Stunden" gewisse Mindestruhezeiten einhält. Die 24-Stunden Periode entspreche dabei nicht einem Kalendertag und könne auch nicht nach Belieben des Fahrers beginnen und enden. Vielmehr beginne der 24-Stunden Zeitraum immer mit der Aufnahme der Arbeit am Ende der längsten täglichen, mindestens acht Stunden umfassenden Ruhezeit des vorangegangenen Zeitraums. Dies sei erforderlich, da die Fahrer sonst ihre Pausen in einer 24-Stunden Periode an den Anfang und in der darauffolgenden ans Ende legen, d.h. in der Mitte für bis zu 26 Stunden ohne längere Pause fahren könnten.

Urteil vom 2. Juni 1994, Rs. C-313/92, Van Swieten BV (Slg. 1994, S. I-2177)

---

* **Nochmals zu den Lenk- und Ruhezeiten für Lastwagenfahrer**[FE]

Die gemeinschaftsweit harmonisierten Regelungen über die Lenk- und Ruhezeiten für Kraftfahrer finden sich in der *VO 3820/85 über die Harmonisierung bestimmter Sozialvorschriften im Straßenverkehr* (ABl. 1985 L 370/1) und in der *VO 3821/85 über das Kontrollgerät im Straßenverkehr* (ABl. 1985 L 370/8). Die darin verwendeten Begriffe "tägliche Arbeitszeit" und "Tag" bzw. "Zeitraum von 24 Stunden" sind wie folgt zu verstehen:

Die "tägliche Arbeitszeit" umfaßt die Lenkzeit, alle sonstigen Arbeitszeiten (z.B. zum Be- und Entladen), die Bereitschaftszeit (in welcher der Fahrer nicht frei über seine Zeit verfügen kann), sowie Arbeitsunterbrechungen und Ruhezeiten von weniger als einer Stunde. Die tägliche Arbeitszeit beginnt in dem Moment, in dem der Fahrer nach einer Ruhezeit von mindestens acht Stunden den Fahrtenschreiber in Gang setzt. Sie endet am Beginn der nächsten Ruhezeit von mindestens acht zusammenhängenden Stunden.

Die Begriffe "Tag" und "Zeitraum von 24 Stunden" sind synonym zu verstehen. Sie beziehen sich auf eine Periode von 24 zusammenhängenden Stunden, die mit dem Beginn der "täglichen Arbeitszeit" beginnt.

Urteil vom 9. Juni 1994, Rs. C-394/92, Marc Michielsen und Geybels Transport Service (Slg. 1994, S. I-2497)

* **Zwangstarife im deutschen Binnenschiffsverkehr verstoßen nicht gegen EG-Wettbewerbsrecht**[FE]

Artikel 5 Absatz 2 und 85 EGV stehen einer mitgliedstaatlichen Regelung über die Festsetzung von einheitlichen Tarifen im Binnenschiffsverkehr nicht entgegen, wenn diese Tarife von unabhängigen und ehrenamtlich tätigen Personen und ausschließlich aufgrund von Erwägungen des Gemeinwohls ermittelt werden.

In der Bundesrepublik Deutschland ist der gewerbliche Binnenschiffsverkehr durch das Binnenschiffsverkehrsgesetz geregelt (BinnSchVG), welches durch die Festsetzung "marktgerechter Entgelte" eine volkswirtschaftlich sinnvolle Aufgabenteilung zwischen den verschiedenen Verkehrsträgern ermöglichen soll. Die Tarife für Binnenschiffstransporte werden daher im vorhinein und einheitlich aufgrund gesetzlich festgelegter Kriterien fixiert. Ein Preiswettbewerb zwischen den Transportunternehmen findet nicht statt.

Zur Festlegung "marktgerechter" Tarife werden sog. Frachtenausschüsse und erweiterte Frachtenausschüsse gebildet, die aus Vertretern der Schiffahrt und der Verlader bestehen. Die Mitglieder der Frachtenausschüsse sind ehrenamtlich tätig und nicht an Weisungen gebunden (§ 25 BinnSchVG). Die Beschlüsse der Frachtenausschüsse bedürfen anschließend der Genehmigung des Bundesminsters für Verkehr. Genehmigte Beschlüsse werden als Rechtsverordnungen erlassen und sind für alle Unternehmen und Auftraggeber verbindlich. Wird bei einem Transportauftrag unter Verstoß gegen eine Tarifverordnung ein niedrigeres Entgelt berechnet, so ist der Unterschiedsbetrag an den Bund zu entrichten und wird von der Wasser- und Schiffahrtsdirektion direkt beim Auftraggeber eingezogen (§ 31 BinnSchVG).

Im Ausgangsfall hat die Delta Schiffahrts- und Speditionsgesellschaft mbH einen Transportauftrag vergeben und hierfür ein untertarifliches Entgelt bezahlt. Die Wasser- und Schiffahrtsdirektion hat daher vor dem LG Duisburg Klage gegen Delta auf Zahlung des Differenzbetrags erhoben. Delta macht geltend, die Festsetzung der Zwangstarife verstoße gegen europäisches Wettbewerbsrecht. Das LG hat daher dem EuGH vorgelegt.

In seinem Vorabentscheidungs-Urteil nimmt der EuGH auf das Urteil vom 17. November 1993 in der Rs. C-185/91, Gebrüder Reiff, bezug (vgl. BLE 25/93) und wiederholt im wesentlichen das dort bereits zur Tarifbindung im Straßengüterfernverkehr Gesagte: Die Wettbewerbsregeln des EGV, insbesondere die Art. 85 bis 90, fänden auch auf den Verkehrssektor Anwendung. Aus Art. 85 i.V.m. Art. 5 EGV folge daher für die Mitgliedstaaten eine Verpflichtung, keine Maßnahmen, und zwar auch nicht in Form von Gesetzen oder Verordnungen, zu treffen oder beizubehalten, welche die praktische Wirksamkeit der EG Wettbewerbsregeln für die Unternehmen beeinträchtigen könnten. Insbesondere sei den Mitgliedstaaten daher verboten, wettbewerbsbeschränkende Kartellabsprachen zwischen Unternehmen vorzuschreiben, zu erleichtern oder deren Auswirkungen zu verstärken. Bei einer Fallgestaltung wie der vorliegenden sei ein Kartell im Rechtssinne jedoch nicht gegeben. Da die Mitglieder der Frachtenausschüsse unabhängig und nicht weisungsgebunden seien, d.h. weder als Vertreter der öffentlichen Stellen noch der beteiligten Unternehmen auftreten, sondern die Tarife ausschließlich aufgrund von Erwägungen des allgemeinen Wohls festzusetzen hätten, fehle es an wesentlichen Elementen und sei der Tatbestand des Art. 85 EGV nicht erfüllt.

Urteil vom 9. Juni 1994, Rs. C-153/93, Delta (Slg. 1994, S. I-2517)

* **Keine Pflicht zur Anerkennung ausländischer TÜV-Untersuchungen bei Kraftfahrzeugen**[FE]

Das Gemeinschaftsrecht verwehrt es den Mitgliedstaaten nicht, für alle auf ihrem Gebiet zugelassenen Kraftfahrzeuge und Anhänger eine regelmässige Verkehrstauglichkeitsuntersuchung bei einer innerstaatlichen Stelle oder Werkstätte vorzuschreiben.

Nach niederländischem Recht dürfen Kraftfahrzeuge und Anhänger auf öffentlichen Wegen nur benutzt werden, wenn sie einen Nachweis der Verkehrstauglichkeit tragen, dessen Geltungsdauer noch nicht abgelaufen ist (Art. 9a Abs. I Wegenverkeerswet). Die technische Prüfung kann von unabhängigen Prüfstellen und von zugelassenen Werkstätten vorgenommen werden. Der Preis ist in beiden Fällen gleich. Zugelassen werden können aber nur inländische Prüfstellen und Werkstätten. In den grenznahen Gebieten im Süden und Osten der Niederlande besteht ein Interesse der Autofahrer, die erforderlichen Wartungsarbeiten und/oder Prüfungen im grenznahen Ausland durchführen zu lassen. Auf Klage eines Betroffenen hat der Hoge Raad dem EuGH die Frage vorgelegt, ob die Nichtanerkennung ausländischer Prüfzeugnisse mit Gemeinschaftsrecht vereinbar ist. Der EuGH antwortete wie folgt:

Die niederländische Regelung hindert die Autobesitzer zwar nicht daran, ihre Fahrzeuge im grenznahen Ausland reparieren und warten zu lassen, da sie aber nur bei inländischen Betrieben in Verbindung mit einer Wartungsinspektion auch gleich die Prüfung durchführen lassen können, besteht ein künstlicher Anreiz, Wartung und Reparatur im Inland ausführen zu lassen, auch wenn die Dienste und Ersatzteile im Ausland möglicherweise preiswerter angeboten werden.

Es handelt sich dabei allerdings nicht um ein Problem der Warenverkehrsfreiheit. Wenngleich die Wartung auch zum Verkauf von Schmierstoffen und Ersatzteilen führen kann, so ist diese Warenlieferung jedoch nicht Selbstzweck, sondern untergeordnete Nebensache der Dienstleistung. Art. 30 EGV ist insoweit nicht anwendbar.

Die Zulassung zur Teilnahme am Strassenverkehr ist Ausübung öffentlicher Gewalt. Als solche ist sie auf das Hoheitsgebiet des betreffenden Mitgliedstaats beschränkt. Die Zulassung ausländischer Werkstätten in diesem Zusammenhang fällt daher nicht unter die Dienstleistungsfreiheit i.S.d. Art. 59 EGV.

7. Dienstleistungsverkehr und Niederlassungsfreiheit

7.4. Verkehr und Transportwesen

Selbst wenn die Erteilung von Prüfzeugnissen durch (ausländische) Werkstätten als Dienstleistung i.S.d. Gemeinschaftsrechts anzusehen wäre, so ist die Beschränkung, wie sie in den Niederlanden vorgenommen wird, doch durch zwingende Gründe des Allgemeininteresses, namentlich der Sicherheit des Strassenverkehrs, gerechtfertigt.

Auch die einschlägige RL 77/143 zur Angleichung der Rechtsvorschriften der Mitgliedstaaten über die technische Überwachung der Kraftfahrzeuge und Kraftfahrzeuganhänger (ABl. 1977 L 47/47) - die auf den vorliegenden Fall nicht unmittelbar anwendbar ist, weil sie seinerzeit noch auf Prüfungen von Fahrzeugen mit mehr als 8 Passagiersitzen beschränkt war - geht von einer Territorialität der Prüfungsbefugnis aus.

Schließlich steht auch das gemeinschaftliche Wettbewerbsrecht der niederländischen Regelung nicht entgegen. Eine kartellmäßige Vereinbarung oder abgestimmte Verhaltensweise der Prüfbetriebe wird nicht bezweckt und ein Mißbrauch einer marktbeherrschenden Stellung einzelner Betriebe ist weder vorgetragen noch erkennbar.

Urteil vom 5. Oktober 1994, Rs. C-55/93, van Schaik (Slg. 1994, S. I-4837)

*   **Französische Hafengebühren diskriminieren den internationalen Schiffsverkehr**[FE]

Frankreich hat gegen seine Verpflichtungen aus Gemeinschaftsrecht verstoßen, indem es bei internationalen Schiffsverbindung Hafengebühren sowohl bei der Ein- als auch bei der Ausschiffung erhoben hat, während bei Verbindungen zwischen zwei französischen Häfen nur die Einschiffung mit Gebühren belegt wurde. Außerdem darf Frankreich nicht länger für Passagiere, die von Häfen eines anderen Mitgliedstaats kommen oder sich dorthin einschiffen höhere Gebühren verlangen als für Passagiere, deren Ziel ein anderer inländischer Hafen ist.

Nach Art. R.212-19 und 20 des code des ports maritimes (in der Fassung des Dekrets Nr. 92/1089 vom 1. Oktober 1992, JORF vom 7. Oktober 1992) gelten folgende Gebührensätze für den Personenverkehr in französischen Häfen:

1.   Abreise von einem französischen Hafen zu einem anderen französ. Hafen des Festlandes oder der Insel Korsika: 8,28 FF pro Passagier
2.   Abreise nach oder Ankunft von den britischen Inseln oder einer der Kanalinseln: 17,52 FF
3.   Abreise nach oder Ankunft von einem anderen europäischen oder Mittelmeerhafen: 21.01 FF
4.   Abreise nach oder Ankunft von außereuropäischen Häfen: 74,81 FF

Abweichend hiervon gelten andere Gebührensätze aber ein ähnliches System für die korsischen Häfen. Die unterschiedlichen Gebührensätze werden erhoben, obwohl die Dienstleistung des Hafens in allen Fällen die gleiche ist.

Auf Klage der Kommission entschied der EuGH wie folgt: Die französischen Regelungen stellen keine verbotene Diskriminierung aufgrund der Staatsangehörigkeit dar, da weder bei den Passagieren noch bei den Beförderungsunternehmen auf die Staatsangehörigkeit oder den Sitz abgestellt wird.

Zu prüfen ist daher, ob die gemeinschaftsrechtliche Dienstleistungsfreiheit beeinträchtigt ist. Seit Erlaß der *VO 4055/86 zur Anwendung des Grundsatzes des freien Dienstleistungsverkehrs auf die See-schiffahrt zwischen Mitgliedstaaten sowie zwischen Mitgliedstaaten und Drittländern* (ABl. 1986 L 378/1) sind sämtliche Vorschriften des EWGV über den freien Dienstleistungsverkehr auf den Seeverkehr zwischen den Mitgliedstaaten anwendbar. Einzig für den Bereich der Seekabotage, d.h. der Erbringung von Transportleistungen innerhalb eines Mitgliedstaats durch ein Unternehmen aus einem anderen Mitgliedstaat, gelten aufgrund der VO 3577/92 zur Anwendung des Grundsatzes des freien Dienstleistungsverkehrs auf den Seeverkehr in den Mitgliedstaaten (Abl. 1992 L 363/7) noch Übergangsfristen bis 1999.

Die Dienstleistungsfreiheit im zwischenstaatlichen Seeverkehr wirkt sowohl zugunsten von Transport-unternehmen eines Mitgliedstaats gegenüber Beschränkungen durch einen anderen Mitgliedstaat, als auch gegenüber Beschränkungen des eigenen Mitgliedstaats, soweit die Empfänger der Dienst-leistungen zumindest teilweise Angehörige anderer Mitgliedstaaten sind.

Aufgrund des spezifischen Diskriminierungsverbots in Art. 59 und 65 EWGV ist es den Mitglied-staaten daher verwehrt, den zwischenstaatlichen Seeverkehr strengeren Bedingungen oder höheren Gebühren zu unterwerfen, als sie für entsprechende Dienstleistungen im Inland gelten.

Urteil vom 5. Oktober 1994, Rs. C-381/93, Kommission gegen Frankreich (Seeverkehr) (Slg. 1994, S. I-5145)

* Dienstleistungs- und Meinungsfreiheit im Rundfunk- und Fernsehwesen[FE]

Ein Fernsehsender, der in einem Mitgliedstaat ansässig ist, dessen Programm aber vorwiegend für einen anderen Mitgliedstaat bestimmt ist, kann als Sender dieses anderen Mitgliedstaats angesehen werden und unterliegt dann dessen interner Rechtsordnung. Der Sender kann sich in diesem Falle gegenüber programmatischen Vorgaben des letzteren Mitgliedstaats weder auf die Dienstleistungs- noch auf die Meinungsfreiheit berufen, wenn die Vorgaben gerade die Aufrechterhaltung des Meinungspluralismus und der Meinungsvielfalt bezwecken.

Das niederländische Mediawet verpflichtet inländische Radio- und Fernsehsender zur Ausstrahlung eines vielfältigen Programms und sichert ihren Meinungspluralismus unter anderem dadurch ab, daß eine kommerzielle Finanzierung untersagt wird. Audiovisuelle Programme ausländischer Anbieter dürfen dagegen im niederländischen Kabelnetz auch dann verbreitet werden, wenn sie von kommerziellen Anbietern stammen. Die Beachtung dieser Regeln wird vom Commissariaat voor de Media überwacht.

1989 untersagte das Commissariaat die Verbreitung von Sendungen der Firma TV10 über niederländische Kabelnetze. TV10 ist ein in Luxemburg niedergelassener kommerzieller Sender, der u.a. über den Satelliten Astra ausstrahlt. Seine Geschäftsführung und Mitarbeiter kommen jedoch weitgehend aus den Niederlanden und die Sendungen sind eindeutig auf ein niederländisches Zielpublikum zugeschnitten, was sich aus den Werbemitteilungen sowie daraus erkennen läßt, daß TV10 nur am Zugang zu Kabelnetzen in den Niederlanden und Luxemburg, nicht aber in anderen Mitgliedstaaten der Gemeinschaft interessiert war. Angesichts dieser Sachlage kam das Commissariaat zu der Überzeugung, der Sender habe sich ausschließlich deshalb in Luxemburg niedergelassen, um den niederländischen Rechtsvorschriften zu entgehen.

TV10 klagte gegen die Verweigerung des Zugangs zum niederländischen Kabelnetz; der Raad van State hat dem EuGH vorgelegt und folgende Antworten erhalten:

Die Ausstrahlung von Fernsehsendungen von einem Mitgliedstaat in einen anderen ist eine Dienstleistung i.S.d. Gemeinschaftsrechts (vgl. Rs. 155/73, Sacchi, Slg. 1974, 409). Gleiches gilt für die Verbreitung von Fernsehsendungen über Kabelnetze (vgl. Rs. 52/79, Debauve, Slg. 1980, 833).

Nationale Regelungen zur Sicherung eines pluralistischen und nichtkommerziellen Hörfunk- und Fernsehprogramms sind Bestandteil der Kulturpolitik und im Allgemeininteresse liegende Ziele, die u.a. der Sicherung der Meinungsfreiheit der verschiedenen gesellschaftlichen, kulturellen, religiösen und geistigen Strömungen dienen. Die Mitgliedstaaten sind berechtigt, eine Umgehung dieser Regelungen zu verhindern. Daher dürfen sie einen Sender, der sich in einem anderen Mitgliedstaat niederläßt, um von dort für den ersten Mitgliedstaat Dienstleistungen zu erbringen, wie einen inländischen Sender behandeln. Das Gemeinschaftsrecht reicht nicht die Hand zur Umgehung von berechtigten nationalen Berufsregelungen.

Etwas anderes kann sich auch nicht aus dem Recht der freien Meinungsäußerung ergeben, das durch die Art. 10 und 14 der Europäischen Konvention zum Schutze der Menschenrechte und Grundfreiheiten gewährleistet wird. Dieses Grundrecht des Senders, das zu den allgemeinen Rechtsgrundsätzen gehört, deren Wahrung der EuGH zu sichern hat, gilt nicht unbegrenzt. Die niederländische Rundfunkpolitik, die gerade durch Aufrechterhaltung des Pluralismus die Wahrung der Meinungsvielfalt und damit der freien Meinungsäußerung möglichst aller gesellschaftlichen Gruppen sichert, schützt ein höherrangiges Ziel und vermag daher der individuellen Meinungsfreiheit der Klägerin Grenzen zu ziehen.

Urteil vom 5. Oktober 1994, Rs. C-23/93, TV10 SA (Slg. 1994, S. I-4795)

Keine Grundsatz-Urteile im Berichtszeitraum

Keine Grundsatz-Urteile im Berichtszeitraum

*   **Deutschland: Zulassung als Kassenzahnarzt**, siehe Rs. C-319/92, Haim

*   **Zulassung von Fremdenführern in Spanien**[FE]

Die Berufszulassung als Fremdenführer darf nicht den eigenen Staatsangehörigen vorbehalten werden. Für EG-Ausländer, die ihre Ausbildung in einem anderen Mitgliedstaat gemacht haben, ist ein Verfahren der Diplomanerkennung vorzusehen. Mit der Ausnahme von Museen und archäologischen Ausgrabungsstätten dürfen die Mitgliedstaaten nicht verlangen, daß ausländische Reisegruppen sich eines örtlichen zugelassenen Führers bedienen.

Nach Ansicht des Gerichtshofs hat Spanien durch sein System der Zulassung zum Beruf des Fremdenführers gegen Gemeinschaftsrecht verstoßen. Art. 13 des spanischen Gesetzes vom 31. Januar 1964, wonach nur spanische Staatsangehörige zu den Fremdenführer-Prüfungen zugelassen werden, verstoße gegen Art. 48, 52 und 59 EGV.

Aufgrund der Niederlassungsfreiheit aller Fremden- und Sprachführer, die die Staatsangehörigkeit eines Mitgliedstaats besitzen, im gesamten Gebiet der Gemeinschaft, wäre Spanien außerdem verpflichtet gewesen, ein System zur Anerkennung ausländischer Fremdenführerdiplome zu schaffen. Die Mitgliedstaaten seien verpflichtet, ausländische Diplome als gleichwertig anzuerkennen. Nur in Fällen, in denen nachweisbar die ausländische Ausbildung gewissen berechtigten Erfordernissen der inländischen Ausbildung nicht entspreche, dürften die Mitgliedstaaten im Rahmen der Diplomanerkennung eine Prüfung zum Nachweis von ausreichenden Kenntnissen über diese Zusatzanforderungen verlangen.

Schließlich sei es den Mitgliedstaaten auch verwehrt, die Ausübung von Fremdenführer- und Sprachführertätigkeiten im gesamten Staatsgebiet solchen Personen vorzubehalten, die im Inland zu diesen Berufen zugelassen sind. Im Ergebnis würde eine solche Regelung Reisegruppen aus anderen Mitgliedstaaten zwingen, vor Ort Führer anzumieten, auch wenn sie qualifizierte Reisebegleiter dabei hätten. Dies verstoße gegen die Dienstleistungsfreiheit der Reisebegleiter aus anderen Mitgliedstaaten. Die Beschränkung auf lokal zugelassene Führer sei allenfalls in Museen, Ausgrabungsstätten und ähnlichen nicht-öffentlichen Anlagen zulässig.

Urteil vom 22. März 1994, Rs. C-375/92, Kommission gegen Spanien (Slg. 1994, S. I-923)

*   **Anspruch auf Vergütung für die Ausbildung zum Facharzt**[DS]

Auf Klage der Kommission hat der EuGH festgestellt, daß Spanien gegen die RL 75/362 und 75/363 verstoßen hat, indem Spanien keine Vergütung für die Ausbildung zum Facharzt im Fachgebiet Stomatologie vorgesehen hat. Demgegenüber ist Spanien nicht verpflichtet, eine Vergütung für die Ausbildung zum Facharzt in den Fachgebieten Wasserheilkunde, Raumfahrtmedizin, Sportmedizin, Gerichtsmedizin und Arbeitsmedizin vorzusehen.

Die Ausbildung zum Arzt ist in der EG durch die *RL 75/362 für die gegenseitige Anerkennung der Diplome, Prüfungszeugnisse und sonstigen Befähigungsnachweise des Arztes und für Maßnahmen zur Erleichterung der tatsächlichen Ausübung des Niederlassungsrechts und des Rechts auf freien Dienstleistungsverkehr* (ABl. 1975 L 167/1) sowie die *RL 75/363 zur Koordinierung der Rechts- und Verwaltungsvorschriften für die Tätigkeiten des Arztes* (ABl. 1975 L 167/14) harmonisiert worden. In den Richtlinien ist u.a. vorgesehen, daß die Ausbildung zum Facharzt angemessen zu vergüten ist, wenn vergleichbare Facharztausbildungen in zwei oder mehr Mitgliedstaaten der EG bestehen. Die Kommission war der Auffassung, daß Spanien diese Richtlinienbestimmungen nicht ordnungsgemäß umgesetzt hat und erhob Klage zum EuGH. Der EuGH entschied:

Die Klage ist nur in bezug auf die Facharztausbildung im Fachgebiet Stomatologie begründet, weil alle anderen Facharztausbildungen (Wasserheilkunde, Raumfahrtmedizin, Sportmedizin, Gerichtsmedizin und Arbeitsmedizin) lediglich in Spanien existieren. Für diese Facharztausbildungen ist keine Vergütung in den Richtlinien vorgesehen.

Urteil vom 6. Dezember 1994, Rs. C-277/93, Kommission gegen Spanien

Kapitalverkehr
und Grundstücksverkehr

Keine Grundsatz-Urteile im Berichtszeitraum

Unternehmensrecht

* **Parteivernehmung nach nationalem Verfahrensrecht verstößt nicht gegen EG-Wettbewerbsrecht**[DS]

Das EG-Wettbewerbsrecht steht einer Vorschrift der nationalen Prozeßordnung nicht entgegen, die es erlaubt, eine Partei als Zeuge zu vernehmen. Dies gilt selbst dann, wenn die Partei eingestehen müßte, gegen das EG-Wettbewerbsrecht verstoßen zu haben. Die vernommene Partei ist hinreichend geschützt, weil die Kommission die Aussage in einem Verfahren nach der EG-Kartell-VO nicht als Beweismittel gegen die Partei verwenden darf.

Das Versandhandelsunternehmen Otto BV (Niederlande) wickelt einen großen Teil der Kundenzahlungen über Konten der niederländischen Postbank ab. Die Postbank kündigte für den 1.7.91 eine Gebührenerhöhung für die Überweisungsvordrucke an. Nach Auffassung der Otto BV verstößt die Erhöhung gegen das EG-Wettbewerbsrecht. Otto BV stellte deshalb beim Gericht in Amsterdam den Antrag auf vorgezogene Zeugenvernehmung und benannte als Zeugen für den Wettbewerbsverstoß leitende Angestellte der Post. Die Postbank wehrte sich gegen die Zeugenvernehmung. Zwar sei in den Niederlanden die Vernehmung einer Partei als Zeuge grundsätzlich zugelassen. Aus der EG-Kartell-VO ergebe sich aber, daß sich keine Partei im EG-Kartellrecht selber belasten müsse. Auf Vorlage des niederländischen Gerichts entschied der EuGH:

Aus dem Orkem-Urteil (EuGH, Slg. 1989, S. 3283) ergibt sich, daß ein Unternehmen in einem Auskunftsverfahren nach der Kartell-VO (ABl. 1962, Nr. 13, S. 204) nicht verpflichtet ist, Verstöße gegen das EG-Kartellrecht einzugestehen.

Nach Auffassung des EuGH ist dieser Verfahrensgrundsatz aber nicht auf das Verfahren vor dem nationalen Gericht übertragbar. Hierfür spricht zunächst, daß die verfahrensrechtlichen Garantien vor den nationalen Gerichten von den gemeinschaftsrechtlichen Garantien abweichen können. Darüber hinaus ist zu berücksichtigen, daß das nationale Verfahren ausschließlich privatrechtliche Beziehungen betrifft und weder unmittelbar noch mittelbar zur Verhängung einer Sanktion durch eine staatliche Behörde führen kann.

Die Postbank kann sich auch nicht darauf berufen, daß der Schutz nach dem Gemeinschaftsrecht ausgehöhlt wird, wenn die Bank zu einer Aussage verpflichtet wird. Dies wäre nur der Fall, wenn die Kommission die Aussagen vor dem nationalen Gericht als Beweismittel für das Ermittlungsverfahren nach der Kartell-VO verwenden dürfte. Die Kommission darf die Aussagen aber nicht einmal als Indiz für Einleitung eines Untersuchungsverfahrens nach der Kartell-VO verwenden, geschweige denn als Beweismittel.

Urteil vom 10. November 1993, Rs. C-60/92, Otto (Slg. 1993, S. I-5683)

* **Wer haftet bei Rechtsnachfolge für ein Bußgeld?**[FE]

Wirft die Kommission einem Unternehmen Verstöße gegen gemeinschaftsrechliche Wettbewerbsregeln vor und kommt es vor Erlaß der abschließenden Entscheidung, in der ein Bußgeld festgesetzt wird, zu einer Übernahme des Unternehmens, so haftet die Rechtsnachfolgerin nur dann für das Bußgeld, wenn weder die Identität der rechtlichen Einheit, noch die Fortsetzung der wirtschaftlichen Tätigkeit durch die Übernehmerin bestritten ist.

Urteil vom 28. April 1994, Rs. T-38/92, All Weather Sports (Slg. 1994, S. II-211)

*   **Erster Erfolg einer Verbraucherschutzorganisation im Kampf gegen "freiwillige" Selbstbeschränkungsabkommen im internationalen Autohandel**[FE]

Auch wenn die Kommission nicht verpflichtet ist, auf jede wettbewerbsrechtliche Beschwerde hin ein Untersuchungsverfahren zu eröffnen, so ist sie doch verpflichtet, die eingehenden Beschwerden sorgfältig zu prüfen, um festzustellen, ob eine erhebliche Beeinträchtigung des innergemeinschaftlichen Handels durch wettbewerbsbeschränkende Verhaltensweisen vorliegen kann. Weist die Kommission eine Beschwerde ohne ausreichende Prüfung zurück, so kann der Beschwerdeführer hiergegen klagen.

Sog. "freiwillige" Selbstbeschränkungsabkommen werden immer wieder von der Gemeinschaft mit Herstellerverbänden in Drittstaaten vereinbart. Dabei handelt es sich um mehr oder weniger formalisierte Verträge, in denen sich die ausländischen Hersteller verpflichten, für eine bestimmte Zeit, in der Regel mehrere Jahre, ihre Ausfuhren in die Gemeinschaft nicht zu erhöhen oder bestimmte Stückzahlen oder Marktanteile nicht zu überschreiten. Im Gegenzug verpflichtet sich die Gemeinschaft normalerweise, diese limitierten Einfuhren nicht zu behindern und nach Ablauf der Selbstbeschränkungsfrist die Märkte weiter oder völlig zu öffnen. Dahinter steckt die Problematik, daß einerseits immer wieder ausländische Hersteller besonders erfolgreich im Gemeinsamen Markt auftreten und den europäischen Konkurrenten Schwierigkeiten machen, andererseits die Gemeinschaft im Rahmen des GATT keine Möglichkeiten hat, solche Importe legal und einseitig zu beschränken. Daher greift man immer wieder zu "politischen" Lösungen, d.h. zu Verhandlungen in deren Verlauf die ausländischen Hersteller oder deren Heimatregierungen unter Anwendung von mehr oder weniger Druck "überredet" werden, "freiwillig" ihre geschäftlichen Erfolge in der Gemeinschaft etwas zu bremsen und den europäischen Konkurrenten Zeit zu geben, zu rationalisieren oder umzustrukturieren.

Was sich auf den ersten Blick vernünftig anhört führt jedoch unmittelbar zu einer Verknappung des Angebots und zu einer Verringerung des Wettbewerbsdrucks in dem betreffenden Marktsegment und damit zu höheren Preisen bei schlechteren Leistungen für die Verbraucher. Kritiker machen daher immer wieder geltend, daß der volkswirtschaftliche Nutzen solcher Maßnahmen höchst zweifelhaft sei. Letztlich obsiegt die Lobby der europäischen Hersteller über die Interessen der Verbraucher und des fairen Handels, unumgängliche wirtschaftliche Anpassungen werden hinausgezögert und ineffiziente Strukturen bis hin zu kartellähnlichen Absprachen werden perpetuiert.

Das Problem der "freiwilligen" Selbstbeschränkungsabkommen tritt besonders häufig im Handel mit Japan auf und dort ist das wohl wichtigste Beispiel der Autohandel. Unmittelbar als die großen japanischen Hersteller in den siebziger Jahren begannen, in Europa Fuß zu fassen, reagierten einzelne europäische Staaten mit einseitigen Beschränkungen. Vor allem in Frankreich, Großbritannien und Italien wurden die zulässigen jährlichen Einfuhren japanischer Autos auf bestimmte Stückzahlen oder Marktanteile begrenzt, um die nationalen Hersteller vor der neuen Konkurrenz zu schützen. Da die EU eine Zollunion ist, in der alle Waren, wenn sie einmal in einen beliebigen Mitgliedstaat eingeführt wurden, frei in allen Mitgliedstaaten zirkulieren können, mußten diese nationalen Sonderregeln früher oder später wegfallen oder gemeinschaftsweit harmonisiert werden. Auch bei Schaffung des Binnenmarktes 1992 konnte man sich jedoch weder auf das eine noch auf das andere einigen, da vor allem die Mitgliedstaaten, die keine bedeutende eigene Autoindustrie haben, nicht an einer künstlichen Angebotsverknappung zu Lasten ihrer Verbraucher interessiert sind. Nach neustem Stand gilt daher mehr oder weniger eine Fortschreibung der nationalen Regelungen bis 1999 und das Ziel, bis dahin die Schutzmaßnahmen endgültig aufzuheben. Nebeneffekt sind weitgehende Hindernisse für den gemeinschaftsweiten Handel mit Neuwagen aus Drittstaaten, damit die Quoten eines Mitgliedstaats nicht durch Importe über den Umweg eines anderen Mitgliedstaats unterlaufen werden können.

Bestimmte Verbraucherschutzverbände und Autoimporteure kämpfen seit geraumer Zeit gegen die nationalen Schutzmaßnahmen (vgl. zuletzt BLE 14/1994, S. 6). Das Bureau européen des unions de consommateurs (BEUC), der National Consumer Council (NCC) und die Association for Consumer Research haben nun einen ersten kleinen Erfolg erstritten.

Diese Organisationen haben am 16. September 1991 eine Beschwerde nach Art. 3 Abs. 2 der Kartell-VO Nr. 17 eingereicht und geltend gemacht, der Vertrag zwischen der British Society of Motor Manufacturers and Traders (SMMT) und der Japan Automobile Manufacturers Association (JAMA), der die Importe von Kraftfahrzeugen japanischer Hersteller nach Großbritannien auf 11 % des dortigen jährlichen Gesamtabsatzes beschränkt, sei eine gegen Art. 85 EGV verstoßende Kartellabsprache. In ihrer Antwort lehnte die Kommission die Eröffnung eines förmlichen Verfahrens gegen die SMMT und die JAMA ab, unter Hinweis auf fehlendes Gemeinschaftsinteresse und die damals noch vorgesehene Beendigung einseitiger Maßnahmen bis 1993. BEUC und die beiden britischen Organisationen erhoben Nichtigkeitsklage zum Gericht erster Instanz gegen diesen Bescheid.

Das Gericht erster Instanz entschied: Bei der Prüfung einer Beschwerde nach Art. 3 Abs. II der VO Nr. 17 sind drei Phasen zu unterscheiden. (1) Nach der Einreichung der Beschwerde ermittelt die Kommission den Sachverhalt um zu entscheiden, wie sie weiter verfahren soll. In dieser Phase kann ein informeller Meinungsaustausch mit dem Beschwerdeführer erfolgen und diesem die Möglichkeit gegeben werden, seinen Standpunkt darzulegen und auf die erste Reaktion der Kommission zu antworten. (2) Anschließend teilt die Kommission dem Beschwerdeführer mit, ob sie ein Verfahren einzuleiten beabsichtigt oder nicht und welche Gründe sie für diese geplante Entscheidung hat. (3) In der dritten Phase nimmt die Kommission die Äußerungen des Beschwerdeführers zur Kenntnis und kann eine abschließende Entscheidung fällen, muß dies jedoch nicht.

Vorläufige Bemerkungen während der ersten Phase und die Mitteilung nach Art. 6 der VO 99/63, in der zweiten Phase, wonach die Kommission es als nicht gerechtfertigt ansieht, ein Verfahren förmlich zu eröffnen, und dem Beschwerdeführer Gelegenheit gibt, sich hierzu zu äußern, sind nicht anfechtbar mit der Nichtigkeitsklage nach Art. 173 EGV. Anfechtbar ist dagegen jede Entscheidung, mit der eine Beschwerde endgültig zurückgewiesen wird und die Akten geschlossen werden. Im vorliegenden Fall liegt eine Entscheidung im letzteren Sinne vor. Aus dem Schreiben ergibt sich unzweideutig die Absicht, bis auf weiteres keine Nachprüfung vorzunehmen. Dem steht nicht entgegen, daß in dem Schreiben der Ausdruck "at this stage" verwendet wird, der darauf hindeuten könnte, daß es sich nicht um eine endgültige Entscheidung handelt. Ein solcher Vorbehalt für den Fall der Entdeckung neuen Beweismaterials ist Bestandteil jeder normalen Entscheidung einer Verwaltungsbehörde.

Die Entscheidung beeinträchtigt auch die Interessen der Beschwerdeführer, indem sie deren Beschwerde zurückweist. Wenn eine natürliche oder juristische Person beschwerdeberechtigt ist, so ergibt sich ihre Klagebefugnis automatisch aus der endgültigen Zurückweisung der Beschwerde. Ein nochmaliger Nachweis einer individuellen Betroffenheit oder eines berechtigten Interesses an der Durchführung der Nachprüfung ist nicht vorgesehen und darf nicht verlangt werden. Damit ist die Klage zulässig.

Die Klage ist auch begründet. Zwar ist die Kommission nicht verpflichtet, auf eine Beschwerde gem. Art. 3 Abs. 2 der VO Nr. 17 hin eine Untersuchung zu eröffnen, sie ist aber verpflichtet, die vom Beschwerdeführer vorgetragenen tatsächlichen und rechtlichen Gesichtspunkte sorgfältig zu prüfen, um festzustellen, ob diese eine wettbewerbswidrige Verhaltensweise erkennen lassen.

Wenn die Kommission wie im vorliegenden Fall eine Einstellungsverfügung getroffen hat, so erstreckt sich die Rechtmäßigkeitskontrolle durch das Gericht erster Instanz auf alle tatsächlichen und rechtlichen Gesichtspunkte, d.h. auch auf die Beurteilung, ob ein Gemeinschaftsinteresse an einer Untersuchung besteht oder nicht. Die Kommission hat das Gemeinschaftsinteresse verneint, da vorgesehen sei, die Schutzmaßnahmen ohnehin bis 1993 aufzuheben. Schon bei Einreichung der Beschwerde war jedoch absehbar, daß verschiedene Beschränkungen nicht vor 1999 abgeschafft werden würden. Auf dem Hintergrund dieser Informationen durfte die Kommission das Gemeinschaftsinteresse nicht mit der Begründung ablehnen, es gebe keine "evidence that the said restriction on the importation of Japanese cars into the UK was continuing after 1.1.1993".

Schließlich konnte sich die Kommission auch nicht darauf berufen, die streitige Vereinbarung sei bekannt und von den Behörden in Großbritannien genehmigt worden. Unstreitig handelt es sich bei dem Selbstbeschränkungsabkommen um eine Vereinbarung zwischen Wirtschaftsteilnehmern und nicht um eine nationale handelspolitische Maßnahme. Nach ständiger Rechtsprechung können weder das nationale Recht noch nationale Praktiken die Anwendung des gemeinschaftlichen Wettbewerbsrechts behindern.

Urteil vom 18. Mai 1994, Rs. T-37/92, BEUC u.a. gegen Kommission (Slg. 1994, S. II-285)

*   **Neue Regeln zur Ermittlung der Dauer eines Wettbewerbsverstoßes**[FE]

Die Kommission hat die Beweislast für das Vorliegen eines Wettbewerbsverstoßes. Dies umfaßt auch den Nachweis der behaupteten Dauer der Zuwiderhandlung. Um einen Wettbewerbsverstoß, z.B. durch unzulässige Absprachen, über einen längeren Zeitraum nachzuweisen, muß die Kommission daher Beweismittel vorlegen, aus denen sich der Anfang, das Ende und ausreichend konkrete Anhaltspunkte für das Fortbestehen des Verstoßes während des dazwischenliegenden Zeitraums ergeben. Die ermittelten Einzelmaßnahmen der beschuldigten Unternehmen müssen dabei "zeitlich so nahe beieinander liegen, daß sie vernünftigerweise den Schluß zulassen, daß die Zuwiderhandlung zwischen zwei konkreten Zeitpunkten ohne Unterbrechung erfolgt ist."

9. Unternehmensrecht

9.1. Wettbewerbs- und Kartellrecht

9.1.1. Das kartellrechtliche Überprüfungsverfahren

Artikel 85 Absatz I EGV verbietet Absprachen zwischen Unternehmen, die zu einer "Einschränkung oder Kontrolle ... des Absatzes" oder zu einer "Aufteilung der Märkte und Versorgungsquellen" innerhalb der Gemeinschaft führen können. Alleinvertriebsvereinbarungen sind im Gemeinschaftsrecht daher grundsätzlich unzulässig. In Anerkennung der wirtschaftlichen Vorteile, die Alleinvertriebsvereinbarungen haben können, besteht jedoch die Möglichkeit einer Freistellung vom Wettbewerbsverbot gem. Art. 85 III EGV. Diese Freistellung kann im Einzelfall beantragt werden oder sie kann gem. der Gruppenfreistellungsverordnung 1983/83 (ABl. 1983 L 173/1) gegeben sein. In keinem Fall wird jedoch eine Freistellung gewährt, wenn eine Alleinvertriebsvereinbarung auf einen absoluten Gebietsschutz gerichtet ist, denn mit solchen Arrangements könnte der Binnenmarkt der EG aufgehoben und das System der abgegrenzten nationalen Märkte wieder errichtet werden.

Die Dunlop Slazenger International Ltd. vertreibt verschiedenartige Sportartikel und hat insbesondere bei hochwertigen Tennis- und Squashbällen einen hohen Marktanteil von 39 bzw. 63 % in der Gemeinschaft. Durch eine Beschwerde der Newitt & Co. Ltd., eines Groß- und Einzelhändlers für Sportartikel, wurde die Kommission auf das Vertriebssystem von Dunlop aufmerksam. Nachprüfungen bei mehreren Alleinvertriebshändlern ergaben, daß Dunlop mit ihren Alleinvertriebshändlern ein System absoluten Gebietsschutzes vereinbart und durchgesetzt hat. Parallelimporte wurden durch Maßnahmen wie z.B. Liefersperren gegen Unternehmen, die aus einem Mitgliedstaat exportierten, Preiserhöhungen gegen solche Unternehmen, Ankauf von Parallelausfuhren und die besondere Kennzeichnung von Waren zur Feststellung des Ursprungs erschwert bzw. verhindert.

Bei ihren Durchsuchungen in den Geschäftsräumen der belgischen und niederländischen Alleinvertriebshändler stieß die Kommission auf ein Schreiben vom 14. Dezember 1977 und ein zweites vom 5. August 1985, aus denen sich die Vereinbarung des absoluten Gebietsschutzes ergab. Da das zweite Schreiben als "Bestätigung" der bisherigen Geschäftspolitik formuliert war, ging die Kommission ohne weiteres davon aus, daß die Vereinbarung während des gesamten Zeitraums von 1977 bis 1985 (und noch danach) bestanden hatte.

Das Gericht erster Instanz folgte dieser Argumentation nicht und sah insbesondere den Nachweis der ununterbrochenen Verletzung des Gemeinschaftsrechts als nicht erbracht. Der Zeitraum zwischen den beiden Briefen sei zu lange. Es fehle an konkreten Indizien, wonach während der sieben Jahre unverändert die gleiche Geschäftspolitik bestanden habe.

Urteil vom 7. Juli 1994, Rs. T-43/92, Dunlop Slazenger International (Slg. 1994, S. II-441)

---

* **Noch ein Urteil zum niederländischen Elektrizitätsrecht - Der EuGH beschränkt das Akteneinsichtsrecht der Mitgliedstaaten in Wettbewerbsverfahren[FE]**

Die Verpflichtung der Kommission, den zuständigen Behörden der Mitgliedstaaten bei wettbewerbsrechtlichen Untersuchungen unverzüglich Abschriften der "wichtigsten Schriftstücke" zu übermitteln, ist im Lichte des Anspruchs der Unternehmen auf Schutz ihrer Geschäftsgeheimnisse auszulegen. Wenn sich ein Unternehmen ausdrücklich auf die Vertraulichkeit eines bestimmten Schriftstücks gegenüber den zuständigen Behörden eines Mitgliedstaats berufen hat, besteht die Verpflichtung der Kommission zur Zusammenarbeit mit den nationalen Behörden

nicht uneingeschränkt. **In einem solchen Fall muß die Kommission entscheiden, ob das Dokument tatsächlich Geschäftsgeheimnisse enthält, die den nationalen Behörden nicht offenbart werden dürfen. Diese Entscheidung ist zu begründen und dem betroffenen Unternehmen so rechtzeitig zuzustellen, daß es gegebenenfalls vor ihrem Vollzug ein Rechtsmittel zum EuGH einlegen kann.**

Der niederländische Stromerzeuger Samenwerkende Elektriciteits-Produktiebedrijven (SEP) ist mit einem Rechtsmittel gegen ein Urteil des Gerichts erster Instanz gescheitert. Am 12. Dezember 1991 hatte das Gericht entschieden, daß die Kommission berechtigt war, von dem Unternehmen Einsicht in einen Gaslieferungsvertrag mit der norwegischen Statoil-Gruppe zu verlangen. Die Vertraulichkeit dieses Vertrages könne nicht die Weigerung rechtfertigen, den Vertrag in einem wettbewerbsrechtlichen Nachprüfungsverfahren vorzulegen.

Im Berufungsverfahren machte die SEP geltend, die Geheimhaltungspflichten der Kommission und der Beamten der Mitgliedstaaten gem. Art. 20 der Kartell-VO Nr. 17 böten keinen ausreichenden Schutz gegen Einsichtnahme Dritter. Im vorliegenden Fall sei gerade das unbeschränkte Recht der mitgliedstaatlichen Behörden auf Akteneinsicht gem. Art. 10 der Kartell-VO problematisch, da die NV Nederlandse Gasunie, der zweite Gaslieferant der SEP, zu 50% dem niederländischen Staat gehört.

Der EuGH entschied im oben dargelegten Sinne.

Urteil vom 19. Mai 1994, Rs. C-36/92 P, SEP (Slg. 1994, S. I-1911)

* **Auskunftsverlangen der Kommission aufgrund der Kartell-VO**[DS]

In einem EG-Kartellverfahren darf die Kommission darf von der ersten Phase der Untersuchung (einfaches Auskunftsersuchen) auf den zweiten Abschnitt (förmliches Auskunftsersuchen mit Zwangsgeldandrohung) übergehen, wenn das betroffene Unternehmen das einfache Auskunftsersuchen nicht vollständig beantwortet hat. Dem steht auch nicht entgegen, daß das Unternehmen seine grundsätzliche Kooperationsbereitschaft signalisiert hat.

Im Dezember 1991 übersandte die Kommission ein einfaches Auskunftsersuchen an den schottischen Fußballverband (The Scottish Football Association), in dem die Kommission auf eine Beschwerde der TESN (The European Sports Network) hinwies. TESN warf dem Fußballverband u.a. vor, daß er TESN daran gehindert habe, argentinische Fußballspiele im TV in Schottland zu übertragen. In dem Auskunftsersuchen der Kommission wurde der Verband aufgefordert, drei Fragen zur Aufklärung des Sachverhalts zu beantworten sowie den Schriftwechsel mit dem argentinischen Fußballverband vorzulegen. Der schottische Fußballverband beantwortete die Fragen lediglich teilweise, den angeforderten Schriftwechsel legte er dem Antwortschreiben nicht bei. Daraufhin erließ die Kommission im März 1992 ein förmliches Auskunftsersuchen, in dem der Verband unter Androhung eines Zwangsgeld aufgefordert wurde, die gestellten Fragen vollständig zu beantworten und den Schriftwechsel vorzulegen. Diesem Auskunftsersuchen kam der Verband nach. Gleichwohl erhob er Klage auf Feststellung der Nichtigkeit des förmlichen Auskunftsersuchens. Das Gericht erster Instanz wies die Klage ab.

Das Gericht stellte fest, daß die Klage zwar zulässig sei, weil das betroffene Unternehmen ein berechtigtes Interesse daran habe, daß die Kommission nicht verfrüht zur zweiten Phase des Auskunftsverlangens (förmliches Auskunftsersuchen) übergeht. Insoweit bestehe auch nach ordnungsgemäßer Beantwortung der Fragen durch den Verband ein hinreichendes Rechtsschutzinteresse.

Die Klage ist nach Ansicht des Gericht erster Instanz aber unbegründet. Hierzu stellte das Gericht erster Instanz zunächst fest, daß das förmliche Auskunftsersuchen entgegen der Ansicht des Fußballverbandes keiner besonders eingehenden Begründung bedurfte, weil dem Verband der Sachverhalt bereits durch den vorhergehenden Schriftwechsel bekannt war. Außerdem habe die Kommission zurecht festgestellt, daß das erste Auskunftsersuchen nicht vollständig beantwortet worden sei, weil zumindest der Schriftwechsel mit dem argentinischen Verband nicht vorgelegt worden sei.

Das Auskunftsersuchen verstößt nach Ansicht des Gerichts auch nicht gegen den Grundsatz der Verhältnismäßigkeit. Zwar hätte die Kommission das Auskunftsersuchen auch durch weiteren formlosen Schriftwechsel fortsetzen können. Die Kommission sei aber berechtigt, vom ersten Abschnitt des Verfahrens in den zweiten Abschnitt überzugehen, wenn das einfache Auskunftsersuchen ohne Erfolg geblieben sei. Im konkreten Fall seien die Fragen der Kommission nicht vollständig beantwortet worden und der angeforderte Briefwechsel sei nicht vorgelegt worden. Im übrigen habe die Antwort des Verbandes die höfliche, aber bestimmte Ablehnung der Zusammenarbeit mit der Kommission enthalten.

Urteil vom 9. November 1994, Rs. T-46/92, The Scottish Football Association

* **Verwendung von Kommissions-Dokumenten in nationalen Gerichtsverfahren**[DS]

Auf Antrag der Postbank NV entschied das Gericht erster Instanz, daß die Entscheidung der Kommission vom 23.9.1994 vorläufig ausgesetzt wird, soweit die Kommission in dieser Entscheidung zwei niederländischen Unternehmen gestattet, die Mitteilung der Beschwerdepunkte und das Anhörungsprotokoll, die sich auf ein Wettbewerbsverfahren gegen die Postbank beziehen, vor den nationalen Gerichten zu verwenden.

Die Kommission führt ein Verfahren nach der VO 17 (Kartellverordnung) gegen die Postbank NV durch. Mit Entscheidung vom 23.9.1994 gestattete die Kommission zwei niederländischen Unternehmen, die Mitteilung der Beschwerdepunkte und das Anhörungsprotokoll aus diesem Verfahren in einem nationalen Gerichtsverfahren vorzulegen und zu verwenden. Hiergegen erhob die Postbank Klage zum Gericht erster Instanz. Durch gesonderten Schriftsatz beantragte die Postbank, die Durchführung der angefochtenen Entscheidung vorläufig auszusetzen. Das Gericht erster Instanz gab dem Antrag, der auf Art. 185 und 186 EGV gestützt war, statt.

Nach Ansicht des Gerichts hat die Postbank die Notwendigkeit der Anordnung glaubhaft gemacht. Dabei berücksichtigte das Gericht insbesondere, daß die Kommission in Verfahren nach der VO 17 die Verteidigungsrechte und die Geschäftsgeheimnisse der betroffenen Unternehmen schützen muß. Im konkreten Fall sei zudem zu beachten, daß die Schriftstücke in einem nationalen Gerichtsverfahren verwendet werden sollen, in dem überwiegend Privatinteressen in Rede stehen.

9. Unternehmensrecht

9.1. Wettbewerbs- und Kartellrecht

9.1.1. Das kartellrechtliche Überprüfungsverfahren

Nach Ansicht des Gerichts ist auch die Dringlichkeit, die für den Erlaß einer einstweiligen Anordnung erforderlich ist, nachgewiesen. Der Postbank droht nämlich ein schwerer, nicht wiedergutzumachender Schaden, wenn die Anordnung nicht erlassen wird. Dabei berücksichtigte das Gericht insbesondere, daß die Beschwerdepunkte zu einem Zeitpunkt verfaßt wurden, als ein kontradiktorisches Verfahren noch nicht stattgefunden hat. Darüber hinaus hat die Postbank hinreichend dargelegt, daß die Schriftstücke der Kommission möglicherweise Geschäftsgeheimnisse enthalten. Schließlich ist nicht auszuschließen, daß durch das Verfahren vor den nationalen Gerichten andere Dritte Zugang zu den Schriftstücken erhalten.

Da die Einführung der Schriftstücke in das nationale Verfahren unmittelbar bevorstehe und mit der Einführung in den Prozeß unabänderbare Verhältnisse geschaffen werden, war dem Antrag auf Erlaß einer einstweiligen Anordnung stattzugeben. Hierfür sprach auch, daß die einstweiligen Maßnahmen die Rechte der niederländischen Unternehmen nicht unverhältnismäßig behindern, weil die Unternehmen die Schriftstücke zu einem späteren Zeitpunkt in den nationalen Gerichtsprozeß einführen können.

Da das Gericht erster Instanz den niederländischen Unternehmen und den niederländischen Gerichten keine unmittelbaren Anweisungen erteilen kann, hat das Gericht die Kommission verpflichtet sicherzustellen, daß die Unternehmen die Kommissions-Dokumente von den Gerichten und sonstigen Dritten wieder herausverlangen.

Beschluß vom 1. Dezember 1994, Rs. T-353/94 R, Postbank NV

* **Vorläufige Aussetzung des Vollzugs einer Bußgeldentscheidung[DS]**

Wird in einer Bußgeldentscheidung der Kommission angeordnet, daß die sofortige Beitreibung der Geldbuße durch die Stellung einer Bankbürgschaft abgewendet werden kann, so kann das betroffene Unternehmen beim Gericht erster Instanz einen Antrag stellen, daß der Vollzug der Bußgeldentscheidung auch ohne Stellung der Bürgschaft vorläufig ausgesetzt wird, vgl. 185 und 186 EGV. Dem Antrag kann aber nur stattgegeben werden, wenn das Unternehmen nachweist, daß die Stellung der Bankbürgschaft die Existenz des Unternehmens gefährdet, oder wenn das Gericht zu der Überzeugung gelangt, daß die Entscheidung der Kommission offensichtlich rechtswidrig ist.

Die Kommission erließ am 17.7.1994 eine Bußgeldentscheidung gegen die europäischen Kartonhersteller, weil diese nach Ansicht der Kommission wettbewerbswidrige Preisabsprachen getroffen und Marktaufteilungsstrategien entwickelt hatten. Für den deutschen Kartonhersteller Buchmann GmbH wurde ein Bußgeld in Höhe von 2,2 Mio. ECU festgesetzt. Die Kommission ordnete jedoch an, daß die sofortige Beitreibung des Bußgeldes durch die Stellung einer Bankbürgschaft abgewendet werden könne. Gegen die Entscheidung erhob Buchmann Klage zum Gericht erster Instanz. Mit gesondertem Schriftsatz beantragte Buchmann, daß der Vollzug der Bußgeldentscheidung auch ohne Stellung einer Bankbürgschaft vorläufig auszusetzen sei.

Nach Ansicht des Gerichts war dieser Antrag abzulehnen. Zwar erlauben Art. 185 und 186 EGV die vorläufige Aussetzung einer Kommissions-Entscheidung. Dem Antrag kann aber nur stattgegeben werden, wenn außergewöhnliche Umstände vorliegen. Derartige Umstände habe die Firma Buchmann aber nicht dargelegt.

Insbesondere habe Buchmann nicht dargelegt, daß die Verpflichtung, eine Bankbürgschaft zu stellen, die Existenz der Firma gefährde. Auch aus dem von Buchmann vorgelegten Schreiben der Hausbank ergebe sich nichts anderes, weil die Hausbank in dem Schreiben ausdrücklich formuliert hatte, daß sie sich nach wie vor als "verläßlicher Partner" von Buchmann verstehe. Darüber hinaus habe sich eine andere Bank bereit erklärt, Buchmann eine Bankbürgschaft zu gewähren, wenn die Gesellschafter hierfür die Haftung mit ihrem persönlichen Vermögen übernähmen.

Abschließend berücksichtigte das Gericht, daß die Prüfung des Klagevortrags der Firma Buchmann (Hauptsacheverfahren) nichts ergeben habe, was dem ersten Anschein nach besonders ernsthafte Zweifel an der Rechtmäßigkeit der Entscheidung der Kommission hervorgerufen habe.

Beschluß vom 21. Dezember 1994, Rs. T-295/94 R, Buchmann

9. Unternehmensrecht

9.1. Wettbewerbs- und Kartellrecht

9.1.2. Wettbewerbsbeschränkende Absprachen zwischen Unternehmen

a) Tatbestand des Artikels 85 Absatz 1 EGV

*   **Zur Lückenlosigkeit selektiver Vertriebssysteme**[DS]

Ein selektives Vertriebssystem muß nicht lückenlos i.S. des deutschen Rechts sein, damit es mit dem Gemeinschaftsrecht - hier dem EG-Wettbewerbsrecht - vereinbar ist. Ist das selektive Vertriebssystem mit dem EG-Wettbewerbsrecht vereinbar, so darf der Hersteller die Herstellergarantie auf Erzeugnisse beschränken, die bei Vertragshändlern erworben wurden.

Cartier vertreibt Luxusuhren durch ein selektives Vertriebssystem. Da das System u.a. in der Schweiz Lücken aufweist, gelingt es der Großhandelskette Metro immer wieder, Cartier-Uhren in die EG zu importieren und dort zu verkaufen. Seit 1984 weigert sich Cartier, die kostenlose Herstellergarantie für Uhren zu übernehmen, die bei Metro erworben wurden. Metro ist der Auffassung, daß die Beschränkung der Garantie gegen Art. 85 Abs. 1 EWGV verstößt und erhob Klage zu den deutschen Gerichten. Im Revisionsverfahren entschied der BGH, daß das Vertriebssystem von Cartier sowie die Beschränkung der Herstellergarantie auf Vertragshändler grundsätzlich mit dem EG-Recht vereinbar sei. Voraussetzung sei aber die "Lückenlosigkeit" des Vertriebssystems. Nach deutschem Recht ist ein selektives Vertriebssystem nur rechtmäßig, wenn der Hersteller die Vertriebsbindung in der Praxis lückenlos durchsetzt. Zur diesbezüglichen Klärung des Sachverhalts wurde der Rechtsstreit an das OLG Düsseldorf verwiesen. Das OLG Düsseldorf legte dem EuGH daraufhin die Frage vor, ob von "Lückenlosigkeit" auch dann auszugehen sei, wenn die Vertriebsbindung lediglich außerhalb der EG Lücken aufweist. Der EuGH entschied:

Der Grundsatz der Lückenlosigkeit, der in den Mitgliedstaaten der EG nur im deutschen Recht bekannt ist, spielt für die Anwendung des Art. 85 EWGV keine Rolle. Hierfür spricht bereits, daß die Anwendung des EG-Wettbewerbsrechts nicht von nationalen Vorschriften abhängig gemacht werden darf. Darüber hinaus führt das Kriterium der Lückenlosigkeit dazu, daß geschlossene Vertriebssysteme nach Art. 85 EWGV günstiger behandelt würden als flexible Vertriebssysteme, die den Parallelhandel zwischen den Mitgliedstaaten erleichtern. Die Lückenlosigkeit eines selektiven Vertriebssystems ist deshalb nach Auffassung des EuGH keine Voraussetzung für seine Wirksamkeit.

Ist das selektive Vertriebssystem mit dem EG-Recht vereinbar, so ist der Hersteller auch berechtigt, die Herstellergarantie auf Produkte zu beschränken, die von den zugelassenen Vertragshändlern verkauft wurden. Die Beschränkung der Herstellergarantie dient der wirksamen Durchsetzung des selektiven Vertriebssystems. Hierdurch soll verhindert werden, daß Systemfremde vertriebsgebundene Waren in den Handel bringen.

Urteil vom 13. Januar 1994, Rs. C-376/92, Metro/Cartier (Slg. 1994, S. I-15)

*   **Eurocheque und Carte Bleu teilweise erfolgreich im Wettbewerbsstreit mit der Kommission**[FE]

Das Gericht erster Instanz hat die Entscheidung 92/212 gegen Eurocheque International und Groupement des Cartes bancaires "CB" teilweise aufgehoben. Das von den Klägern zwischen

9. Unternehmensrecht

9.1. Wettbewerbs- und Kartellrecht

9.1.2. Wettbewerbsbeschränkende Absprachen zwischen Unternehmen

a) Tatbestand des Artikels 85 Absatz 1 EGV

1983 und 1990 verwendete Gebührenabrechnungsverfahren für in Frankreich abgegebene ausländische Euroschecks sei kein Preiskartell gewesen, sondern nur ein Gebührenkartell. Da die beteiligten Banken von den festgelegten Gebühren zudem nach unten abweichen konnten, sei der Wettbewerb auch nicht völlig ausgeschlossen worden. Damit sei das Bußgeld von 1 Mio. ECU gegen Eurocheque International aufzuheben und das Bußgeld gegen CB von 5 Mio. ECU auf 2 Mio. ECU zu vermindern.

Der Hintergrund des Rechtsstreits: Am 31. Oktober 1980 schlossen die am Euroschecksystem beteiligten Banken, Sparkassen und sonstigen Kreditinstitute den sog. "Package-Deal", eine Vereinbarung, die die gegenseitige Anerkennung aller Euroschecks bis zu den jeweils gültigen Wertgrenzen, die zentralisierte Abrechnung, die Umrechnung der Währungen, und die zu berechnenden Gebühren regelt. U.a. wird festgelegt, daß für jeden im Ausland in dortiger Landeswährung ausgestellten Euroscheck eine Gebühr von einheitlich 1,25 % des Scheckbetrags - ohne Mindestgebühr - erhoben wird. Diese wird nicht vom Kaufmann bei der Entgegennahme des Schecks oder beim Einlösen desselben auf der Bank erhoben, sondern zwischen den Banken, d.h. bei der Erstattung des Scheckbetrags durch die Verrechnungszentralen. Im Ergebnis wird die Gebühr auf den Scheckaussteller abgewälzt.

Da das beschriebene System zwar ein Kartell i.S.d. Art. 85 I EGV ist, jedoch zugleich erhebliche Vorteile für die beteiligten Banken, den Handel und die Verbraucher aufweist, wurde das System in seiner jeweils gültigen Form in der Folge, nach jeweils erneuter Antragstellung, durch Freistellungen der Kommission nach Art. 85 III EGV genehmigt.

Auf einer Sitzung der Eurochequeversammlung in Helsinki im Mai 1983 wurde für den französischen Markt eine Sondervereinbarung getroffen, nach der die französischen Banken mit den interessierten Händlern vereinbarten, daß ausländische, auf französische Francs lautende Euroschecks zu den gleichen Konditionen abgerechnet werden, wie die Umsätze mit der Carte bleu, der Visa Karte und der Eurocard. Die anfallenden Gebühren, die im Durchschnitt über den 1,25 % der Eurochequevereinbarung lagen, durften die Händler nicht an den Käufer weitergeben. Sie wurden wie im normalen Eurochequesystem zwischen den Banken abgerechnet und bei der Abrechnung dem Scheckaussteller belastet. Im Ergebnis wurde damit für den französischen Markt ein Wettbewerb zwischen den Zahlungsmitteln Euroscheck und den genannten Kreditkarten ausgeschaltet.

Diese sog. Helsinki-Vereinbarung wurde der Kommission formlos mitgeteilt. Eine förmliche Anmeldung mit dem Antrag auf Freistellung erfolgte auf mehrfaches Drängen der Kommission erst im Juli 1990.

Nach der Antragstellung leitete die Kommission ein Beschwerdeverfahren hinsichtlich des Zeitraums zwischen 1983 und 1990 ein, in dessen Verlauf sie zu der Überzeugung gelangte, die Helsinki-Vereinbarung sei mit Art. 85 I unvereinbar und - mangels rechtzeitiger förmlicher Anmeldung - nicht nach Art. 85 III genehmigungsfähig. Dieses Ergebnis und besagte Bußgelder wurden mit der Entscheidung 92/212 vom 25. März 1992 festgesetzt.

Auf Klage der Adressaten kam das GeI zu folgendem Ergebnis: Die Entscheidung sei vollständig aufzuheben, soweit sie Eurocheque International betreffe. Während des Untersuchungsverfahrens habe

9. Unternehmensrecht

9.1. Wettbewerbs- und Kartellrecht

9.1.2. Wettbewerbsbeschränkende Absprachen zwischen Unternehmen

a) Tatbestand des Artikels 85 Absatz 1 EGV

die Kommission an CB eine "Mitteilung zusätzlicher Beschwerdepunkte" gerichtet, in der die Vorwürfe erweitert und der Sache nach verändert wurden. Diese Mitteilung habe daher Auswirkungen auf die abschließende Entscheidung gehabt. Dennoch sei die Mitteilung der Verfahrensbeteiligten Eurocheque International nur formlos übermittelt worden, ohne eine Frist zur Stellungnahme zu setzen oder sonst eine Gelegenheit zur Äußerung zu geben. Damit habe die Kommission gegen den fundamentalen Grundsatz des rechtlichen Gehörs verstoßen.

Soweit die Entscheidung CB betreffe, sei die Kommission zu Recht davon ausgegangen, daß der relevante Markt nur das Gebiet von Frankreich und nur die auf französische Francs ausgestellten ausländischen Euroschecks umfasse. Der Markt weise durch die existierenden Kreditkartenvereinbarungen hinreichend Besonderheiten auf, die ihn von den anderen Mitgliedstaaten unterscheiden.

Abweichend von der Entscheidung sei das beschriebene Verhalten jedoch nicht als Preiskartell zu Lasten Dritter einzustufen. Vielmehr hätten sich die beteiligten Kreditinstitute lediglich der Freiheit begeben, sich der sonst üblichen 1,25%-Gebühr zu bedienen. Im Ergebnis handele es sich bei der Helsinki-Vereinbarung um ein Gebührenkartell. Vereinbart wurde, daß, wenn nicht eine Einzelvereinbarung getroffen ist, automatisch die im Kreditkartenverkehr üblichen Gebühren verwendet würden. Die automatische Verwendung der im Euroscheckverkehr außerhalb Frankreichs üblichen Gebühren wurde ausgeschlossen. Nicht ausgeschlossen wurden dagegen Einzelvereinbarungen zur Abrechnung, die jedoch nicht zu höheren Gebühren führen durften, als den im Kreditkartenverkehr üblichen. Während ein Preiskartell den Preis oder die Gebühr selbst festlegt, wird bei einem Gebührenkartell nur eine Vereinbarung über eine wettbewerbsbeschränkende Art der Erhebung der Gebühr getroffen.

Die falsche rechtliche Einstufung als Preiskartell durch die Kommission und die Tatsache, daß der Wettbewerb durch Einzelvereinbarungen nicht ausgeschlossen wurde, rechtfertigten eine Verminderung des Bußgeldes von 5 auf 2 Mio. ECU.

Zu Recht habe die Kommission dagegen die Entscheidung und das Bußgeld nur an CB als Dachorganisation der beteiligten Kreditinstitute gerichtet, denn der Verstoß sei vom Groupement begangen worden. Wenn eine Unternehmensvereinigung einen Verstoß begehe, so dürfe die Kommission auch das Bußgeld auf der Grundlage der Umsätze der Mitglieder berechnen. Dabei spiele es keine Rolle, wer das Bußgeld letzlich, gemäß interner Satzung der Vereinigung zu tragen habe. Andernfalls könnten Unternehmen ihre wettbewerbsbeschränkenden Ziele grundsätzlich über Dachorganisationen verfolgen, die mangels größeren eigenen Umsätzen und der 10%-Grenze im Gemeinschaftsrecht keine erheblichen Bußgelder riskieren würden.

Urteil vom 23. Februar 1994, Verb. Rs. T-39 und T-40/92, Groupement des cartes bancaires CB und Eurocheque International (Slg. 1994, S. II-49)

9. Unternehmensrecht

9.1. Wettbewerbs- und Kartellrecht

9.1.2. Wettbewerbsbeschränkende Absprachen zwischen Unternehmen

a) Tatbestand des Artikels 85 Absatz 1 EGV

*   Staatliche Stromversorgungsunternehmen unterliegen dem Kartellverbot nach Art. 85 und dem Verbot des Mißbrauchs einer marktbeherrschenden Stellung nach Art. 86 EGV[FE]

Die gemeinschaftsrechtlichen Wettbewerbsregeln sind über Art. 90 I EGV auch auf öffentliche Unternehmen, wie z.B. Stromversorgungsunternehmen, anwendbar. Art. 85 EGV verbietet Vertragsbestimmungen zwischen einem Stromversorgungsunternehmen und seinen Kunden, wonach die Kunden ihren Bedarf ausschließlich bei diesem Versorgungsunternehmen decken dürfen. Bei der Frage, ob eine Beeinträchtigung des Handels zwischen den Mitgliedstaaten gegeben ist, muß die kumulative Wirkung aller derartigen Vertragsklauseln der regionalen Stromversorger mit ihren Kunden berücksichtigt werden. Daneben können solche Klauseln auch Art. 86 verletzen, wenn die einzelnen regionalen Stromversorger überregional zusammenarbeiten und daher kollektiv eine marktbeherrschende Stellung besitzen. Die genannten Wettbewerbsbeschränkungen können allerdings ausnahmsweise nach Art. 90 II EGV gerechtfertigt sein, wenn sie zur Sicherstellung der ununterbrochenen Stromversorgung in allen Landesteilen zu gleichen oder vergleichbaren Konditionen erforderlich sind. Diese Frage ist vom nationalen Gericht zu entscheiden.

In den Niederlanden wird sämtliche elektrische Energie von vier regionalen Stromversorgungsunternehmen erzeugt, die ihrerseits Aktionäre eines Gemeinschaftsunternehmens, der N.V. Samenwerkende Elektriciteits-Produktiebedrijven (SEP) sind. Innerhalb der ihnen zugewiesenen Gebiete beliefern diese vier regionalen Stromversorgungsunternehmen die lokalen städtischen Versorgungsunternehmen (Stadtwerke) und in ländlichen Gebieten direkt die Endverbraucher.

Von 1985 bis 1988 wurde den lokalen Versorgungsunternehmen in der Region der N.V. Energiebedrijf Ijsselmij (IJM) verboten, Energie selbst einzuführen oder überhaupt von anderen Unternehmen als der IJM zu beziehen oder Energie an Versorgungsunternehmen oder Abnehmer außerhalb des Gemeindegebiets zu liefern. Zugleich wurde den Stadtwerken ein Ausgleichszuschlag in Rechnung gestellt, mit dem die für IJM höheren Kosten für die direkte Belieferung von Endverbrauchern in ländlichen Gebieten abgewälzt wurden.

Gegen diese Neuregelung reichten mehrere lokale Versorgungsunternehmen eine Beschwerde bei der Kommission ein, die 1991 zu der Entscheidung führte, wonach das Verbot der Ein- und Ausfuhr von Strom durch lokale Stromversorgungsunternehmen und private industrielle Verbraucher gegen Art. 85 EGV verstoße (ABl. 1991 L 28/32). Die Klage der regionalen Stromerzeuger gegen diese Entscheidung wurde vom Gericht erster Instanz abgewiesen (Urteil vom 18. November 1992, Rs. T-16/91, Rendo u.a.). Ein gegen dieses Urteil eingereichtes Rechtsmittel ist beim EuGH anhängig (Rs. C-19/93 P, Rendo u.a.).

Schon vor der Anrufung der Kommission hatten die lokalen Versorgungsunternehmen ein Schiedsverfahren beim zuständigen niederländischen Gericht gegen IJM in Gang gesetzt. In erster Instanz verwarf das Schiedsgericht die Auffassung der lokalen Unternehmen, daß die Neuregelung rechtswidrig sei. Die Rechtsmittelinstanz, der Gerechtshof Arnheim legte dem EuGH zur Vorabentscheidung vor.

9. Unternehmensrecht

9.1. Wettbewerbs- und Kartellrecht

9.1.2. Wettbewerbsbeschränkende Absprachen zwischen Unternehmen

a) Tatbestand des Artikels 85 Absatz 1 EGV

Vorlageberechtigung eines Schiedsgerichts

Der EuGH erklärte zunächst, daß ein nationales Gericht, das in einem gesetzlich vorgesehenen Fall über einen Einspruch gegen einen Schiedsspruch entscheide, als einzelstaatliches Gericht im Sinne von Artikel 177 EGV anzusehen sei, auch wenn es dabei nach billigem Ermessen zu entscheiden habe.

Freier Warenverkehr

Weiterhin erklärte der EuGH, daß Strom eine Ware i.S.d. Art. 30 ff. EGV darstelle und der Freiheit des Warenverkehrs unterliege. Da die Neuregelung der Lieferbedingungen jedoch durch die SEP und die IJM erfolgt sei und nicht Teil der der IJM vom Staat erteilten Gebietskonzession sei, liege kein staatliches Handelsmonopol i.S.d. Art. 37 EGV vor, sondern komme des Wettbewerbsrecht zur Anwendung.

Zu Artikel 85 EGV

In bezug auf das Verbot wettbewerbsbeschränkender Kartelle führte der Gerichtshof aus, die Klausel über den ausschließlichen Bezug von Elektrizität in den Allgemeinen Bedingungen für die Lieferung von Elektrizität sei eine wettbewerbsbeschränkende Vereinbarung i.S.d. Art. 85. Unter Hinweis auf sein Urteil in der Rs. C-234/89, Delimitis/Henniger Bräu, hielt der EuGH auch eine Beeinträchtigung des Handels zwischen den Mitgliedstaaten für möglich. Wenn auch in den anderen Regionen ähnliche Klauseln zur Anwendung gekommen seien, müsse auf die kumulierte Wirkung aller gleichartigen Ausschließlichkeitsvereinbarungen abgestellt werden. In diesem Falle wären alle diese Klauseln wegen Verstoß gegen Art. 85 nichtig.

Zu Artikel 86 EGV

Zur Frage, ob ein Mißbrauch einer marktbeherrschenden Stellung vorliege, erklärte der EuGH, der Inhaber einer nicht-ausschließlichen Konzession auf einem Teil des Hoheitsgebiets eines Mitgliedstaats habe nicht ohne weiteres eine beherrschende Stellung i.S.d. Art. 86. Das nationale Gericht müsse jedoch prüfen, ob die vier regionalen Stromversorger über die SEP so eng verbunden sind, daß sie auf dem Markt in gleicher Weise vorgehen können, so daß von einer kollektiven Stellung wie bei einer Unternehmensgruppe ausgegangen werden müsse.

Die Erzwingung einer vertraglichen Verpflichtung, wonach die Kunden ihren gesamten Bedarf oder einen beträchtlichen Teil desselben ausschließlich bei der IJM decken müssten, sei jedenfalls als mißbräuchliche Praxis i.S.d. Art. 86 anzusehen.

Zu Artikel 90 II EGV

Art. 90 II EGV gestattet ausnahmsweise Abweichungen von Art. 85 und/oder 86, wenn diese erforderlich sind, damit Dienstleistungen von allgemeinem wirtschaftlichen Interesse erbracht werden können. Die ununterbrochene Stromversorgung für alle Endverbraucher zu einheitlichen Tarifen und Bedingungen sei eine solche öffentliche Aufgabe. Das nationale Gericht müsse daher prüfen, ob die aufgezeigten Beschränkungen des Wettbewerbs tatsächlich erforderlich sind, um die Erfüllung dieser Aufgabe zu ermöglichen.

Urteil vom 27. April 1994, Rs. C-393/92, Energiebedrijf Ijsselmij (Slg. 1994, S. I-1477)

* **Der Gerichtshof hebt das PVC-Urteil des Gerichts erster Instanz auf; die angefochtene Kommissionsentscheidung wird dennoch für nichtig erklärt - Klarstellungen zum Entscheidungsverfahren innerhalb der Kommission**[FE]

In der Entscheidung 89/190 vom 21. Dezember 1988 hat die Kommission festgestellt, daß sich die Firmen BASF AG (Ludwigshafen, D), Limburgse Vinyl Maatschppij (Tessenderlo, B), DSM (Heerlen, NL), Hüls AG (Marl, D), Elf Atochem (Puteaux, F), Société Artésienne de Vinyle (Paris, F), Wacker Chemie (München, D), Enichem (Mailand, I), Hoechst (Frankfurt/Main, D), ICI (London, GB), Shell (London, GB) und Montedision (Mailand, I) an einem gemeinschaftsrechtswidrigen Kartell zur Festsetzung von Preisen und Marktanteilen auf dem PVC-Sektor beteiligt haben. Daher hat die Kommission die Einstellung dieses Kartells angeordnet und Bußgelder verhängt. Auf Klage dieser Firmen hat das Gericht erster Instanz die Kommissionsentscheidung mit Urteil vom 27. Februar 1992 nicht nur für nichtig, sondern wegen besonders schwerer Mängel für "inexistent" erklärt (Verb. Rs. T-79/89 u.a., vgl. BLE 8/92, S. 1). In der Berufung zum EuGH hat die Kommission einen Teilerfolg erzielt: Die Zuständigkeits- und Formfehler der Entscheidung seien nicht so schwerwiegend, daß diese als rechtlich inexistent betrachtet werden müsse, d.h. zu keiner Zeit, auch nicht vor ihrer Aufhebung, Rechtswirkungen entfaltet habe.

Im Dezember 1988, als die streitige Entscheidung gefällt wurde, stand die Kommission unter großem Zeitdruck wegen des bevorstehenden Ablaufs ihrer Amtszeit und insbesondere des Ausscheidens des für Wettbewerbsfragen zuständigen Mitglieds Peter Sutherland. Daher kam es u.a. zu folgenden Unregelmäßigkeiten im Verfahren:

(1) Der Kommission lagen am 21. Dezember nur die englische, französische und deutsche Version der Entscheidung mit Begründung zur Beschlußfassung vor. Die später den niederländischen und italienischen Betroffenen zugestellte Versionen der Entscheidung in diesen beiden Sprachen wurden nicht vom Kollegialorgan beschlossen, sondern nur von dem für Wettbewerb zuständigen Mitglied, allerdings im Namen der Kommission.

(2) Die deutschsprachige Version wurde nach der Beschlußfassung noch berichtigt, d.h. den Betroffenen wurde ein Text zugestellt, der nicht nur orthographisch und grammatikalisch von dem vom Kollegialorgan verabschiedeten Text abweicht.

(3) Alle drei vom Kollegialorgan angenommenen Versionen wurden für die Veröffentlichung im Amtsblatt inhaltlich in einem Punkt ergänzt.

9. Unternehmensrecht

9.1. Wettbewerbs- und Kartellrecht

9.1.2. Wettbewerbsbeschränkende Absprachen zwischen Unternehmen

a) Tatbestand des Artikels 85 Absatz 1 EGV

Aufgrund dieser Unregelmäßigkeiten und des Unvermögens der Kommission, eine nach den Vorschriften ihrer Geschäftsordnung angefertigte und unterzeichnete Urschrift der Entscheidung vorzulegen, konnte das Gericht erster Instanz nicht für alle sprachlichen Fassungen mit abschließender Sicherheit feststellen, zu welchem Zeitpunkt die Entscheidung Rechtswirkungen entfalten sollte und mit welchem genauen Inhalt sie von der Kommission als Kollegialorgan beschlossen worden war. Diese Verfahrensmängel sah das Gericht als so schwerwiegend an, daß es die Entscheidung für von vornherein rechtlich inexistent erklärte, wobei es nicht darauf ankomme, ob die nachträglichen inhaltlichen Änderungen wesentlich seien.

Der Gerichtshof stellte in dem Berufungsurteil wichtige Grundsätze für das Entscheidungsverfahren innerhalb der Kommission klar:

Die Kommission entscheide gem. Art. 163 EGV grundsätzlich nach dem Kollegialprinzip, d.h. mit der Mehrheit ihrer Mitglieder (verbindliche Entscheidungen in Sitzungen erfordern gem. Geschäftsordnung die Zustimmung von mindestens neun anwesenden Mitgliedern). Da die Mitglieder sämtliche Entscheidungen politisch gemeinsam verantworten müssten, sei die gemeinsame Beratung von Tenor und Begründung jeder Entscheidung von größter Bedeutung. Dies bedeute, daß am Wortlaut eines Rechtsakts nach seiner förmlichen Annahme durch das Kollegium durch einzelne Mitglieder der Kommission und ihre Mitarbeiter nur noch rein orthographische oder grammatikalische Korrekturen vorgenommen werden dürften, weil jede andere Änderung in die ausschließliche Zuständigkeit des Kollegiums fällt.

Eine Delegation von Entscheidungen an ein einzelnes Mitglied sei gem. Art. 27 der Geschäftsordnung nur bei Angelegenheiten der laufenden Verwaltung zulässig, wie z.B. bei Anordnungen an Unternehmen, eine Nachprüfung zu dulden. Abschließende Entscheidungen in Wettbewerbsverfahren, mit denen Zuwiderhandlungen gegen Art. 85 oder 86 festgestellt und Bußgelder angeordnet werden, sind keine Angelegenheiten der laufenden Verwaltung, so daß eine Ermächtigung des für Wettbewerb zuständigen Kommissars nicht zulässig sei.

Nach Art. 12 I der Geschäftsordnung müsse die Kommission überdies alle Entscheidungen in allen verbindlichen Sprachen als Kollegialorgan fassen. Dies sei keine bloße Formalie, sondern gewährleiste die gleichberechtigte Verbindlichkeit aller sprachlichen Fassungen.

Auch wenn diese Grundsätze vorliegend verletzt worden seien, mit der Rechtsfolge der Nichtigkeit der Entscheidung, gebe es jedoch keinen Zweifel an ihrer materiellen Richtigkeit und daran, daß die Entscheidung in allen *wesentlichen* Punkten vom Kollegialorgan Kommission beschlossen worden ist. Die Erklärung der Entscheidung für "inexistent" sei daher rechtsirrig und aufzuheben.

Anmerkung der Red.: Die in diesem Urteil aufgestellten Verfahrensgrundsätze entsprechen weitgehend den Inhalten der neuen Geschäftsordnung vom 17. Februar 1993, so daß diese ohne Änderung weiter gelten kann.

In materieller Hinsicht hat die streitige Entscheidung, da sie nunmehr rechtskräftig zwar nichtig, aber nicht inexistent befunden wurde, bis zum Tag des EuGH Urteils Rechtswirkungen entfaltet, d.h. insbesondere hat das Verbot der Fortsetzung des Kartells während des Verfahrens Bestand gehabt.

9. Unternehmensrecht

9.1. Wettbewerbs- und Kartellrecht

9.1.2. Wettbewerbsbeschränkende Absprachen zwischen Unternehmen

a) Tatbestand des Artikels 85 Absatz 1 EGV

Für die Zukunft hat die Kommission bereits angedeutet, daß sie die streitige Entscheidung unter Einhaltung des Verfahrens neu erlassen werde.

Urteil vom 15. Juni 1994, Rs. C-137/92 P, PVC Kartell (Slg. 1994, S. I-2555)

* **Geldbußen auch für Händler, die Exportverbote ihrer Lieferanten akzeptieren**[FE]

In zwei Grundsatzurteilen hat das Gericht erster Instanz die ständige Rechtsprechung zur Unzulässigkeit von Alleinvertriebsvereinbarungen mit absolutem Gebietsschutz bestätigt und erweitert: Verbietet ein Hersteller seinen Groß- und Einzelhändlern den Weiterverkauf seiner Produkte außerhalb des vereinbarten Territoriums und akzeptieren die Händler diese Klauseln, so daß eine Abschottung der einzelstaatlichen Märkte bewirkt wird, verstoßen Hersteller und Händler gegen Art. 85 I EGV und können mit Bußgeldern bestraft werden.

Die Parker Pen Ltd. hat ihren Sitz in Großbritannien und stellt vor allem Schreibgeräte her. Den Vertrieb in den verschiedenen Mitgliedstaaten hat sie entweder Tochtergesellschaften oder unabhängigen Zwischenhändlern übertragen. Die Herlitz AG stellt in Deutschland Büroartikel her und vertreibt sowohl eigene als auch einige Erzeugnisse anderer Hersteller. Herlitz ist für Parker Produkte alleinvertriebsberechtigt für Deutschland. In der Vertriebsvereinbarung von 1986 ist u.a. folgende Klausel enthalten: "Herlitz wird Parker-Artikel ausschließlich in der Bundesrepublik Deutschland vertreiben. Jeglicher Vertrieb über die Landesgrenzen hinaus ist Herlitz untersagt bzw. nur mit schriftlicher Erlaubnis durch Parker gestattet."

1988 versuchte ein niederländischer Büroausrüstungshändler Parker Produkte von Herlitz zu kaufen. Herlitz antwortete, man könne die Bestellung leider nicht ausführen, da man sich vertraglich verpflichtet habe, die betreffenden Waren nicht auszuführen. Die Niederländer beschwerten sich bei der Kommission, die bei den anschließenden Nachprüfungen auf die Vertriebsvereinbarung von 1986 stieß. Nach den erforderlichen Anhörungen erließ die Kommission am 15. Juli 1992 die Entscheidung 92/426 VIHO/Parker Pen (ABl. 1992 L 233/27), in der sie die Fortführung des Exportverbotes untersagte und der Parker Pen Ltd. ein Bußgeld von 700.000 ECU und der Herlitz AG ein Bußgeld von 40.000 ECU auferlegte. Beide Unternehmen erhoben Nichtigkeitsklage gegen die Entscheidung. Das Gericht erster Instanz führte im einzelnen aus:

1. Eine Exportverbotsklausel stellt schon ihrem Wesen nach eine Beschränkung des Wettbewerbs dar. Es kommt nicht darauf an, ob sie auf Veranlassung des Lieferanten oder des Abnehmers eingeführt wird.

2. Art. 85 I EGV ist jedoch nur auf solche Klauseln anwendbar, wenn sich anhand "einer Gesamtheit objektiver rechtlicher oder tatsächlicher Umstände mit hinreichender Wahrscheinlichkeit voraussehen läßt, daß sie unmittelbar oder mittelbar, tatsächlich oder potentiell den Handel zwischen Mitgliedstaaten ... beeinflussen können" (Rn. 39 der Urteilsgründe). Geringfügige Beeinträchtigungen bleiben dabei ebenfalls außer Betracht. Daraus folgt, daß selbst bei absolutem Gebietsschutz eine Vereinbarung dann nicht unter Art. 85 fällt, wenn die Beteiligten auf dem relevanten Markt nur eine schwache Stel-

9. Unternehmensrecht

9.1. Wettbewerbs- und Kartellrecht

9.1.2. Wettbewerbsbeschränkende Absprachen zwischen Unternehmen

a) Tatbestand des Artikels 85 Absatz 1 EGV

lung haben. Da jedoch die Parker Pen Ltd. auf dem Markt aller Mitgliedstaaten (räumlicher Markt) bei Schreibgeräten der mittleren und oberen Preisklasse (Produktmarkt) eine hinreichend starke Stellung besitzt und Herlitz eine Großkundin auf dem deutschen Markt ist, "droht die streitige Klausel ... die Handelsströme zwischen den Mitgliedstaaten spürbar ... zu beeinflussen" (Rn. 46).

3. Im Einzelfall kommt es nicht darauf an, ob eine Exportverbotsklausel von den Beteiligten Unternehmen angewandt wird oder nicht. Bereits das Vorhandensein einer solchen Klausel schafft ein "optisches und psychologisches Klima", das zu einer Aufteilung der Märkte beiträgt (Rn. 55).

4. Die Beteiligten können sich auch nicht auf fehlende Absicht berufen. Eine vorsätzliche Zuwiderhandlung gegen gemeinschaftsrechtliche Wettbewerbsregeln ist bereits dann gegeben, wenn den Unternehmen bewußt war, daß ihr Verhalten eine Wettbewerbsbeeinträchtigung bewirken könne, gleichgültig ob sie dabei gewußt haben oder nicht, daß sie gegen Rechtsnormen verstoßen haben (Rn. 81 der Urteilsgründe).

5. Bei der Frage, ob die Verfolgung eines Wettbewerbsverstoßes von geringer wirtschaftlicher oder rechtlicher Bedeutung im "Gemeinschaftsinteresse" liegt oder nicht, steht der Kommission ein Beurteilungsspielraum zu. Die Kommission hat im vorliegenden Fall alle sachlichen und rechtlichen Umstände erfaßt und gewürdigt und somit ihr Eingriffsermessen rechtsfehlerfrei ausgeübt.

6. Die angemessene Höhe einer Geldbuße ergibt sich nicht als schlichte Rechenoperation auf der Grundlage des Gesamtumsatzes des betroffenen Unternehmens, sondern muß neben dem Gesamtumsatz als Indikator für die Wirtschaftskraft des Unternehmens auch den Umsatz mit den von der Zuwiderhandlung betroffenen Waren als Indikator für die ökonomische Bedeutung des Verstoßes berücksichtigen. Ausserdem spielen die Schwere der Zuwiderhandlung und die Kooperationsbereitschaft des Unternehmens im Verfahren eine Rolle.

Im Ergebnis wurde die Entscheidung der Kommission vom Gericht erster Instanz bestätigt und die Klagen abgewiesen. Allerdings fand das Gericht das Bußgeld von Parker unangemessen hoch und setzte den Betrag auf 400.000 ECU herab.

Urteil vom 14. Juli 1994, Rs. T-77/92, Parker Pen Ltd. (Slg. 1994, S. II-549); vgl. auch Urteil vom 14. Juli 1994, Rs. T-66/92, Herlitz (Slg. 1994, S. II-531)

* **Konzerninterne Absprachen fallen nicht in den Anwendungsbereich des EG-Wettbewerbsrechts[DS]**

In einem für die Praxis überaus wichtigen Urteil hat das Gericht erster Instanz die bisherige Auffassung des EuGH bestätigt, daß konzerninterne Vereinbarungen zwischen der Muttergesellschaft und ihren Tochtergesellschaften nicht in den Anwendungsbereich des Art. 85 EGV (wettbewerbswidrige Absprachen) fallen, wenn die Unternehmen eine wirtschaftliche Einheit bilden und die Tochtergesellschaften im Rahmen des Konzerns über keinerlei Autonomie zur Bestimmung ihres Marktverhaltens verfügen. Diese Auffassung war in der Vergangenheit in Frage ge-

9. Unternehmensrecht

9.1. Wettbewerbs- und Kartellrecht

9.1.2. Wettbewerbsbeschränkende Absprachen zwischen Unternehmen

a) Tatbestand des Artikels 85 Absatz 1 EGV

stellt worden, weil auch die innerhalb eines Konzerns verfolgte Vertriebspolitik zu einer Abschottung der nationalen Märkte führen und deshalb die Entstehung des Binnenmarkts behindern kann.

Die Firma Viho Europe legte in den Jahren 1988 und 1991 zwei Beschwerden bei der Kommission gegen die Firma Parker Pen ein. Viho warf Parker vor, daß Parker sowohl den Tochtergesellschaften als auch den unabhängigen Vertriebsgesellschaften die Ausfuhr von Parker-Erzeugnissen ins EG-Ausland untersage. Das Exportverbot habe zu unterschiedlichen Preisen für identische Produkte in den Mitgliedstaaten gesorgt. Dieses Verhalten stelle einen Verstoß gegen Art. 85 EGV dar. Auf die Beschwerden reagierte die Kommission bezüglich der unabhängigen Vertriebsgesellschaften mit einer Bußgeldentscheidung. Die hiergegen gerichteten Klagen sind mittlerweile durch rechtskräftige Urteile abgeschlossen. Bezüglich der Tochtergesellschaften entschied die Kommission demgegenüber, daß dieses Verhalten nicht am Maßstab des Art. 85 EGV zu messen sei. Gegen die Ablehnung der Beschwerde bezüglich der Tochterunternehmen erhob Viho Klage zum Gericht erster Instanz. Das Gericht entschied in dieser Sache:

Teilweise sei die Klage bereits unzulässig. Viho hatte u.a. beantragt, daß das Gericht der Kommission aufgeben solle, die Firma Parker zu verpflichten, Viho zu den Preisen zu beliefern, die Parker den Tochterunternehmen in Rechnung stellt. Das Gericht stellte hierzu fest, daß der Gemeinschaftsrichter nicht befugt sei, den übrigen Gemeinschaftsorganen Anweisungen zu erteilen.

Nach Ansicht des Gerichts konnte die Entscheidung der Kommission auch im übrigen nicht aufgehoben werden. Streitentscheidend war insoweit die Frage, ob die konzerninternen Absprachen zwischen Parker und den Tochtergesellschaften gegen Art. 85 EGV verstoßen. Parker hatte im Prozeß einräumen müssen, daß es die Tochterunternehmen angewiesen habe, nur Lieferanfragen von lokal ansässigen Kunden zu bearbeiten (Exportverbot). Meldete sich ein Kunde aus einem anderen EG-Staat, so waren die Tochtergesellschaften verpflichtet, den Kunden an die lokal zuständige Tochtergesellschaft weiterzuleiten.

Nach Ansicht des Gerichts verstoßen diese konzerninternen Absprachen nicht gegen Art. 85 EGV. Das Gericht berief sich auf die ständige Rechtsprechung des EuGH (Slg. 1972, S. 619, ICI), nach der Art. 85 EGV auf das Verhältnis zwischen Muttergesellschaft und Tochtergesellschaft nicht anwendbar ist, wenn sie eine wirtschaftliche Einheit bilden und die Tochtergesellschaft das Vorgehen auf dem Markt nicht autonom bestimmen kann. In einem solchen Fall fehlt es nämlich an einer Absprache, an der mindestens zwei voneinander unabhängige Unternehmen beteiligt sind.

Dabei betonte das Gericht, daß eine wirtschaftliche Einheit i.S. des Wettbewerbsrechts auch aus mehreren juristischen Personen bestehen könne. Bei der Anwendung des Wettbewerbsrechts seien nämlich nicht formale Gesichtspunkte maßgeblich. Vielmehr komme es darauf an, ob das Marktverhalten der Mutter- und ihrer Tochtergesellschaften einheitlich sei.

9. Unternehmensrecht

9.1. Wettbewerbs- und Kartellrecht

9.1.2. Wettbewerbsbeschränkende Absprachen zwischen Unternehmen

a) Tatbestand des Artikels 85 Absatz 1 EGV

Von einem einheitlichen Marktverhalten sei im konkreten Fall auszugehen, weil die Tochtergesellschaften trotz eigener Rechtspersönlichkeit Anweisungen der Muttergesellschaft (Parker), von der sie zu 100 % beherrscht werden, befolgten. Parker hatte im Prozeß unwidersprochen vorgetragen, daß es die Verkaufs- und Marketingaktivitäten der Tochtergesellschaften bestimme, indem es u.a. die Verkaufsziele, die Bruttomargen, die Verkaufskosten, den cash flow und die Lagerbestände überwache.

Nach Ansicht des Gerichts kann sich Viho auch nicht darauf berufen, daß die Vertriebspolitik von Parker zu einer Abschottung der nationalen Märkte führt und dadurch einem grundlegenden Ziel der EG (Verwirklichung des gemeinsamen Marktes) entgegensteht. Dies sei bei konzerninternen Absprachen hinzunehmen, das Verhalten der Tochtergesellschaften sei der Muttergesellschaft zuzurechnen. Als unbeachtlich wurde deshalb auch die Behauptung von Viho zurückgewiesen, daß die Aufgabenverteilung im Parker-Konzern über die übliche interne Aufgabenverteilung in anderen Konzernen hinausgehe.

Im konkreten Fall habe Viho auch nicht nachgewiesen, daß die Vertriebspolitik von Parker - insbesondere die Politik unterschiedlicher Preise in verschiedenen Mitgliedstaaten - gegen Art. 86 EGV (Mißbrauch einer marktbeherrschenden Stellung) verstößt. Da Parker selbst auf dem Produkt-Markt keine marktbeherrschende Stellung innehatte, hatte Viho behauptet, daß alle übrigen Wettbewerber eine ähnliche Vertriebspolitik befolgen, so daß eine gemeinsame Marktbeherrschung der großen Hersteller der Branche vorliege. Das Gericht wies diese Argumentation zurück. Parker habe keine konkreten Marktdaten und Unterlagen vorgelegt, die es dem Gericht ermöglicht hätten, zu diesem Vorwurf Stellung zu beziehen. Auch die ursprünglichen Beschwerden an die Kommission haben keine Anhaltspunkte enthalten, die die Kommission zu weiteren Ermittlungen verpflichtet hätte.

Urteil vom 12. Januar 1995, Rs. T-102/92, Viho

9. Unternehmensrecht

9.1. Wettbewerbs- und Kartellrecht

9.1.2. Wettbewerbsbeschränkende Absprachen zwischen Unternehmen

b) Einzelfreistellung nach Artikel 85 Absatz 3 EGV

* **Matra unterliegt auch mit der zweiten Klage gegen das Gemeinschaftsprojekt von VW und Ford in Portugal**[FE]

Nachdem der EuGH mit Urteil vom 15. Juni 1993 (vgl. Slg. 1993, S.I-3203) festgestellt hatte, daß die Kommission nicht gegen Art. 92, 93 EGV verstoßen hat, als sie die portugiesischen Beihilfen für das Autowerk in Setúbal genehmigte, kam das Gericht erster Instanz nun in dem zweiten, von Matra angestrengten Verfahren, zu dem Ergebnis, daß die Zusammenarbeit von Ford und VW in diesem Projekt auch hinsichtlich des Kartellverbots in Art. 85 und des Verbots der Ausnutzung einer marktbeherrschenden Stellung in Art. 86 EGV unbedenklich ist.

Ein Jahr nachdem Chrysler in den USA den Voyager vorgestellt hatte, führte Renault 1984 mit seinem Espace die Großraumlimousine als neuen Autotyp in Europa ein. Der Espace wird von Matra für Renault gebaut.

Am 4. Februar 1991 meldeten die Ford of Europe Inc. und die Volkswagen AG bei der Kommission ein geplantes Gemeinschaftsunternehmen an. Unter der Bezeichnung AutoEuropa sollte in einer eigens zu errichtenden Fabrik in Setúbal (Portugal) eine Großraumlimousine entwickelt und ab 1995 gebaut werden. Am 26 März und 16. April 1991 unterrichteten die portugiesischen Behörden die Kommission gem. Art. 93 EGV von ihrer Absicht, das AutoEuropa-Projekt mit Beihilfen von insgesamt über 1 Mrd. DM zu fördern.

Am 16. Juli 1991 teilte die Kommission den portugiesischen Behörden mit, daß das angemeldete Beihilfenprogramm ihrer Ansicht nach mit Art. 92 EGV vereinbar sei. Am 23. Dezember 1992 erließ die Kommission - unter einer Reihe von Bedingungen und Auflagen - die von Ford und VW beantragte Freistellung, d.h. erklärte gem. Art. 85 III, daß Art. 85 I auf das Gemeinschaftsunternehmen nicht anwendbar sei. Die Freistellung ist bis zum 31. Dezember 2004 befristet, ermöglicht also 10 Jahre gemeinsamer Produktion.

Bereits am 6. September 1991 erhob Matra Konkurrentenklage gegen die Genehmigung des portugiesischen Beihilfeprogramms. Wie oben erwähnt wurde diese Klage am 15. Juni 1993 kostenpflichtig abgewiesen. Die nunmehr ebenfalls kostenpflichtig abgewiesene zweite Klage von Matra wurde am 16. Februar 1993 erhoben.

In diesem Fall stellte sich das besondere Problem, dass die Kommission sowohl das Wettbewerbsrecht als auch das Beihilfenrecht anzuwenden hatte. Die Entscheidung über die Beihilfe erging über ein Jahr vor der Entscheidung über die Vereinbarkeit mit dem Wettbewerbsrecht. Matra machte daher geltend, die Kommission habe mit der Beihilfenentscheidung der gesamten Rechtmässigkeitsfrage vorgegriffen und eine unzulässige Selbstbindung für die wettbewerbsrechtliche Frage bewirkt. Das Gericht erster Instanz teilte diese Auffassung jedoch nicht und stellte wörtlich fest:

"Selbst wenn die Kommission ... durch die Entscheidung über die staatlichen Beihilfen der Frage der Rechtmäßigkeit der im vorliegenden Fall streitigen Freistellungsentscheidung vorgegriffen hätte, so hätte dies jedenfalls keinen Einfluss auf die Rechtmässigkeit der letztgenannten Entscheidung und könnte nur die Rechtmässigkeit der zu den staatlichen Beihilfen ergangenen Entscheidung vom 16.

9. Unternehmensrecht

9.1. Wettbewerbs- und Kartellrecht

9.1.2. Wettbewerbsbeschränkende Absprachen zwischen Unternehmen

b) Einzelfreistellung nach Artikel 85 Absatz 3 EGV

Juli 1991 beeinflussen, da die Klägerin nicht nachweist - und im übrigen auch nicht vorbringt - dass die Kommission davon ausgegangen ist, beim Erlass der Freistellungsentscheidung im Hinblick auf ihre Entscheidung vom 16. Juli 1991 gebunden gewesen zu sein."

Dieser Teil der Entscheidung kann nicht befriedigen. Zum einen wird es dem Kläger in einer solchen Fallkonstellation niemals möglich sein, "nachzuweisen", dass die Kommission sich gebunden gefühlt hat. Zum zweiten, sollte die Kommission nachträglich einmal die wettbewerbsrechtliche Zulässigkeit verneinen, so wäre für die Wettbewerber i.d.R. wegen Fristablaufs die Tür versperrt, die frühere Beihilfenentscheidung (nochmals) anzugreifen.

Im materiellen Teil prüfte das Gericht anschliessend die Vereinbarkeit der Zusammenarbeit Ford/VW mit Artikel 85 EGV und stellt im einzelnen fest:

1. Es gibt grundsätzlich keine wettbewerbswidrige Verhaltensweise, gleichgültig wie gross auch ihre Auswirkungen auf einen bestimmten Markt sein mögen, die nicht nach Art. 85 III freigestellt werden kann, wenn sie die dort niedergelegten Voraussetzungen erfüllt und ordnungsgemäss angemeldet wurde.

2. Nach Art. 85 III müssen für eine Freistellung vier Voraussetzungen kumulativ erfüllt sein: a) die Zusammenarbeit muss zur "Verbesserung der Warenerzeugung oder -verteilung oder zur Förderung des technischen und wirtschaftlichen Fortschritts beitragen; b) sie muss die Verbraucher an den erzielten Vorteilen angemessen beteiligen; c) in ihren Absprachen dürfen die Unternehmen ihre Unabhängigkeit und Handlungsfreiheit nicht mehr einschränken, als es für die Erreichung der genannten Vorteile erforderlich ist; und d) der Wettbewerb in dem betreffenden Produktmarkt darf nicht "ausgeschaltet" werden.

Die Zusammenarbeit Ford/VW erfüllt diese Voraussetzungen. In dem neuen Autowerk soll erstmals in Europa eine neuartige Optimierung des Herstellungsverfahrens realisiert werden. Auch eine graduelle Verbesserung der Warenerzeugung kann für Art. 85 III ausreichen, zumal da in einem so kompetitiven Markt wie dem Autobau revolutionäre Neuerungen kaum zu erwarten sind.

Die Entwicklung einer Grossraumlimousine durch europäische Autohersteller ist auch für die Verbraucher von Vorteil. Die beteiligten Unternehmen haben unwidersprochen dargelegt, dass sie einzeln entweder nicht oder erst wesentlich später in diesen Markt eingestiegen wären.

Soweit die Klägerin geltend macht, die Ford und VW erlangten durch diese Zusammenarbeit eine kollektive beherrschende Stellung im Widerspruch zu Art. 86 EGV handelt es sich um eine rein spekulative Behauptung. Selbst wenn es zu einer beherrschenden Stellung käme, so weisst doch nichts darauf hin, dass die Unternehmen diese auch missbrauchen würden.

Im Rahmen des ihr zustehenden Ermessensspielraums durfte die Kommission daher prognostizieren, daß die zu erwartenden Wettbewerbsbeschränkungen nicht unangemessen gegenüber dem Beitrag des Gemeinschaftsunternehmens zum wissenschaftlichen und technischen Fortschritt sein würden.

9. Unternehmensrecht

9.1. Wettbewerbs- und Kartellrecht

9.1.2. Wettbewerbsbeschränkende Absprachen zwischen Unternehmen

b) Einzelfreistellung nach Artikel 85 Absatz 3 EGV

Anmerkung der Red.: Die Einschätzung, daß durch das Gemeinschaftsprojekt der Wettbewerb im Bereich Großraumlimousinen nicht ernsthaft in Gefahr sei, dürfte auch durch die zwischenzeitlich vorgestellten Modelle anderer Hersteller gestützt werden. Hingewiesen sei nur auf den Citroen Evasion, den Fiat Ulysse, den Lancia Zeta, den Peugeot 806, sowie diverse Modelle aus Japan, die neben dem nach wie vor erfolgreichen Espace schon dafür sorgen werden, daß Ford mit seinem Galaxy und VW mit der Sharan genannten Variante eine dominante Stellung gar nicht erst erreichen werden. Die wirklichen Probleme des Falles liegen daher auch nicht im Wettbewerbsrecht, sondern sind industriepolitischer Natur: Nach welchen Kriterien und mit welcher Begründung sollen Entwicklungsprojekte eines Herstellers gefördert werden, nicht aber die seines Konkurrenten? Kann man ernsthaft an die Fähigkeit der Politiker und Technokraten glauben, das beste Projekt auszuwählen, oder spielt nicht vielmehr das bessere Lobbying die entscheidende Rolle? Gerichtshof und Gericht erster Instanz sind allerdings ungeeignete Instanzen für die Beantwortung dieser Frage.

Urteil vom 15. Juli 1994, Rs. T-17/93, Matra Hachette SA (Slg. 1994, S. II-595)

9. Unternehmensrecht

9.1. Wettbewerbs- und Kartellrecht

9.1.2. Wettbewerbsbeschränkende Absprachen zwischen Unternehmen

c) Gruppenfreistellungen nach Artikel 85 Absatz 3 EGV

* **Anwendung der GruppenfreistellungsVO 1984/83 auf Altverträge[DS]**

Eine Alleinbezugsvereinbarung, die vor dem EG-Beitritt Portugals geschlossen wurde und den Verkauf von Kraftstoffen und Schmiermitteln an einer Tankstelle betrifft, ist gem. Art. 15 Abs. 3 und 4 VO 1983/84 freistellungsfähig, wenn die in Art. 10-13 aufgestellten Voraussetzungen erfüllt sind. Die Parteien sind jedoch nicht verpflichtet, die in Art. 12 Abs. 1 lit. c VO 1983/84 normierte maximale Vertragsdauer von 10 Jahren einzuhalten.

Die Gesellschaft Petrogal vereinbarte am 17.5.82 mit der Gesellschaft Correia, Simoes & Companhia, daß Correia bei Petrogal sämtliche Kraftstoffe und Schmiermittel bezieht, die Correia an ihren Tankstellen weiterverkauft (Alleinbezugsvereinbarung). Die Laufzeit des Vertrages betrug 15 Jahre. Am 14.5.90 kündigte Correia die Vereinbarung vorzeitig. Petrogal erhob Klage auf Erfüllung des Vertrages. Correia wandte ein, die Vereinbarung verstoße gegen 85 Abs. 1 EWGV und sei deshalb nichtig, Art. 85 Abs. 2 EWGV. Auf Vorlage des portugiesischen Gerichts entschied der EuGH:

Nicht jede Vereinbarung, die nicht unter eine GruppenfreistellungsVO - hier VO 1984/83 - subsumiert werden kann, verstößt automatisch gegen das EG-Wettbewerbsrecht. Es ist vielmehr Aufgabe des nationalen Richters zu prüfen, ob die Voraussetzungen des Art. 85 Abs. 1 EWGV erfüllt sind.

Alleinbezugsvereinbarungen im Rahmen von Tankstellenverträgen sind mit dem EG-Recht vereinbar, wenn sie den Voraussetzungen der Art. 10 ff. VO 1984/83 genügen. Gem. Art. 12 Abs. 1 lit. c VO 1983/84 darf die Bezugsdauer 10 Jahre nicht übersteigen.

Eine Ausnahme gilt aber für Altverträge i.S. des Art. 15 VO 1984/83. Für spanische und portugiesische Verträge bestimmt Abs. 4, daß alle Verträge wirksam bleiben, die beim EG-Beitritt Spaniens und Portugals in Kraft waren. Die Laufzeit dieser Verträge wird gem. Art. 15 Abs. 3 VO 1984/83 begrenzt auf die vertraglich vereinbarte Laufzeit, sie enden spätestens am 31.12.97 (Ende der Laufzeit der VO 1984/83). Die Fristverlängerung steht unter der Bedingung, daß der Vertrag bis zum 1.1.89 den Anforderungen der VO 1984/83 angepaßt wurde. Nicht unter die Anpassungsverpflichtung fällt aber die Klausel über die Laufzeit des Vertrages, Art. 12 Abs. 1 lit. c VO 1984/83.

Urteil vom 10. November 1993, Rs. C-39/92, Petrogal (Slg. 1993, S. I-5659)

* **Peugeot unterliegt auch in letzter Instanz; ECO System muß beliefert werden[FE]**

Das Rechtsmittel des französischen Autoherstellers gegen das Urteil des Gerichts erster Instanz vom 22. April 1993 (Rs. T-9/92) ist vom EuGH teils als unzulässig, im übrigen als unbegründet abgewiesen worden. Damit steht fest, daß die Anweisung von Peugeot an seine Vertragshändler in Belgien und Luxemburg, die französische Firma ECO System SA nicht mehr mit Neuwagen der Marke Peugeot zu beliefern, gegen Art. 85 Abs. I EGV verstoßen hat und nicht im Rahmen der *Gruppenfreistellungsverordnung 123/85 über die Anwendung von Artikel 85 Absatz 3 des Vertrages*

9. Unternehmensrecht

9.1. Wettbewerbs- und Kartellrecht

9.1.2. Wettbewerbsbeschränkende Absprachen zwischen Unternehmen

c) Gruppenfreistellungen nach Artikel 85 Absatz 3 EGV

auf Gruppen von Vertriebs- und Kundendienstvereinbarungen über Kraftfahrzeuge (ABl. 1985 L 15/16) oder über eine Einzelfreistellung gerechtfertigt werden kann.

Urteil vom 16. Juni 1994, Rs. C-322/93 P, Peugeot (Slg. 1994, S. I-2727)

9. Unternehmensrecht

9.1. Wettbewerbs- und Kartellrecht

9.1.3. Missbräuchliche Ausnutzung einer marktbeherrschenden Stellung

* **Staatliche Stromversorgungsunternehmen unterliegen dem Kartellverbot nach Art. 85 und dem Verbot des Mißbrauchs einer marktbeherrschenden Stellung nach Art. 86 EGV, siehe Rs. C-393/92, Energiebedrijf Ijsselmij**

* **Hilti scheitert mit seinem Rechtsmittel gegen das Urteil des Gerichts erster Instanz[FE]**

Am 12. Dezember 1991 hatte das GeI die Klage der Hilti AG gegen die Entscheidung 88/138 der Kommission abgewiesen. Kommission und GeI waren übereinstimmend zu dem Ergebnis gekommen, daß Hilti seine marktbeherrschende Stellung im Bereich der Direktbefestigungssysteme für Betonverankerungen (Bolzenschußgeräte, Kartuschen und Bolzen) mißbraucht habe, indem es die unabhängigen Hersteller von Bolzen für Hilti Schußgeräte bedrängt und geschädigt habe. Die Entscheidung hatte ein Bußgeld von 6 Mio. ECU gegen Hilti festgesetzt, das vom GeI aufrechterhalten wurde. Nunmehr ist Hilti auch im Rechtsmittelverfahren unterlegen.

Urteil vom 2. März 1994, Rs. C-53/92 P, Hilti (Slg. 1994, S. I-667)

* **Beteiligung der Post an Eilkurierdiensten in Frankreich[FE]**

Vier private Kurierdienste hatten Erfolg mit einem Rechtsmittel gegen einen Beschluß des Gerichts erster Instanz: Die Unterstützung der französischen Post für ihren halbstaatlichen Kurierdienst muß erneut auf ihre Vereinbarkeit mit Art. 92 und 86 EGV untersucht werden. Der EuGH stellt klar, daß eine Mitteilung der Kommission, wonach eine wettbewerbsrechtliche Beschwerde "zu den Akten gelegt werde", regelmäßig als anfechtbare Entscheidung anzusehen ist.

Seit Ende der achtziger Jahre gibt es in Frankreich die Société francaise de messagerie internationale SFMI, einen Eilkurierdienst in Form eines Gemeinschaftsunternehmens, an dem die französische Post, vier weitere Postverwaltungen (die deutsche, kanadische, niederländische und die schwedische), und das australische Unternehmen TNT beteiligt sind. Der Zusammenschluß war gemäß Fusionskontrollverordnung angemeldet und genehmigt worden.

Am 21. Dezember 1990 reichten vier private Eilkurierdienste (SFEI, DHL, Service Crie und May Courier International) eine wettbewerbsrechtliche Beschwerde bei der Kommission gegen die französische Post und SFMI ein und rügten vor allem die logistische und kaufmännische Unterstützung, die die Post der SFMI gewährt hat. Namentlich ging es um die Zurverfügungstellung sämtlicher Postämter, günstigere Zollabfertigungsverfahren, günstigere finanzielle Bedingungen, sowie Werbe- und Verkaufsförderungsmaßnahmen der Post für SFMI. Bei einer Anhörung der privaten Kurierdienste wurde zugesagt, die gerügten Verhaltensweisen im Hinblick auf die Artikel 86 (Mißbrauch einer marktbeherrschenden Stellung) und 92 (unzulässige staatliche Beihilfen) des EGV zu prüfen.

Am 10. März 1992 richtete die Kommission zwei Schreiben an die privaten Kurierdienste. Das Schreiben Nr. 06873 enthielt die Mitteilung, daß das Verfahren zur Überprüfung unzulässiger

Beihilfen eingestellt worden sei. Hiergegen erhoben die privaten Kurierdienste Nichtigkeitsklage. Daraufhin nahm die Kommission die Entscheidung zurück und wurde zur Übernahme der Verfahrenskosten verurteilt (Rs. C-222/92, DHL u.a.).

Das zweite Schreiben, mit der Nr. 000978, war etwas kryptisch abgefaßt. Die Schlüsselpassage lautete: "Unter diesen Umständen beabsichtigen wir zwar nicht, die Ermittlungen aufgrund Artikel 86 fortzusetzen, doch kann ich Ihnen versichern, daß wir die Entwicklungen auf diesem Markt weiterhin genau verfolgen werden." Die privaten Kurierdienste erhoben auch gegen dieses Schreiben Nichtigkeitsklage, die aber vom Gericht erster Instanz durch Beschluß vom 30. November 1992 für unzulässig erklärt wurde, da es sich bei dem Schreiben nicht um eine anfechtbare Entscheidung handele (Rs. T-36/92, Slg. 1992, S. II-2479). Gegen diesen Beschluß richtete sich das Rechtsmittel, über das der EuGH nunmehr entschieden hat.

Mit seinen klaren Worten hat der EuGH einen wichtigen Beitrag zu dem immer wiederkehrenden Problem geleistet, wie eine bloße vorbereitende Handlung von einer verfahrensabschließenden Entscheidung abzugrenzen ist: Ein Organ, das die Befugnis hat, einen Verstoß gegen Gemeinschaftsrecht festzustellen und deswegen Sanktionen zu verhängen, und das, wie die Kommission im Wettbewerbsrecht, von natürlichen und juristischen Personen mit einer Beschwerde befaßt werden kann, trifft notwendigerweise eine Entscheidung, die Rechtswirkungen für den Beschwerdeführer erzeugt, wenn es eine Untersuchung, die es aufgrund der Beschwerde eingeleitet hat, einstellt. Eine Mitteilung, daß eine Beschwerde zu den Akten gelegt wird, ist immer auch eine Entscheidung, da ihr in dem laufenden Verfahren keine weitere Maßnahme der Kommission nachfolgt, die Gegenstand einer Nichtigkeitsklage sein könnte. Eine Ausnahme gilt nur dann, wenn die Kommission mitteilt, die Beschwerde werde zu den Akten gelegt, wenn der Beschwerdeführer nicht innerhalb einer bestimmten Frist weitere Angaben mache.

Der Gerichtshof hob den Beschluß des Gerichts erster Instanz daher auf und verwies das Verfahren zur erneuten Entscheidung an das Gericht zurück. Bei diesem erneuten Verfahren wird vor allem die Frage zu untersuchen sein, ob die Kommission ausreichend begründet hat, warum ein Verstoß gegen Art. 86 EGV nicht anzunehmen sei.

Urteil vom 16. Juni 1994, Rs. C-39/93 P, SFEI, DHL u.a. (Slg. 1994, S. I-2681)

* Gericht erster Instanz bestätigt Bußgeldentscheidung im Tetra-Pak-Verfahren[DS]

In dem mit Spannung erwarteten Urteil in Sachen Tetra Pak hat das Gericht erster Instanz das höchste jemals verhängte Einzelbußgeld der Kommission (75 Mio. Ecu) in vollem Umfang bestätigt. Die Kommission hatte Tetra Pak vorgeworfen, die marktbeherrschende Stellung auf dem Markt für aseptische und nichtaseptische Abfüllmaschinen und Kartons mißbraucht zu haben, indem Tetra Pak u.a. Produkte unter Herstellungskosten verkaufte (Verdrängungswettbewerb) und unterschiedliche Verkaufspreise für identische Produkte in verschiedenen Mitgliedstaaten festsetzte (Preisdiskriminierung).

9. Unternehmensrecht

9.1. Wettbewerbs- und Kartellrecht

9.1.3. Missbräuchliche Ausnutzung einer marktbeherrschenden Stellung

In ihrer Entscheidung vom 24.7.1991 (ABl. 1992 L 72/1) stellte die Kommission fest, daß Tetra Pak eine marktbeherrschende Stellung auf den Märkten für aseptische und nichtaseptische Maschinen und Kartons zur Verpackung flüssiger Nahrungsmittel habe. Diese marktbeherrschende Stellung habe Tetra Pak, das im nichtaseptischen Bereich einen Marktanteil von 50-55 % und im aseptischen Bereich einen Marktanteil von 90 % halte, in den Jahren zwischen 1976 und 1991 mißbraucht. Die Kommission verhängte deshalb ein Bußgeld in Höhe von 75 Mio. Ecu. Die hiergegen gerichtete Klage von Tetra Pak blieb erfolglos.

Das Gericht erster Instanz entschied zunächst, daß der Grundsatz der ordnungsgemäßen Verwaltung nicht verletzt sei. Zwar sei der Kommission bereits 1983 durch eine Beschwerde eines Konkurrenzunternehmens auf den Sachverhalt aufmerksam gemacht worden und die Beschwerdepunkte seien Tetra Pak erst im Jahr 1988 mitgeteilt worden. Es sei aber zu berücksichtigen, daß sehr umfangreiche und schwierige Untersuchungen erforderlich gewesen seien.

Die Kommission habe auch zurecht festgestellt, daß Tetra Pak eine marktbeherrschende Stellung innegehabt habe. In der Entscheidung seien vier Märkte untersucht worden: der Markt für Maschinen zur aseptischen Verpackung flüssiger Nahrungsmittel in Kartons und der entsprechende Markt für Kartons sowie der Markt für Maschinen zur nichtaseptischen Verpackung flüssiger Nahrungsmittel in Kartons und der entsprechende Markt für Kartons. Diese Märkte seien nicht untrennbar miteinander verbunden, so daß die Kommission zurecht von vier Einzelmärkten ausging.

Nach Ansicht des Gerichts durfte die Kommission auch davon ausgehen, daß die gesamte Gemeinschaft den jeweils relevanten geographischen Markt bildete, weil die Nachfrage im Gesamtgebiet der Gemeinschaft im genannten Zeitraum stabil blieb und die Transportkosten sowohl für die Maschinen als auch für die Kartons vergleichsweise gering waren.

Auf den genannten Märkten sei Tetra Pak marktbeherrschend gewesen. Bezüglich der aseptischen Produkte ergibt sich dies mangels außergewöhnlicher Umstände bereits durch den Marktanteil von 90 %. Im nichtaseptischen Bereich habe zwar der größte Konkurrent von Tetra Pak, die Firma Elo Pak, einen Marktanteil von ca. 27 % erzielt. Es sei aber zu berücksichtigen, daß viele Abnehmer der Tetra-Pak-Produkte sowohl aseptische als auch nichtaseptische Produkte herstellen und deshalb Tetra Pak auch für nichtaseptische Produkte zum bevorzugten Lieferanten wird. Außerdem habe die Kommission zurecht festgestellt, daß Tetra Pak einen technologischen Vorsprung gehabt habe, so daß auch auf dem Markt für nichtaseptische Produkte von einer marktbeherrschenden Stellung von Tetra Pak auszugehen ist.

Diese marktbeherrschende Stellung habe Tetra Pak in mehrfacher Weise mißbraucht. Zu den von Tetra Pak verwandten Standardverträgen stellte das Gericht insbesondere fest, daß sie sog. Koppelungsklauseln enthielten, die die Käufer von Maschinen dazu verpflichteten, auch die Kartons ausschließlich bei Tetra Pak zu beziehen. Hierdurch habe Tetra Pak die wirtschaftliche Abhängigkeit der Kunden von ihr verstärkt, ohne daß die Koppelungsklausel aus vernünftigen Gründen (z.B. Gesundheitsschutz) gerechtfertigt wäre.

Darüber hinaus habe die Kommission zurecht festgestellt, daß Tetra Pak - insbesondere in Italien - Preise für Kartons angewandt habe, die auf Verdrängung der Konkurrenzunternehmen angelegt waren. Teilweise hätten die Verkaufspreise unter den Herstellungskosten gelegen.

9. Unternehmensrecht

9.1. Wettbewerbs- und Kartellrecht

9.1.3. Missbräuchliche Ausnutzung einer marktbeherrschenden Stellung

Weiterhin sei die Kommission zurecht davon ausgegangen, daß Tetra Pak Preisdiskriminierungen i.S. des Art. 86 Abs. 2 lit. c EWGV vorgenommen habe. Die von Tetra Pak festgesetzten Preise für Maschinen und Kartons wichen innerhalb der Gemeinschaft erheblich voneinander ab. Diese Preisunterschiede sind nicht durch die objektiven Marktbedingungen zu erklären. Sie dienten vielmehr der Abschottung der nationalen Märkte.

Als Mißbrauch der marktbeherrschenden Stellung habe es die Kommission auch werten dürfen, daß Tetra Pak Maschinen von Mitbewerbern aufgekauft habe, um diese vom Markt zu nehmen. Mißbräuchlich sei es schließlich gewesen, sich von der führenden italienischen Fachzeitschrift für milchverarbeitende Industrie eine Ausschließlichkeitszusage für Werbung geben zu lassen und dadurch zu verhindern, daß das Konkurrenzunternehmen Elo Pak in dieser Zeitschrift Werbung für seine Produkte macht.

Nach alledem durfte die Kommission nach Ansicht des Gerichts erster Instanz zurecht von einem Mißbrauch einer marktbeherrschenden Stellung ausgehen. Sie war deshalb auch befugt anzuordnen, daß Tetra Pak die Mißbräuche unverzüglich abstellt. Ein Verstoß gegen den Grundsatz des Vertrauensschutzes ist auch nicht darin zu sehen, daß die Kommission in ihrer abschließenden Entscheidung weitergehende Maßnahmen anordnete als in der Mitteilung der Beschwerdepunkte.

Nach Ansicht des Gerichts kam eine Senkung des Bußgelds nicht in Betracht. Das Verhalten von Tetra Pak habe schwerwiegende Wettbewerbsbeschränkungen zur Folge gehabt. Der Verstoß gegen das EG-Wettbewerbsrecht sei zudem offensichtlich gewesen und habe über 15 Jahre angedauert.

Urteil vom 6. Oktober 1994, Rs. T-83/91, Tetra Pak II (Slg. 1994, S. II-755)

9. Unternehmensrecht

9.1. Wettbewerbs- und Kartellrecht

9.1.4. Europäisches Fusionskontrollrecht

* Neues Fusionskontrollurteil: Anfechtbarkeit von Pressemitteilungen, daß ein Zusammenschluß keine "gemeinschaftsweite Bedeutung" habe - eine "Ihlen-Eklärung" im Gemeinschaftsrecht[FE]

Anfang der 30er Jahre bestand Streit zwischen Norwegen und Dänemark über die Zugehörigkeit von Grönland. In dem Verfahren vor dem Internationalen Gerichtshof im Haag spielte letztlich eine Verzichtserklärung eine wichtige Rolle, die der damalige norwegische Außenminister Ihlen beiläufig auf einem Empfang gegenüber dem dänischen Botschafter gemacht hatte. Diese unvorsichtige Äußerung, die sicher nicht als rechtsverbindlicher Verzicht beabsichtigt war, ist als "Ihlen-Erklärung" in die Geschichte eingegangen. Ende 1992 hat der Pressesprecher des EG-Kommissars Karel van Miert ähnliche, wenn auch weniger weitreichende Wirkungen hervorgerufen.

Rechtlicher Hintergrund dieses Falles:

Die Gemeinschaftsverträge, d.h. insbesondere der EWGV enthalten keine allgemeinen Bestimmungen über die Fusionskontrolle. Nach langwierigen Verhandlungen wurden entsprechende Bestimmungen für das Gemeinschaftsrecht im Jahre 1989 in Form der *VO 4064/89 über die Kontrolle von Unternehmenszusammenschlüssen* (sog. *Fusionskontroll-VO*, ABl. 1990 L 257/13) verabschiedet. Mit der *Fusionskontroll-VO* beansprucht die Gemeinschaft allerdings keineswegs die Zuständigkeit für die Überwachung sämtlicher Fusionen von Unternehmen in den Mitgliedstaaten. Nur Zusammenschlüsse von "gemeinschaftsweiter Bedeutung" fallen unter die EG-Fusionskontrolle. Fehlt diese Bedeutung, so bleiben ausschließlich die nationalen Wettbewerbsbehörden zu einer Beurteilung nach nationalem Recht zuständig. "Gemeinschaftsweite Bedeutung" ist nach der Definition in Art. 1 der VO gegeben, wenn die beteiligten Unternehmen weltweit einen Gesamtumsatz von mindestens 5 Mia. ECU erzielen und mindestens zwei Unternehmen beteiligt sind, die in der Gemeinschaft einen Umsatz von 250 Mio. ECU oder mehr erzielen. Wenn diese Grenzwerte im Einzelfall überschritten werden, so muß die geplante Fusion bei der Kommission angemeldet werden, die dann entscheidet, ob die Fusion mit dem Gemeinsamen Markt vereinbar ist.

Zum Sachverhalt:

Die Fluggesellschaft Dan Air gehörte zur britischen Gruppe Davies and Newman Holdings plc. In den letzten Jahren hatte diese Fluggesellschaft zunehmende Verluste eingeflogen. British Airways erklärte sich bereit, wesentliche Teile von Dan Air zu übernehmen, um die Gesellschaft zu retten. Eine Anmeldung dieser geplanten Fusion bei der EG-Kommission im Sinne der *Fusionskontroll-VO* ist zwar nicht erfolgt, dennoch gab es eine Reihe von offiziösen Kontakten zwischen den beteiligten Fluggesellschaften und den zuständigen Dienststellen der Kommission.

Am 16. Oktober 1992 unterrichtete British Airways die Merger Task Force bei der Kommission von dem beabsichtigten Zusammenschluß. Zugleich teilte BA mit, ihrer Ansicht nach falle der Zusammenschluß nicht unter Gemeinschaftsrecht, da die zu übernehmenden Teile von Dan Air nicht die Umsatzgrenzwerte von 250 Millionen ECU im Gemeinsamen Markt erreichten. In einem Beiblatt zu dem Schreiben legte BA dar, daß der Umsatz im Geschäftsjahr 1991 über 250 Millionen ECU lag, wenn man die Charterflugaktivitäten einbezog, jedoch darunter, wenn man diese außer Acht ließ. Eine

Übernahme der Charterflugaktivitäten war nicht vorgesehen. Auf dieses Schreiben antwortete die Merger Task Force am 21. Oktober 1992, daß der Zusammenschluß nach dem ersten Anschein keine gemeinschaftsweite Bedeutung habe und daß daher die britische Wettbewerbsbehörde, d.h. das Office of Fair Trading, zuständig sei.

Am 23. Oktober 1992 wurden daraufhin die Einzelheiten des Zusammenschlusses zwischen Davies/Newman und BA vereinbart. Der Vertrag legte ausdrücklich fest, daß die Charteraktivitäten einzustellen oder abzugeben seien. Nachdem dieser Vertrag den zuständigen Dienststellen der Kommission zugeleitet worden war, bestätigten diese, daß ihres Erachtens keine gemeinschaftsweite Bedeutung gegeben sei. Dabei wurde ausdrücklich klargestellt, daß die Bestätigung nur eine vorläufige Ermessensbindung für die betroffene Dienststelle sei, die eine endgültige Entscheidung der Kommission selbst nicht vorwegnehme.

In einer Mitteilung des Pressesprechers des für Wettbewerbsfragen zuständigen Kommissars Van Miert wurde dann am 30. Oktober 1992 erklärt: "Der beabsichtigte Zusammenschluß zwischen British Airways und Dan Air ... hat keine gemeinschaftsweite Bedeutung, da eine der quantitativen Voraussetzungen, die die EG-Verordnung über die vorbeugende Kontrolle von Zusammenschlüssen aufstellt, nicht erfüllt ist."

Air France erhob daraufhin Klage nach Artikel 173 EGV und beantragte die Nichtigerklärung der in der Presseerklärung zum Ausdruck gebrachten Kommissionsentscheidung. Dem Gericht erster Instanz stellte sich daher zum einen die Frage, ob in der Presseerklärung eine anfechtbare Entscheidung zu sehen sei (Voraussetzung der Zulässigkeit der Klage) und ob diese für nichtig zu erklären sei, weil die Umsatzgrenzwerte jedenfalls bei Einbeziehung der Charterflugaktivitäten erreicht worden wären.

Das Urteil des Gerichts:

Die Klage ist zulässig. Die Form der Handlung ist nicht entscheidend. Auch wenn außer der Niederschrift, die einige Presseagenturen veröffentlicht haben, keine schriftlichen Unterlagen existieren und auch wenn die breite Öffentlichkeit Pressemeldungen eher nicht als Einzelfallentscheidungen auffassen wird, so kommt es letztlich nur darauf an, ob die Handlung Rechtswirkungen erzeugt, die den Kläger persönlich betreffen. In dieser Beziehung muß die Pressemitteilung von den vorangegangenen Schreiben einzelner Kommissions-Dienststellungen unterschieden werden. Die Schreiben brachten nur die Meinung einzelner Beamter zum Ausdruck und konnten schon rein rechtlich nicht die Kommission als ganze binden. Die Pressemitteilung muß dagegen dem für Wettbewerbsfragen zuständigen Kommissar zugerechnet werden und hat das Kommissionskollegium insgesamt öffentlich verpflichtet. Inhaltlich geht diese Verpflichtung genausoweit, wie wenn die Kommission auf eine förmliche Anmeldung hin eine Entscheidung gem. Art. 6 I a *Fusionskontroll-VO* gefällt und das Verfahren mangels gemeinschaftsweiter Bedeutung eingestellt hätte. Im Ergebnis hat die Presseerklärung die alleinige Zuständigkeit der mitgliedstaatlichen Rechtsordnung bestätigt und die Unternehmen von einer Anmeldepflicht befreit. Solche Entscheidungen haben unmittelbare Rechtswirkungen für Wettbewerber und können mit der Nichtigkeitsklage nach Art. 173 EGV angegriffen werden.

Die Klage ist aber nicht begründet. Die Grenzwerte, nach denen die "gemeinschaftsweite Bedeutung" zu beurteilen ist, stellen auf die wirkliche wirtschaftliche Bedeutung des Zusammenschlusses ab. Geprüft werden soll, ob die Vereinigung der tatsächlich beteiligten Unternehmen und Unternehmensteile dazu führen kann, daß ein neues Rechtssubjekt mit übermächtiger Stellung am Markt entsteht. Die Umsatzberechnungen sind daher auf die tatsächlich von British Airways erworbenen Unternehmensteile von Dan Air zu beschränken. Da die Charterflugaktivitäten entweder aufgegeben oder jedenfalls nicht mit übernommen wurden, werden sie auch nicht in die Beurteilung der Bedeutung des Zusammenschlusses aufgenommen.

Urteil vom 24. März 1994, Rs. T-3/93, Air France gegen Kommission (Slg. 1994, S. II-121)

* **Klage von Air France gegen den Zusammenschluß von British Airways und TAT kosten-pflichtig abgewiesen**[FE]

In einem weiteren Urteil zum europäischen und internationalen Flugverkehr bestätigt das Gericht erster Instanz den relativ großen Beurteilungsspielraum der Kommission im Rahmen einer Prüfung, ob ein geplanter Zusammenschluß zu einer beherrschenden Stellung führen wird. Das Urteil enthält außerdem interessante Ausführungen zur Marktdefinition bei Flugdiensten und -strecken.

Am 23. Oktober 1992 meldeten British Airways (BA) und die Fluggesellschaft TAT Europen Airlines bei der Kommission gem. Art. 4 *Fusionskontroll-VO* ihren geplanten Zusammenschluß an. Die Anmeldung wurde am 31. Oktober 1992 im Amtsblatt veröffentlicht und mit einer Aufforderung versehen, daß "alle interessierten Unternehmen und Personen ... bei der Kommission Stellung nehmen" können. Vorgesehen war der sofortige Erwerb von 49,9% des Kapitals von TAT durch BA und die Gewährung einer Kaufoption auf die restlichen 50,1%, die bis 1. April 1997 jederzeit ausgeübt werden kann. Dies wurde von der Kommission als "Zusammenschluß von gemeinschafts-weiter Bedeutung" i.S.d. *Fusionskontroll-VO* angesehen, auch wenn nicht absehbar war, ob die Kaufoption ausgeübt werden würde.

Air France war eines der Unternehmen das sich zu dem geplanten Zusammenschluß äußerte und geltend machte, dieser würde zu einer Verstärkung der ohnehin schon mächtigen Postition von British Airways auf dem gemeinschaftlichen Markt für Lufttransporte führen und dürfe daher nicht erlaubt werden. Ungeachtet dieser Einwände erklärte die Kommission mit Entscheidung vom 27. November 1992, daß der fragliche Zusammenschluß keine ernsthaften Zweifel in bezug auf seine Vereinbarkeit mit dem Gemeinsamen Markt aufwerfe.

TAT bedient die internationalen Strecken Paris-London und Lyon-London und hält am innerfranzösischen Flugverkehr einen Marktanteil von 3,8%. Die Gruppe Air France/Air Inter ist auf letzterem Markt mit 84,9% der dominante Anbieter. Umstritten war zwischen der Kommission und der Gruppe BA einerseits und der Gruppe Air France andererseits, wie der relevante Markt zu definieren sei. Alle Fluggesellschaften bedienen die Strecke Paris-London vom Flughafen Charles de Gaulle aus, fliegen in London jedoch verschiedene Flughäfen an. Betrachtet man die Städtepaare, so kommt die Gruppe BA nach dem Zusammenschluß auf einen Marktanteil von 52,2%. Auf der Strecke Charles de Gaulle-Gatwick Airport ist der Marktanteil dagegen 98,6%, da alle wichtigen Konkurrenten in London nur die Flughäfen Heathrow, Stanstead und/oder City anfliegen. Ähnlich sieht die Situation für die Flugstrecke Lyon-London aus. Die Kommission war zwar grundsätzlich der Auffassung, die Flughäfen Heathrow und Gatwick seien substituierbar, d.h. gehörten dem gleichen Produktmarkt an, wegen der Überfüllung dieser Flughäfen, d.h. wegen der mangelnden Verfügbarkeit von Start- und Landeslots, bestünden jedoch besondere Hindernisse für den Zugang potentieller Konkurrenten. Die Genehmigung des Zusammenschlusses erfolgte daher erst, als sich die Gruppe BA verpflichtete, gegebenenfalls in bestimmtem Umfang Slots an Gesellschaften abzutreten, die diese Strecken befliegen wollten.

Air France rügte u.a., daß die Kommission den relevanten Markt unrichtig bestimmt habe, insbesondere außer Acht gelassen habe, daß die Gruppe BA mit dem Zusammenschluß nunmehr vier der sieben Gesellschaften kontrolliere, welche die Strecke Paris-London befliegen und die einzige Gruppe sei, die alle vier Londoner Flughäfen anfliegt und daher die Möglichkeit habe, viele französische Kunden an sich zu ziehen, die von London aus internationale Anschlußflüge nutzen wollen. Zweitens rügte Air France, die Kommission habe außer Acht gelassen, daß der Gruppe BA gem. *VO 2408/92 über den Zugang von Luftfahrtunternehmen der Gemeinschaft zu Strecken des innergemeinschaftlichen Flugverkehrs* (ABl. 1992 L 240/8) vom 1. April 1997 an ein wesentlich verbesserter Zugang zum französischen Markt gewährt werden müsse.

Das Gericht erster Instanz entschied: Die *Fusionskontroll-VO* verpflichtet die Kommission, einen geplanten Zusammenschluß zu genehmigen, wenn der Wettbewerb auf dem Gemeinsamen Markt nicht erheblich durch die Begründung oder Verstärkung einer beherrschenden Stellung behindert wird. Für die Beurteilung, ob eine beherrschende Stellung vorliegt, ist der relvante Markt zu bestimmen. Dabei hat die Kommission einen gewissen Ermessensspielraum. Es ist rechtlich nicht zu beanstanden, wenn die Kommission den Markt in die Strecken Paris-London und Lyon-London aufteilt ohne zwischen den einzelnen Londoner Flughäfen zu unterscheiden. Die Kommission hat diese Marktdefinition nicht unreflektiert vorgenommen, sondern die Substituierbarkeit der verschiedenen Flughäfen und die Auswirkungen auf die internationale Geschäftätigkeit von Frankreich aus geprüft. Nach diesen Prüfungen ist die Kommission in rechtlich und tatsächlich nachvollziehbarer Weise zu dem Ergebnis gekommen, angesichts des allgemein starken Wettbewerbs in diesem Sektor sei derzeit eine beherrschende Stellung der Gruppe BA in den beiden relevanten Märkten nicht zu befürchten. Die Klägerin hat nicht ausreichend darlegen können, daß die Kommission zu einem gegenteiligen Ergebnis hätte kommen müssen.

Urteil vom 19. Mai 1994, Rs. T-2/93, Air France gegen Kommission (Slg. 1994, S. II-323)

* **Wichtige Entscheidung zu den Rechten Dritter, die mittelbar von Fusionskontrollverfahren betroffen werden**[FE]

Wenn die Kommission eine Fusion nur unter Auflagen genehmigt und die Befolgung dieser Auflagen erheblich in Rechte Dritter eingreifen würde, steht den Drittbetroffenen der Rechtsweg zu den Gerichten der EG offen. Soweit dringliche Schritte erforderlich sind, um einen schweren und nicht wiedergutzumachenden Schaden abzuwenden, schließt dies die Möglichkeit ein, eine Aussetzung des Vollzugs der Auflagen zu beantragen.

9. Unternehmensrecht

9.1. Wettbewerbs- und Kartellrecht

9.1.4. Europäisches Fusionskontrollrecht

Die Firmen Société commerciale des potasses et de l'azote (SCPA), Comercial de Potosas SA (Coposa) und Kali und Salz AG (K+S) waren Gesellschafterinnen der Kali-Export GmbH, über die sie vor allem den Verkauf ihrer Produkte auf den internationalen Märkten betrieben. Die Treuhand war im Besitz der Mitteldeutschen Kali AG (MdK), für die sie einen Käufer suchte. K+S wolle ihre Kali- und Steinsalzaktivitäten mit der MdK fusionieren und hat eine Genehmigung der Kommission gem. *Fusionskontroll-VO* (ABl. 1990 L 257/13) beantragt. Nach dem vorgeschriebenen Überprüfungsverfahren, an dem die SCPA und die Coposa nicht beteiligt waren, wurde die Fusion von K+S und MdK unter der Auflage genehmigt, daß K+S aus der Kali-Export GmbH ausscheidet. SCPA hat Klage zum Gericht erster Instanz erhoben mit dem Antrag, die Genehmigung insoweit für nichtig zu erklären. Zugleich hat SCPA einen Antrag auf einstweiligen Rechtsschutz gestellt über den der Präsident des Gerichts erster Instanz wie folgt entschieden hat:

Die Frage, ob und in wie weit die Kommission in einem Verfahren der Zusammenschlußkontrolle Auflagen und Verpflichtungen anordnen darf, die Rechte Dritter beeinträchtigen können, bedarf einer eingehenden Prüfung. Wenn die Drittbetroffenen den prima facie Beweis erbringen, daß ihnen ein schwerer und nicht wiedergutzumachender Schaden droht, muß daher der Vollzug der Auflagen und Verpflichtungen ausgesetzt werden, bis über die Frage der Rechtmäßigkeit der Auflagen und Verpflichtungen rechtskräftig entschieden ist. Der prima facie Beweis ist jedenfalls erbracht, wenn eine Kommissionsauflage das Ausscheiden eines Gesellschafters aus einem Unternehmen verlangt und die anderen Gesellschafter darlegen, daß das Unternehmen damit faktisch aufgelöst werden muß.

Beschluß vom 15. Juni 1994, Rs. T-88/94, SCPA u.a. (Slg. 1994, S. II-401)

9. Unternehmensrecht

9.1. Wettbewerbs- und Kartellrecht

9.1.5. Öffentliche und monopolartige Unternehmen i.S.d. Artikels 90 EGV

* Staatliche Stromversorgungsunternehmen unterliegen dem Kartellverbot nach Art. 85 und dem Verbot des Mißbrauchs einer marktbeherrschenden Stellung nach Art. 86 EGV, siehe Rs. C-393/92, Energiebedrijf Ijsselmij

* **Zum Begriff des Unternehmens in Art. 90 und 86 EWGV**[DS]

Die internationale Organisation Eurocontrol stellt kein Unternehmen i.S. der Art. 90 und 86 EWGV dar, weil sie hoheitliche Aufgaben von allgemeinem Interesse wahrnimmt.

Eurocontrol ist eine internationale Organisation, in deren Aufgabenbereich u.a. die Festlegung und Einziehung von Fluggebühren fällt. Von den Benutzern des Flugraums werden sog. Streckengebühren erhoben, wobei die Gebührensätze von den jeweiligen Vertragsstaaten der Eurocontrol festgelegt werden. Die Fluggesellschaft SAT war der Auffassung, daß die unterschiedlichen Tarife für gleichwertige Leistungen gegen Art. 86 und 90 EWGV verstoßen und verweigerte deshalb die Zahlung von Streckengebühren an Eurocontrol. Auf Vorlage des belgischen Gerichts, das von Eurocontrol angerufen worden war, entschied der EuGH:

Der EuGH ist gem. Art. 177 EWGV für den Rechtsstreit zuständig. Zwar ist Eurocontrol eine internationale Organisation, die wie jede internationale Organisation im Völkerrecht besonderen Schutz genießt. Das Vorabentscheidungsverfahren ist aber ein nichtstreitiges Verfahren, in dem es lediglich um die Auslegung des EG-Rechts - hier Art. 86 und 90 EWGV - geht.

Zur Frage, ob Eurocontrol ein Unternehmen i.S. der Art. 86 und 90 EWGV ist, bestätigte der EuGH zunächst seine ständige Rechtsprechung zum Unternehmensbegriff (vgl. EuGH, Slg. 1991, S. I-1979, Höfner und Elser; EuGH, Slg. 1993, S. I-637, Poucet und Pistre). Danach ist "jede eine wirtschaftliche Tätigkeit ausübende Einheit unabhängig von ihrer Rechtsform und der Art ihrer Finanzierung" als Unternehmen anzusehen. Als Abgrenzungskriterium ist die Art der ausgeübten Tätigkeiten heranzuziehen.

Im konkreten Fall ist festzustellen, daß Eurocontrol Aufgaben von allgemeinem Interesse wahrnimmt. Die Organisation leistet einen Beitrag zur Aufrechterhaltung und Verbesserung der Flugsicherung. Der Tätigkeitsbereich umfaßt Forschungs-, Planungs- und Koordinierungsaufgaben. Darüber hinaus ist Eurocontrol für die Festlegung und Einziehung der Streckengebühren zuständig. Schließlich können die Vertragsstaaten Eurocontrol operative Tätigkeiten der Flugverkehrskontrolle übertragen.

Nach Auffassung des Gerichtshofs läßt sich die Einziehung der Streckengebühren nicht von den anderen Tätigkeiten der Organisation trennen. Auch bei der Einziehung der Gebühren handelt Eurocontrol in Ausübung hoheitlicher Befugnisse (vgl. bereits EuGH, Slg. 1976, S. 1541, LTU). Deshalb steht nach Ansicht des EuGH fest, daß Eurocontrol in Ausübung hoheitlicher Vorrechte tätig wird und deshalb dem Anwendungsbereich der EG-Wettbewerbsregeln entzogen ist.

Urteil vom 19. Januar 1994, Rs. C-364/92, Eurocontrol (Slg. 1994, S. I-43)

* Gesetzliche Gebietsmonopole für die künstliche Besamung von Rindern rechtmäßig[DS]

Das EG-Wettbewerbsrecht verbietet es den Mitgliedstaaten nicht, gesetzliche Gebietsmonopole für die künstliche Besamung von Rindern aufrechtzuerhalten. Beim gegenwärtigen Stand des Gemeinschaftsrecht dürfen die Mitgliedstaaten darüber hinaus verlangen, daß Rindersamen, der aus anderen EG-Staaten eingeführt wird, ausschließlich bei einer der gesetzlich zugelassenen Besamungsstationen eingelagert wird.

In Frankreich existieren flächendeckend sog. Besamungsstationen, die teilweise mit der Produktion von Samen, teilweise mit der Besamung der Rinder und teilweise mit beiden Aufgaben gesetzlich beauftragt sind. Die Besamungsstationen haben jeweils ein gesetzlich geschütztes Gebietsmonopol - auch für den Verkauf von Samen. Tierzüchter können jedoch von der für sie zuständigen Besamungsstation verlangen, daß sie auch Samen aus anderen Produktionsstationen liefert. In diesem Fall müssen die Tierzüchter die entstehenden Mehrkosten tragen. Die Einfuhr von Rindersamen aus anderen EG-Staaten ist in Frankreich dergestalt geregelt, daß der importierte Rindersamen ausschließlich bei einer der zugelassenen Besamungsstationen eingelagert werden darf. In einem Verfahren vor den französischen Gerichten stellte sich die Frage, ob die Société civile agricole du Centre d'insémination de la Crespelle (Station Crespelle) gegen die vorstehenden nationalen Rechtsvorschriften verstoßen hat. Die Station Crespelle berief sich darauf, daß die französischen Vorschriften gegen EG-Recht verstoßen. Auf Vorlage des Cour de Cassation entschied der EuGH:

Die französischen Gesetze, die den Besamungsstationen ausschließliche Rechte gewähren, verstoßen nicht gegen Art. 90, 86 EWGV. Die Besamungsstationen haben zwar eine marktbeherrschende Stellung in Frankreich, weil die Summe der einzelnen Gebietsmonopole das ganze Hoheitsgebiet von Frankreich erfaßt. Ein Mitgliedstaat, der eine derartige marktbeherrschende Stellung schafft, verstößt aber nur dann gegen Art. 90 und 86 EWGV, wenn das betreffende Unternehmen durch die bloße Ausübung des ihm übertragenen ausschließlichen Rechts seine beherrschende Stellung mißbräuchlich ausnutzt. Im konkreten Fall liegt der Vorwurf in der Berechnung überhöhter Preise durch die Besamungsstationen, wenn Tierzüchter Samen aus anderen Produktionsstationen bestellen. Diese Preispolitik ist jedoch keine unmittelbare Folge des Gesetzes, so daß die französischen Vorschriften als solche nicht gegen Art. 90 und 86 EWGV verstoßen.

Nach Ansicht des EuGH ist es Sache des nationalen Gerichts festzustellen, ob die von der jeweiligen Besamungsstation verfolgte Preispolitik einen Verstoß gegen Art. 86 EWGV darstellen. Ein Mißbrauch läge beispielsweise dann vor, wenn die Stationen für ihre Dienstleistungen Gebühren erheben, die außer Verhältnis zu dem wirtschaftlichen Wert der erbrachten Leistung stehen.

Nach Ansicht des EuGH verstößt auch das Gebot, importierten Rindersamen ausschließlich bei einer der zugelassenen Besamungsstationen einzulagern, nicht gegen EG-Recht. Hierdurch werde zwar die Einfuhr von Rindersamen aus anderen EG-Staaten erschwert, so daß die Gesetze am Maßstab des Art. 30 EWGV zu messen sind.

Die Einschränkung des freien Warenverkehrs ist aber aufgrund des Art. 36 EWGV gerechtfertigt. Allerdings kann Frankreich die Regelung nicht mehr unter Berufung auf genetische Verbesserungen des Rinderbestandes rechtfertigen, weil diesbezüglich eine abschließende Harmonisierung durch das EG-Sekundärrecht vorliegt.

Die Verpflichtung, den Samen bei einer zugelassenen Station einzulagern, ist jedoch aus Gründen des Gesundheitsschutzes (Art. 36 EWGV) gerechtfertigt. Es sei aber eine Tatfrage, die vom nationalen Gericht zu entscheiden sei, ob die Preispolitik der Besamungsstationen in der Praxis auf eine rechtswidrige Diskriminierung zum Nachteil der eingeführten Produkte hinauslaufe.

Urteil vom 5. Oktober 1994, Rs. C-323/93, Société civile agricole du Centre d' insémination de la Crespelle (Slg. 1994, S. I-5077)

* **Überwachungsbefugnisse der Kommission gem. 90 Abs. 3 EGV**[DS]

Ein Unternehmen hat keinen einklagbaren Anspruch darauf, daß die Kommission einen Mitgliedstaat gem. Art. 90 Abs. 3 EGV auffordert, gesetzliche Vorschriften aufzuheben, die bestimmte Unternehmen in vermeintlich wettbewerbswidriger Weise privilegieren (hier die französischen Gesellschaften, die Wetten auf Pferderennen organisieren).

Die britische Firma Ladbroke, die sich u.a. mit der Organisation von Wetten befaßt, erhob 1989 Beschwerde zur Kommission gegen die Republik Frankreich und die zehn führenden Unternehmen, die in Frankreich Pferderennen organisieren. Den Unternehmen warf Ladbroke vor, wettbewerbswidrige Absprachen getroffen zu haben. Gegenüber Frankreich erhob Ladbroke den Vorwurf, daß Frankreich den Unternehmen ausschließliche Rechte zum Abschluß bestimmter Wetten eingeräumt habe. Ladbroke forderte die Kommission deshalb auf, die geeigneten Maßnahmen gem. der VO 17 (Kartellverordnung) und gem. Art. 90 Abs. 3 EGV zu ergreifen. Da die Kommission untätig blieb, erhob Ladbroke Untätigkeitsklage i.S. des Art. 175 EGV. Das Gericht erster Instanz wies die Klage ab.

Soweit sich die Beschwerde auf die Unternehmen bezog, stellte das Gericht fest, daß die Kommission die Beschwerde mittlerweile abschlägig beschieden habe. Die Klage habe sich deshalb insoweit erledigt. Ladbroke müsse nunmehr Klage gegen die ablehnende Entscheidung der Kommission erheben. Dies sei mittlerweile auch geschehen (Rs. T-548/93).

Soweit sich die Beschwerde auf die Republik Frankreich bezog, wies das Gericht die Klage als unzulässig ab. Eine Untätigkeitsklage i.S. des Art. 175 EGV setze voraus, daß für das betreffende EG-Organ eine Verpflichtung zum Tätigwerden besteht. Eine solche Verpflichtung bestehe jedoch im Rahmen des Art. 90 Abs. 3 EGV nicht.

Art. 90 Abs. 3 EGV überträgt der Kommission zwar die Aufgabe, darüber zu wachen, daß die Mitgliedstaaten ihren Verpflichtungen zur Beachtung des EG-Wettbewerbsrechts in bezug auf die in Art. 90 Abs. 1 EGV genannten Unternehmen (öffentliche und mit besonderen Rechte betraute Unternehmen) nachkommen. Aus dem Wortlaut und dem systematischen Aufbau des Art. 90 EGV ergibt sich aber, daß der Kommission im Rahmen ihrer Überwachungsbefugnisse ein weites Ermessen zusteht. Sie ist deshalb nicht zum Einschreiten verpflichtet.

Im übrigen sei zu berücksichtigen, daß Entscheidungen, die die Kommission im Rahmen des Art. 90 Abs. 3 EGV erläßt, nicht an die Unternehmen (hier Ladbroke) sondern an die Mitgliedstaaten gerichtet würden. Ladbroke sei deshalb durch einen solchen Rechtsakt - sein Erlaß einmal unterstellt - weder unmittelbar noch individuell betroffen. Etwas anderes ergebe sich auch nicht aus der Teilnahme von Ladbroke am Verwaltungsverfahren.

Abschließend wies das Gericht darauf hin, daß die Kommission im Rahmen des Art. 90 Abs. 3 EGV sowohl Entscheidungen als auch Richtlinien erlassen kann. Auch deshalb könne der Einzelne keinen Anspruch auf Erlaß einer Entscheidung gegen einen Mitgliedstaat haben.

Urteil vom 27. Oktober 1994, Rs. T-32/93, Ladbroke Racing (Slg. 1994, S. II-1015)

9. Unternehmensrecht

9.1. Wettbewerbs- und Kartellrecht

9.1.6. Staatliche Beihilfen i.S.d. Artikels 92 EGV

a) Verfahrensrecht

*   **Klagefrist gegen Kommissionsentscheidungen in Beihilfesachen**[FE]

Beihilfen, die ein Mitgliedstaat einem Unternehmen unter Verstoß gegen Gemeinschaftsrecht gezahlt hat, können von der Kommission per Entscheidung für unvereinbar mit dem Gemeinsamen Markt erklärt werden. Eine solche Entscheidung ist an den Mitgliedstaat adressiert und verpflichtet ihn, die Beihilfe von dem Unternehmen zurückzufordern. Die Entscheidung kann sowohl von dem Mitgliedstaat als auch von dem Unternehmen nach Art. 173 EGV angefochten werden. Leiten die Behörden des Mitgliedstaats die Entscheidung an das Unternehmen weiter, so ist dieses genau wie der Mitgliedstaat an die in Art. 173 III festgelegte Klagefrist von zwei Monaten gebunden.

Die Klägerin ist ein Textilunternehmen mit Sitz in Deggendorf/Bayern. Sie hat in den Jahren 1981 bis 1983 vom Bundeswirtschaftsministerium Beihilfen von über 6 Mio. DM auf der Grundlage des Investitionszulagengesetzes, und weitere Beihilfen vom bayerischen Staat im Rahmen eines Regionalförderprogrammes erhalten. Keine der gezahlten Beihilfen war der Kommission gemeldet worden, wie es nach Art. 93 III EGV erforderlich gewesen wäre. Wegen dieses Verstoßes gegen das Beihilfenrecht der Gemeinschaft leitete die Kommission 1985 ein Untersuchungsverfahren ein. Das Verfahren wurde am 21. Mai 1986 mit der an die Bundesrepublik Deutschland gerichteten Entscheidung 86/509 (ABl. 1986 L 300, S. 34) abgeschlossen. Die Kommission stellte die Rechtswidrigkeit der unangemeldeten Beihilfen fest. Diese seien außerdem mit dem Gemeinsamen Markt unvereinbar und daher zurückzufordern.

Der Bundeswirtschaftsminister leitete die Entscheidung an die Klägerin weiter, mit dem Hinweis darauf, daß sie gegen diese Entscheidung nach Art. 173 II EGV Klage beim EuGH erheben könne. In der Folge focht jedoch weder die Bundesregierung noch die Klägerin die Entscheidung an.

Mit Verwaltungsakt vom 19. März 1987 nahm der Bundeswirtschaftsminister die Bewilligungsbescheide für die Beihilfen und damit die Rechtsgrundlage für die Zahlungen zurück und begehrte deren Rückerstattung. Gegen diesen Bescheid erhob die Betroffene Anfechtungsklage, wurde in erster Instanz vor dem VG Köln abgewiesen, und ging in die Berufung zum OVG Münster. Da die Klägerin vorträgt, die Beihilfen seien wenigstens teilweise mit dem Gemeinsamen Markt vereinbar gewesen und daher jedenfalls nicht vollständig zurück zu erstatten, konzentriert sich der Rechtsstreit nunmehr auf die Frage, ob die Klägerin, welche die Kommissionsentscheidung nicht in der in Art. 173 III EGV genannten Frist von zwei Monaten angefochten hat, mit ihrem materiellen Vorbringen noch gehört werden kann. Das OVG legte diese Frage dem EuGH vor.

Der Gerichtshof erinnerte an seine bisherige Rechtsprechung, wonach eine natürliche oder juristische Person, die eine Beihilfe empfangen hat, eine Kommissionsentscheidung der genannten Art auch dann nach Art. 173 II anfechten könne, wenn die Entscheidung an den Mitgliedstaat gerichtet war.

Zweitens habe der Gerichtshof bereits wiederholt entschieden, daß ein Mitgliedstaat die Gültigkeit einer an ihn gerichteten Entscheidung nach Ablauf der in Art. 173 III festgesetzten Frist nicht mehr in Frage stellen könne. Diese Ausschlußfrist sei aus Gründen der Rechtssicherheit erforderlich.

9. Unternehmensrecht

9.1. Wettbewerbs- und Kartellrecht

9.1.6. Staatliche Behilifen i.S.d. Artikels 92 EGV

a) Verfahrensrecht

Im vorliegenden Fall ergebe sich aus der Zusammenschau der beiden beschriebenen Rechtsprechungsgrundsätze, daß Klägerin jedenfalls dann der Ausschlußfrist des Art. 173 III unterliege, wenn ihr die an den Mitgliedstaat gerichtete Entscheidung umgehend zugestellt worden sei. Etwas anderes gelte lediglich dann, wenn die Kommissionsentscheidung dem Unternehmen nicht weitergegeben wurde, dieses also ausschließlich aufgrund nationalen Rechts erlassene Bescheide des Mitgliedstaats erhalten habe. Nur in letzterem Fall sei eine Überprüfung der Gültigkeit der Kommissionsentscheidung nach Art. 184 EGV auch noch nach Ablauf der Frist des Art. 173 III in einem Verfahren vor nationalen Gerichten oder dem EuGH möglich.

Urteil vom 9. März 1994, Rs. C-188/92, TWD Textilwerke Deggendorf (Slg. 1994, S. I-833)

---

* **Rechtswidrige Beihilfeprogramme - Beweislast der Kommission**[FE]

Gewährt ein Mitgliedstaat oder eine Gebietskörperschaft einer Gruppe von Unternehmen im Rahmen eines einheitlichen Beihilfeprogrammes finanzielle Leistungen, ohne das Programm vorher bei der Kommission anzumelden und genehmigen zu lassen, so sind alle Einzelbeihilfen des Programmes rechtswidrig und zurückzuerstatten. Dabei kommt es nicht darauf an, ob für jede einzelne Beihilfe der Nachweis erbracht werden kann, daß sie zu einer Beeinträchtigung des Handels zwischen den Mitgliedstaaten geführt habe oder führen könne, solange das Programm als solches mit dem Gemeinsamen Markt unvereinbar ist. Der Kommission obliegt jedoch die Beweislast für das Vorliegen eines einheitlichen Programmes.

In den Jahren 1986, 1987 und 1988 gewährte die Stadt Hamburg insgesamt 33 ortsansässigen Unternehmen finanzielle Leistungen, ohne die Kommission hiervon zu unterrichten. Alle Leistungen wurden aufgrund von Einzelfallentscheidungen durch die Kreditkommission der Stadt in Form von öffentlich-rechtlichen Verträgen vergeben. Bei wenigstens einem Teil dieser Subventionen spielte das Motiv eine Rolle, die Abwanderung der Unternehmen aus der Stadt Hamburg zu verhindern.

Nachdem die Kommission von den Beihilfen Kenntnis erlangt hatte, eröffnete sie am 3. Mai 1989 das Verfahren nach Art. 93 Abs. 2 EGV. Nach einem regen Schriftwechsel und einer mündlichen Anhörung erging am 18. Juli 1990 eine Entscheidung der Kommission, wonach u.a. die der Firma Pleuger Worthington gezahlte Beihilfe von 600.000 DM zurückzufordern sei. Diese Beihilfe sei unter Verstoß gegen Art. 93 Abs. 3 EGV gezahlt worden und mit dem Gemeinsamen Markt unvereinbar.

In ihrer Entscheidung hatte die Kommission ausdrücklich erklärt, daß sich eine individuelle Prüfung erübrige, ob die Beihilfe an Pleuger Worthington den Handel zwischen den Mitgliedstaaten beeinträchtige, d.h. nicht nur innerhalb Deutschlands oder mit Drittstaaten wirke. Die Beihilfe sei im Rahmen eines Programmes der Stadt Hamburg gezahlt worden. Das Programm sei insgesamt gemeinschaftswidrig, da nicht vorher angemeldet und genehmigt. Wenigstens einige der betroffenen Firmen nähmen am innergemeinschaftlichen Handel teil, so daß eine Beeinträchtigung des Handels zwischen den Mitgliedstaaten durch das Programm gegeben sei.

Die Bundesregierung und die Stadt Hamburg bestreiten die Existenz eines Programms und machen geltend, die Kommission habe den Sachverhalt nicht ausreichend erforscht und die Entscheidung ungenügend begründet.

Der EuGH stellte fest, daß die Kommission ihre Ansicht, wonach in Hamburg ein Förderprogramm bestehe, auf folgende Faktoren gestützt habe: alle Beihilfeverträge wurden von der Hamburger Kreditkommission geschlossen; Hauptgrund sei in allen Fällen die Verhinderung der Abwanderung der Unternehmen; alle Beihilfen wurden aus demselben Haushaltstitel gezahlt. In Wahrheit konnte die Kommission jedoch keinen Rechtsakt oder sonstigen Beschluß der Stadt über die Schaffung eines Programmes nachweisen.

Weiterhin hätten wenigstens bei einem Teil der Firmen nie Pläne zur Abwanderung bestanden, so daß insoweit andere Motive zur Zahlung der Beihilfen geführt hätten. Eine bestehende Zielvorgabe, die Abwanderung von Unternehmen möglichst generell zu verhindern, genüge allein nicht zum Nachweis eines Beihilfenprogrammes.

Schließlich seien auch die Argumente, alle Beihilfen seien von der gleichen Stelle bewilligt und aus dem gleichen Haushaltstitel gezahlt worden nicht ausreichend. Da die Stadt Hamburg nur eine Stelle habe, die sich mit Beihilfen befasse, nämlich die Kreditkommission, und für solche Zahlungen auch generell nur ein Haushaltstitel zur Verfügung stünde, könne aus diesen Tatsachen nicht auf ein Programm geschlossen werden. Die Kommission habe es insbesondere versäumt, rechtliche, verwaltungstechnische, finanzielle oder wirtschaftliche Gesichtspunkte anzuführen, die es ermöglicht hätten, alle fraglichen Beihilfen als Teil eines von anderen möglichen Beihilfen der Stadt Hamburg getrennten Programms einzuordnen. Damit sei der Nachweis eines Programms nicht erbracht.

Auch dem Argument der Kommission, sie habe aufgrund der ihr zur Verfügung stehenden lückenhaften Informationen von der Existenz eines Programms ausgehen dürfen, könne nicht gefolgt werden. Die Kommission habe im Untersuchungsverfahren nicht alle ihr zur Verfügung stehenden Mittel ausgeschöpft, von der Stadt Hamburg und der Bundesregierung umfassende Informationen zu erhalten. Nur wenn ein Mitgliedstaat sich trotz Anordnung der Kommission die verlangten Auskünfte nicht erteilt, sei die Kommission befugt, das Verfahren abzuschließen und eine Entscheidung auf der Grundlage der ihr zur Verfügung stehenden lückenhaften Informationen zu erlassen. Die Entscheidung der Kommission über die Nichtigkeit der Beihilfen und die Verpflichtung, diese zurückzuverlangen seien, sei daher aufzuheben.

Anmerkung der Red.: Die Bedeutung dieses Urteils geht weit über den relativ seltenen Fall eines Beihilfeprogramms hinaus. Viel wichtiger sind die vom EuGH präzisierten Regelungen über die Beweislastverteilung in Beihilfeverfahren. Seit 13. April 1994 muß sich die Kommission hierbei strengere Maßstäbe anlegen lassen. Wenn die Mitgliedstaaten und die betroffenen Unternehmen im Überprüfungsverfahren kooperieren und alle verlangten Informationen zur Verfügung stellen, ist die Kommission an die darin enthaltenen Daten und Fakten gebunden. Weitergehende Vorwürfe werden nur noch aufrechterhalten, wenn sich klare Indizien in den sichergestellten Unterlagen finden lassen.

Urteil vom 13. April 1994, Verb. Rs. C-324 und C-342/90, Pleuger Worthington (Slg. 1994, S. I-1173)

9. Unternehmensrecht

9.1. Wettbewerbs- und Kartellrecht

9.1.6. Staatliche Behilifen i.S.d. Artikels 92 EGV

a) Verfahrensrecht

* **Vorläufige Aussetzung einer alten Beihilfe**[DS]

Gewährt ein Mitgliedstaat eine Beihilfe im Rahmen eines von der Kommission genehmigten allgemeinen Beihilfeprogramms, so darf die Kommission die gewährte Beihilfe nur dann als neue Beihilfe qualifizieren, wenn sie den Anforderungen des allgemeinen Beihilfeprogramms nicht genügt. Da die Kommission gem. Art. 93 Abs. 3 EWGV lediglich die Gewährung neuer Beihilfen vorläufig aussetzen kann, ist die Entscheidung der Kommission über die vorläufige Aussetzung einer Beihilfe, die auf einem allgemeinen Beihilfeprogramm beruht, regelmäßig rechtswidrig.

1988 genehmigte die Kommission auf Antrag der italienischen Regierung eine allgemeine Beihilferegelung für das Mezzogiorno. Die Genehmigungsentscheidung enthielt keinen Vorbehalt, daß sich die Kommission eine Prüfung der individuellen Beihilfen vorbehalte. 1990 gewährte die italienische Regierung dem Unternehmen Italgrani eine Beihilfe, die auf das genannte Beihilfeprogramm gestützt war. Aufgrund einer Beschwerde eines Konkurrenzunternehmens leitete die Kommission im November 1990 das kontradiktorische Untersuchungsverfahren gem. Art. 93 Abs. 2 UA 1 EWGV ein. Sie gab der italienischen Regierung u.a. auf, die Beihilfe auszusetzen. Hiergegen erhob Italien Klage zum EuGH. Die Unzulässigkeitseinrede wies der EuGH durch Urteil vom 30.6.1992 (Slg. 1992, S. I-4145) ab. In der jetzt vorliegenden Entscheidung führte der EuGH aus:

In Art. 93 EWGV wird zwischen sog. alten (bereits rechtmäßig bestehenden und genehmigten) und sog. neuen (noch nicht genehmigten) Beihilfen unterschieden. Die Aussetzung des Vollzugs einer Beihilfe kann die Kommission nur bei der Gewährung neuer Beihilfen anordnen, vgl. Art. 93 Abs. 3 EWGV.

Wird eine Beihilfe im Rahmen einer von der Kommission bereits genehmigten allgemeinen Beihilferegelung gewährt, so stellt diese individuelle Beihilfe grundsätzlich eine alte Beihilfe dar. Die Kommission kann deshalb nach Ansicht des EuGH nur prüfen, ob die individuelle Beihilfe den Anforderungen der allgemeinen Beihilferegelung entspricht. Ist dies der Fall, so kann die Kommission aus Gründen der Rechtssicherheit und des Vertrauensschutzes gegen diese Beihilfen nicht einschreiten. Etwas anderes gilt nur, wenn die Kommission einen ausdrücklichen Vorbehalt zur Prüfung der individuellen Beihilfe erklärt hat.

Stellt die Kommission bei der Prüfung der individuellen Beihilfe fest, daß die Beihilfe nicht durch die allgemeine Beihilferegelung gedeckt ist, so kann sie die vorläufige Aussetzung des Vollzugs der Beihilfegewährung anordnen. Die Genehmigungsfähigkeit dieser Beihilfe ist dann nicht mehr anhand des allgemeinen Beihilferegelung zu prüfen sondern gem. Art. 92 EWGV.

Unter Anwendung dieser Grundsätze entschied der EuGH, daß die Anordnung der Kommission, den Vollzug der Beihilfe an Italgrani vorläufig auszusetzen sei, rechtswidrig sei. Die Kommission habe in ihrer Entscheidung die Rechtmäßigkeit der Beihilfe unmittelbar nach Art. 92 EWGV beurteilt, ohne zu prüfen, ob die Beihilfe durch die allgemeine Regelung gedeckt sei.

Die Kommission könne sich auch nicht darauf berufen, daß Italien nicht die notwendigen Unterlagen vorgelegt habe. Die Kommission wäre insoweit nämlich verpflichtet gewesen, der italienischen Regierung eine entsprechende Frist zu setzen, bis zu der die Unterlagen vorzulegen gewesen wären. Der bloße Zweifel an der Vereinbarkeit der individuellen Beihilfe mit der allgemeinen Beihilferegelung reiche nicht aus, die Beihilfe als neue Beihilfe zu qualifizieren. Demzufolge war der Klage Italiens stattzugeben.

Urteil vom 5. Oktober 1994, Rs. C-47/91, Italien gegen Kommission - Italgrani (Slg. 1994, S. I-4635)

9. Unternehmensrecht

9.1. Wettbewerbs- und Kartellrecht

9.1.6. Staatliche Behilfen i.S.d. Artikels 92 EGV

b) Materielles Beihilfenrecht

---

* **Deutschland: Kündigungsschutzgesetz verstößt nicht gegen EG-Recht**, siehe Rs. C-189/91, Kirsammer-Hack

* **EuGH legt Entscheidung 83/396/EGKS über Beihilfen an die italienischen Stahlhersteller aus**[FE]

Mit der genannten Entscheidung vom 29. Juni 1983 hatte die Kommission der staatlichen italienischen Ausgleichskasse für die Elektrizitätswirtschaft (Cassa conguaglio per il settore elettrico) gestattet, den privaten Stahlherstellern die Kosten für gewisse Strompreiserhöhungen (sovrapprezzo termico) zu erstatten. In zwei Urteilen bestätigte der Gerichthof die Rechtmäßigkeit der Entscheidung. Diese dürfe rückwirkend bis 1. Januar 1983 die Kostenübernahme durch den Staat gestatten. Die Beschränkung auf private Hersteller sei keine unzulässige Diskriminierung der staatseigenen Unternehmen.

Urteile vom 24. Februar 1994, Rs. C-99/92, Terni (Slg. 1994, S. I-541) und Rs. C-100/92, Fonderia A. (Slg. 1994, S. I-561)

* **Abgabenbefreiung zugunsten öffentlicher Unternehmen ist "Beihilfe"**[FE]

Der gemeinschaftsrechtliche Begriff der Beihilfen in Art. 92 EGV ist weiter als der Begriff der Subvention. Er umfaßt nicht nur positive Zahlungen, sondern jede Maßnahme, die in irgendeiner Form Belastungen vermindert, die ein Unternehmen normalerweise zu tragen hätte. Zahlungen oder Abgabenbefreiungen von staatlichen Stellen zugunsten von Unternehmen in öffentlicher Hand fallen dabei nach Art. 90 II EGV in gleicher Weise in die Überwachungszuständigkeit der Kommission, wie Beihilfen an Private.

Nach Art. 29 des spanischen Gesetzes Nr. 13/71 sind öffentliche Kreditinstitute von jeder Art von Abgaben des Staates, der Provinzen oder der Gemeinden befreit. Die Banco de Crédito Industrial beruft sich auf diese Vorschrift, um einer Steuerveranlagung der Stadt Valencia auf ihre geschäftlich genutzten Grundstücke und Räume zu entgehen. Die Stadtverwaltung macht geltend, das Gesetz sei mit Gemeinschaftsrecht unvereinbar.

Auf Vorlage des Tribunal Superior de Justicia de la Comunidad Valenciana entschied der EuGH wie eingangs dargestellt. Zu beachten sei jedoch, daß eine Behilfe nur von der Kommission in dem Verfahren nach Art. 93 EGV für gemeinschaftswidrig erklärt werden könne. Solange die Kommission die Unvereinbarkeit mit dem Gemeinsamen Markt nicht festgestellt habe, stehe Gemeinschaftsrecht einer Behilfenzahlung oder einer Abgabenbefreiung nicht entgegen, gleichgültig ob es um Beihilfen an private oder öffentliche Unternehmen gehe.

Urteil vom 15. März 1994, Rs. C-387/92, Banco de Crédito Industrial (Slg. 1994, S. I-877)

---

9. Unternehmensrecht

9.1. Wettbewerbs- und Kartellrecht

9.1.6. Staatliche Beihilfen i.S.d. Artikels 92 EGV

b) Materielles Beihilfenrecht

* **Grundsatzurteil zur Abgrenzung von alten und neuen Beihilfen**[FE]

"Bestehende Beihilfen" i.S.d. Art. 93 I EGV sind alle Beihilfen, die bereits vor dem Inkrafttreten des EWG-Vertrags bestanden haben, sowie alle Beihilfen, gem. Art. 93 III ordnungsgemäss gemeldet und von der Kommission nicht beanstandet wurden. Neue Beihilfen, die nach Art. 93 III angemeldet werden müssen, sind alle völlig neu eingeführten Beihilfen und solche, die zwar schon früher bestanden haben, die aber *rechtlich* umgestaltet worden sind.

Das Office national du ducroire (OND) ist eine belgische öffentliche Einrichtung, die Versicherungen für die Risiken im Aussenhandelsgeschäft anbietet und der vom belgischen Staat diverse Vergünstigungen, wie z.B. eine staatliche Defizitgarantie und diverse Steuerbefreiungen. eingeräumt werden. Diese Vergünstigungen waren der Kommission bekannt und als "bestehende Beihilfen" i.S.d. Art. 93 I EGV einzustufen. Im Jahre 1989 erweiterte die OND, mit Zustimmung des belgischen Staates, ihren Tätigkeitsbereich auf das allgemeine Kreditversicherungsgeschäft für Risiken in Westeuropa. Einige Wettbewerber in diesem Markt, darunter die Namur-Les assurances de crédit SA und die Compagnie belge d'assurance crédit SA, sahen sich durch den neuen, staatlich abgesicherten Wettbewerber unzulässig benachteiligt, beschwerten sich bei der Kommission über einen Verstoss gegen Art. 92 und 93 und klagten bei zuständigen belgischen Gericht gegen die Beihilfen. Die Cour d'appel Brüssel hat dem EuGH vorgelegt und die folgenden Antworten erhalten:

1.   Wenn ein Mitgliedstaat die Kommission von der beabsichtigten Einführung oder Umgestaltung einer Beihilfe unterrichtet und die Kommission es daraufhin innerhalb angemessener Frist unterlässt, ein förmliches Verfahren einzuleiten, so darf der Mitgliedstaat die Beihilfe durchführen. Die Durchführung ist der Kommission ebenfalls anzuzeigen. Die Beihilfe fällt dann unter die Regelung für "bestehende Beihilfen" in Art. 93 I EGV.

2.   Wenn die nationalen Behörden und Gerichte um Rechtsschutz ersucht werden, können und müssen sie Art. 93 III beachten, da diese Vorschrift unmittelbar anwendbar ist. Sie können jedoch keine Entscheidung über die Vereinbarkeit der Beihilfe mit dem Gemeinsamen Markt treffen. Die Kommission, unter der Kontrolle des Gerichtshofs, ist allein zuständig für die Entscheidung, ob eine Beihilfe mit dem Gemeinsamen Markt vereinbar ist i.S.d. Art. 92 und 93 EGV oder nicht. Hat die Kommission noch keine Entscheidung getroffen, muss ihr die Beihilfe gemeldet werden, damit sie Gelegenheit hat, sich dazu zu äussern.

3.   Meldepflichtig sind jedoch nur neu einzuführende oder umgestaltete Beihilfen. Für die Frage, ob eine bestehende Beihilfe fortgeführt oder umgestaltet wird, kommt es darauf an, ob die rechtlichen Grundlagen der bestehenden Beihilfe geändert wurden. Es kommt insbesondere nicht darauf an, ob sich die wirtschaftliche Bedeutung der Beihilfe für das begünstigte Unternehmen oder der wirtschaftliche Wert der Beihilfe verändert hat. Wollte man auf letztere Kriterien abstellen, ergäbe sich nämlich bei einer Beihilfe in Form einer Defizitgarantie die Notwendigkeit, jeden einzelnen Vertragsabschluss bei der Kommission zu melden.

Wenn also, wie im vorliegenden Fall, die einer bestehenden Beihilfe zugrundeliegenden Rechtsvorschriften eher allgemein formuliert sind, so dass die Tätigkeit der begünstigten öffentlichen Einrichtung ausgeweitet werden kann, ohne dass die Modalitäten und Beschränkungen der Rechtsgrundlage geändert werden müssen, so liegt eine meldepflichtige Umgestaltung nicht vor.

Urteil vom 9. August 1994, Rs. C-44/93, Namur-Les assurances du crédit u.a. (Slg. 1994, S. I-3829)

* **Kapitalzuschüsse, regionale und sektorielle Beihilfen**[FE]

Kapitalzuschüsse an staatseigene Betriebe sind Beihilfen, wenn ein privater Eigentümer nicht dazu bereit gewesen wäre. Bei der Prüfung der Vereinbarkeit von regionalen und sektoriellen Beihilfen mit dem Gemeinsamen Markt hat die Kommission einen weiten Ermessensspielraum.

Spanien hat mehreren notleidenden Textilunternehmen in den Jahren 1986 bis 1989 sowie einem landwirtschaftlichen Großbetrieb im Jahre 1990 umfangreiche Beihilfen gewährt ohne dabei das gemeinschaftsrechtliche Genehmigungsverfahren eingehalten zu haben. Am 25. März 1992 bzw. am 4. November 1992 verfügte die Kommission in vier Entscheidungen, daß diese Beihilfen zurückzufordern seien. Die Klage Spaniens gegen diese Entscheidungen wurde vom Gerichtshof wie folgt entschieden:

Kapitalzuschüsse an staatseigene Betriebe sind Beihilfen, wenn ein privater Investor in vergleichbarer Lage nicht bereit gewesen wäre, Geldmittel in gleichem Umfang bereitzustellen. Konkret ist also zu Fragen, ob die Abwicklung der überschuldeten Unternehmen für den Eigentümer günstiger gewesen wäre. Soweit die Unternehmen als Aktiengesellschaften organisiert sind, haftet der Staat als Eigentümer nur bis zur Höhe des Liquiditätswerts ihres Aktivvermögens. Darüberhinausgehende Verpflichtungen, die sich aus den Kosten der Entlassung der Arbeitnehmer, der Zahlung von Arbeitslosenunterstützung und der Beihilfen für die Wiederherstellung der Wirtschaftsstruktur der Region ergeben, dürfen daher bei dem Kostenvergleich nicht berücksichtigt werden.

In bezug auf Beihilfen i.S.d. Art. 93 Abs. 3 a) EWGV "zur Förderung der wirtschaftlichen Entwicklung von Gebieten, in denen die Lebenshaltung außergewöhnlich niedrig ist oder eine erhebliche Unterbeschäftigung herrscht" (sog. regionale Beihilfen) hat die Kommission einen weiten Ermessensspielraum bei der Beurteilung, ob die Beihilfen mit dem Gemeinsamen Markt vereinbar sind. Dabei darf sie insbesondere auch darauf abstellen, ob die Beihilfen geeignet sind, zur langfristigen Entwicklung der Region beizutragen ohne sich nachteilig auf das gemeinsame Interesse und auf die Wettbewerbsbedingungen in der Gemeinschaft auszuwirken. Die Erwägungen der Kommission müssen jedoch in sich schlüssig sein.

Beihilfen i.S.d. Art. 93 Abs. 3 c) EWGV "zur Förderung der Entwicklung gewisser Wirtschaftszweige oder Wirtschaftsgebiete" (sog. sektorielle Beihilfen) können nur als mit dem Gemeinsamen Markt vereinbar angesehen werden, wenn sie "die Handelsbedingungen nicht in einer Weise verändern, die dem gemeinsamen Interesse zuwiderläuft." Auf dieser Grundlage darf die Kommission verlangen, daß die Beihilfen mit einem Umstrukturierungsplan verbunden werden, der dazu dient die Tätigkeit der Unternehmen zu verringern oder umzuorientieren und so die dauerhafte Überlebensfähigkeit des Unternehmens zu sichern. Ermöglicht eine strukturelle Beihilfe eine Produktionsausweitung in einem übersättigten Markt oder enthält sie keine eindeutige Verpflichtung zur Verringerung bzw. Neuorientierung der Produktionskapazität, so ist sie nicht mit dem Gemeinsamen Markt vereinbar.

Beihilfen in Form von finanziellen Zuschüssen an ein Unternehmen sind nicht schon deshalb "mit dem Gemeinsamen Markt vereinbar", weil sie es diesem Unternehmen u.a. ermöglichen, seine Schulden bei einer größeren Zahl von kleinen, existenzbedrohten Landwirten zu begleichen, da dieses Ziel auch anders hätte erreicht werden können, z.B. durch eine Schuldübernahme.

Die Rückforderung einer mit dem Gemeinsamen Markt unvereinbaren Beihilfe kann ohne gesonderte Begründung verlangt werden. Ihr steht weder der Grundsatz der Rechtssicherheit oder der Vertrauensschutzgrundsatz im Wege. Selbst der Konkurs des Unternehmens entlässt den betreffenden Staat nicht aus seiner Verpflichtung, zu versuchen, die Beihilfen zurückzufordern.

Urteile vom 14. September 1994, Rs. C-278/92, Rs. C-279/92 und Rs. C-280/92, Spanien gegen Kommission - Hilaturas y Tejidos Andaluces SA u.a. (Slg. 1994, S. I-4103) und Rs. C-42/93, Spanien gegen Kommission - Merco (Slg. 1994, S. I-4175)

*   Deutsche Beihilfe für den Bau von drei Containerschiffen rechtswidrig[DS]

Gewährt ein Mitgliedstaat einem Unternehmen aus einem Entwicklungsland einen Kredit zum Kauf von Schiffen, so kann die Kommission die Beihilfe, die mittelbar der Schiffbauindustrie des Mitgliedstaates zugute kommt, selbst dann untersagen, wenn die Beihilfe den durch die OECD aufgestellten Kriterien über die Rechtmäßigkeit von Beihilfen im Schiffbau (Entwicklungshilfe) entspricht.

Die Bundesrepublik Deutschland gewährte der chinesischen Reederei Cosco einen Entwicklungshilfekredit in Höhe von 203 Mio. DM zum Kauf von drei Containerschiffen, die bei deutschen Werften gebaut werden sollten. Die Kommission bezweifelte den Entwicklungshilfecharakter der Beihilfe und erließ am 31.7.1992 eine Entscheidung, in der sie die Rechtswidrigkeit der Beihilfe feststellte und der Bundesrepublik Deutschland aufgab, die erforderlichen Maßnahmen zu treffen. Hiergegen erhob die Bundesrepublik Deutschland Klage zum EuGH:

Der EuGH stellte zunächst fest, daß die Rechtmäßigkeit der Beihilfe anhand der *RL 90/684 über die Beihilfen für den Schiffbau* (ABl. 1990 L 380/27) zu prüfen sei. Gem. Art. 4 Abs. 7 RL 90/684 können Beihilfen für den Schiffbau, die einem Entwicklungsland als Entwicklungshilfe gewährt werden, mit dem gemeinsamen Markt für vereinbar erklärt werden, wenn sie den von der OECD aufgestellten Kriterien entsprechen.

Im Verfahren vertrat die Bundesrepublik die Auffassung, daß es für die Genehmigungsfähigkeit der Beihilfe ausschließlich auf die OECD-Kriterien ankomme. Sonstige Gesichtspunkte dürften keine Rolle spielen. Gegen dieses Prinzip habe die Kommission verstoßen. Der EuGH wies die Auffassung der Bundesrepublik zurück. Die Kommission habe darüber hinaus ein Ermessen zu prüfen, ob und wenn ja welches schützenswerte "Entwicklungsziel" mit der Beihilfe verfolgt werde. In der Entscheidung habe die Kommission ausdrücklich festgestellt, daß die Reederei Cosco kein Unternehmen sei, das der Entwicklungshilfe bedürfe.

Die Bundesrepublik kann sich Ansicht des EuGH auch nicht auf den Grundsatz des Vertrauensschutzes berufen. Die Bundesrepublik hatte insoweit vorgetragen, daß die Kommission mit Schreiben vom 3.1.89 mitgeteilt habe, daß sie die Rechtmäßigkeit der Beihilfen im Bereich der Entwicklungshilfe nur anhand der OECD-Kriterien prüfen wolle. Ihr hiervon abweichendes Vorgehen verstoße gegen den Grundsatz des Vertrauensschutzes. Der EuGH hielt entgegen, daß die Kommission auch in diesem Schreiben zwischen den OECD-Kriterien und der Prüfung, ob ein schützenswertes Entwicklungshilfeziel verfolgt werde, unterschieden habe. Deshalb war die Klage der Bundesrepublik abzuweisen.

Urteil vom 5. Oktober 1994, Rs. C-400/92, Deutschland gegen Kommission (Slg. 1994, S. I-4701)

Keine Grundsatz-Urteile im Berichtszeitraum

9. Unternehmensrecht

9.1. Wettbewerbs- und Kartellrecht

9.1.6. Staatliche Behilifen i.S.d. Artikels 92 EGV

d) Konkurrentenschutz

Keine Grundsatz-Urteile im Berichtszeitraum

---

* **Vergabe öffentlicher Bauaufträge: Veröffentlichungspflicht**[DS]

Auf Klage der Kommission hat der EuGH festgestellt: Italien hat dadurch gegen seine Verpflichtungen aus der *RL 71/305 über die Koordinierung der Verfahren zur Vergabe öffentlicher Bauaufträge* (ABl. 1971 L 185/5) verstoßen, daß Italien dem Amt für amtliche Veröffentlichungen der Europäischen Gemeinschaften nicht die Bekanntmachung eines Bauauftrages für den Bau eines Lawinenschutzdammes im Gebiet Colle Isarco/Brennero zur Veröffentlichung im Amtsblatt der EG zugeleitet hat.

Urteil vom 2. August 1993, Rs. C-107/92, Kommission gegen Italien (Lawinenschutzdamm Brennero) (Slg. 1993, S. I-4655)

* **Spanisches Verfahren zur Vergabe öffentlicher Aufträge verstößt gegen EG-Recht**[DS]

Auf Klage der Kommission hat der EuGH festgestellt, daß Spanien gegen seine Verpflichtungen aus den Richtlinien 71/305 und 77/62 verstoßen hat, indem nationale Vorschriften aufrechterhalten wurden, die (1) bestimmte Arten von öffentlichen Aufträgen aus dem Anwendungsbereich der Vergabevorschriften ausnehmen, die (2) eine freihändige Vergabe von Aufträgen zulassen, die (3) zusätzliche Kriterien für die Auswahl der Bieter festlegen und die (4) Einhaltung bestimmter technischer Normen verlangen.

In Spanien wurden die *RL 71/305 über die Koordinierung der Verfahren öffentlicher Bauaufträge* (ABl. 1971 L 185/5) und die *RL 77/62 über die Koordinierung der Verfahren zur Vergabe öffentlicher Lieferaufträge* (ABl. 1977 L 13/1) durch die königlichen Dekrete 931/1986 und 2528/1986 in innerstaatliches Recht umgesetzt. Die Kommission war der Auffassung, daß die Umsetzung nicht ordnungsgemäß erfolgt sei und erhob Vertragsverletzungsklage gegen Spanien zum EuGH. Der EuGH entschied:

Die Herausnahme bestimmter Geschäfte aus dem Anwendungsbereich des öffentlichen Auftragswesens (z.B. staatlich reglementierte Handelsgeschäfte oder Geschäfte, die einem Monopol unterliegen) verstößt gegen die RL 77/62. Aus der 9. Begründungserwägung der RL ergibt sich, daß die RL alle Bereiche, für die Mitgliedstaaten Ausnahmen vorsehen können, abschließend regelt. Die Mitgliedstaaten können sich deshalb auch nicht auf die Ausnahmetatbestände der Art. 36, 90 Abs. 2 und 223 EWGV berufen.

Spanien ist nach Ansicht des EuGH auch nicht berechtigt, in anderen Gesetzen Ausnahmen von der Anwendung des öffentlichen Auftragswesens festzulegen. Insoweit konnte der EuGH auf die Begründungserwägungen der RL 71/305 und 77/62 verweisen. Darüber hinaus entsteht durch diese zusätzlichen Ausnahmetatbestände für die Betroffenen ein Zustand der Rechtsunsicherheit.

Gegen die Richtlinien hat Spanien auch dadurch verstoßen, daß es von den Bietern den Nachweis der Rechtsfähigkeit verlangt. Wie der EuGH zur RL 71/305 bereits entschieden hat (EuGH, Slg. 1982, S. 417, Transporoute), sind die Anforderungen, die an den Bieter gestellt werden dürfen, in der RL abschließend geregelt, z.B. finanzielle und wirtschaftlichen Leistungsfähigkeit. Zusätzliche Kriterien dürfen die Mitgliedstaaten nicht aufstellen. Steht ein Unternehmen nicht auf der offiziellen spanischen Liste der zugelassenen Unternehmen, so kann das Unternehmen die erforderlichen Nachweise entweder durch Einzelnachweis oder durch Hinweis auf die Eintragung in die offizielle Liste eines anderen Mitgliedstaates erbringen.

Spanien hat zugestanden, daß es bestimmte Vorschriften über technische Normen aufrechterhalten hat, die mit der RL 77/62 unvereinbar sind. Zur Rechtfertigung wurde jedoch geltend gemacht, daß die RL 77/62 in der Zwischenzeit geändert worden sei, so daß Spanien eine längere Umsetzungsfrist zustehe. Der EuGH wies dieses Argument zurück. Die zugestandene Verletzung des EG-Rechts können hierdurch nicht geheilt werden.

Urteil vom 17. November 1993, Rs. C-71/92, Kommission gegen Spanien (Slg. 1993, S. 5923)

* **Holdinggesellschaft kann als Bieter bei öffentlichen Ausschreibungen auftreten**[FE]

Die Mitgliedstaaten dürfen reine Holdinggesellschaften, die selbst keine Leistungen erbringen wollen und können, nicht von öffentlichen Ausschreibungsverfahren ausschließen, nur weil deren Tochtergesellschaften, die aus Ausführende vorgesehen sind, rechtlich selbständige Gesellschaften sind.

In Belgien werden Unternehmen, die generell zur Teilnahme an öffentlichen Ausschreibungen zugelassen sind, in einer Liste geführt. Die Klägerin ist eine Gesellschaft mit Sitz in den Niederlanden, die 1987 aus der Liste gestrichen wurde. Zur Begründung wurde erklärt, die Betroffene sei eine reine Holdinggesellschaft, die selbst keine Arbeiten ausführe, sondern sich zum Nachweis ihrer technischen und finanziellen Leistungsfähigkeit auf ihre Tochtergesellschaften berufe, die jedoch selbständige juristische Personen seien. Die Gesellschaft erhob Anfechtungsklage gegen die Streichung und der Raad van State legte dem EuGH vor.

Nach dem Urteil des Gerichtshofs sind die RL 71/304 zur Aufhebung der Beschränkungen des freien Dienstleistungsverkehrs (ABl. 1971 L 185/1) und die RL 71/305 über die Koordinierung der Verfahren zur Vergabe öffentlicher Bauaufträge (ABl. 1971 L 185/5) wie folgt auszulegen:

Nach Art. 28 der RL 71/305 sei die Aufstellung von Listen zugelassener Unternehmen grundsätzlich zulässig. Die dafür heranzuziehenden Eignungskriterien seien in den Art. 23 bis 26 der RL festgelegt. Art. 21 der RL lasse die Einreichung von Angeboten durch Bietergemeinschaften ausdrücklich zu. In diesen Fällen könnten die Mitgliedstaaten nicht verlangen, daß die Bietergemeinschaften eine bestimmte Rechtsform annehmen. Art. 26 Buchstabe e sehe außerdem vor, daß der Nachweis der technischen Leistungsfähigkeit durch Vorlage einer Erklärung erbracht werden könne, in der die Techniker oder technischen Stellen angegeben werden, über die der Bieter bei der Ausführung des Bauvorhabens verfügen werde, auch wenn diese derzeit nicht dem Unternehmen angehören.

Aus der Gesamtheit dieser Vorschriften ergebe sich, daß für den Zuschlag eines öffentlichen Bauauftrags nicht nur eine natürliche oder juristische Person in Betracht komme, die die Arbeiten selbst ausführe, sondern auch eine Person, die sie durch Agenturen, Zweigniederlassungen, externe Techniker oder sonstige Dritte erbringen wolle.

Somit dürfe eine Holdinggesellschaft, die selbst keine Arbeiten ausführe, nicht nur deswegen von der Teilnahme an öffentlichen Ausschreibungen ausgeschlossen werden, weil ihre Tochtergesellschaften, die die Arbeiten ausführen, mit eigener Rechtspersönlichkeit ausgestattet seien. Der betreffende Mitgliedstaat dürfe allerdings verlangen, daß die Holdinggesellschaft den Nachweis erbringt, daß sie tatsächlich über die technische Leistungsfähigkeit der Tochtergesellschaften verfügen kann.

Anmerkung der Red.: Dieses Urteil ist ein Musterbeispiel der Rechtsfortbildung durch die Judikative. Der EuGH stützt sich auf mehrere klar geregelte Sachverhalte wie Bietergemeinschaften, Firmen mit Zweigniederlassungen (d.h. unselbständigen Töchtern), und Firmen, die mit externen Experten arbeiten, um einen ähnlich gelagerten aber nicht ausdrücklich geregelten Fall in gleichem Sinne zu entscheiden. Mit dem Vorbehalt, der Mitgliedstaat könne verlangen, daß der Bieter den Nachweis erbringe, daß ihm die technische Kompetenz der selbständigen Töchter tatsächlich zur Verfügung stehe, wird eine runde Sache daraus, die alle Seiten befriedigen sollte.

Urteil vom 14. April 1994, Rs. C-389/92, Ballast Nedam (Slg. 1994, S. I-1289)

* **Der EuGH präzisiert den Begriff "öffentlicher Bauauftrag"**[FE]

Öffentliche Ausschreibungen von Hotel- und Kasinobetriebskonzessionen werden nicht vom Gemeinschaftsrecht erfaßt und müssen daher nicht im Amtsblatt der EG veröffentlicht werden. Auch wenn der Betrieb einige Instandsetzungsarbeiten erfordert, wird jedenfalls dann kein öffentlicher Bauauftrag i.S.d. Gemeinschaftsrechts daraus, wenn die Bauarbeiten im Verhältnis zum Betrieb von untergeordneter Bedeutung sind.

Die Stadt Las Palmas auf Gran Canaria ist Eigentümerin eines Hotels mit Spielkasino. Die Nutzung des Hotels und die Konzession für den Betrieb des Kasinos wurden gem. spanischem Recht öffentlich ausgeschrieben und einem der Bieter zugeschlagen. Ein Konkurrent, dessen Gebot nicht berücksichtigt wurde, macht geltend, die Ausschreibung habe gegen Gemeinschaftsrecht verstoßen. Da die Ausschreibung den künftigen Pächter auch zu umfangreichen Instandsetzungsarbeiten verpflichte, liege in Wahrheit ein öffentlicher Bauauftrag vor, für den das gemeinschaftsrechtliche Ausschreibungsverfahren gem. *RL 71/305 über die Koordinierung der Verfahren zur Vergabe öffentlicher Bauaufträge* (ABl. 1971 L 185, S. 5) hätte angewendet werden müssen.

Die RL 71/305 zielt darauf ab, das öffentliche Auftragswesen der Mitgliedstaaten auch für Bieter aus anderen Mitgliedstaaten zu öffnen und damit in diesem Sektor die europaweite Dienstleistungsfreiheit zu verwirklichen. In ihren Anwendungsbereich fallen entgeltliche Verträge für Tätigkeiten des Baugewerbes, einschließlich des Tiefbaus. Pachtverträge für Restaurations- und Beherbergungsbetriebe sind dagegen bisher nicht gemeinschaftsrechtlich geregelt, d.h. unterliegen nur dem jeweiligen einzelstaatlichen Recht.

Dem EuGH wurde die Frage vorgelegt, ob ein gemischter Vertrag, der sich sowohl auf die Verpachtung von Immobilien, als auch auf die Ausführung von Bau- und Umbauarbeiten bezieht, in den Anwendungsbereich der RL 71/305 fällt. Der Gerichtshof antwortete, daß die gesamte Ausschreibung nicht als öffentlicher Bauauftrag anzusehen sei, wenn die durchzuführenden Bauarbeiten insgesamt von untergeordneter Bedeutung sind. Implizit erklärte der Gerichtshof damit auch, daß eine Aufspaltung der Ausschreibung in ihre beiden Bestandteile nicht erforderlich ist, wenn der Eigentümer beide Teile an den gleichen Bieter vergeben will.

Urteil vom 19. April 1994, Rs. C-331/92, Gestión Hotelera Internacional (Slg. 1994, S. I-1329)

* **Wichtiger Beschluß des EuGH zum vorläufigen Rechtsschutz im öffentlichen Auftragswesen[FE]**

Das Gemeinschaftsrecht verpflichtet die Mitgliedstaaten, im Bereich des öffentlichen Auftragswesens Rechtsbehelfe zu den innerstaatlichen Gerichten vorzusehen, mit denen möglicherweise zu unrecht unterlegene Bieter das Vergabeverfahren nachprüfen lassen können. Wenn bei der Vergabe eines öffentlichen Lieferauftrags durch einen Mitgliedstaat Unregelmäßigkeiten vorkommen, so ist dies jedoch zugleich eine Verletzung des Gemeinschaftsrechts und berechtigt die Kommission, ein Vertragsverletzungsverfahren gegen den Mitgliedstaat vor dem EuGH einzuleiten. Um zu verhindern, daß während des Vertragsverletzungsverfahrens durch Abwicklung des Auftrags vollendete Tatsachen geschaffen werden, kann die Kommission parallel dazu beim Gerichtshof eine einstweilige Anordnung beantragen, mit der dem Mitgliedstaat untersagt wird, die Auftragsvergabe fortzusetzen. Insistiert der Mitgliedstaat dann trotzdem auf der Abwicklung des Auftrags, so tut er dies auf eigenes Risiko und muß den Schaden der zu unrecht unterlegenen Bieter gegebenenfalls ersetzen.

Die wallonische Regionalverkehrsbehörde wollte über einen Zeitraum von vier Jahren 307 Omnibusse erwerben, um ältere Fahrzeuge zu ersetzen. Der Auftrag wurde am 22. April 1993 ordnungsgemäß im Amtsblatt der EG veröffentlicht. Bis zum Ablauf der gesetzten Frist gingen fünf Angebote ein, von den Firmen EMI (Belgien), Van Hool (Niederlande), Mercedes Benz Belgien, Berkhof (Belgien) und Jonckheere (Belgien). Der Verwaltungsrat der Behörde prüfte die Angebote und empfahl, 37 Omnibusse von der Firma Jonckheere und 280 Busse von Van Hool zu erwerben. Mit mehreren Schreiben ergänzte die Firma EMI daraufhin ihr Angebot und intervenierte beim zuständigen Minister, was dazu führte, daß der Verwaltungsrat auf einer späteren Sitzung empfahl, 278 Busse von EMI zu kaufen.

Ein Rechtsbehelf der Firma Van Hool zum belgischen Conseil d'État verlief erfolglos und so wurde der Auftrag noch am Tag der Entscheidung des Conseil d'État an EMI vergeben. Durch eine Beschwerde der Firma Van Hool wurde die Kommission auf das Problem aufmerksam und leitete ein Vertragsverletzungsverfahren gem. Art. 169 gegen Belgien ein. Außerdem beantragte die Kommission eine einstweilige Anordnung beim Gerichtshof, mit dem Ziel, die Durchführung des Vertrages zu stoppen.

Der EuGH entschied über den Antrag auf einstweiligen Rechtsschutz wie folgt: Der Antrag könne auch parallel zu einem Verfahren nach Art. 169 gestellt werden. Da das Vertragsverletzungsverfahren nur zu einem Feststellungsurteil führe, und während seines Laufs oft vollendete Tatsachen geschaffen werden, bestehe durchaus ein legitimes Rechtsschutzinteresse zugunsten der anderen Bieter.

Zur Entscheidung im Verfahren des einstweiligen Rechtsschutzes müsse der Gerichtshof seinerseits eine Interessenabwägung vornehmen, bei der auf der Antragstellerseite die Eilbedürftigkeit, die Erfolgsaussichten des Hauptsacheverfahrens und die Gefahr eines nicht wiedergutzumachenden Schadens und auf der Antragsgegnerseite das Interesse an der unverzüglichen Abwicklung des Auftrags zu berücksichtigen seien.

Da im vorliegenden Fall ein wichtiges Interesse der Region Wallonien am Ersatz einiger überalterter und nicht mehr verkehrssicherer Busse bestehe, sei dem Antrag auf die einstweilige Anordnung nicht stattzugeben. Soweit Belgien jedoch die Auftragsabwicklung vor Erlaß des Urteils in der Hauptsache fortsetze, geschehe dies auf eigene Gefahr und vorbehaltlich von Schadensersatzansprüchen der Firma Van Hool.

Beschluß vom 22. April 1994, Rs. C-87/94 R, Kommission gegen Belgien (Slg. 1994, S. I-1395)

---

*   **Italien hätte sein neues Lottospiel gemeinschaftsweit ausschreiben müssen**[FE]

Die Kommission hat ein Vertragsverletzungsverfahren gegen Italien durchgeführt, weil die italienische Regierung die Ausschreibung für die Räumlichkeiten, Lieferungen, Einrichtung, Wartung, Betrieb und elektronische Datenübertragung sowie alles, was sonst zur Veranstaltung des neuen staatlichen vollautomatischen Lottospiels erforderlich ist, nicht im Amtsblatt der Gemeinschaft bekanntgemacht hat und die Teilnahme an dieser Ausschreibung Gesellschaften vorbehalten hat, die mehrheitlich in (italienischer) öffentlicher Hand sind.

Der Gerichtshof sah in dem Ausschluß potentieller Bieter aus anderen Mitgliedstaaten einen Verstoß gegen die Niederlassungs- und Dienstleistungsfreiheit aus Art. 52 und 59 EGV. Die fraglichen Tätigkeiten seien keine "hoheitlichen Tätigkeiten" i.S.d. Ausnahmetatbestands des Art. 55 EGV, damit sei ein Vorbehalt zugunsten inländischer Unternehmer unzulässig.

Ein Verstoß gegen die Warenverkehrsfreiheit sei dagegen nicht erkennbar, da es den italienischen öffentlichen Unternehmen, die den Zuschlag erhalten, nicht verwehrt ist, bei der Ausstattung des Lottospiels importierte Waren zu verwenden.

Verletzt sei dagegen noch die *RL 77/62 über die Koordinierung der Verfahren zur Vergabe öffentlicher Lieferaufträge* (in der Fassung der RL 88/295, ABl. 1988 L 127/1). Diese RL erstrecke sich gemäß ihrem ausdrücklichen Wortlaut auf "Lieferverträge über Kauf, Leasing, Miete, Pacht oder Ratenkauf, mit oder ohne Kaufoption, von Waren". Erfaßt sei daher auch der Fall, daß die Lotterieeinrichtung erst später oder gar nicht in das Eigentum der Verwaltung übergeht, und die Vergütung für die Lieferung in einer prozentualen Beteiligung an den Einnahmen besteht. Art. 9 i.V.m. Art. 5 der RL verpflichtet die Mitgliedstaaten bei Ausschreibungen über einem Gesamtwert von 130.000 ECU bzw. 200.000 ECU eine Bekanntmachung im Amtsblatt der EG vorzunehmen. Art. 17 bis 25 regeln die Kriterien für die qualitative Auswahl der Bieter und die Erteilung des Zuschlags abschließend und zwingend. Ein Vorbehalt zugunsten von Gesellschaften oder Konsortien, deren Gesellschaftskapital sich mehrheitlich in öffentlicher Hand befindet, sei nach diesen Kriterien nicht zulässig.

Urteil vom 26. April 1994, Rs. C-272/91, Kommission gegen Italien (Slg. 1994, S. I-1409)

* **Staatliche Gesundheitsdienste müssen Lieferaufträge für Arzneimittel dem Binnenmarkt öffnen**[FE]

Für Arzneimittel gilt kein Sonderrecht im öffentlichen Auftragswesen. Wenn ein staatlicher Gesundheitsdienst, staatliche Krankenhäuser oder staatliche Apotheken Arzneimittel einkaufen und von der Auftragssumme die europäischen Grenzwerte erreicht werden, so muß der Auftrag im Amtsblatt der Union ausgeschrieben und ohne Rücksicht auf die Staatsangehörigkeit und den Sitz an den günstigsten europäischen Anbieter vergeben werden. Nur wenn ein Arzneimittel patentgeschützt ist und dadurch nur von einem einzigen Unternehmen geliefert werden kann, erübrigt sich die Ausschreibung und der Auftrag kann freihändig und direkt vergeben werden.

In Spanien sind öffentliche Ausschreibungen durch die Ley de Contratos del Estado und das Reglamento General de Contratación del Estado geregelt. Die Vorschriften wurden durch das Real Decreto Legislativo Nr. 931/86 (BOE Nr. 114 vom 13. Mai 1986, S. 16920) und das Real Decreto Nr. 2528/86 (BOE Nr. 297 vom 12. Dezember 1986, S. 40546) an die einschlägigen EG-Richtlinien angepaßt. Grundsätzlich gelten diese Vorschriften auch für den staatlichen Gesundheitsdienst und die staatlichen Krankenhäuser. Der Kauf von Arzneimitteln ist jedoch durch Art. 107 der Ley General de la Seguridad Social in der Fassung des Dekrets Nr. 2065/74 (BOE Nr. 174 vom 20. Juli 1974, S. 1428) gesondert geregelt. Danach sind die Einrichtungen der staatlichen Gesundheitsvorsorge verpflichtet, Arzneimittel unmittelbar von den Herstellern zum niedrigst möglichen Preis einzukaufen und, soweit sie nicht in den staatlichen Krankenhäusern verwendet werden, nur über staatliche Apotheken zu vertreiben. Auf der Grundlage dieser Vorschrift schloß die staatliche Gesundheitsvorsorge im Jahre 1986 mit der nationalen Vereinigung der pharmazeutischen Industrie eine Rahmenvereinbarung über die Preise und sonstigen Konditionen für den Ankauf von Arzneimitteln.

Die Kommission war der Ansicht, Spanien hätte auch für den Bereich der Arzneimittellieferungen nach dem Beitritt zur Union sein Recht an die gemeinschaftlichen Vorschriften, vor allem die *RL 77/62 über die Koordinierung der Verfahren zur Vergabe öffentlicher Lieferaufträge* (ABl. 1977 L 13/1) anpassen müssen. Die Aufrechterhaltung der Regelung aus dem Jahre 1974 führe effektiv dazu, die Anbieter von Arzneimitteln aus anderen Mitgliedstaaten aus einem wesentlichen Teil des spanischen Marktes auszuschließen. Spanien wäre nach Gemeinschaftsrecht verpflichtet gewesen, den freihändigen Kauf von Arzneimitteln zu beenden und alle größeren öffentlichen Lieferaufträge im Amtsblatt der EG auszuschreiben, wie es in den einschlägigen Richtlinien vorgesehen ist.

Spanien brachte zunächst vor, aus der *RL 89/105 betreffend die Transparenz von Maßnahmen zur Regelung der Preisfestsetzung bei Arzneimitteln* (ABl. 1989 L 40/8) ergebe sich, daß der Markt für Arzneimittel Sonderregelungen unterliege und die RL 77/62 nicht ohne weiteres und in vollem Umfang anwendbar sei. Der Gerichtshof folgte dem jedoch nicht: Ausnahmen von der Anwendung der RL 77/62 seien nur insoweit erlaubt, als sie in dieser Richtlinie selbst abschließend und ausdrücklich aufgeführt sind. Art. 2 Abs. 3 und Art. 3 der RL 77/62, welche die Ausnahmen regelten, enthalten jedoch keine Hinweise auf die Zulässigkeit von Sonderregelungen für Arzneimittel.

Zweitens machte Spanien geltend, der Rückgriff auf das Verfahren der freihändigen Vergabe öffentlicher Lieferaufträge sei durch Art. 6 Abs. 1 Buchstabe b und d der RL 77/62 gerechtfertigt. Auch diesem Argument folgte der Gerichtshof nicht. Zwar gestatteten die genannten Vorschriften der RL, auf eine öffentliche Ausschreibung im Amtsblatt zu verzichten, "wenn der Gegenstand der Lieferung … auf Grund des Schutzes des Ausschließlichkeitsrechts nur von einem bestimmten Unternehmen hergestellt oder geliefert werden kann". Diese Ausnahme sei jedoch eng auszulegen. Nur solche Arzneimittel, für die tatsächlich gemeinschaftsweiter Patentschutz zugunsten eines einzigen Herstellers besteht, und die durch kein anderes Produkt ähnlicher Wirkung ersetzbar sind, dürften freihändig direkt von dem einzigen Hersteller gekauft werden. Keinesfalls könne Art. 6 der RL rechtfertigen, daß allgemein und unterschiedslos für alle Lieferungen sämtlicher Arzneimittel und Arzneispezialitäten auf das Verfahren der freihändigen Auftragsvergabe zurückgegriffen werde.

Urteil vom 3. Mai 1994, Rs. C-328/92, Kommission gegen Spanien (Slg. 1994, S. I-1569)

Keine Grundsatz-Urteile im Berichtszeitraum

*   **Grunderwerbssteuer bei Verkauf innerhalb einer Unternehmensgruppe**[FE]

Ein Mitgliedstaat, der bei Grundstücksgeschäften "im Rahmen einer internen Umstrukturierung von Aktiengesellschaften oder von Gesellschaften mit beschränkter Haftung" auf die Grunderwerbssteuer verzichtet, darf die Steuerbefreiung nicht davon abhängig machen, daß sowohl die erwerbende wie die veräußernde Gesellschaft innerstaatlich registriert sind.

Nach niederländischem Recht sind Übertragungen des Eigentums an Grundstücken von der Verkehrssteuer befreit, wenn sie zwischen zwei Kapitalgesellschaften derselben Unternehmensgruppe vorgenommen werden.

Der amerikanische Halliburton Konzern hat Tochtergesellschaften in verschiedenen europäischen Staaten errichtet. Die deutsche Halliburton GmbH war Inhaberin eines in den Niederlanden belegenen Grundstücks. Im Rahmen einer Konzernumstrukturierung veräußerte sie dieses Grundstück für 3,2 Mio. HFL an die niederländische Halliburton BV, ebenfalls eine Gesellschaft mit beschränkter Haftung (besloten vennotschap met beperkte aansprakelijkheid).

Die niederländische Finanzverwaltung verweigerte jedoch die Steuerbefreiung, mit dem Argument, die veräußernde GmbH sei keine Gesellschaft niederländischen Rechts. Eine Diskriminierung und ein Verstoß gegen die Niederlassungsfreiheit könne darin nicht gesehen werden, denn Steuerschuldnerin sei nur die niederländische BV, ein Auslandsbezug sei nicht gegeben.

Auf Vorlage des Hoge Raad entschied der EuGH wie folgt: Art. 52 EGV begründe unmittelbare Rechte der Kapitalgesellschaften in der Gemeinschaft. Er verbiete nicht nur offensichtliche, sondern auch mittelbare Diskriminierungen ausländischer Gesellschaften. Die Erhebung einer Abgabe auf den Verkauf eines Grundstücks stelle eine Belastung dar, welche den Verkauf erschwere. In den Niederlanden werde hierbei unterschieden zwischen ausländischen Unternehmen, die in den Niederlanden eine selbständige Tochtergesellschaft in Form einer Aktiengesellschaft oder einer GmbH errichtet hätten, und solchen, die ihrer Tätigkeit in den Niederlanden in Form einer unselbständigen Niederlassung nachgehen würden. Diese Unterscheidung sei mit der Niederlassungsfreiheit aus Art. 52 unvereinbar. Die Beschränkung der Steuerbefreiung auf nach nationalem Recht errichtete Gesellschaften sei auch nicht dadurch gerechtfertigt, daß die zuständige Finanzverwaltung die Gleichwertigkeit der Rechtsformen der Körperschaften der anderen Mitgliedstaaten nicht prüfen könne. Gemäß *RL 77/799 über die gegenseitige Amtshilfe zwischen den zuständigen Behörden der Mitgliedstaaten im Bereich der direkten und indirekten Steuern* (geänderte Fassung in ABl. 1992 L 76/1) seien die Finanzämter der anderen Mitgliedstaaten verpflichtet und bereit, alle nötigen Angaben über Rechtsformen und Haftungskapital von Gesellschaften zu machen.

Urteil vom 12. April 1994, Rs. C-1/93, Halliburton (Slg. 1994, S. I-1137)

* **Deutsche Klage gegen Produktsicherheits-Richtlinie abgewiesen**[FE]

Der Rat ist befugt, aufgrund der Artikel 100a EGV (Rechtsangleichung im Binnenmarkt) und 145 dritter Gedankenstrich (Übertragung von Durchführungsbefugnissen auf die Kommission) in einer Richtlinie ein Verfahren zu schaffen, wonach die Kommission in sog. Produktsicherheitsnotfällen gegenüber den Mitgliedstaaten verbindliche Anordnungen treffen kann.

Am 29. Juni 1992 hat der Rat die RL 92/59 über die allgemeine Produktsicherheit erlassen (ABl. 1992 L 228/24). Ziel der RL ist es, für alle auf den Markt gebrachten Produkte, die für die Verbraucher bestimmt sind oder von diesen verwendet werden können, gemeinschaftsweit Mindestsicherheitsanforderungen aufzustellen. Die RL darf nicht verwechselt werden, mit der RL 85/374 über die Haftung für fehlerhafte Produkte (ABl. 1985 L 210/29), die sich vor allem mit den Folgen des Inverkehrbringens fehlerhafter Produkte befasst.

Nach der Produktsicherheits-RL dürfen die Hersteller nur sichere Produkte auf den Markt bringen. Sie müssen den Verbraucher über etwaige Gefahren ausreichend informieren (Warnpflichten) und müssen solchen Gefahren beim Produktionsprozess, durch Stichproben der fertigen Produkte und durch Beobachtung etwaiger Probleme beim Ge- und Verbrauch begegnen. Die Mitgliedstaaten werden verpflichtet, Behörden zur Überwachung der Produktsicherheit zu benennen bzw. einzurichten. In Eilfällen dürfen die nationalen Behörden Sofortmaßnahmen treffen, einschließlich der Verhinderung weiterer Einfuhren von gefährlichen Produkten. Die Kommission wird in Art. 9 der RL ermächtigt, bei Meinungsunterschieden zwischen den Mitgliedstaaten über die Gefährlichkeit eines Produkts und die erforderlichen Maßnahmen "einen Beschluß [zu] fassen, mit dem die Mitgliedstaaten verpflichtet werden, ... geeignete vorläufige Vorkehrungen zu treffen." Als Notfallmaßnahme, deren Anordnung die Kommission verlangen könnte, wurde z.B. ein Rückruf gefährlicher Produkte diskutiert. Die Bundesrepublik Deutschland wandte sich gegen diese letztgenannte Befugnis der Kommission und machte geltend, eine solche Überwachungs- und Anordnungskompetenz der Kommission finde im Gemeinschaftsrecht keine Rechtsgrundlage und sei unverhältnismäßig.

Der EuGH entschied jedoch, daß Art. 100a, ergänzt durch Art. 145 dritter Gedankenstrich als Rechtsgrundlage ausreichten und daß eine Überwachungsfunktion der Kommission wegen der Verpflichtung der Gemeinschaft, beim Umwelt- und Verbraucherschutz ein hohes Schutzniveau zu verwirklichen, nicht unverhältnismäßig sei. Die deutsche Klage wurde daher abgewiesen und es bleibt bei der Verpflichtung der Mitgliedstaaten, die RL seit 29. Juni 1994 anzuwenden.

Anmerkung der Red.: Die Entscheidung über die Produktsicherheits-RL hat eine weitaus größere Tragweite, als auf den ersten Blick erkennbar ist. Bisher war der Vollzug des harmonisierten Gemeinschaftsrechts ausschließlich Sache der Mitgliedstaaten. Wenn der Kommission überhaupt eine Art von Überwachungsfunktion eingeräumt wurde, dann nur indirekt in Überwachung der Mitgliedstaaten und mit dem stumpfen Schwert der Aufsichtsklage nach Art. 169 EGV als einziger Sanktionsmöglichkeit. Mit der Produktsicherheits-RL soll der Kommission nun zum ersten Mal - und dagegen wendet sich die Bundesrepublik in Wahrheit - im Bereich des mitgliedstaatlichen Verwaltungsvollzugs eine Überwachungs- und Anordnungskompetenz eingeräumt werden, die unmittelbar auf die Hersteller und Verbraucher durchschlagen kann: Nach dem verabschiedeten Text der RL kann die Kommission im Extremfall einen Mitgliedstaat innert kurzer Frist zwingen, z.B. eine Produktrückrufaktion zu veranlassen. Erforderlich ist dazu (lediglich) die Zustimmung einer Mehrheit der gewogenen Stimmen der Vertreter der Mitgliedstaaten in einem eigens zu schaffenden "Ausschuß für Produktsicherheitsnotfälle". Es geht also um ein neues Stück Supranationalität, um Mehrheitsentscheidungen gegen den Willen eines oder einer Minderheit von Mitgliedstaaten. Die RL könnte damit zukunftsweisend werden für die Ausgestaltung des Verwaltungsvollzugs und das Verhältnis der Gemeinschaft zu den Mitgliedstaaten ganz allgemein.

Urteil vom 9. August 1994, Rs. C-359/92, Deutschland gegen Rat - Produktsicherheits-RL (Slg. 1994, S. I-3681)

*   **Erster Erfolg einer Verbraucherschutzorganisation im Kampf gegen "freiwillige" Selbstbeschränkungsabkommen im internationalen Autohandel**, siehe Rs. T-37/92, BEUC u.a. gegen Kommission

*   **Immer noch schlechte Zeiten für Allergiker[FE]**

Nach der Etikettierungs-Richtlinie in ihrer neuesten Auslegung durch den Gerichtshof, bleibt es dabei, daß Konservierungsstoffe, Stabilisatoren, Emulgatoren und andere chemische Zusatzstoffe nur dann auf der Verpackung von Lebensmitteln angegeben werden müssen, wenn sie auch im Endprodukt noch eine "technologische Funktion" haben. Wurden die Stoffe nur während des Herstellungsprozesses benötigt, sind aber gleichwohl noch im Produkt enthalten, so gibt es nicht nur keine Angabepflicht, sondern sogar ein Angabeverbot!

Nach der *RL 79/112 zur Angleichung der Rechtsvorschriften der Mitgliedstaaten über die Etikettierung und Aufmachung von Lebensmitteln sowie die Werbung hierfür* (ABl. 1979 L 33/1), der sog. Etikettierungs-Richtlinie, müssen die Mitgliedstaaten Mindeststandards für die Etikettierung und Werbung bei Lebensmitteln einführen. Ziel der RL ist vor allem eine sachgerechte Information für die Verbraucher und die Verhinderung von irreführenden Angaben. Nach Art. 3 der RL müssen die folgenden Angaben gemacht werden:

-   die übliche Verkehrsbezeichnung des Produkts
-   ein Verzeichnis aller Zutaten
-   bei verpackten Lebensmitteln die Nettofüllmenge
-   das Mindesthaltbarkeitsdatum
-   Name und Anschrift des Herstellers oder eines in der Gemeinschaft ansässigen Verkäufers
-   den Ursprungsort
-   evtl. Hinweise zur Aufbewahrung und Verwendung bzw. zum Gebrauch
-   evtl. der Alkoholgehalt in Volumen-Prozenten

In Art. 6 ist das Zutatenverzeichnis ausführlicher geregelt. Nach der Legaldefinition ist Zutat "jeder Stoff, ... der bei der Herstellung oder Zubereitung eines Lebensmittels verwendet wird und - wenn auch möglicherweise in veränderter Form - im Enderzeugnis vorhanden bleibt" (Art. 6 Abs. 4 a)). Art. 6 Abs. 4 c) regelt jedoch mehrere Ausnahmefälle, in denen Zutaten nicht mehr als Zutaten i.S.d. RL angesehen werden und daher nicht mehr auf der Verpackung angegeben werden müssen. Dort heißt es insbesondere, als "Zutaten gelten jedoch nicht: ... Zusatzstoffe, deren Vorhandensein in einem Lebensmittel lediglich darauf beruht, daß sie in einer oder in mehreren Zutaten dieses Lebensmittels enthalten waren, sofern sie im Enderzeugnis keine technologische Wirkung mehr ausüben; die als technologische Hilfsstoffe verwendet werden; Stoffe, die in den unbedingt erforderlichen Dosen als Lösungsmittel oder Träger für die Zusatzstoffe und die Aromen verwendet werden".

Die Münchner Pfanni Werke setzen bei der Zubereitung von Kartoffelpüreeflocken Diphosphat E 450a zu, um die enzymbedingte Grauverfärbung von Kartoffeln zu verhindern. Nach der Trocknung der Flocken besteht die Gefahr der Verfärbung nicht mehr, so daß der Zusatzstoff zwar noch vorhanden ist, aber keine technologische Wirkung mehr ausübt. Pfanni machte daher auf den Verpackungen keine Angaben in Bezug auf das Diphosphat. Dies wurde von der Landeshauptstadt München beanstandet. Die Stadt drohte gegen Pfanni einen Untersagungsbescheid und ein Bußgeldverfahren an, wogegen die Firma vor dem VG München klagte, das seinerseits dem EuGH vorlegte.

Der Gerichtshof, sonst nicht gerade schüchtern mit teleologischen Auslegungskriterien, hielt sich diesmal streng an den Wortlaut der RL. Diese verlange eine "zweckdienliche, für den Verbraucher verständliche Unterrichtung, ... nicht aber, wie die Beklagte [Stadt] geltend macht, eine umfassende Aufzählung der bei der Herstellung ... verwendeten Zutaten." Da der Zusatzstoff Diphosphat im Enderzeugnis keine technologische Wirkung mehr ausübe, dürfe er folglich, "um den Verbraucher nicht irrezuführen, nicht in das Zusatzverzeichnis aufgenommen werden".

Anmerkung der Red.: Dieses Urteil ist so nicht zu akzeptieren. Wenn der EuGH, so wie er es behauptet, eine sachgerechte Information für die Verbraucher sicherstellen will, so gehört dazu auch die Aufzählung aller Stoffe, die in dem vom Verbraucher erworbenen Produkt noch enthalten sind und zwar völlig unabhängig davon, ob sie in diesem Produkt aus technologischen oder sonstigen Gründen noch erwünscht bzw. erforderlich sind oder nicht. Zumal die ständig wachsende Gruppe von Verbrauchern, die Probleme mit Lebensmittelallergien, Neurodermitis, etc. haben, sind zwingend darauf angewiesen, möglichst genau zu kontrollieren, welche Zusatzstoffe sie mit der Nahrung aufnehmen. Die einzige sachgerechte Lösung muß daher sein, umfassende Informationen zu geben. Wenn Diphosphat in den getrockneten Flocken enthalten ist, so gehört diese Angabe auf die Verpackung. Wenn es in den getrockneten Flocken nicht mehr gebraucht wird, aber auch nicht entnommen werden kann, so ist das ein Problem der Pfanni Werke. Der EuGH trägt dazu bei, daß es auch zum Problem der Verbraucher, zumal der Allergiker wird.

Urteil vom 28. September 1994, Rs. C-144/93, Pfanni Werke (Slg. 1994, S. I-4605)

Einwirkungen des Gemeinschaftsrechts auf das innerstaatliche Arbeitsrecht

Keine Grundsatz-Urteile im Berichtszeitraum

*   **Vergütung von Überstunden bei Teilzeitarbeit**, siehe Verb. Rs. C-399/92 u.a., Helmig

*   **Vergütung von nebenberuflich Teilzeitbeschäftigten**, siehe Rs. C-297/93, Grau-Hupka

*   **Deutschland: Kündigungsschutzgesetz verstößt nicht gegen EG-Recht**[DS]

Die Befreiung der Kleinbetriebe von einer nationalen Kündigungsschutzregelung (hier § 23 des deutschen Kündigungsschutzgesetzes) stellt keine Beihilfe i.S. des Art. 92 EWGV dar. Die Regelung verstößt auch nicht gegen das Verbot der mittelbaren Diskriminierung von Frauen. Selbst wenn durch die Regelung mehr Frauen als Männer betroffen sein sollten, ist die Vorschrift durch objektive Faktoren (Schutz der Kleinunternehmen vor übermäßigen Lasten) gerechtfertigt.

Frau Kirsammer-Hack war bei einer Zahnärztin, Frau Sidal, teilzeitbeschäftigt. Als ihr gekündigt wurde, erhob sie Klage zum Arbeitsgericht unter Berufung auf das deutsche Kündigungsschutzgesetz (KSchG). Nach Ansicht des Gerichts kann sich Frau Kirsammer-Hack auf das Gesetz jedoch nicht berufen, weil es nicht für Kleinbetriebe mit fünf oder weniger vollzeitbeschäftigten Arbeitnehmern gilt (§ 23 KSchG) und Frau Sidal lediglich zwei Vollzeitkräfte beschäftigt. Das Gericht war aber der Auffassung, daß § 23 KSchG möglicherweise gegen das EG-Beihilferecht bzw. den EG-rechtlich garantierten Anspruch auf Gleichberechtigung von Mann und Frau verstößt. Auf Vorlage des Gerichts entschied der EuGH:

Eine Beihilfe i.S. des Art. 92 EWGV liegt nicht vor. Zwar erlangen Kleinunternehmen einen wesentlichen Wettbewerbsvorteil gegenüber anderen Unternehmen. Beihilfen i.S. des Art. 92 EWGV sind aber nur all die Vorteile, die unmittelbar oder mittelbar aus staatlichen Mitteln gewährt werden. Die Befreiung der Kleinbetriebe vom KSchG beinhaltet keine Übertragung staatlicher Mittel auf die Unternehmen. Die Regelung soll lediglich bezwecken, daß Kleinunternehmen finanziell durch das KSchG nicht überlastet werden.

Auch ein Verstoß gegen das Verbot der Diskriminierung von Männern und Frauen gem. der Gleichberechtigungs-RL 76/207 (ABl. 1976 L 39/40) liegt nicht vor. Eine mittelbare Diskriminierung von Frauen nimmt der EuGH nach ständiger Rechtsprechung nur an, wenn (1) eine Regelung zwar neutral formuliert ist, prozentual aber mehr Frauen benachteiligt werden und (2) die unterschiedliche Behandlung von Männern und Frauen nicht durch objektive Faktoren gerechtfertigt ist (EuGH, Slg. 1989, S. 2743, Rinner-Kühn).

Zu der Frage, ob prozentual mehr Frauen als Männer benachteiligt werden, konnte der EuGH nicht abschließend Stellung nehmen. Das nationale Gericht hatte zwar mitgeteilt, daß in Deutschland mehr Frauen als Männer teilzeitbeschäftigt sind. Nach Ansicht des EuGH ist diese Information für den vorliegenden Fall aber unerheblich. Denn § 23 KSchG schließt nicht die Teilzeitbeschäftigten (also mehr Frauen) vom KSchG aus, sondern alle Beschäftigten von Kleinbetrieben, also Männer und Frauen gleichermaßen. Von einer Benachteiligung der Frauen ist deshalb nur auszugehen, wenn Kleinunternehmen einen erheblich größeren Anteil an Frauen beschäftigen. Dies wäre durch eine Beweiserhebung vor dem nationalen Gericht zu klären.

Letztendlich kann die Frage aber offen bleiben, denn nach Auffassung des EuGH ist die Regelung des KSchG durch objektive Faktoren gerechtfertigt. Den Kleinunternehmen kommt eine wesentliche Rolle bei der wirtschaftlichen Entwicklung und der Schaffung von Arbeitsplätzen zu. Die Sonderstellung der Kleinunternehmen kommt auch in Art. 118 a EWGV zum Ausdruck. Deshalb dürfen für Kleinunternehmen besondere Regelungen getroffen werden.

Urteil vom 30. November 1993, Rs. C-189/91, Kirsammer-Hack (Slg. 1993, S. I-6185)

*   **Arbeitsvertrag über Nachtarbeit kann nicht wegen Schwangerschaft aufgelöst werden**[FE]

Schließen eine Arbeitnehmerin und ein Arbeitgeber in Unkenntnis einer bereits bestehenden Schwangerschaft einen Arbeitsvertrag auf unbestimmte Zeit, der (auch) Nachtarbeit zum Gegenstand hat, so rechtfertigt das in Deutschland bestehende gesetzliche Verbot der Nachtarbeit für Schwangere und stillende Mütter nicht die Auflösung des Arbeitsvertrags.

Die Klägerin hat mit der Beklagten am 23. März 1992 einen Arbeitsvertrag geschlossen über eine Tätigkeit als Nachtwache in einem Altenheim zum 1. April 1992. Beiden Seiten war nicht bewußt, daß zu diesem Zeitpunkt bereits eine Schwangerschaft bestand. Mit ärztlichem Attest vom 29. Mai 1992 wurde der Beginn der Schwangerschaft auf den 11. März datiert. Die Beklagte berief sich daraufhin auf § 8 I MuSchG um den Arbeitsvertrag zu beenden. Nach dieser Vorschrift dürfen werdende und stillende Mütter nicht zw. 20 und 6 Uhr nachts beschäftigt werden. Die herrschende Meinung in Rechtsprechung und Literatur in Deutschland ging bisher davon aus, daß Arbeitsverträge, die unter Verstoß gegen diese Vorschrift geschlossen werden, nach § 134 BGB nichtig sind oder zumindest wegen eines Irrtums über eine wesentliche Eigenschaft des Arbeitnehmers angefochten werden können. Die Schwangere widersetzte sich jedoch dieser Auslegung und klagte zum Arbeitsgericht Regensburg, welches dem EuGH vorlegte.

Der Gerichtshof stellte zunächst fest, daß die Nichtigerklärung oder Anfechtung eines Arbeitsvertrags auf unbestimmte Zeit, der sich auf eine nachts zu erbringende Tätigkeit bezieht, wegen einer Schwangerschaft eine geschlechtsbezogene Diskriminierung darstellt, da nur Frauen betroffen sein können. Solche Diskriminierungen seien von Art. 2 Abs. I der Gleichbehandlungs-RL 76/207 (ABl. 1976 L 39, S. 40) verboten; das Verbot sei außerdem klar und eindeutig, d.h. zur unmittelbaren Anwendung geeignet und müsse von den nationalen Behörden und Gerichten bei der Auslegung nationalen Rechts beachtet werden.

Im vorliegenden Fall ergebe sich die Ungleichbehandlung allerdings nicht direkt aus der Schwangerschaft, sondern aus dem Nachtarbeitsverbot für Schwangere. Fraglich sei daher, ob ein Arbeitsvertrag wegen diesem Nachtarbeitsverbot einseitig aufgelöst werden dürfe. Dabei sei zu berücksichtigen, daß es um einen Arbeitsvertrag auf unbestimmte Zeit gehe, d.h. die Schwangerschaft und das Nachtarbeitsverbot wirkten im Vergleich zur voraussichtlichen Gesamtdauer des Vertrages nur für eine bestimmte Zeit. Unter diesen Voraussetzungen würde es dem Schutzzweck der RL 76/207 zuwiderlaufen, "wenn man es zuließe, daß der Vertrag wegen der zeitweiligen Verhinderung der schwangeren

Arbeitnehmerin, die Nachtarbeit zu verrichten, für die sie eingestellt wurde, für nichtig erklärt oder angefochten werden könnte."

Anmerkung der Red.: Grundsätzlich läßt das Urteil mehrere Interpretationen zu:

a) Der Arbeitsvertrag darf nicht aufgelöst werden, die Diskriminierung ergibt sich de facto jedoch aus dem Nachtarbeitsverbot. Das Nachtarbeitsverbot ist damit unvereinbar mit dem Gleichbehandlungsgrundsatz. Die Klägerin wird weiter beschäftigt und bezahlt, muß aber auch arbeiten.

b) Der Arbeitsvertrag darf nicht aufgelöst werden und das Nachtarbeitsverbot gilt weiter. Die Klägerin wird weiter beschäftigt und bezahlt und darf, d.h. muß nicht arbeiten.

c) Arbeitsvertrag und Nachtarbeitsverbot gelten weiter, der Arbeitsvertrag wird jedoch für die Dauer der Schwangerschaft, d.h. bis zum Beginn des Mutterschutzurlaubs, suspendiert. Die Klägerin wird weiter beschäftigt, d.h. vor allem sie behält ihren Arbeitsplatz, darf/muß nicht arbeiten, wird allerdings auch nicht bezahlt. Der normale und bezahlte Mutterschutzurlaub wird hiervon nicht betroffen.

Da der EuGH bereits am 25. Juli 1991 in der Rs. C-345/89, Stoeckel, entschieden hat, daß zwar ein generelles Nachtarbeitsverbot für Frauen mit dem gemeinschaftsrechtlichen Gleichbehandlungsgebot unvereinbar sei, die Mitgliedstaaten jedoch für Schwangere und Wöchnerinnen besondere Schutzvorschriften einführen und aufrechterhalten dürften (vgl. Art. 2 Abs. 3 der RL 76/207) ist klar, daß ein Nachtarbeitsverbot für Schwangere mit dem Gemeinschaftsrecht vereinbar ist und die Interpretation unter a) nicht zutreffen kann.

Auch die Interpretation unter c) ist vom EuGH so wohl nicht gewollt. Auf das Argument der Beklagten, ein überzogener Mutterschutz könne zu Mißbräuchen seitens der Frauen und zu einer Diskriminierung der Männer führen, welche die Möglichkeit, Lohn zu beziehen ohne dafür arbeiten zu müssen nicht hätten, antwortete der EuGH ausdrücklich, dieser Argumentation könne nicht gefolgt werden. Der Schutz von Frauen bei Schwangerschaft und Mutterschaft müsse zum einen der besonderen biologischen Situation gerecht werden, zum anderen müsse er auf einen Ausgleich der Nachteile im Hinblick auf die "Beibehaltung des Arbeitsplatzes" hinwirken (Rn. 19-22 der Entscheidungsgründe). Im Ergebnis bleibt wohl nur die Interpretation unter b) - erfreulich für die Klägerin aber rechtspolitisch sinnvoll?

Wieder einmal wird nämlich für die Diskussion um Gleichbehandlung von Frauen bei Schwangerschaft und Mutterschaft am falschen Punkt angesetzt und eine Gelegenheit zur grundlegenden Reform verpaßt. Wenn die Arbeitgeber in Zukunft bei Frauen im sog. gebährfähigen Alter neben dem Risiko, während der Zeit des Mutterschutzes das Gehalt fortzahlen zu müssen, ohne dafür eine Gegenleistung in Form von Arbeit zu erhalten und dem Risiko, den Arbeitsplatz danach während eines "Erziehungsjahres" freihalten zu müssen, auch noch das neue Risiko aufgebürdet bekommen, das Arbeitsentgelt während der gesamten Schwangerschaft zahlen zu müssen, ohne dafür eine Gegenleistung zu erhalten, so werden sie nur noch mehr zögern, solche Frauen überhaupt einzustellen. Da die Frage nach einer Schwangerschaft im Bewerbungsgespräch unzulässig ist bzw. nicht ehrlich beantwortet werden muß, werden die Arbeitgeber jetzt erst Recht auch weniger gut qualifizierte Männer bevorzugen um diese genannten Risiken zu minimieren. Somit können sich Frauen in Zukunft Bewerbungen für Stellen, die (auch) Nachtarbeit umfassen wohl weitgehend sparen. In einer Zeit hoher Arbeitslosigkeit gerade unter jungen Frauen wird deren Zugang zur Beschäftigung weiter erschwert. Wie lange noch, bis man endlich die Kosten für Schwangerschaft und Mutterschaft nicht länger den Arbeitgebern (allein), sondern den wahren Nutznießern, nämlich uns allen, d.h. den Steuerzahlern bzw. der Gesellschaft als ganzer auferlegt?

Urteil vom 5. Mai 1994, Rs. C-421/92, Habermann-Beltermann gegen Arbeiterwohlfahrt (Slg. 1994, S. I-1657)

* **Wichtiges und höchst bedenkliches Urteil zum Schutz der Arbeitnehmer bei Betriebsübergängen**[FE]

Die Auslagerung von Tätigkeiten auf spezialisierte Fremdunternehmen stellt einen Betriebsübergang i.S.d. § 613a BGB dar, mit allen Konsequenzen für die Rechte der betroffenen Arbeitnehmer. "Betrieb" kann dabei eine beliebig kleine Einheit bis hin zu einem einzelnen Arbeitnehmer sein.

Die Spar- und Leihkasse der früheren Ämter Bordesholm, Kiel und Cronshagen ist eine Bank mit diversen Filialen im Raum Kiel. Die meisten dieser Filialen werden von der privaten Reinigungsfirma Spiegelblank sauber gehalten. In der Filiale Wacken beschäftigte die Sparkasse noch selbst eine Arbeitnehmerin, welche die Reinigungsarbeiten versah. Wegen Umbaus der Filiale kündigte die Sparkasse im Februar 1992 dieser Arbeitnehmerin. Es war beabsichtigt, die Reinigungsarbeiten nach dem Umbau ebenfalls der Firma Spiegelblank zu übertragen. Spiegelblank schlug der betroffenen Arbeitnehmerin vor, sie zu einem höheren als dem bisher von ihr bezogenen monatlichen Arbeitsentgelt zu beschäftigen. Dazu war die Betroffene jedoch nicht bereit, da sie der Ansicht war, wegen der Vergrößerung der zu reinigenden Fläche künftig in Wahrheit einen schlechteren Stundenlohn zu bekommen.

Die Rechte von Arbeitnehmern beim Übergang ihres Betriebes oder Betriebsteils auf einen neuen Inhaber sind gemeinschaftsrechtlich durch die *RL 77/187 zur Angleichung der Rechtsvorschriften der Mitgliedstaaten über die Wahrung von Ansprüchen der Arbeitnehmer bei Übergang von Unternehmen, Betrieben oder Betriebsteilen* (ABl. 1977 L 61/26) geschützt. § 613a Absatz 4 BGB wurde zur Umsetzung dieser Richtlinie geschaffen.

Am 16. Dezember 1992 in der Verb. Rs. C-132, 138 und 139/91, Katsikas, hat der EuGH die durch die Richtlinie begründeten Rechte wie folgt ausgelegt:

Grundsätzlich tritt der neue Inhaber in den Arbeitsvertrag ein, d.h. die Arbeitsverhältnisse gehen zu gleichen Konditionen auf ihn über. Widersprechen die Arbeitnehmer dem Übergang ihres Arbeitsverhältnisses, so können sie nicht zur Fortsetzung mit dem neuen Inhaber gezwungen werden. Aus der Weigerung für den neuen Inhaber zu arbeiten, dürfen den Arbeitnehmern keine Nachteile erwachsen. Es steht den Mitgliedstaaten frei, den Arbeitnehmern in diesen Fällen ein Recht auf Beendigung des Arbeitsverhältnisses unter Zahlung einer angemessenen Abfindung oder ein Recht auf Fortsetzung des Arbeitsverhältnisses mit dem Altinhaber einzuräumen.

Im vorliegenden Fall bestand die Arbeitnehmerin auf Fortsetzung des Arbeitsverhältnisses zu gleichen Konditionen mit der Sparkasse. Dem EuGH wurde daher die Frage vorgelegt, ob es sich beim Auslagern der Reinigungsarbeit um einen Betriebsübergang i.S.d. RL 77/187 handelt.

Im Verfahren vertraten die Beklagte, sowie die Vertreter der Bundesregierung und der britischen Regierung die Ansicht, die Übertragung der Reinigungsaufgaben eines Unternehmens auf eine Fremdfirma könnten grundsätzlich nicht als Betriebsübergang eingestuft werden, zumindest jedoch dann nicht, wenn diese bisher nur von einer einzelnen Person erledigt worden sind. Generalanwalt van Gerven schlug eine salomonische Lösung vor: Es sei Sache des zuständigen nationalen Gerichts, zu entscheiden, ob es sich im Einzelfall um "den Übergang einer Wirtschaftseinheit", d.h. "einer organisierten Gesamtheit von Personen und Vermögenswerten (materielle und/oder immaterielle), mit deren

Hilfe eine wirtschaftliche Tätigkeit mit selbständigem, wenn auch untergeordnetem Zweck ausgeübt wird" handele. Der Gerichtshof folgte diesen Vorschlägen jedoch nicht.

Art. 1 Absatz 1 der genannten RL erfasse auch Fälle, wie den beschriebenen, in dem ein Unternehmer durch Vertrag einem anderen Unternehmer die Verantwortung für die Erledigung einer früher von ihm selbst wahrgenommenen Reinigungsaufgabe überträgt. Dies gelte selbst dann, wenn nur eine einzelne Person betroffen sei.

Anmerkung der Red.: Diese Entscheidung wird weitreichende Folgen haben für die bei Unternehmen beliebte und regelmäßig mit großen wirtschaftlichen Vorteilen verbundene Praxis, Aufgaben bis hin zu Sekretariatsarbeiten und Buchhaltung an selbständige und spezialisierte Dritte zu vergeben. Indem der EuGH von der bisher üblichen und vom Generalanwalt vorgeschlagenen Definition eines Betriebes oder Betriebsteils abweicht und sogar eine einzelne Person ohne nenneswerte organisatorische Struktur genügen läßt, wird im Einzelfall jedenfalls dann, wenn es sich nicht nur um sporadische Aufgaben, sondern um alltägliche Arbeiten handelt, eine Auslagerung nahezu unmöglich. Viel wird nun davon abhängen, wie die Arbeitsgerichte in Fällen, in denen der Arbeitnehmer auf Fortsetzung des Arbeitsverhältnisses mit dem bisherigen Arbeitgeber besteht, die Frage der Zulässigkeit einer betriebsbedingten Kündigung beantworten werden. Zumindest theoretisch bestehen die Aufgaben ja fort und ist eine betriebsbedingte Kündigung nicht erforderlich. Schlechte Zeiten für die arbeitsteilige Wirtschaft?

Urteil vom 14. April 1994, Rs. C-392/92, Christel Schmidt (Slg. 1994, S. I-1311)

*   **Nochmals zur Anwendbarkeit des Art. 119 EWGV auf Betriebsrenten**, siehe Rs. C-152/91, Neath

*   **Nochmals zur Vereinbarkeit von Betriebsrenten mit Art. 119 EWGV**, siehe Rs. C-110/91, Moroni

*   **Gleichberechtigung von Männern und Frauen bei betrieblichen Überbrückungsrenten**, siehe Rs. C-132/92, Roberts

*   **Beamtenpensionsansprüche sind "Entgelt" i.S.d. Art. 119 EGV**, siehe Rs. C-7/93, Beune

*   **Zwei wichtige Arbeitnehmerschutz-Richtlinien in Großbritannien mangelhaft umgesetzt**[FE]

Seit Jahren sperrt sich Großbritannien gegen den Erlaß einer Richtlinie über europäische Betriebsräte und blockiert damit indirekt auch die Einführung einer europäischen Aktiengesellschaft. Was jahrelange Verhandlungen nicht fertig gebracht haben, könnte nun auf einem Umweg über zwei Urteile des EuGH erreicht werden: Auch Großbritannien muß nun die Einrichtung von Arbeitnehmervertretern in Betrieben mit mehr als nur einer handvoll Angestellter vorsehen. Die Arbeitgeber dürfen nicht länger frei entscheiden ob sie eine Gewerkschaft oder sonstige Arbeitnehmervertretung anerkennen wollen oder nicht. Daneben droht in Großbritannien eine Flut von Schadensersatzklagen, da der EuGH festgestellt hat, daß die britische Regierung seit 1981 unrechtmäßig die Höhe der von den Arbeitgebern zu zahlenden Abfindungen und Strafen begrenzt hat, auf die Arbeitnehmer im Fall von unrechtmäßigen Entlassungen bei Betriebsübergängen oder bei Verstößen gegen die Vorschriften über Massenentlassungen Anspruch erheben konnten.

Im ersten Verfahren geht es um die *RL 77/187 zur Angleichung der Rechtsvorschriften der Mitgliedstaaten über die Wahrung von Ansprüchen der Arbeitnehmer beim Übergang von Unternehmen, Betrieben oder Betriebsteilen* (ABl. 1977 L 61/26). Die Richtlinie ist anwendbar "auf den Übergang von Unternehmen, Betrieben oder Betriebsteilen auf einen anderen Inhaber durch vertragliche Übertragung oder durch Verschmelzung" (Art. 1 Abs. I). Nach Art. 3 gehen die Rechte und Pflichten aus den Arbeitsverträgen der Beschäftigten mit dem Übergang des Betriebes automatisch auf den Erwerber über. Art. 4 stellt klar, daß der Übergang des Unternehmens für sich kein Grund zur Kündigung sein kann. In Art. 6 sind schließlich bestimmte Informations- und Konsultationspflichten zugunsten der vom Übergang betroffenen Arbeitnehmer geregelt.

Die Umsetzungsfrist für diese Richtlinie ist am 16. Februar 1979 abgelaufen. In Deutschland ist die Umsetzung durch Einführung bzw. Erweiterung des § 613a BGB erfolgt. In Großbritannien erfolgte die Umsetzung durch die Transfer of Undertakings (Protection Employment) Regulation von 1981, die 1993, nach Erhebung der vorliegenden Klage, in einigen Punkten geändert worden ist.

In dem zweiten Verfahren geht es um die *RL 75/129 zur Angleichung der Rechtsvorschriften der Mitgliedstaaten über Massenentlassungen* (ABl. 1975 L 48/29). Diese RL ist anwendbar auf die Entlassung von 10 oder mehr Arbeitnehmern in Betrieben mit 20 bis 100 Arbeitnehmern, auf die Entlassung von 10% oder mehr der Arbeitnehmer in Betrieben mit 100 bis 300 Arbeitnehmern und auf die Entlassung von 30 oder mehr Arbeitnehmern in noch größeren Betrieben. Für diese Fälle schreibt die RL vorherige Konsultationen mit den Arbeitnehmervertretungen, schriftliche Anzeigen an die Arbeitsämter und ernsthafte Bemühungen um eine Lösung der durch die beabsichtigten Massenentlassungen aufgeworfenen Probleme vor.

Durch den Fall von drei Müllabfuhrbediensteten, deren Anstellungsverhältnis von einer Stadtverwaltung auf einen privaten Dienstleister übertragen wurde, ohne Einhaltung der Bestimmungen der Richtlinie 77/187, wurde die Kommission auf gewisse Mängel bei der Umsetzung der beiden RLen in Großbritannien aufmerksam. Die anschließende Untersuchung führte zu Verfahren nach Art. 169 EGV, die nun mit Verurteilungen durch den EuGH vor allem wegen folgender Punkte zu Ende gegangen sind:

10. Einwirkung des Gemeinschaftsrechts auf das innerstaatliche Arbeitsrecht

10.5. Allgemeine Sozialpolitik

a) Indem in Großbritannien Arbeitnehmervertretungen (Betriebsräte, etc.) nicht gegen den Willen des Arbeitgebers gebildet werden können sei es den Arbeitgebern möglich, ihre Verpflichtung zu Konsultationen mit den Arbeitnehmervertretungen vor einem Betriebsübergang oder vor der Entlassung einer größeren Zahl von Arbeitnehmern einseitig zu unterlaufen. Diese Rechtslage sei mit Art. 6 Absätze I und II der RL 77/187 und mit Art. 2 der RL 75/129 unvereinbar. Diese Vorschriften überließen den Mitgliedstaaten nur die Wahl wie Arbeitnehmervertretungen zu bestellen sind, die Bestellung als solche sei dagegen zwingend.

b) Indem Großbritannien die arbeitnehmerschützenden Wirkungen der RLen auf Fälle beschränkt hat, in denen Unternehmen oder Betriebe mit Gewinnerzielungsabsicht ihren Inhaber wechseln oder aus wirtschaftlichen Gründen aufgelöst werden, habe es wichtige Teile des Wirtschaftslebens, z.B. das contracting-out von Aufgaben der öffentlichen Daseinsvorsorge, unter Verstoß gegen Gemeinschaftsrecht von den RLen ausgenommen. Richtig ausgelegt sei die RL 77/187 auf alle Unternehmen und Betriebe anwendbar, die eine wirtschaftliche Tätigkeit ausüben. Dazu sei eine Gewinnerzielungsabsicht nicht erforderlich. Es genüge die Erbringung von Leistungen gegen Entgelt. Die RL 75/129 sei auf sämtliche Entlassungen anwendbar, ohne Rücksicht darauf, ob diese aus wirtschaftlichen Gründen erfolgen oder aus anderen Motiven.

c) Indem Großbritannien den Schadensersatz bei Verstößen gegen die RLen, z.B. für den Fall einer unberechtigten Entlassung im Zusammenhang mit einem Betriebsübergang, auf zunächst zwei und später vier Wochenverdienste beschränkt hat, habe es die gemeinschaftsrechtliche Verpflichtung, Verstöße mit wirksamen und abschreckenden Sanktionen zu ahnden, nicht erfüllt.

Urteile vom 8. Juni 1994, Rs. C-382/92 und Rs. C-383/92, Kommission gegen Großbritannien (Slg. 1994, S. I-2435 und S. I-2479)

Energiemarkt
und EG-Vertrag

* Staatliche Stromversorgungsunternehmen unterliegen dem Kartellverbot nach Art. 85 und dem Verbot des Mißbrauchs einer marktbeherrschenden Stellung nach Art. 86 EGV, siehe Rs. C-393/92, Energiebedrijf Ijsselmij

Umweltschutz

*   **Nochmals zu Beteiligungsrechten des Parlaments: Wahl der Rechtsgrundlage für die Abfallverordnung**, siehe Rs. C-187/93, Parlament gegen Rat - Abfallverordnung

*   **Schutzzweck der Vogelschutz-RL**[DS]

Art. 7 Abs. 4 *RL 79/409 über die Erhaltung der wildlebenden Vogelarten* (ABl. 1979 L 103/1) **bezweckt den lückenlosen Schutz der Zugvögel. Es verstößt deshalb gegen die RL, wenn das Datum für das Ende der Jagdzeit in einer Weise festgesetzt wird, daß ein bestimmter Prozentsatz der Vögel nicht mehr geschützt ist. Mit der RL ist es ebenfalls nicht zu vereinbaren, wenn für verschiedene Vogelarten unterschiedliche Jagdzeiten gelten, es sei denn der Mitgliedstaat kann nachweisen, daß die Staffelung der Jagdzeiten einen lückenlosen Schutz aller Vogelarten nicht verhindert. Ein Verstoß gegen die RL ist hingegen nicht anzunehmen, wenn für einzelne Gebiete eines Mitgliedstaates unterschiedliche Daten für das Ende der Jagdzeit festgesetzt werden und wenn die Befugnis zur Festsetzung der Jagdzeiten auf nachgeordnete Behörden delegiert wird.**

Verschiedene Umweltschutz- und Jägervereinigungen in Frankreich klagen auf Nichtigerklärung von Erlassen, in denen das Ende der Jagdzeit für Zugvögel in den Departements Maine-et-Loire und Loire-Atlantique festgesetzt wurde. Auf Vorlage des Verwaltungsgerichts Nantes entschied der EuGH im oben genannten Sinn.

Urteil vom 19. Januar 1994, Rs. C-435/92, Association pour la protection des animaux sauvages (Slg. 1994, S. I-67)

*   **Kein "Recht auf Umweltschutz" aus der Abfallrichtlinie**[FE]

Einzelbürger können sich nicht auf Art. 4 der Abfallrichtlinie berufen, um sich gegen die Entscheidung einer nationalen Behörde zu wehren, nach der auf dem Gebiet ihrer Heimatgemeinde eine Mülldeponie errichtet werden soll. Besagter Artikel hat nur Programmcharakter und ist nicht hinreichend genau um Rechte einzelner zu begründen.

Artikel 4 der Abfallrichtlinie 75/442 (in der durch die RL 91/156 geänderten Fassung, ABl. 1991 L 78/32) lautet wie folgt: "Die Mitgliedstaaten treffen die erforderlichen Maßnahmen, um sicherzustellen, daß die Abfälle verwertet oder beseitigt werden, ohne daß die menschliche Gesundheit gefährdet wird und ohne daß Verfahren oder Methoden verwendet werden, welche die Umwelt schädigen können ...". Wie der EuGH im vorliegenden Urteil entschieden hat, ist diese Bestimmung, die schon vom Wortlaut her nur an die Mitgliedstaaten gerichtet ist, nicht geeignet, individuelle Abwehrrechte einzelner zu begründen.

Urteil vom 23. Februar 1994, Rs. C-236/92, Comitato di coordinamento per la difesa della Cava (Slg. 1994, S. I-483)

*   **Italien hat Gewässerschutzrichtlinie immer noch nicht richtig umgesetzt**[FE]

Auf Klage der Kommission hat der Gerichtshof festgestellt, daß Italien gegen Artikel 171 EGV verstoßen hat, indem es das Urteil des Gerichthofs vom 12. Juli 1988 (Rs. 322/86, Kommission gegen Italien, Slg. 1988, 3995) nicht befolgt hat. Seinerzeit war Italien wegen unzureichender Umsetzung der *RL 78/659 über die Qualität von Süßwasser, das schutz- und verbesserungsbedürftig ist, um das Leben von Fischen zu erhalten* (ABl. 1978 L 222/1) verurteilt worden.

Urteil vom 9. März 1994, Rs. C-291/93, Kommission gegen Italien (Slg. 1994, S. I-859)

*   **Und noch eine Verurteilung wegen verspäteter Umsetzung einer Umweltschutzrichtlinie**[FE]

Belgien wurde auf Klage der Kommission verurteilt, da es nicht rechtzeitig die erforderlichen Rechts- und Verwaltungsvorschriften erlassen hat, um die RL 86/278 über den Schutz der Umwelt und insbesondere der Böden bei der Verwendung von Klärschlamm in der Landwirtschaft (ABl. 1986 L 181/6) in nationales Recht umzusetzen.

Urteil vom 3. Mai 1994, Rs. C-260/93, Kommission gegen Belgien (Slg. 1994, S. I-1611)

*   **Grundsatzurteil zu strengeren einzelstaatlichen Normen im Umweltschutzbereich - das italienische Verbot der Meeresverschmutzung durch Schiffe**[FE]

In einer wichtigen Leitentscheidung hat der EuGH das ganze Spektrum des Gemeinschaftsrechts durchgeprüft und vorgeführt, daß die gemeinschaftsrechtlichen Freiheiten nicht zur Umgehung von nationalen Umweltschutzvorschriften mißbraucht werden können. Besonders wichtig ist die Feststellung, daß ein Mitgliedstaat nicht schon dadurch eine unzulässige Diskriminierung begeht, daß er in seinem Hoheitsgebiet und Zuständigkeitsbereich strengere Schutznormen anwendet, als dies in anderen Mitgliedstaaten der Fall ist. Diejenigen Mitgliedstaaten und politischen Kräfte in der Gemeinschaft, die sich für hohe Standards beim Schutz der Umwelt einsetzen, werden erneut in der Überzeugung bekräftigt, daß die Vergemeinschaftung des Wirtschaftslebens und wichtiger Teile des Umweltschutzes keineswegs automatisch zu einer Harmonisierung auf dem Niveau des kleinsten gemeinsamen Nenners führt. Eine gute Entscheidung und eine wichtige Botschaft auch in Richtung auf die skandinavischen Länder, die vor den Volksabstimmungen über den Beitritt stehen.

Das italienische Gesetz Nr. 979 vom 31. Dezember 1982 über den Schutz des Meeres (GURI Nr. 16 vom 18. Januar 1983, Supplemento ordinario, S. 5) verbietet im Bereich der italienischen Hoheitsgewässer einschließlich der Binnengewässer und Häfen allen Schiffen ohne Unterscheidung nach ihrer Nationalität das Einleiten von Kohlenwasserstoffen und bestimmter anderer schädlicher Chemikalien. Darüber hinaus ist es Schiffen, die unter italienischer Flagge fahren, auch außerhalb der italienischen Hoheitsgewässer verboten, solche Stoffe ins Meer zu leiten. Verstöße gegen diese Bestimmungen werden mit Geldstrafe bis 10 Mio. Lire, Freiheitsstrafe bis zu zwei Jahren, sowie für den Kapitän des Schiffes mit Berufsverbot bis zu zwei Jahren geahndet.

Vor dem Pretore von Ravenna war der Fall des italienischen Staatsangehörigen Peralta anhängig, Kapitän eines unter italienischer Flagge und für einen italienischen Reeder fahrenden Schiffes, der 1990 wiederholt Anweisung gab, die Tanks seines Schiffes außerhalb der italienischen Hoheitsgewässer mit Natronlauge auszuwaschen und diese anschließend ins Meer zu pumpen. Peralta machte geltend, das italienische Gesetz Nr. 979 sei mit Gemeinschaftsrecht unvereinbar. Der Pretore legte dem EuGH vor und erhielt folgende Antwort:

Das Internationale Übereinkommen zur Verhütung der Meeresverschmutzung durch Schiffe (Marpol-Übereinkommen; United Nations Treaties Series Bd. 1341, Nr. 22484) steht dem italienischen Gesetz aus gemeinschaftsrechtlicher Sicht nicht entgegen, da weder die Gemeinschaft noch alle Mitgliedstaaten dem Übereinkommen beigetreten sind. Damit spielt es aus gemeinschaftsrechtlicher Sicht keine Rolle, ob das italienische Gesetz mit den internationalen Verpflichtungen Italiens, wie sie sich aus dem Marpol-Übereinkommen ergeben, vereinbar ist.

Der gemeinschaftsrechtlich geschützte faire Wettbewerb wird nicht schon dadurch beeinträchtigt, daß ein Mitgliedstaat nur seinen eigenen Schiffen ein absolutes Verbot auferlegt, Chemikalien ins Meer einzuleiten. Zwar sind die Art. 85 ff. EGV über das Wettbewerbsrecht auch auf den Seeverkehr anwendbar (vgl. *VO 4056/86 über die Einzelheiten der Anwendung der Artikel 85 und 86 des Vertrages auf den Seeverkehr*, ABl. 1986 L 378/4) und über Art. 5 wird auch staatliches Handeln einbezogen, welches geeignet ist, wettbewerbswidrige private Verhaltensweisen zu erleichtern, dies ist aber vorliegend nicht der Fall, da weder eine beherrschende Stellung eines Unternehmens noch Absprachen zwischen mehreren Unternehmen zu befürchten sind.

Art. 30 EGV über den freien Warenverkehr steht dem italienischen Gesetz ebenfalls nicht entgegen, da die Auswirkungen der Regelungen über das Reinigen von Schiffstanks auf die transportierten Waren zu ungewiß und mittelbar sind und jedenfalls nicht dazu dienen sollen, den Warenhandel mit den anderen Mitgliedstaaten zu regeln.

Die Sanktionsmöglichkeit, einem Kapitän ein zeitlich befristetes Berufsverbot zu erteilen, steht nicht im Widerspruch zu dessen Freizügigkeitsrechten nach Gemeinschaftsrecht (Art. 48 ff. EGV), da es sich bei einer italienischen Sanktion gegen italienische Kapitäne jedenfalls um einen rein internen Sachverhalt handelt, der nicht über die Grenzen des betreffenden Mitgliedstaats hinausreicht.

Das italienische Gesetz beeinträchtigt auch nicht die gemeinschaftsrechtlich gewährleistete Niederlassungsfreiheit (Art. 52 ff. EGV). De facto ist zwar denkbar, daß strenge Umweltschutzauflagen in einem Mitgliedstaat Unternehmen aus anderen Mitgliedstaaten davon abhalten können, dort eine Niederlassung einzurichten, dem steht Gemeinschaftsrecht jedoch nicht entgegen. Niederlassungsfreiheit ist nicht gleichbedeutend mit Immunität von jeglicher staatlicher Regelung und damit totaler Handlungsfreiheit. Auch Unterschiede zwischen den Steuersystemen der Mitgliedstaaten oder den Lohnkosten sind Faktoren, die de facto auf unternehmerische Standortentscheidungen wirken können, ohne daß dadurch ein Konflikt mit der Niederlassungsfreiheit entstehen würde.

Die gemeinschaftsrechtlich gewährleistete Dienstleistungsfreiheit (Art. 59 ff. EGV) bezweckt ein System der Chancengleichheit und verbietet Diskriminierungen aufgrund der Staatsangehörigkeit. In der VO 4055/86 wird die Dienstleistungsfreiheit ausdrücklich auf den Seeverkehr für anwendbar erklärt (ABl. 1986 L 378/1). Daher ist zu untersuchen, ob das italienische Gesetz eine unzulässige Diskriminierung enthält, indem es den unter italienischer Flagge fahrenden Schiffen das Einleiten von Chemikalien auch außerhalb der italienischen Hoheitsgewässer verbietet, während ein solches Verbot für Schiffe unter anderer Flagge nur innerhalb dieser Hoheitsgewässer gilt.

Italien hat im Mittelmeer keine ausschließliche Wirtschaftszone errichtet. Nach allgemeinem Völkerrecht kann es seine Hoheitsgewalt daher nur innerhalb seiner Hoheitsgewässer und auf den Schiffen und Luftfahrzeugen ausüben, die unter seiner Flagge registriert sind. Italien wäre somit gar nicht befugt und in der Lage, ein Verbot der Meeresverschmutzung gegen Schiffe anderer Flaggenzugehörigkeit außerhalb der eigenen Hoheitsgewässer auszusprechen und durchzusetzen. "Die Rechtsvorschriften eines Mitgliedstaats können aber nicht deshalb beanstandet werden, weil sie nur die Schiffe erfassen, auf denen dieser Staat berechtigt ist, seine Befugnisse jenseits der territorialen Grenzen seiner Hoheitsgewalt auszuüben."

Schließlich gestattet Art. 130t EGV den Mitgliedstaaten ausdrücklich, selbst bei Vorliegen von gemeinsamen Umweltschutzmaßnahmen über deren Niveau hinauszugehen. Dieses Recht der einzelstaatlichen Normierung haben die Mitgliedstaaten umsomehr, wenn eine gemeinschaftliche Harmonisierung (noch) nicht erfolgt ist.

Es verstößt daher nicht gegen die Artikel 3 f, 7, 30, 48, 52, 59, 62, 84 und 130r EGV sowie die *VO 4055/86 zur Anwendung des Grundsatzes des freien Dienstleistungsverkehrs auf die Seeschiffahrt zwischen Mitgliedstaaten sowie zwischen Mitgliedstaaten und Drittländern*, wenn die Rechtsvorschriften eines Mitgliedstaats allen Schiffen ohne Unterscheidung nach der Flagge die Einleitung schädlicher chemischer Stoffe in die Hoheits- und Binnengewässer dieses Mitgliedstaats verbieten, das gleiche Verbot auf hoher See nur den unter der nationalen Flagge fahrenden Schiffen auferlegen und schließlich für den Fall der Zuwiderhandlung die Schiffskapitäne, die Angehörige dieses Mitgliedstaats sind, damit bestrafen, daß ihnen zeitweilig die Berufsausübung untersagt wird.

Urteil vom 14. Juli 1994, Rs. C-379/92, Matteo Peralta (Slg. 1994, S. I-3453)

* **Folgenreiche Verspätung bei der Umsetzung der Umweltverträglichkeits-RL in Deutschland**[FE]

Alle umweltrelevanten Bauprojekte, deren Planung nach dem 3. Juli 1988 begonnen und bei denen keine Umweltverträglichkeitsprüfung durchgeführt wurde, sind rechtswidrig und - soweit nationale Ausschlußfristen noch nicht abgelaufen sind - von jedermann anfechtbar.

Um sicherzustellen, daß in allen Teilen der Gemeinschaft bei der Planung und Umsetzung von größeren Bauvorhaben von Anfang an die Auswirkungen auf die Umwelt erfaßt und berücksichtigt werden, erließ der Rat am 27. Juni 1985 die *RL 85/337 über die Umweltverträglichkeitsprüfung bei bestimmten öffentlichen und privaten Projekten* (ABl. 1985 L 175/40). Mit der RL werden die Mitgliedstaaten verpflichtet im nationalen Recht Verfahren vorzusehen in denen die Träger von Bauprojekten wie z.B. Fernstraßen, Kraftwerke, Fabrikanlagen, Müllentsorgungsanlagen, etc. schon bei Beginn der Planungen umfassende Informationen vorlegen und sowohl der Öffentlichkeit als auch den betroffenen Behörden des eigenen und der anderen Mitgliedstaaten Gelegenheit zur Äußerung geben.

Die Umsetzung der RL hätte bis 3. Juli 1988 erfolgen müssen. Die Bundesrepublik hat die RL jedoch erst durch Gesetz vom 12. Februar 1990 mit Wirkung zum 1. August 1990, d.h. mit über zweijähriger Verspätung umgesetzt. In einem Verfahren vor den bayerischen Verwaltungsgerichten klagen der Bund Naturschutz Bayern e.V. und 41 Privatpersonen, vorwiegend betroffene Landwirte, gegen den Bau von zwei Streckenabschnitten der neuen Bundesstraße B 15 in Bayern, deren Planfeststellungsverfahren nach dem 3. Juli 1988 aber vor dem 1. August 1990 begonnen und daher ohne Durchführung einer Umweltverträglichkeitsprüfung abgeschlossen wurden. Auf Vorlage des Bayerischen Verwaltungsgerichtshofs entschied der EuGH im Ergebnis, daß die Baugenehmigungs- und Planfeststellungsverfahren aller umweltrelevanten Projekte, die in den Mitgliedstaaten nach dem 3. Juli 1988 begonnen und ohne Umweltverträglichkeitsprüfung durchgeführt worden sind, rechtswidrig und anfechtbar sind. Die in der RL vorgesehene UVP und die Frist für ihre Umsetzung sind zwingend. Den Mitgliedstaaten ist es nicht gestattet, die Anwendung durch nationale Übergangsvorschriften oder dergleichen auf einen späteren Zeitpunkt zu verschieben.

Urteil vom 9. August 1994, Rs. C-396/92, Bund Naturschutz Bayern, Stahnsdorf u.a. (Slg. 1994, S. I-3717)

* **Klagemöglichkeiten vom Umweltschutzverbänden gegen nationale Projekte vor den europäischen Gerichten[FE]**

Nach wie vor haben Außenstehende keine Möglichkeit, die Kommission zur Einleitung eines Vertragsverletzungsverfahrens nach Artikel 169 EGV gegen einen Mitgliedstaat zu zwingen. Im Falle von nationalen Projekten, die mit Mitteln aus den EG-Strukturfonds unterstützt werden, gibt es jedoch eine indirekte Möglichkeit für Private, wenigstens die Einhaltung der gemeinschaftsrechtlichen Umweltstandards zu verlangen.

Die *VO 2052/88 über Aufgaben und Effizienz der Strukturfonds und über die Koordinierung ihrer Interventionen untereinander sowie mit denen der Europäischen Investitionsbank und der anderen vorhandenen Finanzinstrumente* (ABl. 1988 L 185/9) regelt u.a. die Vergabe von Fördermitteln der Gemeinschaft für regionale Entwicklungsprojekte der Mitgliedstaaten. Irland legte im Sommer 1989 mehrere Regionalentwicklungspläne vor und die Kommission genehmigte im Dezember 1989 u.a. ein Programm für die Entwicklung des Tourismus. Im Rahmen des letzteren Programms gab der zuständige irische Minister am 22. April 1991 ein Projekt bekannt, bei dem eine neue Zufahrtsstraße in den Naturpark Burren und die Errichtung eines Informationszentrums Mullaghmore und einer dazugehörigen Kläranlage zur Abwasseraufbereitung in dem Park vorgesehen war. Dazu wollte Irland von den generell bewilligten EG-Fördermitteln in Höhe von 188,6 Mio ECU einen Betrag von 2,7 Mio IRL £ ausgeben.

Der World Wildlife Fund und die irische Umweltschutzorganisation An Taisce - the National Trust for Ireland reichten eine Beschwerde gegen das Projekt bei der Kommission ein, woraufhin die Generaldirektion XI Umwelt, nukleare Sicherheit und Katastrophenschutz gegenüber Irland erklärte, daß eine Entscheidung über die Bewilligung der Gemeinschaftsfinanzierung erst nach Durchführung einer Umweltverträglichkeitsprüfung i.S.d. RL 85/337 (ABl. 1985 L 175/40) ergehen werde.

Das irische Office of Public Works führte daraufhin zwei Studien zur Umweltverträglichkeit durch, die jedoch von den Umweltschutzverbänden heftig kritisiert wurden. Die Generaldirektion XI empfahl denn auch der Kommission, ein Vertragsverletzungsverfahren gem. Art. 169 gegen Irland einzuleiten. Im Kollegium der Kommissare wurde diese Empfehlung jedoch nicht angenommen. Am 7. Oktober 1992 teilte die Kommission mit, daß wegen des Mullaghmore-Projekts kein Verfahren gegen Irland eingeleitet werde, da die in Irland erstellten Studien als gleichwertig zu einer Umweltverträglichkeitsprüfung angesehen werden könnten. Hiergegen erhoben die beiden Verbände Nichtigkeitsklage gem. Art. 173 EGV, die vom Gericht erster Instanz als unzulässig abgewiesen wurde:

1.   Die generelle Bewilligung des Tourismusentwicklungsprogramms im Dezember 1989 bezog sich nicht auf konkrete Projekte, sondern gab den nationalen Behörden die Möglichkeit, bestimmte Projekte ihrer Wahl mit der Gemeinschaftshilfe zu verwirklichen. Private Dritte können daher nur von den nachfolgenden nationalen Entscheidungen, nicht aber von der Kommissionsentscheidung unmittelbar betroffen sein. Eine Klagemöglichkeit nach Art. 173 besteht insoweit nicht.

2.   Die Entscheidung vom 7. Oktober 1992, gegen Irland kein Vertragsverletzungsverfahren einzuleiten, war ebenfalls keine Entscheidung über die Vereinbarkeit des konkreten Projekts mit dem Gemeinschaftsrecht, die von Dritten angefochten werden könnte. Davon könnte allenfalls ausgegangen werden, wenn die Kommission mit der Entscheidung, nicht nach Art. 169 vorzugehen, automatisch und zwangsläufig auch über die endgültige Bewilligung der Gemeinschaftsfinanzierung entschieden hätte. Das ist aber nicht der Fall. In Art. 23 und 24 der genannten VO über die Strukturfonds ist nämlich vorgesehen, daß die Kommission noch bis zu drei Jahre nach der letzten Zahlung an einen Mitgliedstaat für eine Aktion sämtliche Belege einsehen und überprüfen kann. Kommt sie dabei zu der Überzeugung, daß Unregelmäßigkeiten und/oder erhebliche Veränderungen der Art oder Durchführungsbedingungen des Projekts aufgetreten sind, so kann sie weitere Zahlungen aussetzen oder kürzen und bereits gezahlte Beträge zurückfordern. Dieses Prüfungsverfahren ist völlig unabhängig davon, ob ein Vertragsverletzungsverfahren nach Art. 169 erwogen, eingeleitet oder (ausdrücklich) eingestellt wurde. Mit der Erklärung, ein Vertragsverletzungsverfahren nicht einleiten zu wollen, hat die Kommission daher keine endgültige Entscheidung über die Bewilligung bzw. Nichtbewilligung der Finanzierung treffen wollen und können, die von den Klägern angefochten werden könnte.

Anmerkung der Red.: Indirekt hat das Gericht den Weg für künftige ähnliche Fälle gewiesen: Aus der VO 2052/88 über die Strukturfonds ist die Kommission berechtigt - und damit bei vorliegen genügender Anhaltspunkte auch verpflichtet - die ordnungsgemäße Durchführung der geförderten einzelnen Projekte zu überprüfen. Zur ordnungsgemäßen Durchführung gehört u.a. seit 3. Juli 1988 eine Umweltverträglichkeitsprüfung. Fehlt es an einersolchen oder weist die Durchführung Mängel auf, so kann die Kommission die Födermittel aussetzen, kürzen oder zurückverlangen. Für Projekte, die noch nicht über die Planungsphase hinausgekommen sind, wird eine Aussetzung der EG-Fördermittel i.d.R. einen Aufschub, wenn nicht die Aufgabe bedeuten.

Nationale Umweltschutzverbände können daher durch frühzeitige Information der Kommission eine Überprüfung gem. VO 2052/88 veranlassen. Notfalls können sie eine solche über eine Unterlassungsklage nach Art. 175 EGV erzwingen. Mit einem Antrag auf Aussetzung der Zahlungen gem. Art. 185, 186 EGV i.V.m. Art. 83 der Verfahrensordnung des Gerichtshofs bzw. Art. 104 ff. der Verfahrensordnung des Gerichts erster Instanz sollte sich während des Gerichtsverfahrens nicht wiedergutmachender Schaden verhindern lassen.

Urteil vom 23. September 1994, Rs. T-461 /93, An Taisce - The National Trust for Ireland und World Wildlife Fund gegen Kommission (Slg. 1994, S. II-733)

*   **Pflichten der Mitgliedstaaten zur Verringerung der Abfallmengen bei Getränkeverpackungen**[FE]

Die Mitgliedstaaten müssen seit 1987 Programme zur Erfassung und Verminderung von Getränkeverpackungen im Hausmüll durchführen. Dazu gehört auch eine periodische Überprüfung der

Wirksamkeit der Programme anhand quantitiver Kriterien mit Berichten an die Kommission, die mindestens alle vier Jahre zu erfolgen haben.

Gemäß *RL 85/339 über Verpackungen für flüssige Lebensmittel* (ABl. 1985 L 176/18) sind die Mitgliedstaaten verpflichtet, bis zum 1. Januar 1987 Programme zur Verringerung des Gewichts und/oder Volumens von Getränkeverpackungen aufzustellen, die über den Hausmüll endgültig beseitigt werden müssen. Die Programme sind anschließend mindestens alle vier Jahre auf ihre Wirksamkeit zu überprüfen und zu aktualisieren. Nach Art. 4 Abs. 1 der RL treffen die Mitgliedstaaten im Rahmen dieser Programme insbesondere Maßnahmen zur Förderung von Mehrwegverpackungen und zur Aufklärung der Verbraucher.

Zur Umsetzung der RL wurden in Frankreich zwischen der Regierung und Vertretern der betroffenen Wirtschaftskreise sechs Verträge ausgehandelt, je einer zu Einweg-Glasverpackungen, Kunststoff, Stahl, Aluminium, Verbundkarton und Pfandglas. Die Verträge sehen gegenseitige Verpflichtungen der Behörden und der Wirtschaft vor, seitens der öffentlichen Verwaltung vor allem in Form von Fördermitteln zur Rückgewinnung von Rohstoffen, Zusammenarbeit auf kommunaler Ebene und Bereitstellung statistischer Informationen.

Auf Klage der Kommission wurde das französische System vom EuGH jedoch für unzureichend befunden. Zum einen sind die Verträge in ihrer Laufzeit auf 30 Monate bzw. 3 1/2 Jahre begrenzt und eine Verlängerung ist nicht ohne weiteres vorgesehen. Damit ist die von der RL geforderte langfristige Müllverminderung zumal durch eine Überprüfung der Ergebnisse nach vier Jahren nicht gewährleistet. Zum zweiten sieht das französische System keine Quantifizierung der Müllreduktion vor; eine periodische Erfolgskontrolle ist damit nicht möglich.

Urteil vom 5. Oktober 1994, Rs. C-255/93, Kommission gegen Frankreich - Getränkeverpackungen (Slg. 1994, S. I-4949)

Sonderregeln der Europäischen Gemeinschaft für Kohle und Stahl (EGKS)

*   **EuGH legt Entscheidung 83/396/EGKS über Beihilfen an die italienischen Stahlhersteller aus**, siehe Rs. C-99/92, Terni und Rs. C-100/92, Fonderia A.

*   **Keine unmittelbaren Ansprüche einzelner gegen wettbewerbsfeindliche Staatsmonopole im Kohle und Stahl Sektor[FE]**

Im Anwendungsbereich des Vertrages über die Europäische Gemeinschaft für Kohle und Stahl sind zwar alle Vereinbarungen zwischen Unternehmen, sowie Beschlüsse von Verbänden und Unternehmen und abgestimmte Verhaltensweisen verboten, wenn sie darauf abzielen, den normalen Wettbewerb zu verhindern oder zu beschränken. Verboten ist außerdem die mißbräuchliche Ausnutzung einer marktbeherrschenden Stellung durch ein einzelnes Unternehmen. Für die Feststellung, ob ein unzulässiges Kartell vorliegt oder eine beherrschende Stellung mißbraucht worden ist, ist jedoch ausschließlich die EU-Kommission zuständig. Einzelne natürliche oder juristische Personen können weder vor den nationalen Gerichten noch vor dem EuGH klagen um aufgrund von Gemeinschaftsrecht ein Verbot eines Kartells oder Mißbrauchs und/oder Schadensersatz zu erlangen.

In Großbritannien wurde durch den Coal Industry Nationalisation Act von 1946 die staatliche British Coal Corporation gegründet. British Coal wurden dabei praktisch die gesamten nationalen Kohle Vorkommen zu Eigentum übertragen. British Coal verfügt über das ausschließliche Förder- und Abbaurecht. British Coal kann von diesem Recht entweder selbst Gebrauch machen oder kann Lizenzen an Dritte vergeben. Bei der Vergabe von Lizenzen zahlt der Dritte entweder eine Gebühr je Tonne geförderter Kohle oder wird verpflichtet, die geförderte Kohle zu einem von British Coal festgesetzten Preis an diese zu verkaufen.

Das private Kohleunternehmen H.J. Banks & Co. Ltd ist ein Lizenznehmer von British Coal. Vor dem High Court of Justice begehrt Banks Schadensersatz von British Coal und macht geltend, indem die Beklagte die Lizenzgebühren je geförderte Tonne zu hoch und die Ankaufspreise im Bereich der Lieferverpflichtungen zu niedrig angesetzt habe, sei es ihr nicht mehr möglich gewesen, einen angemessenen Gewinn zu erzielen. Damit habe British Coal gegen die Wettbewerbsvorschriften des Gemeinschaftsrechts verstoßen.

Der High Court of Justice hat dem EuGH vorgelegt und die folgenden Antworten erhalten: Anwendbares Recht für den Abbau von Rohkohle und die Tätigkeit der betroffenen Unternehmen sei der EGKS-Vertrag. Dieser verbiete Kartellabsprachen in seinem Artikel 65 und treffe Regelungen zur Verhinderung der mißbräuchlichen Ausnutzung einer marktbeherrschenden Stellung in Artikel 66. Hinsichtlich von Kartellabsprachen ist nach Art. 65 § 4 Abs. II jedoch "die Hohe Behörde", d.h. die EG-Kommission, "ausschließlich zuständig, darüber zu entscheiden, ob die genannten Vereinbarungen oder Beschlüsse", d.h. die Kartellabsprachen, "mit den Bestimmungen dieses Artikels im Einklang stehen". Ähnlich heißt es in Art. 66 §7: "Stellt die Hohe Behörde fest, daß öffentliche oder private Unternehmen, die rechtlich oder tatsächlich auf dem Markte ... eine beherrschende Stellung einnehmen ... diese Stellung zu mit diesem Vertrag im Widerspruch stehenden Zwecken verwenden, so richtet sie an diese Unternehmen alle geeigneten [Maßnahmen]". Aus diesen beiden Vorschriften folge, daß sich der einzelne vor den nationalen Gerichten nicht auf die Unvereinbarkeit eines Kartells oder einer Verhaltensweise mit den Artikeln 65 und 66 zu berufen, solange diese Unvereinbarkeit nicht von der Kommission selbst festgestellt worden sei.

Wegen dieser ausschließlichen Zuständigkeit der Kommission könnten die nationalen Gerichte auch nicht mit einer Klage auf Schadensersatz befaßt werden, solange die Kommission keine Entscheidung getroffen habe.

Soweit die Kommission dagegen positiv oder negativ entschieden habe, seien die nationalen Gerichte ebenfalls hieran gebunden. Bei Zweifeln über die Rechtmäßigkeit einer Kommissionsentscheidung stehe den nationalen Gerichten lediglich die Möglichkeit der Vorlage an den Gerichtshof nach Art. 177 EGV offen.

Urteil vom 13. April 1994, Rs. C-128/92, Banks (Slg. 1994, S. I-1209)

* **Geldbuße wegen Überschreitung der Stahlerzeugungsquote**[DS]

Mit Urteil vom 15.12.1994 hat der EuGH die Finsider-Entscheidung des Gerichts erster Instanz im Ergebnis bestätigt. Damit bleibt die Geldbuße wegen Überschreitung der Stahlerzeugungsquote, die die Kommission gegen Finsider verhängt hatte, in vollem Umfang bestehen.

Der italienische Stahlhersteller Finsider beantragte 1988 bei der Kommission die Genehmigung, die Stahlerzeugungsquote im zweiten Quartal 1988 überschreiten zu dürfen. Die Überschreitung sollte mit der Quote im folgenden Quartal verrechnet werden. Die Kommission teilte Finsider daraufhin formlos mit, daß ein Vorgriff auf das folgende Quartal nicht möglich sei, weil das einschlägige EG-Sekundärrecht (Entscheidung 2794/80/EGKS, ABl. 1980 L 297/1) am Ende des zweiten Quartals 1988 endgültig ausgelaufen sei und eine Übertragung der Quoten deshalb ausgeschlossen sei. Da Finsider die Quote im zweiten Quartal 1988 gleichwohl überschritt, verhängte die Kommission 1990 ein Bußgeld gegen Finsider. Die hiergegen gerichtete Klage von Finsider blieb beim Gericht erster Instanz erfolglos (Gericht erster Instanz, Slg. 1992, S. II-1789). Im Rechtsmittelverfahren entschied der EuGH:

Die von Finsider vorgetragenen Rechtsmittelgründe vermögen nicht zu überzeugen. Finsider hatte zunächst vorgetragen, daß durch das Urteil Hoogovens (EuGH, Slg. 1989, S. 1711) die Rechtsgrundlage für die Festsetzung der Stahlquote für nichtig erklärt worden sei. Die Kommission sei deshalb nicht befugt, überhaupt Stahlquoten im zweiten Quartal 1988 festzusetzen. Diese Auslegung des Hoogovens-Urteils ist nach Ansicht des EuGH zurückzuweisen. Das Urteil ist vielmehr so zu verstehen, daß die Kommission die Quoten unter Beachtung des Billigkeitsgrundsatzes festsetzen durfte.

Die Bußgeldentscheidung der Kommission verstößt nach Ansicht des EuGH auch nicht gegen den Grundsatz des Vertrauensschutzes. In den Sekundär-Rechtsakten war nämlich bereits in den Begründungserwägungen darauf hingewiesen worden, daß der Stahlmarkt nach dem zweiten Quartal 1988 liberalisiert werden sollte und die Stahlerzeugungsquoten abgeschafft werden sollten.

Finsider konnte sich auch nicht darauf berufen, daß Gericht erster Instanz die Bußgeldentscheidung der Kommission zu Unrecht als konkludente Ablehnung des Antrags auf Überschreitung der Quote ausgelegt hatte. Der EuGH stimmte der Auffassung von Finsider zwar zu, er wies jedoch darauf hin, daß die Kommission einen Vorgriff auf nachfolgende Quartale keinesfalls hätte genehmigen können, weil das entsprechende Sekundärrecht nach Ablauf des zweiten Quartals außer Kraft trat. Damit sei die Urteilsformel in jedem Fall richtig, wenn auch aus anderen Gründen als vom Gericht erster Instanz angegeben.

Urteil vom 15. Dezember 1994, Rs. C-320/92 P, Finsider

Sonderregeln der Europäischen Atomgemeinschaft (Euratom)

Keine Grundsatz-Urteile im Berichtszeitraum

Auslegung des Europäischen Gerichtsstands- und Vollstreckungsübereinkommens

*   **Begriff der anderweitigen Rechtshängigkeit i.S. des Art. 21 EuGVÜ**, siehe Rs. C-406/92, Tatry

---

* **Art. 5 Nr. 1 EuGVÜ: Wichtiges Urteil zur Gerichtsstandswahl im internationalen Kaufrecht**[FE]

Art. 5 Nr. 1 EuGVÜ, der Gerichtsstand des Erfüllungsorts, gilt auch wenn der Vertrag Einheitskaufrecht unterliegt.

Die Firma Stawa Metallbau ist ein Hersteller von Fenstern und Türen, mit Sitz in der Bundesrepublik. Im Mai 1988 führte Stawa in London mit der Firma Custom Made Commercial Ltd. (im folgenden: CMC) Vertragsverhandlungen über eine größeren Auftrag zur Ausstattung eines Gebäudekomplexes in London. Die Verhandlungen wurden in englischer Sprache geführt und es kam zum Abschluß eines mündlichen Vertrages. Die Waren sollten nach London geliefert und in englischen £ bezahlt werden. Es war dies der erste geschäftliche Kontakt zwischen den beiden Unternehmen.

Wenige Tage nach dem mündlichen Vertragsschluß bestätigte Stawa mit einem in Englisch verfaßten Schreiben und fügte erstmals eine Kopie ihrer Allgemeinen Geschäftsbedingungen bei. Diese waren in Deutsch abgefaßt und sahen in ihrem §8 vor, daß Erfüllungsort und Gerichtsstand für sämtliche Streitigkeiten am Sitz der Stawa in Bielefeld sein sollte. CMC widersprach diesen Geschäftsbedingungen nicht.

Nach Ausführung des Werklieferauftrags bezahlte CMC nur einen Teil des vereinbarten Preises. Stawa erhob daraufhin beim LG Bielefeld Klage auf Zahlung des Restbetrags. Mit Versäumnisurteil vom 13. Dezember 1989 wurde CMC vom LG Bielefeld zur Zahlung von 144.742,08 £ nebst Zinsen verurteilt. Gegen dieses Urteil legte CMC Einspruch ein und rügte die mangelnde internationale Zuständigkeit der deutschen Gerichte. Das LG erklärte diese Klage durch Zwischenurteil für zulässig, woraufhin CMC Berufung zum OLG Hamm einlegte und erneut die mangelnde internationale Zuständigkeit der deutschen Gerichte rügte. Die Berufung wurde abgewiesen; auf Revision der CMC legte der BGH dem EuGH vor. Der EuGH entschied:

Art. 2 EuGVÜ stellt den allgemeinen Grundsatz auf, daß Klagen am Wohnsitz des Beklagten zu erheben sind. Art. 5 gestattet dem Kläger in bestimmten Fällen die Erhebung seiner Klage bei anderen Gerichten. Der Kläger kann jedoch nicht an jedem beliebigen Ort klagen, der eine Verbindung mit der Streitigkeit aufweist, da Art. 5 die Kriterien für die Gerichtstandswahl abschließend aufzählt. So gestattet Art. 5 Nr. 1 insbesondere die Erhebung der Klage am sog. "Erfüllungsort". Dies ist in der Regel aber nicht notwendigerweise der Ort, der die engste Verbindung zu der Streitigkeit aufweist.

Bei der Ermittlung des Erfüllungsortes besteht keine Wahl zwischen der Erfüllung verschiedener, sich aus dem Vertrag ergebender Verpflichtungen. Es kommt ausschließlich auf die Erfüllung des vertraglichen Anspruchs an, auf den der Kläger seine Klage stützt (Ausnahmen gelten im Arbeitsrecht, vgl. Rs. 133/81, Ivenel, Slg. 1982, S. 1891). Dabei obliegt es dem zuerst mit dem Rechtsstreit befaßten Gericht, hier dem LG Bielefeld, zu prüfen, ob der streitgegenständliche Anspruch im Bereich seiner örtlichen Zuständigkeit erfüllt wurde oder zu erfüllen war. Dazu ermittelt das Gericht das anwendbare Recht unter Verwendung der am Gerichtsort anwendbaren Kollisionsnormen. Aus dem anwendbaren

---

Recht ergibt sich sodann der Erfüllungsort für die streitige Verpflichtung. Diese Auslegung gilt auch dann, wenn Einheitliches Kaufrecht auf das Vertragsverhältnis anwendbar ist.

Urteil vom 29. Juni 1994, Rs. C-288/92, CMC gegen Stawa (Slg. 1994, S. I-2913)

* **Art. 13 EuGVÜ: Zuständigkeit für Verbrauchersachen am Wohnsitz des Verbrauchers?**[FE]

Ein Verbraucher kann eine Klage gegen seinen Vertragspartner nach Art. 14 EuGVÜ entweder an dessen Wohn- oder Geschäftssitz erheben, oder, wenn der Vertragspartner seinen Hauptsitz oder eine Zweigniederlassung i.s.d. Art. 13 Abs. 2 EuGVÜ in einem der Vertragsstaaten hat, auch an seinem eigenen Wohnsitz. Fehlt es an einem Haupt- oder Nebensitz in einem der Vertragsstaaten, so besteht kein Gerichtsstand am Wohnsitz des Verbrauchers.

Aus besagtem Grundsatz folgt, daß zwei Gewerbetreibende, die eine New Yorker Broker Firma mit Warentermingeschäften beauftragt und dabei ihren nicht unbeträchtlichen Einsatz weitgehend verloren haben, die Firma auf Schadensersatz nur vor den Gerichten von New York verklagen können.

Urteil vom 15. September 1994, Rs. C-318/93, Brenner u.a. gegen Dean Witter Reynolds (Slg. 1994, S. I-4275)

* **Art. 16 Nr. 1 EuGVÜ: Gerichtsstand der belegenen Sache**[FE]

Die Feststellung, daß ein nomineller Eigentümer als "trustee" im Sinne des englischen Rechts anzusehen ist, kann nicht mittels einer dinglichen Klage i.S.d Art. 16 Nr. 1 begehrt werden.

In einem Rechtsstreit zwischen zwei Briten, Vater und Sohn, geht es um eine Ferienwohnung in Südfrankreich. 1971 schloß der Vater einen Kaufvertrag über eine Wohnung in Antibes. In seinem Antrag auf eine Devisenausfuhrgenehmigung erklärte der Vater, er kaufe die Wohnung im Namen des Sohnes. Anschließend wurde das Geld auf ein Konto des Sohnes in Antibes übertragen und das Eigentum im Namen des Sohnes erworben. Seither nutzten Vater und Sohn die Wohnung als Ferienwohnung, wobei der Vater im wesentlichen für die Unterhaltungskosten aufkam.

Im März 1990 verklagte der Vater den Sohn auf Herausgabe diverser Schriftstücke und machte geltend, der Sohn halte die Sache als "trustee", während er, der Vater, Eigentümer sei. Der Sohn rügte die Unzuständigkeit der englischen Gerichte und berief sich auf Art. 16 Nr. 1 EuGVÜ, wonach die französischen Gerichte zuständig seien.

Im englischen Recht besteht die Möglichkeit, eine Sache zu finanzieren, die im Namen eines anderen erworben wird. Wenn nicht eindeutig sofortige Schenkungsabsicht gegeben ist, wird vermutet, daß der Geldgeber die materielle Eigentümerstellung behält ("beneficial interest"), während der nominelle Eigentümer "trustee" ist. Um diese Vermutung zu widerlegen, macht der Sohn geltend, die Wohnung sei ihm als erbrechtlicher Voraus ("presumption of advancement") geschenkt worden. Der EuGH entschied:

Art. 16 Nr. 1 verleiht den Gerichten eines Vertragsstaats die ausschließliche Zuständigkeit für Klagen, die dingliche Rechte an Immobilien in diesem Staat zum Gegenstand haben. Für Art. 16 Nr. 1 genügt es jedoch nicht, daß dingliche Rechte an einer unbeweglichen Sache von der Klage berührt werden, oder daß die Klage mit einer unbeweglichen Sache in einem Zusammenhang steht. Vielmehr muß die Klage selbst auf ein dingliches Recht, im Unterschied zu einem persönlichen Recht, gestützt sein.

Im vorliegenden Fall begehrt der Kläger die Herausgabe von Schriftstücken ausschließlich vom Beklagten. Er macht nicht geltend, daß er bereits Inhaber von Rechten sei, die sich unmittelbar auf die unbewegliche Sache beziehen und gegenüber allen wirken würden, sondern er beruft sich nur auf Rechte gegenüber dem Beklagten. Daher handelt es sich nicht um eine dingliche Klage i.S.d. Art. 16 Nr. 1 EuGVÜ. Diese Auslegung wird auch vom Ziel des Art. 16 Nr. 1 bestätigt. Der ausschließliche Gerichtsstand am Ort der belegenen Sache wurde geschaffen, weil Klagen über dingliche Rechte häufig Nachprüfungen und Ermittlungen erfordern, die notwendigerweise am Ort der belegenen Sache erfolgen müssen. Im vorliegenden Fall sind dagegen Unbeweglichkeit und Belegenheit der Sache ohne Einfluß auf das Rechtsverhältnis zwischen den Parteien, welches sich genausogut auf eine Wohnung in Großbritannien oder eine bewegliche Sache beziehen könnte.

Eine Klage auf Feststellung, daß eine Person eine unbewegliche Sache als "trustee" hält und nicht als Eigentümer und eine Klage auf Herausgabe von Schriftstücken über eine unbewegliche Sache sind daher keine dinglichen Klagen i.S.v. Art. 16 Nr. 1 EuGVÜ.

Urteil vom 17. Mai 1994, Rs. C-294/92, Webb gegen Webb (Slg. 1994, S. I-1717)

---

* **Art. 16 Nr. 1 EuGVÜ: Eine Klage auf Nutzungsentschädigung für eine Wohnung, bei der die Eigentumsübertragung rechtskräftig für nichtig erklärt wurde, ist keine dingliche Klage i.S.d. Art. 16 Nr. 1 EuGVÜ**[FE]

Die Parteien streiten über eine Ferienwohnung in Cannes in Südfrankreich. Beide sind wohnhaft in Deutschland. Die Wohnung befand sich zunächst im Eigentum der Eheleute Goebel. 1978 verklagte Norbert Lieber die Eheleute und erzielte einen gerichtlichen Vergleich, wonach das Eigentum an der Wohnung auf ihn übergehen sollte. In folgenden wurde ihm der Besitz eingeräumt und Lieber nutzte die Wohnung bis 1987. Mitte 1987 wurde festgestellt, daß der Prozeßvergleich aus dem Jahre 1978 nichtig war. Die Eheleute begehren nun Entschädigung für die neunjährige Nutzung der Wohnung. Das LG Frankfurt gab ihrer Klage statt und verurteilte Lieber nach Einholung eines Sachverständigengutachtens über den Nutzungswert zur Zahlung von 200.791,78 DM. Lieber legte Berufung zum OLG Frankfurt ein und rügte die mangelnde internationale Zuständigkeit der deutschen Gerichte. Der EuGH entschied:

Gegenstand der vorliegenden Rechtssache ist nicht die Miete oder Pacht einer unbeweglichen Sache i.S.d. Art. 16 Nr. 1, da dieser Artikel auf Verträge über die Miete oder Pacht beschränkt ist (vgl.

Rs. 241/83, Rottwinkel, Slg. 1985, S. 99). Es bleibt daher zu untersuchen, ob es sich um eine Klage über ein dingliches Recht handelt.

Nach ständiger Rechtsprechung ist Art. 16 Nr. 1 eng auszulegen, da sonst den Parteien eine mögliche Gerichtsstandswahl genommen wird und sie unter Umständen gezwungen werden, vor einem Gericht zu klagen, das für keine Seite das Gericht des Wohnsitzes ist. Voraussetzung für die Anwendung von Art. 16 Nr. 1 ist daher, daß mit der Klage ein dingliches und nicht ein persönliches Recht geltend gemacht wird. Der Unterschied besteht darin, daß ein dingliches Recht zu Lasten von jedermann wirkt, während persönliche Ansprüche nur gegen einen konkreten Schuldner geltend gemacht werden können. Daraus folgt, daß ein Anspruch auf Nutzungsentschädigung, der, wie im vorliegenden Fall, nur gegen den Schuldner geltend gemacht werden kann, jedenfalls dann nicht zu einer dinglichen Klage i.S.d. Art. 16 Nr. 1 führt, wenn das Eigentum des Gläubigers an der betreffenden Sache nicht bestritten wird.

Urteil vom 9. Juni 1994, Rs. C-292/93, Lieber gegen Göbel (Slg. 1994, S. I-2535)

* **Art. 27 Nr. 3 EuGVÜ: Ein Prozeßvergleich ist keine "Vorentscheidung" i.S.d. Art. 27 Nr. 3 EuGVÜ[FE]**

Die Firma Solo Kleinmotoren GmbH stellt in Deutschland landwirtschaftliche Maschinen her. Bis 1966 verkaufte sie diese Maschinen in Italien exklusiv über das Handelsunternehmen Boch, welches auch die italienischen Firmenrechte an der Marke "Solo" inne hatte. 1966 gründete die Solo Deutschland eine eigene Vertriebsorganisation, die Solo Italiana SpA und stellte ihre Lieferungen an Boch ein. Letztere erhob daraufhin zwei Klagen: Beim Tribunale civile in Mailand erhob Boch Klage wegen Bruchs des Liefervertrags und beim Tribunale civile in Bologna erhob Boch Klage wegen Verletzung der Firmenbezeichnung Solo und wegen unlauteren Wettbewerbs.

1975 wurde Solo Deutschland von der Corte d'appello in Mailand zur Zahlung von 48 Mio. Lire nebst Zinsen verurteilt. Dieses Urteil wurde in Deutschland mit einer Vollstreckungsklausel versehen. Auf Beschwerde der Solo Deutschland gegen diese Entscheidung schlossen die Parteien vor dem OLG Stuttgart einen Prozeßvergleich, wonach Solo an Boch 160.000 DM zahlte und im übrigen "alle gegenseitigen Ansprüche der Parteien aus ihrer Geschäftsverbindung erledigt" seien.

Im Jahre 1979 entschied die Corte d'appello Bologna, daß Solo Deutschland für die Verletzung der Firmenbezeichnung "Solo" und für unlautere Wettbewerbshandlungen gegenüber Boch verantwortlich sei und Schadensersatz schulde, dessen Höhe in einem separaten Verfahren festgesetzt werden sollte. Dieses Urteil wurde rechtskräftig.

1981 erhob Boch beim Tribunale civile Bologna Klage auf Festsetzung der Höhe des Schadensersatzes und am 18. Februar 1986 verurteilte das Tribunale die Solo Deutschland zur Zahlung von 180 Mio. Lire (nach heutigem Umtauschkurs rund 180.000 DM). Die Berufung der Solo gegen dieses Urteil wurde von der Corte d'appello zurückgewiesen. Beide Gerichte verwarfen das Argument, der Prozeßvergleich habe bereits endgültig über den Streitgegenstand entschieden.

Boch beantragte und erhielt daraufhin beim LG Stuttgart die Vollstreckbarerklärung des Urteils vom 18. Februar 1986. Das OLG Stuttgart wies die Beschwerde von Solo gegen diese Entscheidung zurück, woraufhin Solo Rechtsbeschwerde zum BGH einlegte und sich auf Art. 27 Nr. 3 EuGVÜ berief. Der BGH legte dem EuGH vor. Dieser entschied:

Art. 27 und 28 EuGVÜ sind als Ausnahmen von dem in Art. 26 Abs. I EuGVÜ niedergelegten Grundsatz, wonach gerichtliche Entscheidungen aus einem Vertragsstaat in den anderen Vertragsstaaten anzuerkennen sind, eng auszulegen. Die Aufzählung der Gründe, die für eine Versagung der Anerkennung in Betracht kommen, ist daher abschließend. Vorrangiges Ziel des III. Titels des EuGVÜ ist es, ein einfaches und schnelles Vollstreckungsverfahren zu ermöglichen.

Art. 27 Nr. 3 bestimmt, "Eine Entscheidung wird nicht anerkannt: ... wenn die Entscheidung mit einer Entscheidung unvereinbar ist, die zwischen denselben Parteien in dem Staat, in dem die Anerkennung geltend gemacht wird, ergangen ist".

Eine "Entscheidung" i.S. dieser Vorschrift ist gemäß Art. 25 EuGVÜ jede von einem Gericht eines Vertragsstaats erlassene Entscheidung, ohne Rücksicht auf ihre Bezeichnung. In Betracht kommen daher Urteile, Beschlüsse, Vollstreckungsbefehle, und sogar Kostenfestsetzungsbeschlüsse eines Urkundsbeamten. Gemeinsames Merkmal dieser Entscheidungen ist jedoch, daß sie tatsächlich von einem Rechtsprechungsorgan eines Vertragsstaats erlassen wurden. Diese Voraussetzung ist bei einem Vergleich nicht erfüllt, selbst wenn er vor einem Gericht geschlossen wurde und einen Rechtsstreit beendet. Prozeßvergleiche sind überwiegend vertraglicher und nicht hoheitlicher Natur und ihr Inhalt wird vor allem vom Willen der Parteien bestimmt. Im übrigen bestimmt Art. 51 EuGVÜ, daß Vergleiche wie öffentliche Urkunden zu vollstrecken sind, d.h. auch hier werden Vergleiche nicht mit gerichtlichen Entscheidungen gleichgesetzt. Art. 27 Nr. 3 steht daher der Anerkennung des italienischen Urteils vom 18. Februar 1986 nicht entgegen.

Anmerkung der Red.: Dieser Fall ist ein besonders krasses Beispiel dafür, wie mühsame und überlange nationale Verfahren (vor allem in Italien) im Verein mit dem inzwischen im Durchschnitt über zwei Jahre benötigenden Vorabentscheidungsverfahren vor dem EuGH zu einer völlig inakzeptablen Verfahrensdauer führen können. Nach der Entscheidung des EuGH vom 2. Juni muß nun noch der BGH sein Urteil fällen, bevor Boch vollstrecken kann. Ein Streit aus dem Jahre 1966 wird daher im Herbst 1994 zu Ende gehen, nach 28 Jahren (!) erhält der Kläger sein Recht. Auch wenn der Anteil des EuGH an dieser überlangen Verfahrensdauer relativ klein ist, so muß doch auf europäischer Ebene Vorsorge getroffen werden, daß die Verfahren in Luxemburg auch nach dem Beitritt neuer Mitgliedstaaten zumindest nicht länger werden. In Italien sind jedenfalls drastische Maßnahmen geboten.

Urteil vom 2. Juni 1994, Rs. C-414/92, Solo gegen Boch (Slg. 1994, S. I-2237)

---

* **Vollstreckung von Urteilen aus Nichtvertragsstaaten**[DS]

Das EuGVÜ, insbesondere die Art. 21-23 EuGVÜ, ist nicht auf Verfahren anwendbar, die die Anerkennung und Vollstreckung von Zivilurteilen aus Drittstaaten betreffen.

Die Owens Bank Ltd., ansässig in der Karibik, erstritt vor dem Court of appeal des karibischen Staats St. Vincent ein Urteil gegen Fulvio Bracco, das diesen zu einer Zahlung in Höhe von 9 Mio. SFR an die Owens Bank verpflichtete. 1989 beantragte die Owens Bank die Vollstreckung dieses Urteils in Italien, 1990 die Vollstreckung desselben Urteils in Großbritannien. Fulvio Bracco war der Auffassung, daß die englischen Gerichte bis zum Abschluß des italienischen Vollstreckungsverfahrens unzuständig seien, vgl. Art. 21 f. EuGVÜ (anderweitige Rechtshängigkeit). Auf Vorlage des House of Lords entschied der EuGH:

Art. 21 f. EuGVÜ ist auf den Sachverhalt nicht anwendbar, weil der Anwendungsbereich des EuGVÜ nicht eröffnet ist. Bereits aus dem Wortlaut der Art. 26 und 31 EuGVÜ ergibt sich, daß Titel III des EuGVÜ, der das Anerkennungs- und Vollstreckungsverfahren regelt, nur für Entscheidungen der Gerichte der Vertragsstaaten gilt. Dasselbe müsse für Art. 21 ff. EuGVÜ gelten, auch wenn sich die Vorschriften in Titel II befinden. Zu beachten ist nach Auffassung des EuGH insbesondere der Zweck des EuGVÜ, der den Schutz der in der Gemeinschaft Ansässigen beabsichtige.

Nach Ansicht des EuGH kann sich Bracco auch nicht darauf berufen, daß zu unterscheiden sei zwischen einfachen Vollstreckungsverfahren und Verfahren, in denen der materielle Gehalt des ausländischen Urteils geprüft werden müsse. Bracco hatte sowohl im italienischen als auch im englischen Verfahren geltend gemacht, daß das ausländische Urteil in betrügerischer Weise erschlichen worden sei. Es sei deshalb ein selbständiges Verfahren erforderlich, für das der Einwand der Rechtshängigkeit i.S. des Art. 21 f. EuGVÜ zu beachten sei. Der EuGH hielt entgegen, daß die vermeintlich verschiedenen Verfahrensarten nicht sinnvoll zu trennen sind. Es entspricht deshalb dem Gebot der Rechtssicherheit, Art. 21 f. EuGVÜ auf den Fall nicht anzuwenden.

Urteil vom 20. Januar 1994, Rs. C-129/92, Owens Bank (Slg. 1994, S. I-117)

* **Arrestgrund der Auslandsvollstreckung verstößt gegen EG-Recht**[DS]

§ 917 Abs. 2 der deutschen ZPO, der den Arrestgrund der Auslandsvollstreckung regelt, verstößt gegen Art. 7 EWGV, Art. 220 EWGV und die Vorschriften des EuGVÜ.

Ein deutsches Unternehmen hatte Haselnüsse gekauft, die von der niederländischen Spedition Hatrex befördert wurden und beim Transport verdarben. Das Unternehmen trat seine Schadensersatzansprüche an die deutsche Firma Mund & Fester ab. Um die Beitreibung der Schadenersatzforderung zu sichern, stellte Mund & Fester beim LG Hamburg einen Antrag auf dinglichen Arrest gem. § 917 ZPO. Der LKW, der für den Transport eingesetzt worden war, befand sich noch in Deutschland. Als Arrestgrund wurde § 917 Abs. 2 ZPO angegeben, da die eventuelle Vollstreckung eines Urteils gegen Hatrex im Ausland erfolgen muß. Das Gericht lehnte den Antrag ab, weil es § 917 Abs. 2 ZPO für EG-rechtswidrig hielt. Auf Vorlage des Berufungsgerichts entschied der EuGH:

§ 917 Abs. 2 ZPO verstößt gegen Art. 7 EWGV i.V. mit Art. 220 EWGV und dem EuGVÜ. Der sachliche Anwendungsbereich des Art. 7 EWGV ist eröffnet. Art. 220 EWGV ist zwar keine Rechtsgrundlage für den Erlaß von EG-Normen. Der Artikel bezweckt aber eine erleichterte Anerkennung und Vollstreckung der Urteile auf dem Gebiet der Vertragsstaaten und steht deshalb im Zusammenhang mit dem EWG-Vertrag.

Art. 7 EWGV (jetzt Art. 6 EGV) verbietet jede Diskriminierung aufgrund der Staatsangehörigkeit, unabhängig davon ob es sich um eine sog. offene oder eine versteckte Diskriminierung handelt. Im vorliegenden Fall hielt der EuGH eine versteckte Diskriminierung für gegeben, weil die große Mehrzahl der Vollstreckungen, die im EG-Ausland erfolgen, ausländische Staatsangehörige bzw. Gesellschaften betrifft. Sie werden hierdurch faktisch benachteiligt.

Nach Ansicht des EuGH ist diese Diskriminierung auch nicht durch objektive Umstände gerechtfertigt. Denn durch das EuGVÜ wird die Vollstreckung in den Mitgliedstaaten wesentlich erleichtert. Das Hoheitsgebiet der Mitgliedstaaten ist als einheitliches Ganzes anzusehen. § 917 Abs. 2 ZPO ist hingegen europarechtlich nicht zu beanstanden, soweit es um Vollstreckungen in Drittstaaten geht.

Urteil vom 10. Februar 1994, Rs. C-398/92, Mund & Fester (Slg. 1994, S. I-467)

---

* **Begriff der anderweitigen Rechtshängigkeit i.S. des Art. 21 EuGVÜ**[DS]

In einem für die internationale Prozeßpraxis überaus wichtigen Urteil entschied der EuGH, daß die Erhebung einer Schadenersatzklage denselben Anspruch i.S. des Art. 21 EuGVÜ betrifft wie die Klage auf Feststellung, daß ein solcher Schadenersatzanspruch nicht besteht. Werden deshalb in zwei EuGVÜ-Vertragsstaaten derartige Klagen anhängig gemacht, so muß sich das zuletzt angerufene Gericht gem. Art. 21 EuGVÜ für unzuständig erklären. Für die anwaltliche Beratung bedeutet dies, daß durch die Erhebung einer negativen Feststellungsklage u.U. verhindert werden kann, daß der eigene Mandant im Ausland verklagt wird.

Im Jahr 1988 wurde eine Bulkladung Sojaöl an Bord des Schiffes Tatry von Brasilien nach Rotterdam und Hamburg transportiert. Das Sojaöl war für drei Gruppen von Käufern bestimmt. Da die Käufer behaupteten, daß das Sojaöl schadhaft war, erhoben die Eigentümer des Schiffes Tatry im Jahr 1988 Klage in Rotterdam gegen die Gruppen 1 und 3 der Käufer auf Feststellung, daß sie für den vermeintlichen Schaden nicht haften (negative Feststellungsklage). Im Jahr 1989 erhoben die Gruppen 2 und 3 der Käufer ihrerseits Schadenersatzklage in Liverpool gegen die Eigentümer der Tatry. Hierbei erwirkten sie vor dem Admirality Court u.a. einen Arrest gegen das Schiff Maciej Rataj, das ebenfalls den Eigentümern der Tatry gehört. Gegen diese Entscheidung legten die Eigentümer der Tatry/Maciej Rataj Rechtsmittel ein. Auf Vorlage des Court of Appeal entschied der EuGH:

Auf den Sachverhalt kommt das EuGVÜ in der Fassung vom 9.10.78 zur Anwendung. Dem steht auch nicht Art. 57 EuGVÜ i.V. mit Brüsseler Übereinkommen über den Arrest in Seeschiffe vom 10.5.1952 (International Transport Treaties, Suppl. 12 (Mai 1988), S. I-68) entgegen. Aus Art. 57 EuGVÜ ergibt sich zwar, daß Übereinkommen für besondere Rechtsgebiete (hier Arrest in Seeschiffe) Vorrang vor dem EuGVÜ haben. Dieser Vorrang gilt aber nur insoweit, als das Übereinkommen eine spezielle Regelung der Rechtsfrage enthält. Im konkreten Fall sei aber festzustellen, daß das Übereinkommen über den Arrest in Seeschiffe jedenfalls keine Regelung zur Rechtshängigkeit enthält. Deshalb ist auf die Bestimmungen des EuGVÜ zurückzugreifen.

Zum Begriff der anderweitigen Rechtshängigkeit i.S. des Art. 21 EuGVÜ entschied der EuGH sodann, daß sich das später angerufene Gericht nur dann für unzuständig erklären muß, wenn die Parteien im früher anhängig gemachten Verfahren dieselben sind (Parteiidentität). In Fällen, in denen nur teilweise Parteiidentität vorliege (z.B. weil nur einer der Beklagten an dem Prozeß im anderen Vertragsstaat beteiligt ist), muß sich das später angerufene Gericht deshalb nur teilweise für unzuständig erklären. Der Rechtsstreit ist zwischen den übrigen (nicht identischen) Parteien fortzusetzen. Dies führt zwar zu einer Aufspaltung des Rechtsstreits. Art. 22 EuGVÜ mildert diesen Nachteil jedoch ab, weil das später angerufene Gericht berechtigt ist, das Verfahren vorübergehend auszusetzen.

Die anderweitige Rechtshängigkeit i.S. des Art. 21 EuGVÜ setzt nach Ansicht des EuGH neben der Parteiidentität weiterhin voraus, daß "Gegenstand" und "Grundlage" des streitentscheidenen Anspruchs identisch sind (Anspruchsidentität). Dabei ist mit "Grundlage" des Anspruchs der Sachverhalt und die maßgebliche Rechtsvorschrift gemeint. Mit dem Begriff "Gegenstand des Anspruchs" ist der Zweck der Klage angesprochen. Im konkreten Fall ist nach Ansicht des EuGH der Gegenstand und die Grundlage des Anspruchs in den Verfahren vor den niederländischen und den britischen Gerichten identisch. Zwar sei der Klageantrag einmal als negative Feststellungsklage formuliert und einmal als Schadenersatzklage. In beiden Verfahren gehe es aber letztendlich um die Frage, ob die Eigentümer von Tatry für die mängelbehaftete Ware haften müssen.

Der Anspruchsidentität stehe auch nicht im Wege, daß die jeweiligen Klagen entweder als dingliche oder als persönliche Klage weiterverfolgt werden können.

Als Ergebnis ergibt sich somit für das Vorabentscheidungsverfahren, daß der Admirality Court teilweise zu Unrecht von seiner Zuständigkeit ausgegangen ist, weil teilweise Partei- und Anspruchsidentität vorlagen (Klage bezüglich der Gruppe 3 der Käufer). Hingegen darf das Verfahren zwischen den Schiffseignern und der Gruppe 2 der Käufer vor den englischen Gerichten fortgesetzt werden, weil insoweit keine vorrangige Rechtshängigkeit vorliegt.

Nach Ansicht des EuGH wären die englischen Gerichte aber berechtigt, das Verfahren bezüglich des letztgenannten Rechtsstreits vorläufig auszusetzen, vgl. Art. 22 EuGVÜ. Dem steht auch nicht entgegen, daß die Urteile gegen die verschiedenen Gruppen von Käufern getrennt voneinander vollstreckt werden können. Die Gefahr sich widersprechender Urteile besteht auch dann, wenn die Gefahr sich gegenseitig ausschließender Rechtsfolgen nicht besteht.

Für die anwaltliche Praxis ist dieses Urteil von außerordentlicher Bedeutung, weil der EuGH in dieser Entscheidung erstmals ausdrücklich anerkannt hat, daß eine negative Feststellungsklage die Erhebung einer Schadenersatzklage in einem anderen Vertragsstaat ausschließen kann. Als Anwalt sollte man deshalb seinem Mandanten u.U. die Erhebung einer negativen Feststellungsklage anraten, wenn zu befürchten ist, daß der Mandant ansonsten im Ausland mit einer Schadenersatzklage überzogen wird.

Urteil vom 6. Dezember 1994, Rs. C-406/92, Tatry

3. Teil
Verzeichnisse

Gebrauchshinweise

1. Die Entscheidungen des EuGH und des Gerichts erster Instanz werden in getrennten Verzeichnissen aufgeführt.

2. Nur die fettgedruckten Rechtssachen sind in diesem Band ausführlich kommentiert.

3. Sind für eine Entscheidung mehrere Fundstellen angegeben, so ist die Hauptfundstelle fettgedruckt.

1. Entscheidungen des EuGH

Rs. 22/70, AETR   90

Rs. 133/81, Ivenel   356

Rs. 241/83, Rottwinkel   359
Rs. 293/83, Gravier   206

Rs. 170/84, Bilka Kaufhaus   102

Rs. C-308/87, Grifoni   **127**

Verb. Rs. 79/89 u.a., BASF   124
Rs. C-192/89, Sevince   204
Rs. C-309/89, Codorniu   **157**

Verb. Rs. C-324/90 u.a., Pleuger Worthington   **292**

Rs. C-47/91, Italien gegen Kommission - Italgrani   **294**
Rs. C-110/91, Moroni   **96**; **326**
Rs. C-152/91, Neath   **97**; **326**
Rs. C-165/91, van Munster   **216**
Rs. C-189/91, Kirsammer-Hack   **296**; **320**
Rs. C-195/91 P, Bayer   **117**; **124**
Rs. C-212/91, Angelopharm   **164**
Rs. C-216/91, Rima Eletrometalurgia   **181**
Rs. C-234/91, Kommission gegen Dänemark - Arbeitsmarktabgabe **170**
Rs. C-272/91, Kommission gegen Italien   **307**
Verb. Rs. C-277/91 u.a., Ligur Carni   **163**
Rs. C-316/91, Parlament gegen Rat   **87**
Rs. C-317/91, Deutsche Renault   **156**
Rs. C-327/91, Frankreich gegen Kommission - Wettbewerbsabkommen **89**

Rs. C-6/92, Federmineraria	120
Rs. C-12/92, Huygen u.a.	180; 191
Rs. C-28/92, Leguaye-Neelsen	214
Rs. C-36/92 P, SEP	257
Rs. C-39/92, Petrogal	276
Verb. Rs. C-45/92 u.a., Lepore	213
Rs. C-53/92 P, Hilti	278
Rs. C-60/92, Otto	253
Rs. C-63/92, Lubbock Fine	171
Rs. C-68/92, Kommission gegen Frankreich	170
Rs. C-69/92, Kommission gegen Luxemburg	170
Rs. C-71/92, Kommission gegen Spanien	303
Rs. C-73/92, Kommission gegen Spanien	170
Rs. C-75/92, Gao Yao (Hong Kong) - Einwegfeuerzeuge	120; 183
Rs. C-80/92, Kommission gegen Belgien	137; 161
Rs. C-83/92, Pierrel	162
Rs. C-91/92, Paola Faccini Dori	84
Rs. C-99/92, Terni	296; 345
Rs. C-100/92, Fonderia A.	296; 345
Rs. C-107/92, Kommission gegen Italien - Lawinenschutzdamm Brennero	303
Rs. C-109/92, Wirth	206
Verb. Rs. C-113/92 u.a., Fabrizii	213
Rs. C-116/92, Charlton u.a.	232
Rs. C-118/92, Kommission gegen Luxemburg	197
Rs. C-119/92, Kommission gegen Italien - Zollspediteure	174
Rs. C-128/92, Banks	345
Rs. C-129/92, Owens Bank	362
Rs. C-130/92, OTO SpA	175
Rs. C-132/92, Roberts	96; 326
Rs. C-135/92, Fiskano AB	122
Rs. C-137/92 P, PVC Kartell	267
Rs. C-188/92, TWD Textilwerke Deggendorf	120; 291
Rs. C-236/92, Comitato di coordinamento per la difesa della Cava	83; 335
Rs. C-249/92, Kommission gegen Italien	152
Rs. C-275/92, Schindler	227
Rs. C-278/92, Spanien gegen Kommission - Hilaturas y Tejidos Andaluces SA u.a.	298
Rs. C-285/92, Twee Provinciën	162
Rs. C-287/92, Alison Maitland Toosey	221
Rs. C-288/92, CMC gegen Stawa	356
Rs. C-292/92, Hünermund u.a.	139
Rs. C-294/92, Webb gegen Webb	357
Rs. C-296/92, Kommission gegen Italien	119
Rs. C-304/92, Lloyd-Textil	174
Rs. C-305/92, Albert Hoorn	215
Rs. C-313/92, Van Swieten BV	235
Rs. C-315/92, Clinique	143
Rs. C-317/92, Kommission gegen Deutschland	166
Rs. C-319/92, Haim	208; 244
Rs. C-320/92 P, Finsider	346

Rs. C-328/92, Kommission gegen Spanien   308
Rs. C-331/92, Gestión Hotelera Internacional   305
Rs. C-334/92, Wagner Miret   108
Rs. C-343/92, Roks   104; 221
Rs. C-359/92, Deutschland gegen Rat - Produktsicherheits-RL   312
Rs. C-364/92, Eurocontrol   287
Rs. C-368/92, Solange - Bonnieux   174
Rs. C-375/92, Kommission gegen Spanien   244
Rs. C-376/92, Metro gegen Cartier   262
Rs. C-379/92, Matteo Peralta   336
Rs. C-382/92, Kommission gegen Großbritannien   327
Rs. C-383/92, Kommission gegen Großbritannien   327
Rs. C-387/92, Banco de Crédito Industrial   296
Rs. C-388/92, Parlament gegen Rat   113
Rs. C-389/92, Ballast Nedam   304
Rs. C-392/92, Christel Schmidt   324
Rs. C-393/92, Energiebedrijf Ijsselmij   265; 278; 287; 331
Rs. C-394/92, Marc Michielsen und Geybels Transport Service   235
Rs. C-396/92, Bund Naturschutz Bayern, Stahnsdorf u.a.   338
Rs. C-398/92, Mund & Fester   362
Verb. Rs. C-399/92 u.a., Helmig   103; 320
Rs. C-400/92, Deutschland gegen Kommission   299
Verb. Rs. C-401/92 u.a., Tankstation 't Heukse vof   140
Rs. C-403/92, Chateau de Calce   159
Rs. C-406/92, Tatry   355; 363
Rs. C-408/92, Constance Christina Ellen Smith   100
Rs. C-410/92, Elsie Rita Johnson II   83
Rs. C-414/92, Solo gegen Boch   360
Rs. C-419/92, Scholz   197; 208
Rs. C-421/92, Habermann-Beltermann gegen Arbeiterwohlfahrt   98; 321
Rs. C-426/92, Deutsche Milch-Kontor   151
Rs. C-428/92, Deutsche Angestellten Krankenkasse   219
Rs. C-430/92, Niederlande gegen Kommission   180
Rs. C-432/92, Anastasiou Pissouri   191
Rs. C-435/92, Association pour la protection des animaux sauvages   335

Rs. C-1/93, Halliburton   311
Rs. C-7/93, Beune   100; 326
Rs. C-9/93, Ideal Standard   158
Rs. C-11/93, Siemens Nixdorf Informationssysteme   176
Rs. C-12/93, Drake   221
Rs. C-13/93, Minne   98
Rs. C-16/93, Tolsma   171
Rs. C-17/93, van der Veldt   144; 151
Rs. C-18/93, Corsica Ferries Italia   233
Verb. Rs. C-20/93 u.a., DKV   108; 232
Rs. C-23/93, TV10 SA   240
Rs. C-28/93, Maria Nelleke Gerda van den Akker   100
Rs. C-29/93, OSPIG Textil   179

Rs. C-30/93, AC-ATEL 182
Rs. C-32/93, Carole Louise Webb 99
Rs. C-33/93, Empire Stores 173
Rs. C-35/93, Develop Dr. Eisbein 185
Rs. C-37/93, Kommission gegen Belgien 197
Rs. C-38/93, Glawe Spiel- und Unterhaltungsgeräte 172
Rs. C-39/93 P, SFEI, DHL u.a. 278
Rs. C-41/93, Frankreich gegen Kommission 165
Rs. C-42/93, Spanien gegen Kommission - Merco 298
Rs. C-43/93, Raymond Vander Elst 228
Rs. C-44/93, Namur-Les assurances du crédit u.a. 297
Rs. C-45/93, Kommission gegen Spanien 95
Rs. C-47/93, Kommission gegen Belgien 206
Rs. C-51/93, Meyhui 167
Rs. C-52/93, Kommission gegen Niederlande 82
Rs. C-55/93, van Schaik 237
Rs. C-57/93, Anna Adriaantje Vroege 102
Rs. C-58/93, Yousfi 202
Rs. C-60/93, Aldewereld 211
Rs. C-61/93, Kommission gegen Niederlande 82
Verb. Rs. C-69/93 u.a., Punto Casa 140
Rs. C-71/93, Guido Van Poucke 211
Rs. C-128/93, Geertrudia Catharina Fisscher 102
Rs. C-130/93, Lamaire NV 133
Rs. C-131/93, Kommission gegen Deutschland 152
Rs. C-132/93, Steen II 95; 201
Rs. C-144/93, Pfanni Werke 314
Rs. C-146/93, McLachlan 215
Rs. C-148/93, 3M Medica GmbH 176
Rs. C-150/93, Superior France 176
Rs. C-153/93, Delta 236
Rs. C-154/93, Tawil-Albertini 209
Rs. C-187/93, Parlament gegen Rat - Abfallverordnung 114; 335
Rs. C-255/93, Kommission gegen Frankreich - Getränkeverpackungen 340
Rs. C-260/93, Kommission gegen Belgien 336
Rs. C-268/93, Kommission gegen Spanien 109
Rs. C-277/93, Kommission gegen Spanien 244
Rs. C-280/93, Deutschland gegen Rat - Bananenmarktordnung 187
Rs. C-291/93, Kommission gegen Italien 336
Rs. C-292/93, Lieber gegen Göbel 358
Rs. C-293/93, Ludomira Neeltje Barbara Houtwipper 145
Rs. C-297/93, Grau-Hupka 102; 320
Rs. C-301/93, Bettaccini 221
Rs. C-306/93, SMW Winzersekt 93; 160; 168
Rs. C-314/93, Francois Rouffeteau 138
Rs. C-316/93, Vaneetveld 231
Rs. C-318/93, Brenner gegen Dean Witter Reynolds 357
Rs. C-320/93, Lucien Ortscheit 153
Rs. C-322/93 P, Peugeot 276

Rs. C-323/93, Société civile agricole 151; **288**
Rs. C-340/93, Klaus Thierschmidt **179**
Rs. C-355/93, Hayriye Eroglu **203**
Rs. C-356/93, Techmeda **177**
Verb. Rs. C-363/93 u.a., René Lancry **134**
Rs. C-381/93, Kommission gegen Frankreich - Seeverkehr **238**
Rs. C-393/93, Walter Stanner **177**
Rs. C-395/93, Neckermann Versand **177**
Rs. C-401/93, Goldstar Europe **178**
Rs. C-406/93, Reichling **221**
Rs. C-428/93, Monin Automobiles 118; **186**
Rs. C-447/93, Nicolas Dreessen **209**

Rs. C-87/94 R, Kommission gegen Belgien **306**
Rs. C-120/94 R, Kommission gegen Griechenland 88; 187

Gutachten 1/94 **90**

2. Entscheidungen des Gerichts erster Instanz

Rs. T-83/91, Tetra Pak II 279

Rs. T-37/92, BEUC gegen Kommission 120; 254; 314
Rs. T-38/92, All Weather Sports 253
Verb. Rs. T-39/92 u.a., Groupement des cartes bancaires 262
Rs. T-43/92, Dunlop Slazenger International 256
Rs. T-46/92, The Scottish Football Association 258
Rs. T-66/92, Herlitz 269
Rs. T-77/92, Parker Pen Ltd. 269
Rs. T-102/92, Viho 270

Rs. T-2/93, Air France gegen Kommission 284
Rs. T-3/93, Air France gegen Kommission 282
Rs. T-17/93, Matra Hachette SA 273
Rs. T-32/93, Ladbroke Racing 289
Rs. T-450/93, Lisrestal 93
Rs. T-451/93, San Marco Impex Italiana SA 127
Rs. T-461/93, An Taisce 120; **339**
Rs. T-465/93, Consorzio gruppo di azione locale "Murgia Messapica" 94; **121**

Rs. T-88/94, SCPA u.a. 285
Rs. T-99/94, Asocarne 123
Rs. T-295/94 R, Buchmann 260
Rs. T-353/94 R, Postbank NV 129; **259**

Abfallrichtlinie - Recht auf Umweltschutz 335
Abfallverordnung 114
AC-ATEL (Rs. C-30/93) 182
AETR (Rs. 22/70) 90
Air France gegen Kommission (Rs. T-3/93) 282
Air France gegen Kommission (Rs. T-2/93) 284
Albert Hoorn (Rs. C-305/92) 215
Aldewereld (Rs. C-60/93) 211
Alison Maitland Toosey (Rs. C-287/92) 221
All Weather Sports (Rs. T-38/92) 253
An Taisce (Rs. T-461/93) 339
Anastasiou Pissouri (Rs. C-432/92) 191
Angelopharm (Rs. C-212/91) 164
Anhörungsrecht 21
Anna Adriaantje Vroege (Rs. C-57/93) 102
Antidumping - Berichtigung einer VO 182
Antidumping - Eröffnung des Verfahrens 181
Antidumping - Klagebefugnis unselbständiger Vertriebsorganisationen 183
Antidumping - Lieferung von Bausätzen 185
Arbeitnehmerschutz-RL 327
Arbeitsmarktabgabe 170
Arbeitsrecht - Kündigung wegen Schwangerschaft 321
Arbeitsunfähigkeit - Zuständiger Staat für Gewährung der Rente 221
Architekturstudium 209
Arrestgrund der Auslandsvollstreckung 362
Asocarne (Rs. T-99/94) 123
Association pour la protection des animaux sauvages (Rs. C-435/92) 335
Aufenthaltsrecht von Kindern türkischer Gastarbeiter 203
Außervertragliche Haftung - Berechnung des Schadenersatzes 127

Ballast Nedam (Rs. C-389/92) 304
Bananenmarktordnung 187
Banco de Crédito Industrial (Rs. C-387/92) 296
Banks (Rs. C-128/92) 345
Barter-Trade 174
BASF (Verb. Rs. 79/89 u.a.) 124
Bayer (Rs. C-195/91 P) 124
Beihilfen - Abgabenbefreiung zugunsten öffentlicher Unternehmen 296
Beihilfen - Abgrenzung alte und neue Beihilfen 297
Beihilfen - Beweislastverteilung 292
Beihilfen - Entwicklungshilfe 299
Beihilfen - Klagefrist gegen Kommissionsentscheidungen 291
Beihilfen - Rechtmäßigkeit von Beihilfeprogrammen 292
Beihilfen - Regionale und und sektorielle Beihilfen 298
Beihilfen - Vorläufige Aussetzung einer alten Beihilfe 294
Bekanntmachung - Fusionskontrolle 19
Berufsständische Organisationen 197
Betriebsrente 96 f.

Betriebsübergang - Einzelner Arbeitnehmer als Betriebsteil 324
Bettaccini (Rs. C-301/93) 221
BEUC gegen Kommission (Rs. T-37/92) 254
Beune (Rs. C-7/93) 100
Bilka Kaufhaus (Rs. 170/84) 102
Brenner gegen Dean Witter Reynolds (Rs. C-318/93) 357
Buchmann (Rs. T-295/94 R) 260
Bund Naturschutz Bayern, Stahnsdorf u.a. (Rs. C-396/92) 338

Carole Louise Webb (Rs. C-32/93) 99
Champagnerverfahren - Vermarktung von Sekt 167
Charlton u.a. (Rs. C-116/92) 232
Chateau de Calce (Rs. C-403/92) 159
Christel Schmidt (Rs. C-392/92) 324
Clinique (Rs. C-315/92) 143
CMC gegen Stawa (Rs. C-288/92) 356
Codorniu (Rs. C-309/89) 157
Comitato di coordinamento per la difesa della Cava (Rs. C-236/92) 335
Consorzio gruppo di azione locale "Murgia Messapica" (Rs. T-465/93) 121
Constance Christina Ellen Smith (Rs. C-408/92) 100
Corsica Ferries Italia (Rs. C-18/93) 233

Delta (Rs. C-153/93) 236
Deutsche Angestellten Krankenkasse (Rs. C-428/92) 219
Deutsche Bahn 38
Deutsche Milch-Kontor (Rs. C-426/92) 151
Deutsche Renault (Rs. C-317/91) 156
Deutschland gegen Rat - Produktsicherheits-RL (Rs. C-359/92) 312
Deutschland gegen Rat - Bananenmarktordnung (Rs. C-280/93) 187
Develop Dr. Eisbein (Rs. C-35/93) 185
DKV (Verb. Rs. C-20/93 u.a.) 232
Drake (Rs. C-12/93) 221
3M Medica GmbH (Rs. C-148/93) 176
Dunlop Slazenger International (Rs. T-43/92) 256

EGKS - Ansprüche Einzelner gegen Staatsmonopole 345
Einfuhr von Pflanzen 152
Einfuhrverbot für lebende Flußkrebse 152
Einheitsflaschenglaspool 24
Einzelfreistellungen 33
Elsie Rita Johnson II (Rs. C-410/92) 83
Embargo 88
Empire Stores (Rs. C-33/93) 173
Energieagentur 34
Energiebedrijf Ijsselmij (Rs. C-393/92) 265
Entwicklungshilfe - Beihilfen für den Bau von Schiffen 299
Etikettierung von Brot 144
Etikettierung von Kristallglas 167
Etikettierung von Lebensmitteln 162

Etikettierungs-RL	312
EuGVÜ - Anderweitige Rechtshängigkeit	363
EuGVÜ - Arrestgrund der Auslandsvollstreckung	362
EuGVÜ - Gerichtsstand der belegenen Sache	357
EuGVÜ - Gerichtsstand des Erfüllungsortes	356
EuGVÜ - Gerichtsstand für Klagen auf Nutzungsentschädigung	358
EuGVÜ - Gerichtsstand für Verbrauchersachen	357
EuGVÜ - Prozeßvergleich als Entscheidung i.S. des Art. 27 EuGVÜ	360
EuGVÜ - Vollstreckung von Urteilen aus Nichtvertragsstaaten	362
Eurocontrol (Rs. C-364/92)	287
Europäischer Sozialfonds - Rückzahlung von Zuschüssen	93
EWR	18
Fabrizii (Verb. Rs. C-113/92 u.a.)	213
Facharztausbildung	244
Federmineraria (Rs. C-6/92)	120
Fernmeldenetze	45
Fernsehsendungen als Dienstleistung	240
Finsider (Rs. C-320/92 P)	346
Fiskano AB (Rs. C-135/92)	122
Fonderia A. (Rs. C-100/92)	296
Francois Rouffeteau (Rs. C-314/93)	138
Frankreich gegen Kommission - Wettbewerbsabkommen EG-USA (Rs. C-327/91)	89
Funksendegeräte	137
Fusionskontrolle	43; 282
Fusionskontrolle - Anfechtbarkeit von Pressemitteilungen der Kommission	282
Fusionskontrolle - Gemeinschaftsweite Bedeutung	282
Fusionskontrolle - Marktdefinition bei Flugstrecken	284
Fusionskontrolle - Rechte Dritter	285
Gao Yao (Hong Kong) - Einwegfeuerzeuge (Rs. C-75/92)	183
Garantiefonds für Güterkraftverkehrsunternehmer	232
GATT	18; 90
Geertrudia Catharina Fisscher (Rs. C-128/93)	102
Geldbußen im Wettbewerbsrecht	37
Gesetzgebungsverfahren - Beteiligung des Parlaments	113
Gestión Hotelera Internacional (Rs. C-331/92)	305
Gesundheitsuntersuchungen am Bestimmungsort der Waren	163
Getränkeverpackungen	340
Gewässerschutz-RL	336
Glawe Spiel- und Unterhaltungsgeräte (Rs. C-38/93)	172
Gleichberechtigung von Mann und Frau - Betriebsrente	96 f.
Gleichberechtigung von Mann und Frau - Beamtenpension	100
Goldstar Europe (Rs. C-401/93)	178
Grau-Hupka (Rs. C-297/93)	102
Gravier (Rs. 293/83)	206
Grenzüberschreitendes Fernmeldenetz	45
Grifoni (Rs. C-308/87)	127

Groupement des cartes bancaires (Verb. Rs. T-39/92 u.a.)   276
Grunderwerbssteuer   311
Grundig   33
Gruppenfreistellungsverordnung   28
Gruppenfreistellungs-VO Alleinbezugsvereinbarung   276
Gruppenfreistellungs-VO KFZ-Handel   276
Guido Van Poucke (Rs. C-71/93)   211

Habermann-Beltermann gegen Arbeiterwohlfahrt (Rs. C-421/92)   321
Hafengebühren   238
Haim (Rs. C-319/92)   208
Halliburton (Rs. C-1/93)   311
Hayriye Eroglu (Rs. C-355/93)   203
Helmig (Verb. Rs. C-399/92 u.a.)   103
Herlitz (Rs. T-66/92)   269
Hilti (Rs. C-53/92 P)   278
Hünermund u.a. (Rs. C-292/92)   139
Huygen u.a. (Rs. C-12/92)   191

Ideal Standard (Rs. C-9/93)   158
Inländerdiskriminierung   201
Italien gegen Kommission - Italgrani (Rs. C-47/91)   294
Ivenel (Rs. 133/81)   356

Kaffee Hag II   158
Kali + Salz/MDK/Treuhand   56
Kartell   39
Kassenzahnarzt - Zulassung in Deutschland   208
KFZ-Haftpflichtversicherungs-RL   231
KfZ-Vertriebsvereinbarung   30
Kirsammer-Hack (Rs. C-189/91)   320
Klaus Thierschmidt (Rs. C-340/93)   179
Kompetenzverteilung - Außenbeziehungen   90
Kooperationsabkommen EG-Marokko   202
Kosmetik-RL   164
Kündigung wegen Schwangerschaft   321

Ladbroke Racing (Rs. T-32/93)   289
Ladbroke   36
Ladenschlußgesetz   140
Lamaire NV (Rs. C-130/93)   133
Leguaye-Neelsen (Rs. C-28/92)   214
Lenkzeiten im Straßenverkehr   232; 235
Lepore (Verb. Rs. C-45/92 u.a.)   213
Lieber gegen Göbel (Rs. C-292/93)   358
Ligur Carni (Verb. Rs. C-277/91 u.a.)   163
Lisrestal (Rs. T-450/93)   93
Lloyd-Textil (Rs. C-304/92)   174
Lohnfortzahlung im Krankheitsfall - Unfall im Ausland   219

Lotsentarife 233
Lotterie 227
Lubbock Fine (Rs. C-63/92) 171
Lucien Ortscheit (Rs. C-320/93) 153
Ludomira Neeltje Barbara Houtwipper (Rs. C-293/93) 145

Maastricht 18
Mannesmann/RWE/Deutsche Bank 51
Marc Michielsen und Geybels Transport Service (Rs. C-394/92) 235
Maria Nelleke Gerda van den Akker (Rs. C-28/93) 100
Matra Hachette SA (Rs. T-17/93) 273
Matteo Peralta (Rs. C-379/92) 336
McLachlan (Rs. C-146/93) 215
Meeresverschmutzung durch Schiffe 336
Mehrwertsteuer - Besteuerung von Geldspielautomaten 172
Mehrwertsteuer - Besteuerung von Werbegeschenken 173
Mehrwertsteuer - Besteuerung von Werbemaßnahmen 170
Mercedes/Kässbohrer 58
Metro gegen Cartier (Rs. C-376/92) 262
Meyhui (Rs. C-51/93) 167
Microsoft 26
Minne (Rs. C-13/93) 98
Mißbrauch einer marktbeherrschenden Stellung 36
Monin Automobiles (Rs. C-428/93) 186
Moroni (Rs. C-110/91) 96
MSG 48
Mund & Fester (Rs. C-398/92) 362

Nachtarbeitsverbot für Frauen 98
Namur-Les assurances du crédit u.a. (Rs. C-44/93) 297
Neath (Rs. C-152/91) 97
Neckermann Versand (Rs. C-395/93) 177
Neste/Statoil 45
Nichtigkeitsklage - Individuelle Betroffenheit 120
Nichtigkeitsklage - Klagebefugbis eines Verbandes gegen eine RL 123
Nichtigkeitsklage - Klagefrist 120; 124
Nicolas Dreessen (Rs. C-447/93) 209

Öffentliches Beschaffungswesen - Begriff des Bauauftrags 305
Öffentliches Beschaffungswesen - Holdinggesellschaft als Bieter 304
Öffentliches Beschaffungswesen - Staatliches Gesundheitswesen 308
Öffentliches Beschaffungswesen - Verfahren zur Vergabe der Aufträge 303
Öffentliches Beschaffungswesen - Vorläufiger Rechtsschutz 306
OSPIG Textil (Rs. C-29/93) 179
OTO SpA (Rs. C-130/92) 175
Otto (Rs. C-60/92) 253
Owens Bank (Rs. C-129/92) 362

Paola Faccini Dori (Rs. C-91/92) 84
Parker Pen Ltd. (Rs. T-77/92) 269
Parlament gegen Rat - Abfallverordnung (Rs. C-187/93) 114
Petrogal (Rs. C-39/92) 276
Peugeot (Rs. C-322/93 P) 276
Pfanni Werke (Rs. C-144/93) 314
Pierrel (Rs. C-83/92) 162
Pleuger Worthington (Verb. Rs. C-324/90 u.a.) 292
Postbank NV (Rs. T-353/94 R) 259
Preisnachlässe 23
Produktsicherheits-RL 312
Punto Casa (Verb. Rs. C-69/93 u.a.) 140
Punzierung von Edelmetallen 145
PVC Kartell (Rs. C-137/92 P) 267

Raymond Vander Elst (Rs. C-43/93) 228
Reederei 37
Reichling (Rs. C-406/93) 221
René Lancry (Verb. Rs. C-363/93 u.a.) 134
Rentenansprüche - Antikumulierungsvorschriften 213
Rentenansprüche - Rückerstattung von Pflichtversicherungsbeiträgen 214
Rentenansprüche - Zwangsarbeit 215
Richtlinien - horizontale Wirkung/Drittwirkung 84
Rima Eletrometalurgia (Rs. C-216/91) 181
Roberts (Rs. C-132/92) 96
Roks (Rs. C-343/92) 104
Rottwinkel (Rs. 241/83) 359
Rover 23

San Marco Impex Italiana SA (Rs. T-451/93) 127
Schindler (Rs. C-275/92) 227
Scholz (Rs. C-419/92) 197
Schutzvorschriften i.S. des Art. 100a Abs. 4 EGV 165
SCPA u.a. (Rs. T-88/94) 285
Selbstbeschränkungsabkommen EG-Japan über Autoeinfuhren 186; 254
SEP (Rs. C-36/92 P) 257
Sevince (Rs. C-192/89) 204
SFEI, DHL u.a. (Rs. C-39/93 P) 278
Siemens Nixdorf Informationssysteme (Rs. C-11/93) 176
Siemens/Ilaltel 52
SMW Winzersekt (Rs. C-306/93) 168
Société civile agricole (Rs. C-323/93) 288
Solange - Bonnieux (Rs. C-368/92) 174
Solo gegen Boch (Rs. C-414/92) 360
Sozialversicherung - Kumulierung und Kollision 211
Spanien gegen Kommission - Hilaturas y Tejidos Andaluces SA u.a. (Rs. C-278/92) 298
Spanien gegen Kommission - Merco (Rs. C-42/93) 298
Stahlindustrie 19
Stahlerzeugungsquote 346

Steen II (Rs. C-132/93)   201
Studiengebühren   206
Studium im Ausland - Anspruch auf Finanzierung   206
Superior France (Rs. C-150/93)   176

Tankstation 't Heukse vof (Verb. Rs. C-401/92 u.a.)   140
Tatry (Rs. C-406/92)   363
Tawil-Albertini (Rs. C-154/93)   209
Techmeda (Rs. C-356/93)   177
Teilzeitbeschäftigung   102
Telekommunikation   19; 45
Telekommunikationsendgeräte   138
Terni (Rs. C-99/92)   296
Tetra Pak II (Rs. T-83/91)   279
The Scottish Football Association (Rs. T-46/92)   258
Tolsma (Rs. C-16/93)   171
TÜV-Untersuchung   237
TV10 SA (Rs. C-23/93)   240
TWD Textilwerke Deggendorf (Rs. C-188/92)   291
Twee Provinciën (Rs. C-285/92)   162

Übertragungsrecht   24
Umweltschutz - Klagemöglichkeiten von Verbänden   339
Umweltschutz - Getränkeverpackungen   340
Umweltverträglichkeits-RL   338

van Munster (Rs. C-165/91)   216
van der Veldt (Rs. C-17/93)   144
van Schaik (Rs. C-55/93)   237
Van Swieten BV (Rs. C-313/92)   235
Vaneetveld (Rs. C-316/93)   231
Verbraucherschutz   143
Verbraucherschutz-RL   109
Verfallsdaten bei medizinischen Instrumenten und Arzneimitteln   166
Versicherungssektor   28
Vertragsverletzungsklage - Gegenstand des Vorverfahrens   119
Verwertungsverbot   129
Viho (Rs. T-102/92)   270
Vogelschutz-RL - Schutzzweck   335

Wagner Miret (Rs. C-334/92)   108
Walter Stanner (Rs. C-393/93)   177
Warenursprung - Handelsabkommen EWG-Österreich   191
Warenursprung - Überseeische Länder und Gebiete   180
Warenzeichen   158
Webb gegen Webb (Rs. C-294/92)   357
Werbeverbot für Apotheker   139
Werbeverbot für Arzneimittel   153
Wettbewerbsabkommen EG-USA   89

Wettbewerbsbericht 17
Wettbewerbsregeln - Akteneinsicht 257
Wettbewerbsregeln - Anwendung der Regeln auf Stromversorgungsunternehmen 257; 331
Wettbewerbsregeln - Auskunftsverlangen der Kommission 258
Wettbewerbsregeln - Aussetzung des Vollzugs einer Bußgeldentscheidung 260
Wettbewerbsregeln - Dauer des Wettbewerbsverstoßes 256
Wettbewerbsregeln - Eilkurierdienste 278
Wettbewerbsregeln - Exportverbote 269
Wettbewerbsregeln - Gesetzliche Gebietsmonopole 288
Wettbewerbsregeln - Konzerninterne Absprachen 270
Wettbewerbsregeln - Lückenlosigkeit selektiver Vertriebssysteme 262
Wettbewerbsregeln - Öffentliche Unternehmen 287
Wettbewerbsregeln - Preisdiskriminierung 279
Wettbewerbsregeln - Rechtsnachfolge bei Bußgeldentscheidungen 253
Wettbewerbsregeln - Überwachungsbefugnisse der Kommission nach Art. 90 EGV 289
Wettbewerbsregeln - Verdrängungswettbewerb 279
Wettbewerbsregeln - Verwendung von Dokumenten in nationalen Verfahren 259
Wirth (Rs. C-109/92) 206
WTO 90

Yousfi (Rs. C-58/93) 202

Zahnarztdiplome aus Drittstaaten 209
Zementherstellerkartell 39
Zollgleiche Abgaben 134
Zollspediteure 174
Zwangstarife im Binnenschiffahrtsverkehr 236
Zypern - Präferenzstatus für Waren 191

Gesetzeswerke bei Orell Füssli

Taschenausgaben der Bundesgesetze

Rehbinder, Manfred (Hrsg.)
Arbeitsrecht
Sämtliche Vorschriften des Bundes
Arbeitsvertragsrecht –
Öffentliches Arbeitsrecht –
Kollektives Arbeitsrecht
ISBN 3 280 01890 0

Rehbinder, Manfred (Hrsg.)
ArG
Arbeitsgesetz
ISBN 3 280 01743 2

Rehbinder, Manfred (Hrsg.)
AVG
Arbeitsvermittlungsgesetz
ISBN 3 280 02141 3

Rehbinder, Manfred (Hrsg.)
BBG
Bundesgesetz über die
Berufsbildung
ISBN 3 280 01916 8

Schürmann, Leo / Schluep, Walter R.
KG + PüG
Kartellgesetz +
Preisüberwachungsgesetz
mit umfassendem Kommentar
ISBN 3 280 01824 2

Schürmann, Leo
KG + PüG, Teilrevision 1991
Unterstellung der Kredite unter
das PüG
ISBN 3 280 02131 6

Aeppli, Heinz (Hrsg.)
OR
Schweizerisches
Obligationenrecht
ISBN 3 280 02352 1

Englert, Christian (Hrsg.)
PatG
Patentgesetz
ISBN 3 280 01633 9

Hauser, Robert /
Rehberg, Jörg (Hrsg.)
StGB
Schweizerisches
Strafgesetzbuch
12. Auflage 1992
ISBN 3 280 01984 2

Rehberg, Jörg
StGB
Ergänzungsband 1995
der 12. Auflage 1992
ISBN 3 280 02327 0

Giger, Hans
SVG
Strassenverkehrsgesetz
ISBN 3 280 01414 X

Rehbinder, Manfred (Hrsg.)
URG
Urheberrechtsgesetz
Topographiengesetz
Internationale Abkommen
Recht der Verwertungs-
gesellschaften
ISBN 3 280 02164 2

Aeppli, Heinz (Hrsg.)
ZGB
Schweizerisches
Zivilgesetzbuch
ISBN 3 280 02354 8

Aeppli, Heinz (Hrsg.)
ZGB/OR
Zivilgesetzbuch und
Obligationenrecht
in einem Band
ISBN 3 280 02355 6

Robert Heller

The Quality Makers

Die Wegbereiter der europäischen Qualitätsrevolution und ihre Konzepte

270 Seiten, gebunden mit Schutzumschlag

Das Buch beschreibt die Ideen, Erfahrungen und
Visionen führender Unternehmen in Europa bezüglich TQM
(Total Quality Management). Als eine
außergewöhnliche, grundlegende Dokumentation erscheint
das Buch zeitgleich in verschiedenen europäischen Ländern und kann
einen großen Beitrag zur Förderung des Qualitätsdenkens leisten.

Ulrike Brommer

Konfliktmanagement statt Unternehmenskrise

Moderne Instrumente zur Unternehmensführung

218 Seiten, gebunden mit Schutzumschlag

Der Schlüssel für unternehmerischen und persönlichen Erfolg liegt
im konstruktiven Miteinander und nicht im
destruktiven Gegeneinander. Dieses Buch zeigt auf, wie soziale
Konflikte entstehen, welches die Ursachen für die
Störungen sein könnten und warum Fachleute aus Wirtschaft und
Wissenschaft gleichermasssen ein drastisches
Umdenken, ein Besinnen auf kooperatives Verhalten, mehr
Teamfähigkeit und soziale Kompetenz von allen
Unternehmens-Mitgliedern fordern. Das hohe Konfliktpotential,
das derzeit enorme Bereiche in Organisationen lahmlegt,
liesse sich bündeln und in kreativere Bahnen umlenken, sodass die
Arbeit vielen tatsächlich wieder Spass machen würde!